Differenz und Geschlecht

Neue Ansätze in der ethnologischen Forschung

Herausgegeben von
Brigitta Hauser-Schäublin/
Birgitt Röttger-Rössler

DIETRICH REIMER VERLAG
BERLIN

Die Deutsche Bibliothek - CIP-Einheitsaufnahme

Differenz und Geschlecht : neue Ansätze in der ethnologischen Forschung / hrsg. von Brigitta Hauser-Schäublin/Birgitt Röttger-Rössler. – Berlin : Reimer, 1998
(Ethnologische Paperbacks)
ISBN 3-496-02631-6

Dr. Friedrich Kaufmann
Unter den Eichen 57
12203 Berlin

Redaktion und Layout: Susanne Kessel / Inken Köhler, Göttingen

Printed in Germany

ISBN 3-496-02631-6

Inhaltsverzeichnis

Brigitta Hauser-Schäublin und Birgitt Röttger-Rössler

Differenz und Geschlecht – Eine Einleitung

Die Frage nach Differenz und Geschlecht, wie sie unser Sammelband aufwirft, gehört im weitesten Sinn in den theoretischen Rahmen dessen, was seit Lyotard ([1974] 1994) als ‚Postmodernismus' bezeichnet wird bzw. was Giddens, der diesen Begriff in seiner Anwendung auf die Gesellschaft(en) des ausgehenden 20sten Jahrhunderts ablehnt, „Moderne" bzw. „Hochmoderne" ([1990] 1995:201) nennt. Der Unterschied zwischen beiden liegt bekanntlich in der Frage, ob es gerechtfertigt ist, vom Anbruch einer neuen Ära – zu der der Postmodernismus einen Übergang darstellt – zu sprechen, oder ob nicht alles darauf hindeutet, daß wir uns noch immer im Zeitalter der Moderne befinden. Eine diesbezügliche Entscheidung zu treffen, ist aus der Perspektive der Gegenwart gar nicht möglich und für das Verständnis der nachfolgenden Beiträge auch nicht nötig. Davon abgesehen stehen sich, inhaltlich, in der Charakterisierung dessen, was die einen als Postmodernismus bezeichnen, die anderen Moderne nennen, keine prinzipiell konträren Positionen gegenüber. Der vorliegende Sammelband berührt zentrale Themen der Postmodernismus-Debatte in zweierlei Hinsicht: bezüglich a) der Erklärungsmodelle und b) der sozialen Einheiten und Beziehungen im Spannungsfeld zwischen ‚Traditionalem', ‚Lokalem' einerseits und dem Einwirken nationalstaatlicher Einflüsse bzw. globaler Faktoren und Prozesse andererseits, d. h. dem Aufbrechen alter und der Bildung neuer Einheiten und Beziehungen.

a) Der Topos ‚Differenz und Geschlecht' gehört in den Bereich dessen, was Lyotard als „Zerfall der großen Erzählung" (1994:54) bezeichnet hat. Unter „großen Erzählungen" versteht er kohärente wissenschaftliche Erklärungsversuche (Erkenntnistheorien), die den Anspruch einer alles überwölbenden Geschichte besitzen (bzw. besaßen), und die dazu dienen sollen, das Sein und Wesen der ‚Welt' zu erklären. Diese Theorien jedoch seien nicht mehr in der Lage, so Lyotard, die Entwicklungen (seit den 50er Jahren) in Wissenschaft und Technik, in der Politik, im Alltagsleben und in der Kunst zu erfassen. Vielmehr existierten jenseits der Wissenschaft mehrere heterogene Erkenntnisansprüche; dabei handle es sich um unterschiedliche Erklärungsentwürfe, die in einem widersprüchlichen Verhältnis zueinander stehen. Sie seien deshalb jeweils für einzelne Bereiche, jedoch nicht mehr übergreifend, gültig.

Als Nachklang dieser grundsätzlichen Überlegungen geht der vorliegende Sammelband nicht von einem einheitlichen Erklärungsentwurf bezüglich Geschlechterbeziehungen oder ‚dem' Verhältnis zwischen Frauen und Männern aus, sondern schließt sich jenen Tendenzen an, die nicht von vermeintlich global gültigen feststehenden Kategorien und eindeutigen Beziehungen ausgehen. Alle Beiträge berühren direkt oder indirekt Punkte, die in der gegenwärtigen Theorien- und Methodendiskussion auftauchen. Die Geschichte der ethnologischen Geschlechterforschung (s. u.), selbst nur wenige Jahrzehnte alt, hat den Wandel von der Generalisierung und den vermeintlich kohärenten, weltumspannenden Erklärungsentwürfen bis hin zu deren weitestgehender Aufgabe und zum Partikulären selbst durchgemacht. Es gibt inzwischen keine „großen Erzählungen" innerhalb der Geschlechterforschung mehr. Bis zu einem gewissen Grad steht sie vor ihrem selbst verursachten Trümmerfeld, in welchem selbst Kategorien wie ‚Männer' und ‚Frauen' sowie *sex*, das biologische Geschlecht, und *gender*, das kulturell konstruierte Geschlecht – über Jahrzehnte hinweg dienten sie als Grundkategorien – zerrinnen. Dieser „Zerfall" geht nicht nur darauf zurück, daß, wie zuerst Caplan (1987), dann vor allem aber Butler (1991) gezeigt haben, auch *sex* als ‚Natur' kulturell konstruiert ist. Vielmehr beginnt es sich abzuzeichnen, daß die bisherige implizite Annahme prinzipiell eindeutiger Geschlechtsbestimmungen voreilig war und sich diese ebenfalls als kulturelle Konstrukte zu offenbaren beginnen (Beitrag Heldmann). Gleichzeitig hat sich die ‚objektive' Außensicht, die WissenschaftlerInnen früher vertraten und die in Beschreibungen und Interpretationen resultierte, wie ‚es' in einer Gesellschaft ‚ist', die Krise der Repräsentation durchlebt. So hat sich die monologe Außensicht zugunsten multipler Binnensichten verschoben. Die Stimmen der WissenschaftlerInnen wurden ihrer Autorität entleert und haben sich eher zu Sprachrohren anderer Stimmen gemacht (der Beitrag von Hermann verdeutlicht diesen Ansatz). Damit verbunden war der Wechsel von der ‚Objektivität' zur Subjektivität.

Geschlechterforschung ist im wesentlichen aus der politisch motivierten Frauenbewegung westlicher Industriestaaten hervorgegangen und beschränkte sich zunächst auf Frauenforschung bzw. Frauenstudien. Diesen Ursprüngen der wissenschaftlichen Beschäftigung mit Geschlecht und Geschlechtern ist es hauptsächlich zuzuschreiben, daß auch heute noch fast ausschließlich Frauen Geschlechterforschung betreiben. Auch unser Band ist – obwohl wir uns um männliche Autoren bemüht haben – ein Spiegelbild dieser Situation. Deshalb weist das vorliegende Buch zweifellos, ebenfalls im Sinne einer vermeintlichen „großen Erzählung", einen – ‚weiblichen' *bias* auf! Männer, die sich mit Geschlechterforschung befassen, vertreten meist die Position, daß sie mit der geschlechtlichen Kategorisierung in ihrer eigenen Gesellschaft und dem dazu gehörenden ‚Leistungs-' bzw. ‚Anforderungsprofil' nicht einverstanden sind, also ähnlich, wie Feministinnen, sich gegen hegemoniale Geschlechterbilder auflehnen. Im Unterschied zu den Feministinnen sind jedoch die wenigsten von ihnen organisiert.

Obwohl also die Geschlechterwissenschaft aus der politischen Frauenbewegung hervorgegangen ist, hat sich heute die Verbindung zwischen beiden erheblich gelockert. Das politische Postulat der gemeinsamen Bande, die Frauen auf aller Welt miteinander verbinden und in ihrem Kampf gegen männliche Unterdrückung und um Selbstbestimmung vereinen, hat sich ein westliches feministisches und mittelständisches Konzept mit hegemonialen Ansprüchen erwiesen. Statt Gemeinsamkeiten rückten deshalb plötzlich

Unterschiede in den Vordergrund, und gerade Gruppen nicht-westlicher Frauen verwahrten sich gegen westliche Erklärungsmodelle und ihr vermeintliches Erkennen von Unterdrückungsformen.

Die Folgen für die Frauenbewegung sind unseres Erachtens noch nicht abzusehen, auch wenn Feministinnen, die sowohl in der Geschlechterforschung arbeiten als auch politisch aktiv sind, versuchen, beides wieder zusammenzuführen (z. B. Rhode 1990). So geht etwa MacKinnon (1990) davon aus, daß für Feministinnen *gender* immer ein hierarchisches Verhältnis bedeutet. Wenn es, wie beim Differenz-Ansatz, darum gehe, Gemeinsamkeiten und Unterschiede/Verschiedenheiten nicht nur **zwischen** den Geschlechtern, sondern auch **innerhalb** von Geschlechtergruppen in den Vordergrund zu rücken, bedeute dies eine Verschleierung der tatsächlichen – hierarchischen – Geschlechterverhältnisse.

Die politische These repräsentiert damit eine „große Erzählung". Für die ethnologische Geschlechterforschung mag sie persönliches Motiv und These bleiben, sie hat jedoch einen Anspruch auf Allgemeingültigkeit verloren. Im Gegenteil: Das, was bislang in manchen Gesellschaften als eindeutig formuliertes hierarchisches Verhältnis zwischen (nahezu monolithisch geschilderten) Geschlechtergruppen charakterisiert wurde, entpuppt sich bei näherer Betrachtung als ein Bündel vielfältiger und vielfach gebrochener Relationen. Dies verdeutlichen sämtliche Beiträge unseres Bandes; situational und kontextuell entstehen immer wieder neue Gemeinsamkeiten, neue Gruppierungen und neue Grenzen. Und all dies wird von den Akteurinnen immer wieder neu ausgehandelt. Das gilt selbst für Gesellschaften, in denen die Ideologie einer zweigeteilten, nach Geschlechtern getrennten Gesellschaft mit unverrückbaren Grenzen vermittelt wird (Beitrag Dracklé). Ein einfaches, schematisches Erklärungsmodell für Geschlechterbeziehungen und -verhältnisse generell gibt es deshalb nicht mehr.

Gerade die (teilweise) Abkoppelung der Frauen- bzw. Geschlechterforschung von der politischen Frauenbewegung verdeutlicht die (unter ‚Postmodernismus' subsumierten) Prozesse der Pluralisierung, der Differenzierung und Relativierung, die auf der wissenschaftlichen Erklärungsebene auch in der Geschlechterforschung eingesetzt haben. Die politische Frauenbewegung hat damit einen wichtigen Legitimierungsfaktor verloren.

Der Sammelband „Differenz und Geschlecht" gehört also in wissenschaftsgeschichtlicher Hinsicht in diesen Kontext der aufgebrochenen Einheiten und Verallgemeinerungen, d. h. in die Zeit des Abschieds von homogenisierenden Theorien. In den meisten Beiträgen wird deshalb aufgezeigt, wie sich in den ethnographischen Beispielen Differenzen, auch innerhalb von Geschlechtergruppen, entlang immer neuer Linien formieren und gleichzeitig auch neue Kriterien für Gemeinsamkeiten, und damit Gruppen, gebildet werden (v. a. die Beiträge de Jong und Schröter). Darüber hinaus existieren in manchen Gesellschaften auch alternative Geschlechterrollen und institutionalisierte Formen des Überschreitens von Geschlechtergrenzen, die es zulassen, daß „Frauen Frauen heiraten" (Beitrag Tietmeyer). Dennoch wird auch klar, daß es Erfahrungen gibt, die Frauen über kulturelle Grenzen hinweg miteinander verbinden, gerade weil sie über die sie verbindende Körperlichkeit nachvollziehen können, was andere Frauen erleben (Beitrag Nadig). Mit diesem interkulturellen Vergleich werden also wiederum Gemeinsamkeiten angesprochen. Daß solche existieren – davon gehen wir aus, auch wenn wir die alten Linien früherer Ansätze ablehnen, entlang derer weltumspannende Gemeinsamkeiten konstruiert wurden und die sich dann als solche des Rasters erwiesen (s. u.). Wir meinen auch, daß gerade die Beschäftigung aller Autorinnen mit dem Differenz-Ansatz im Hinblick auf das Schreiben ihrer (jeweils auf empirischer Forschung beruhenden) Beiträge solche interkulturellen ‚Konstanten' bezüglich der fluktuierenden Bildung von Differenzen und Gemeinsamkeiten und ihrem Aushandeln in den beschriebenen Gesellschaften zutage gefördert haben! Aber es sind eher Prozesse denn statische Faktoren, die gleich oder ähnlich ablaufen. Diese in eine weiterreichende Theorie zu fassen, wäre ein wichtiger nächster Schritt!

b) In einer weiteren Hinsicht ist unser Sammelband der Zeit des ‚Postmodernismus' bzw. der ‚Moderne' verpflichtet. Wenn der Zerfall der „großen Erzählungen", das Auftreten multipler, auch konträrer Entwürfe zwar in erster Linie die Ebene der Erklärungsmodelle betrifft, so ist damit jedoch auch die Ebene der sozialen Einheiten und Beziehungen angesprochen. Auch wenn Lyotard (1994:54–55) sich dagegen wehrt, von einer sozialen Atomisierung zu sprechen, so kann nahezu weltweit – und das zeigen fast ausnahmslos alle Beiträge dieses Bandes – ebenfalls ein Aufbrechen ‚traditioneller' sozialer Einheiten festgestellt werden. Giddens (1995) spricht in diesem Zusammenhang von Diskontinuitäten, die die gesellschaftlichen Institutionen der „Hochmoderne" von den sozialen Ordnungen der Tradition trennen und die sich im wesentlichen aus der Geschwindigkeit des Wandels, der Reichweite des Wandels und aus dem Wesen moderner Institutionen ergeben. Er hat in diesem Zusammenhang von „Entbettung", dem Herausheben sozialer Beziehungen aus ortsgebundenen Interaktionszusammenhängen und deren unbegrenzter, Raum-Zeit-Spannen übergreifender Umstrukturierung, gesprochen. Dies gilt für die Gesellschaften, mit denen sich die Ethnologie üblicherweise befaßt, in ganz besonderem Maße. Diese „Entbettung" kommt in fast jedem der Beiträge zur Sprache, nicht immer in der gleichen Prägnanz. Jedoch wird überall deutlich, daß diese Öffnung ehemals traditional orientierter Gesellschaften und ihre (graduelle) Umstrukturierung im Rahmen nationalstaatlicher Transformationen und weltweiter sozioökonomischer Entwicklungen auch das Verhältnis und die Beziehungen zwischen den Geschlechtern sowie diejenigen innerhalb einer Geschlechtergruppe beeinflußt (Beitrag Göbel) – und zwar oft ganz beträchtlich. Das Öffnen und Aufbrechen ehemals mehr oder weniger geschlossener sozialer Einheiten und die Umstrukturierung sozialer Beziehungen aber bedeutet, wie dies auch Lyotard betont hat, nicht Atomisierung, sondern die Bildung neuer sozialer Beziehungen und Bindungen, ein Prozeß, den Giddens als „Rückbettung" bezeichnet hat. Es ist dies zugleich ein

Prozeß der Wiedereingliederung in neue bzw. andere Netze sozialer Beziehungen und der aktiven Schaffung und Gestaltung neuer Strukturen. Fast alle in den folgenden Kapiteln beschriebenen Personen – vorwiegend Frauen – verdeutlichen durch ihr Handeln Prozesse der Entbettung und gleichzeitig der Rückbettung. Deutlich wird dabei auch, daß Individuen diesen Prozessen nicht einfach passiv ausgeliefert sind, sondern sie diese auch als Chance für das Erreichen bestimmter persönlicher Ziele aktiv zu nutzen verstehen und dadurch Alternativen zu überlieferten Formen des Zusammenlebens schaffen und sie als solche erleben (Beiträge Grohs[1] und Schäfer).

Diese beiden kurz umrissenen Perspektiven, die Situierung des vorliegenden Bandes innerhalb erkenntnistheoretischer Entwicklungen und die Lokalisierung der Beiträge in der aktuellen Diskussion im Zusammenhang mit ‚Postmodernismus', sollen zu einem Verständnis der Beiträge jenseits der ethnographischen Einzelbeispiele und der in ihnen geschilderten Geschlechterbeziehungen beitragen.

Geschlechterforschung im Rückblick

Die Geschlechterforschung weist innerhalb der internationalen Ethnologie eine mittlerweile rund zweieinhalb Jahrzehnte umfassende Geschichte auf. Ihre Anfänge nahm die systematische Beschäftigung mit Geschlechteraspekten unter Einfluß des Feminismus in den sechziger Jahren, wobei hier vorerst die Betonung auf der Analyse des weiblichen Rollenspektrums lag. Es entstand – zunächst in den USA – eine Vielzahl von Studien zu ‚der Rolle' oder ‚dem Status' der Frau in verschiedenen Gesellschaften, aus denen sich ziemlich rasch ein eigenständiger Teilbereich der Ethnologie entwickelte, der als *anthropology of women* überschrieben wurde.[2] Aus der *anthropology of women* ging dann später die eigentliche Geschlechterforschung, die *gender studies* hervor. In Deutschland erwachte das Interesse an diesem Forschungsgegenstand wesentlich später. Die ersten entsprechenden Studien entstanden Anfang der siebziger Jahre.[3] Von einer Etablierung der Geschlechterforschung in Form von institutionell verankerten Forschungsschwerpunkten läßt sich in Deutschland eigentlich erst seit Beginn der neunziger Jahre sprechen.[4]

Das Leitthema, dem die amerikanischen *women's studies* während der ersten Dekade ethnologischer Geschlechterforschung (Ende der 60er bis Ende der 70er Jahre) verpflichtet waren, bildete die These von der universalen Dominanz des männlichen Geschlechtes. Diese wurde von vielen feministischen Forscherinnen zum Axiom erhoben, und sie konzentrierten dementsprechend ihre Untersuchungen und analytischen Paradigma darauf, die universalen Determinanten für die postulierte universale Geschlechter-Asymmetrie zu finden (Rosaldo and Lamphere 1974; Reiter 1975). Zentrale Bedeutung wurde diesbezüglich dem ökonomischen Sektor zugesprochen. Dahinter stand die Annahme, daß die Geschlechterasymmetrie aus der geschlechtsspezifischen produktiven und reproduktiven Arbeitsteilung resultiert und damit letztlich biologisch determiniert ist. ‚Die Frau', so wurde argumentiert, sei aufgrund ihrer Fähigkeit Kinder zu gebären, zwangsläufig stärker im reproduktiven Sektor engagiert, während der Mann dafür im produktiven und in anderen Bereichen dominiere. Auf Basis der Prämisse, daß ökonomische Ungleichheit die primäre Variable für das Entstehen sozialer Ungleichheit ist, wurde aus der postulierten ökonomischen Dominanz des Mannes auch seine Vorherrschaft in anderen Bereichen des sozialen Lebens gefolgert. In den entsprechenden theoretischen Diskussionen fällt das Vorherrschen verschiedener Dichotomien wie Natur/Kultur (Ortner 1974), öffentlich/privat (*public/private*), formal/informal (Rosaldo 1974), *inside/outside* (Draper 1975) auf, entlang derer die Geschlechterrelationen in verschiedenen Gesellschaften untersucht und erklärt wurden. All diesen Dichotomien liegt implizit die bereits aufgeführte Polarisierung von Produktion und Reproduktion zugrunde. So argumentierte beispielsweise Ortner (1974), daß die Frauen aufgrund ihrer reproduktiven Rolle grundsätzlich mit der ‚natürlichen' Sphäre, mit ‚Natur', Männer dagegen stärker mit ‚Kultur', d. h. dem Bereich des Geschaffenen, Konstruierten, assoziiert würden. In strukturaler Tradition stehend legte sie hierbei ‚Natur' und ‚Kultur' als universale Kategorien zugrunde, wobei die ‚Kultur' als der ‚Natur' überlegen angesehen wurde, insofern als sie letztere dominiert, kontrolliert und transformiert. Da der Auffassung Ortners zufolge alle Kulturen die ‚Natur' der ‚Kultur' unterordnen, seien universal auch Frauen den Männern unterlegen. Als Metapher für die Relation zwischen den Geschlechtern wurde diese Natur/Kultur Dichotomie vielfach aufgegriffen und angewandt (Llewelyn-Davies 1979), ebenso schnell aber auch als eurozentrisches und vereinheitlichendes Modell kritisiert, das solche Oppositionen selbst dort produziere, wo es keine durchgängige Klassifikation nach dem Muster von ‚Natur' und ‚Kultur' gäbe und dem deshalb keine universelle Gültigkeit zugesprochen werden könne (Rogers 1978; Yanagisako 1979; MacCormack and Strathern 1980).

Noch stärker als die Natur/Kultur Opposition dominierte ein anderes Begriffspaar lange die theoretischen Debatten, und zwar die von Rosaldo (1974) formulierte *public/domestic* Dichotomie. Den Schlüssel zur Erklärung der von ihr als universal angesehenen Dominanz des männlichen Geschlechtes sieht Rosaldo in der in allen Kulturen gegebenen Teilung zwischen ‚häuslicher' (*domestic*) und ‚öffentlicher' (*public*) Sphäre. Aufgrund ihrer reproduktiven Aufgaben würden Frauen in nahezu allen Gesellschaften die Aktivitäten übernehmen, die mit der Kinderfürsorge leichter zu vereinbaren seien. Dadurch wären sie grundsätzlich stärker mit dem informalen, privaten Bereich verbunden, der wiederum in allen Kulturen weniger Wertschätzung erfahre, als der weitgehend den Männern vorbehaltene öffentliche Bereich. Rosaldo belegt diese These mit ethnographischen Fallbeispielen aus diversen Kulturen, die ihrer Meinung nach demonstrieren, daß „an asymmetry in the cultural evaluations of male and female, in the importance assigned to women and men, appears to be universal" (Rosaldo 1974:20).[5] Dieses theoretische

Modell hat kontroverse Diskussionen ausgelöst und ist vielfach kritisiert worden, besonders deshalb, weil in den meisten nicht-staatlichen Gesellschaften, in denen Haushalte Lebens- und Arbeitsgemeinschaften sind, eine solche Aufteilung nicht vorgenommen werden kann. Es sei nur im Kontext staatlich organisierter Gesellschaften plausibel; zur Erfassung der Verhältnisse in nichtstaatlichen Gesellschaften sei dieses Modell ungeeignet (Quinn 1977:182f).

Nur wenige Ethnologinnen wie Leacock (1978), Sacks (1974, 1979), Rogers (1975) und Sanday (1974) gingen während der ersten Phase feministischer Geschlechterforschung davon aus, daß die für viele Kulturen beschriebene Asymmetrie der Geschlechterrelationen nicht universell sei. Für sie ging es dementsprechend darum, die Schlüsselvariablen zu finden, welche die Position der Frau innerhalb der Gesellschaft und somit das Geschlechterverhältnis bestimmen. So beschrieben beispielsweise marxistisch orientierte Ethnologinnen wie Sacks und Leacock Geschlechterasymmetrie als Ergebnis des im Zusammenhang mit dem Entstehen hierarchischer Gesellschaften zu verzeichnenden weiblichen Kontrollverlustes über die Produktionsmittel und ihre eigene Arbeit. Im Unterschied dazu sei in egalitären, staatenlosen Gesellschaften, wie sie z. B. verschiedene Jäger- und Sammlergemeinschaften präsentieren, der Grad individueller ökonomischer Autonomie wesentlich höher, und Männer wie Frauen besäßen gleichermaßen die Kontrolle über die eigene Arbeit und ihre Resultate.

Diese Ansätze lösten zahlreiche Studien über den Zusammenhang zwischen Geschlechterrelationen und gesellschaftlicher Entwicklung aus, blieben aber nach wie vor der Suche nach Schlüsselfaktoren sowie – auch in ihrem Widerspruch – den genannten Dichotomien verhaftet.[6] Rogers (1975) kritisiert den „Mythos der männlicher Dominanz“, indem sie darauf verweist, daß die stärkere Bindung der Frauen an den informalen, häuslichen Bereich nicht automatisch mit geringeren Machtbefugnissen und Entscheidungskompetenzen gekoppelt sei, sondern daß im Gegenteil in vielen Gesellschaften die Frauen trotz ihrer öffentlichen ‚Unsichtbarkeit‘ bedeutende Entscheidungsträgerinnen seien.[7]

Innerhalb der zweiten Dekade feministischer Ethnologie (Ende der 70er bis Ende der 80er Jahre) wurden die Studien wesentlich subtiler. Auch setzte eine allmähliche Lösung von der ausschließlichen Konzentration auf Frauen-Studien zugunsten einer zunehmenden Berücksichtung beider Geschlechter sowie ihrer von Kultur zu Kultur anders formulierten Bezogenheiten aufeinander ein. Die Frauenforschung begann sich in Geschlechterforschung zu wandeln, aus den *women's studies* wurden *gender studies* (Allerdings wiesen letztere nach wie vor ein deutliches *female bias* auf, bedingt dadurch, daß das Gros derjenigen, die *gender studies* betreiben, weiblichen Geschlechts ist). Im Zusammenhang mit dieser Erweiterung der Perspektive finden auch Phänomene des Geschlechterrollenwechsels bzw. die in etlichen Kulturen vorkommenden alternativen Geschlechterkategorien zunehmende Beachtung.[8] Hier wäre vor allem auch die Studie von Wikan (1977) über männliche

‚Transvestiten' (*xanith*) in Oman zu nennen, die Wikan als „drittes Geschlecht" beschreibt, wodurch sie eine lebhafte Diskussion anstieß.[9]

Insgesamt läßt sich in der zweiten Phase eine Abkehr von simplen Ursache-Wirkung-Schemata und dem positivistisch-empiristischen Paradigma der frühen theoretischen Arbeiten verzeichnen. So erhielt die Suche nach universalen Schlüsselfaktoren einen Dämpfer durch die interkulturellen Vergleichsstudien von Whyte u. a. (1978), welche keinerlei Evidenzen für die Existenz eines universalen Komplexes an „Status der Frau"-Determinanten erbrachten.[10] Sie illustrierten, wie groß die Anzahl möglicher Status-Indikatoren ist, wie problematisch es ist, zwischen Status-Indikatoren und Status-Determinanten zu unterscheiden, und vor allem, welch breiter Spielraum der Subjektivität der einzelnen ForscherInnen bei der Zuordnung von ‚hohem' oder ‚niedrigem' Status zu bestimmten Indikatoren gegeben ist. So lag es im Ermessen der einzelnen Forscher, ob sie beispielsweise Phänomene wie die in manchen Kulturen praktizierte strenge Trennung der Geschlechter im Vergleich zu dem in anderen Gesellschaften gegebenen Freiraum für voreheliche Sexualität als Indikatoren für einen niedrigen respektive hohen ‚Status der Frau' in Relation zum Mann bewerten, oder ob sie diese Phänomene als Determinanten für den jeweiligen kulturspezifischen ‚Status der Frau' und somit des Geschlechterverhältnisses sehen.

Die Annahme von der universalen Unvereinbarkeit gewisser reproduktiver Aufgaben (fortgeschrittene Schwangerschaft, Babyversorgung, Stillen) mit bestimmten physisch sehr belastenden oder längere Trennung vom Kleinkind erfordernden produktiven Aufgaben wurde z. B. durch das Material von Goodman and Griffin (1985) über die Agta auf den Philippinen (Luzon) relativiert. Deren Daten zeigen, daß auch das routinemäßige Jagen von größeren Tieren wie Wildschweinen, Hirschen und Affen mit den sogenannten weiblichen ‚Reproduktionsaufgaben' vereinbar ist. Selbst schwangere, stillende oder menstruierende Frauen und Mütter von Babies gehen bei den Agta regelmäßig auf die Jagd. Die Ergebnisse dieser und anderer Studien führten zu einer kritischen Reflexion und Modifikation der frühen Prämissen und Thesen und bewirkten eine zunehmende methodische und analytische Differenzierung. Als bedeutsam ist in diesem Zusammenhang der von Ortner and Whitehead (1981) edierte Sammelband zu nennen, mit dem die Herausgeberinnen neue Wege zu beschreiten suchen. In ihrer Einführung lehnen sie explizit alle Ansätze ab, die Geschlecht als primär biologisch determiniert betrachten. Was Geschlecht, was Mann- und Frau-Sein bedeutet, welcher Art die Beziehungen zwischen den Geschlechtern in verschiedenen Kulturen sind, reflektiert ihrer Ansicht nach nicht einfach biologische Gegebenheiten, sondern stellt das Ergebnis kultureller und sozialer Prozesse dar (Ortner and Whitehead 1981:1). Sie setzen mit diesem Ansatz den Schwerpunkt auf die kulturelle Konstruktion von Geschlecht, d. h. auf *gende*r, und verbannen die physiologischen Aspekte des Geschlechts (*sex*) nahezu vollständig aus der Diskussion. Geschlecht (*gender*), Sexualität und Reproduktion verstehen Ortner and Whitehead als Symbole, die in unterschiedlichen Gesellschaften unterschiedliche Bedeutungen aufweisen. Das Ziel ethnologischer Analyse sollte ihrer Meinung nach darin liegen, den Symbolgehalt, die kulturspezifischen Bedeutungen von Geschlecht aufzudecken. Diese Herangehensweise, die Geschlecht bzw. *gender* als kulturelles Bedeutungssystem (*meaning system*) auffaßte, stellte eine eindeutige Abkehr von den positivistischen Erklärungsansätzen dar und verwies die ethnologische Untersuchung von Geschlechteraspekten in den Bereich symbolischer Analyse und Interpretation. So innovativ dieses Buch auch in vielerlei Hinsicht war, so wenig hinterfragte es jedoch die Grundannahme der damaligen Geschlechterforschung, d. i. die universale Dominanz des männlichen Geschlechtes, sondern tradierte diese und mit ihr die entsprechenden Dichotomien weiter.

Auf der anderen Seite sorgte auch die vielschichtige Kritik, welche die feministische These von der universalen Dominanz des männlichen Geschlechts und die in Zusammenhang mit ihr entstandenen binären Kategorisierungen von verschiedenen WissenschaftlerInnen immer wieder erfuhr, dafür, daß diese Dichotomien die ethnologische Debatte bis weit in die 80er Jahre hinein beherrschten und somit zu einer gewissen Erstarrung der ethnologischen Geschlechterforschung führten. Eine grundlegende Kritik an den analytischen Dichotomien als solchen begann sich in Amerika erst in der zweiten Hälfte der 80er Jahre abzuzeichnen (Collier and Yanagisako 1987; Mukhopadhyay and Higgins 1988; Sanday and Goodenough 1990). So wiesen z. B. Collier und Yanagisako die Konstruktion von Dichotomien als typisches Element westlicher Denktraditionen aus, die in der heutigen Form letztlich alle auf der kartesanischen Dualität von Körper und Geist (= Natur/ Kultur) beruhen.

Ein weiteres bedeutendes Charakteristikum westlichen Denkens besteht nach Ansicht einiger Theoretikerinnen (Leacock 1978; Etienne and Leacock 1980; Strathern 1987) in der Tendenz, die aufgestellten Dichotomien in hierarchische Bezüge zueinander zu bringen, die Kultur als der Natur, das Formale als dem Informalen, das Produktive als dem Reproduktiven überlegen zu werten. Die entsprechende Zuordnung der Geschlechter setzt damit auch Mann und Frau in ein asymmetrisches Verhältnis zueinander. Eine ganz zentrale Frage hinsichtlich der Dominanz- und damit Macht- und Herrschaftsdebatte, die im deutschsprachigen Raum Lenz und Luig (1990) stellten, war die nach den zugrunde liegenden Definitionen der Begriffe von Macht und Herrschaft. Diese Begriffe gingen von einem ganz bestimmten (westlichen) Macht- und Herrschaftsverständnis aus und ließen es nicht zu, andere Formen von Einfluß und Mächtigkeit zu erfassen, sondern trugen stattdessen dazu bei, daß diese ausgeblendet wurden.

Der Differenz-Ansatz

Obwohl an dieser scheinbaren Unfähigkeit westlicher ForscherInnen, Differenzen jenseits von Hierarchie wahrzunehmen, schon früh Kritik geübt worden ist, durchzieht dieses Muster nach wie vor einen Großteil auch der jüngeren Studien. Moore (1993; 1994) greift diese Kritik an den Polarisierungs- und Hierarchisierungstendenzen innerhalb der ethnologischen Theorienbildung auf und führt sie weiter. Eine entscheidende Konsequenz des dichotomen Denkens sieht sie darin, daß in den meisten Arbeiten der Fokus nach wie vor auf der Differenz, auf den Unterschieden im Sinne von Ungleichheit zwischen den Geschlechtern liegt und Aspekte der Gemeinsamkeit (*sameness*) und Ähnlichkeit (*similarity*) der Geschlechter vernachlässigt werden. Ein Nachdenken über Differenz – im Sinne von Verschiedenheit, Unterscheidung und Unterschied in allen Nuancen, die nicht zwangsläufig Ungleichwertigkeiten darstellen müssen – impliziert ihrer Auffassung nach aber immer auch ein Nachdenken über Verbindendes und Gemeinsames. Wenn man also über Unterschiede sprechen wolle, müsse man zuerst Gemeinsamkeiten untersuchen, um zeigen zu können, wie diese beschaffen seien und wo sie ein Ende finden, also Verschiedenheit beginnt. Bedeutsam ist in diesem Zusammenhang die Frage, inwieweit Geschlechterdifferenz über andere Formen der Differenz – wie z. B. Rasse, Ethnizität, Klasse, Religion etc. – gestellt werden könne (Moore 1993:20). Eine isolierte Betrachtung von Geschlechterdifferenz ohne Einbeziehung der anderen in einer Gesellschaft jeweils vorhandenen Differenzformen führe zu einer Verzerrung und Überbewertung der Bedeutung, die im jeweiligen lokalen Kontext den Geschlechterdifferenzen zugemessen wird. Insofern sollten in Empirie und Theorie den Schnittpunkten der verschiedenen Differenzformen die entsprechende Aufmerksamkeit zuteil werden. Geschlechterdifferenz in Relation zu anderen Formen der Ungleichheit wahrzunehmen, bedeute aber auch, Geschlechterdifferenz nicht länger implizit als ein stabiles, monolithisches Konzept mit nahezu tangiblen Qualitäten zu betrachten. Vielmehr müsse berücksichtigt werden, daß jede Gesellschaft mehr als nur ein Modell, mehr als nur eine Ideologie in Bezug auf das Verhältnis zwischen den Geschlechtern besitze. Je nach Kontext könnten in einer Interaktion beispielsweise einmal geschlechtliche, einmal ethnische, einmal religiöse, einmal schichten- oder klassenspezifische Differenzen dominieren. Es könnten jedoch auch, je nach der ethnischen, religiösen oder Klassen- bzw. Schichtzugehörigkeit der jeweiligen Interaktionspartner, völlig verschiedene Geschlechtermodelle zutage treten. Diesen in der bisherigen Geschlechterforschung stark vernachlässigten intrakulturellen Variationen müsse, so betont Moore (1993:195), in Zukunft mehr Aufmerksamkeit geschenkt werden. Es gelte die diversen, z. T. konträren Geschlechterideologien innerhalb einer Kultur sichtbar zu machen bzw. die multiplen Formen von Gleichheit und Ungleichheit in ihrer kontextuellen Vernetzung aufzuzeigen. Diese Betonung der Multidimensionalität und intrakulturellen Variation ist jedoch nicht neu, sondern ist, wie eingangs bereits dargelegt, ein Teil der rezenten Theoriendiskussion. Bereits Tyler (1969:5) plädierte dafür, daß sich ethnographische Beschreibungen um eine systematische Erfassung der Korrelationen zwischen Varianten und Kontexten bemühen sollten: „Variants are not mere derivations from some assumed basic organization, with their rules of occurence they are the organization.“ Ebenso bereitete auch Goodenough (1969) mit seiner Neuformulierung der klassischen Status- und Rollenkonzepte bereits den Boden für die methodische Erfassung multipler Identitäten. Allerdings sind diese aus dem Bereich der kognitiven Ethnologie stammenden Ansätze an der Geschlechterforschung mehr oder minder vorbeigegangen. Eine Sensibilisierung für die Differenzen innerhalb von Kulturen erfordert, wie Moore deutlich macht, Differenzen nicht ausschließlich zwischen Kategorien (*differences between*), sondern auch innerhalb von Kategorien (*differences within*) zu untersuchen.

Für die Geschlechterforschung bedeutet dies, daß ‚Männer' und ‚Frauen' nicht länger als homogene Kategorien betrachtet und behandelt werden dürfen. Der Blick für die *differences within* muß geschärft werden. So steht beispielsweise in zahlreichen Geschlechterstudien nach wie vor implizit die Ehefrau-Ehemann-Dyade im Mittelpunkt der Untersuchung. Diese stellt jedoch eine Form der Geschlechterrelation dar, die immer in irgendeiner Weise mit Aspekten der Sexualität und Fortpflanzung gekoppelt wird, was zweifellos zu der generellen Überbetonung dieser Faktoren in der ethnologischen Theorienbildung geführt hat. Denn Frauen- bzw. Geschlechterstudien wurden in den europäischen und amerikanischen Gesellschaften stark von den zeitgenössischen Theorien zum menschlichen Sexual- und Trieb-Verhalten (Masters und Johnson 1966) geprägt, welche der Sexualität das Primat in den Geschlechterbeziehungen zusprachen.

Andere Formen der Geschlechterbeziehungen wurden deshalb vernachlässigt. Diese stehen jedoch unter ganz anderen Vorzeichen. So werden z. B. die Beziehungen zwischen Schwestern und Brüdern durch andere Komponenten als die der Sexualität und Reproduktion geprägt.[11] Diese Faktoren verlieren zudem mit steigendem Lebensalter auch in bezug auf Ehepartner an Bedeutung. Das Geschlechterverhältnis alter Menschen wird vermutlich in vielen Gesellschaften durch andere Kriterien definiert als das jüngerer Menschen, oder aber der Unterschied zwischen den Geschlechtern verliert mit höherem Lebensalter gänzlich an Bedeutung zugunsten anderer Formen der Differenz. Hiermit ist – neben der Differenz **zwischen** den Geschlechtern und der **innerhalb** von Geschlechtergruppen – eine dritte Dimension der Differenz angesprochen, nämlich die der unterschiedlichen Identitäten, die ein Individuum sowohl im Verlauf seines Lebens erlangt als auch gleichzeitig in sich vereinigt. Jeder Mensch verfügt in Abhängigkeit von den jeweiligen Rahmenbedingungen und Kategorisierungen seiner Gesellschaft über diverse Identitäten (z. B. als Vater, Ehemann, Arzt, Kegelbruder, Schwiegersohn, Schulfreund oder Vorsitzender des Heimatvereins). Welche der vielen ihr zur Verfügung stehenden sozialen Identitäten eine Person einnimmt, hängt von dem jeweiligen sozialen Kontext ab. So tritt z. B. die berufliche Identität eines Mannes als Arzt im Kontext eines Kegelabends oder im Umgang mit den eigenen Kindern in den Hintergrund. Diese einzelnen sozialen Identitäten, die ein Individuum in sich vereinigt, sind jedoch nicht starr und unveränderlich, sondern werden im Laufe des Lebens modifiziert. An eine junge Mutter werden beispielsweise andere Anforderungen gestellt als eine betagte Mutter, in deren Leben eventuell bereits die Großmutteridentität oder die der Seniorenheimbewohnerin zu dominieren beginnt. Eine ältere Ärztin, die ihre berufliche Erfahrung geltend machen kann, verfügt über andere Autonomiespielräume und Autoritätspositionen als eine junge, die am Anfang ihrer Laufbahn steht.

Vor dem Hintergrund dieser komplexen, situational und temporär veränderlichen Identitäten, die ein Individuum in sich vereinigt, wird auch der in der Literatur häufig verwendete Begriff der ‚Geschlechtsidentität' fraglich, da er Aspekte von Dauerhaftigkeit und Eindeutigkeit impliziert. Der Differenz-Ansatz legt vielmehr nahe, ‚Geschlechtsidentität' nicht als stabile Entität, sondern als in erster Linie prozessuales Moment zu begreifen. Geschlechtsidentität bildet kein unveränderliches Kennzeichen, das ein Mensch zeitlebens mit sich führt, vielmehr manifestiert sie sich in einem Individuum in Relation zu seinen anderen Identitäten und in Abhängigkeit von den unterschiedlichen sozialen Kontexten immer wieder anders und neu.

Die drei hier umrissenen Dimensionen von Differenz – zwischen den Geschlechtern, innerhalb der Geschlechter sowie innerhalb von Individuen – bildeten die Vorgabe, die wir als Herausgeberinnen den Autorinnen gegeben hatten. Sie sollten sich aufgrund dieser Überlegungen mit ihrem empirischen Material, das sie unter anderen Fragestellungen gesammelt hatten, auseinandersetzen und versuchen, es unter diesen Gesichtspunkten neu zu bearbeiten. Das Resultat ist eine Sammlung vielfältiger Aufsätze über Geschlecht und Differenz aus fast allen Teilen der Welt. Mit Fragen nach Differenzen zwischen Geschlechtergruppen (*difference between*) befassen sich die Beiträge von Dracklé, Hermann und Heldmann. Dabei stehen kulturspezifische Zwei-Geschlechtermodelle als Normvorstellung im Vordergrund sowie die Art und Weise, wie sie das soziale Leben prägen bzw. wie Menschen damit umgehen und Modifikationen aushandeln. Mit der *difference within*, vor allem Veränderungen von Geschlechterrollen und -identitäten im Verlauf des Lebens und in Verbindung mit unterschiedlichen Positionen innerhalb von Familie und Verwandtschaft sowie innerhalb der jeweiligen ökonomischen Strukturen, setzen sich die Beiträge von Grohs, Schäfer, Tietmeyer und Göbel auseinander, die jeweils aber auch auf die Differenzen zwischen den Geschlechtern rekurrieren. Die Schnittpunkte zwischen geschlechtlicher und hierarchischer Differenz werden in den Beiträgen von de Jong und Schröter thematisiert. Sie zeigen auf, inwieweit in hierarchisch organisierten Gesellschaften innerhalb von Geschlechtergruppen Differenzen durch Rang markiert werden. Nicht Differenz, sondern Gemeinsamkeit und Ähnlichkeit stehen im Zentrum des Beitrags von Nadig, die Ähnlichkeiten in Geburtsritualen, die sich mit der körperlichen und psychischen Erfahrung von Frauen auseinandersetzen, kulturvergleichend diskutiert.

Diese Sammlung von Aufsätzen möge dazu dienen, die Diskussion über Prozesse der Differenzierung nicht nur zu beleben, sondern sie auch weiterzuführen.

Anmerkungen

1 Nachdem Elisabeth Grohs uns ihren Beitrag zugestellt hatte, erreichte uns überraschend die Nachricht vom plötzlichen Tod der Autorin. Henrike Grohs (Berlin), ihre Tochter, übernahm in Zusammenarbeit mit den Herausgeberinnen die Endredaktion des Textes. Wir hoffen, daß dies im Sinne unserer verstorbenen Kollegin geschehen ist.

2 Eine Wegbereiterin solcher Untersuchungen war zweifellos Margaret Mead. Sie selbst hat eine Vielzahl von Studien durchgeführt, die alle kulturvergleichend angelegt bzw. auf die Verhältnisse in den USA bezogen waren. Ihre Arbeiten waren lange Zeit richtungsweisend, vor allem bezüglich des interkulturellen Vergleichs der ‚Rolle' der Frau. Sie wurde gleichzeitig auch zur Leitfigur von Kulturanthropologinnen.

3 Einen Überblick über die Entwicklung der Frauen- und Geschlechterforschung innerhalb der deutschsprachigen Ethnologie bis Ende der achtziger Jahre gibt Hauser-Schäublin (1991:9–37).

4 Diese Verzögerung mag u. a. auch mit den unterschiedlichen Finanzierungsstrukturen der Universitäten zusammenhängen: während die Hochschulen in den USA auf Finanzen aus der Privatwirtschaft oder von Stiftungen angewiesen sind und sich aus diesem Grund aktuellen sozio-politischen Strömungen gegenüber nicht verschließen dürfen, ermöglicht es die staatliche Finanzierung den Universitäten in Deutschland sich selbst zu reproduzieren (s. Hauser-Schäublin 1991:10).

5 In einem späteren Artikel (1980) relativiert sich Rosaldo z. T. selbst, indem sie die Limitationen der *‚domestic/public'* Dichotomie und ihre westlichen Wurzeln erkennt. Dies führt jedoch nicht zu einer Infragestellung der These von der universalen Dominanz des männlichen Geschlechtes.

6 Vgl. diesbezüglich auch die Studien von Boserup 1970; Martin 1975; Draper 1975.

7 Siehe auch Dwyer 1977; Altorki 1986; Tiffany 1979, Strathern 1984, Bjorkman 1986.

8 Siehe z. B. Shore 1981; Smith Oboler 1980; Williams 1986; Kessler and McKenna 1978; Whitehead 1981.

9 Ein Teil dieser Diskussion wurde in *Man* 13 (1978), im Anschluß an das Erscheinen des Artikels von Wikan im vorausgehenden Band, geführt.

10 Der Begriff ‚Status der Frau' wurde in der entsprechenden Literatur völlig vage und ungenau verwandt. So wurde er mal auf die politische oder ökonomische, mal auf die legale oder auch auf die ideologische Dimension bezogen. Dies kritisiert auch Quinn (1977:183) in ihrem Rückblick auf die erste Dekade ethnologischer Frauenforschung. Sie schlägt vor, den Begriff ‚Status der Frau' nicht als monolithische Kategorie, sondern als multiples Bündel zahlreicher Variablen zu begrei-

fen. Sie weist darauf hin, daß der ‚Status der Frau' in einer Gesellschaft in einigen Dimensionen im Vergleich zur Position des Mannes niedrig, in anderen Dimension jedoch den männlichen Positionierungen gleichwertig oder auch überlegen sein kann und fordert eine systematische Analyse dieser Relationen.

11 Aufschlußreich ist diesbezüglich die Studie von Tcherkezoff (1993) über die Beziehung zwischen Brüdern und Schwestern in Samoa. Siehe auch Errington (1990:47ff).

Literatur

Altorki, S. (1986): Women in Saudi Arabia: *Ideology and Behavior Among the Elite.* New York: Columbia University Press

Bjorkman, J.W. (ed.) (1986): *The Changing Division of Labor in South Asia: Women and Men in India's Society, Economy, and Politics.* Riverdale, Md: Riverdale

Boserup, Ester (1970): Women's Role in Economic Development. New York: St. Martin's

Butler, Judith (1991): *Das Unbehagen der Geschlechter.* Frankfurt a. M.: Suhrkamp

Caplan, Pat (ed.) (1987): *The cultural construction of sexuality.* London/New York: Routledge

Collier, Jane F./ Sylvia Yanagisako (eds.) (1987): *Gender and Kinship. Essays Toward a Unified Analysis.* Stanford: Stanford University Press

Draper, P. (1975): !Kung Women: Contrasts in Sexual Egalitarianism in Foraging and Sedentary Contexts. In: Reiter, R. (ed.): *Toward an Anthropology of Women.* New York: Monthly Review Press, S. 77–109

Dwyer, D.H. (1977): Bridging the Gap between the Sexes in Moroccan Legal Practice. In: Schlegel, Alice (ed.): *Sexual Stratification: A Cross-Cultural View.* New York: Columbia University Press, S. 41–66

Errington, Shelly (1990): Recasting Sex, Gender, and Power: A Theoretical and Regional Overview. In: Atkinson, Jane M./ Shelly Errington (eds.): *Power and Difference. Gender in Island Southeast Asia.* Stanford: Stanford University Press, S. 1–58

Etienne, Mona/ Eleanor Leacock (eds.) (1980): *Women and Colonizaition: Anthropological Perspectives.* New York: Praeger

Giddens, Anthony (1990) 1995: *Konsequenzen der Moderne.* Frankfurt a. M.: Suhrkamp

Goodenough, Ward H. (1969): Rethinking ‚Status' and ‚Role'. Toward a General Model of the Cultural Organization of Social Relationships. In: Tyler, Stephen (ed.): *Cognitive Anthropology.* New York: Holt, Rinehart and Winston, S. 311–330

Goodman, Madeleine J./ P. Bion Griffin u. a. (1985): The Compatibility of Hunting and Mothering among the Agta Hunter-Gatherers of the Philippines. In: *Sex Roles* Vol. 12, S. 1199–1209

Hauser-Schäublin, Brigitta (1991): Das Werden einer geschlechtsspezifischen Ethnologie (im deutschsprachigen Raum). In: Brigitta Hauser-Schäublin (ed.): *Ethnologische Frauenforschung: Ansätze, Methoden, Resultate.* Berlin: Reimer, S. 9–37

Kessler, Suzanne/ Wendy McKenna (1978): *Gender: An Ethnomethodological Approach*. New York: John Wiley

Leacock, Eleanor (1978): Women's Status in Egalitarian Society: Implications for Social Evolution. In: *Current Anthropology* Vol. 19, S. 247–55, 268–75

Lenz, Ilse/ Ute Luig (eds.) (1990): *Frauenmacht ohne Herrschaft. Geschlechterverhältnisse in nichtpatriarchalischen Gesellschaften.* Berlin: Orlanda Frauenverlag

Llewelyn-Davies, Melissa (1979): Two Contexts of Solidarity. In: Caplan, Pat/ J.M. Bujra (eds.): *Women United, Women Divided: Comparative Studies of Ten Contemporary Cultures.* Bloomington: Indiana University Press, S. 206–237

Lyotard, Jean-François (1979) 1994: *Das postmoderne Wissen.* Wien: Edition Passages

MacCormack, Carol P./ Marilyn Strathern (eds.) (1980): *Nature, Culture, and Gender*. Cambridge: Cambridge University Press

MacKinnon, Catharine E. (1990): Legal perspectives on sexual difference. In: Rhode, Deborah L. (ed.): *Theoretical Perspectives on Sexual Difference*. New Haven: Yale University Press, S. 213–225

Masters, William H./ Virginia E. Johnson (1966) 1970: *Die sexuelle Reaktion*. Hamburg: Akad. Verl. Ges.

Moore, Henrietta L. (1993): The Differences Within and the Differences Between. In: del Valle, Teresa (ed.): *Gendered Anthropology*. London: Routledge, S. 193–204

Moore, Henrietta L. (1994): *A Passion for Difference*. Cambridge: Polity Press

Mukhopadhyay, Carol C./ Patricia J. Higgins (1988): Anthropological Studies of Women's Status Revisited: 1977–1987. In: *Annual Review of Anthroplogy* Vol. 17, S. 461–495

Ortner, Sherry (1974): Is Female to Male as Nature is to Culture? In: Rosaldo, Michelle/ Louise Lamphere (eds.): *Woman, Culture, and Society.* Stanford: Stanford University Press, S. 67–88

Ortner, Sherry/ Harriet Whitehead (eds.) (1981): *Sexual Meanings: The Cultural Construction of Gender and Sexuality.* Cambridge: Cambridge University Press

Quinn, Naomi (1977): Anthropological Studies of Women's Status. In: *Annual Review of Anthropology* Vol. 6, S. 181–225

Reiter, Rayna R. (ed.) (1975): *Toward an Anthropology of Women.* New York: Monthly Review Press

Rhode, Deborah L. (ed.) 1990: *Theoretical perspectives on sexual difference.* New Haven: Yale University Press

Rogers, Susan C. (1975): Female Forms of Power and the Myth of Male Dominance: A Model of Female/ Male Interaction in Peasant Society. In: *American Ethnologist* Vol. 2, S. 727–756

Rogers, Susan C. (1978): Woman's Place: A Critical Review of Anthropological Theory. In: *Comparative Studies of Society and History* Vol. 20, S. 123–162

Rosaldo, Michelle Z. (1974): Woman, Culture, and Society: A Theoretical Overview. In: Rosaldo, Michelle/ Louise Lamphere (eds.): *Woman, Culture, and Society.* Stanford: Stanford University Press, S. 17–42

Rosaldo, Michelle Z. (1980): The Use and Abuse of Anthropology: Reflections on Feminism and Cross Cultural Understanding. In: *Signs* Vol. 5, S. 389–417

Rosaldo, Michelle Z./ Louise Lamphere (eds.) (1974): *Woman, Culture, and Society*. Stanford: Stanford University Press

Sacks, Karen (1979): *Sisters and Wives: The Past and Future of Sexual Equality*. Westport, Conn.: Greenwood

Sacks, Karen (1974): Engels Revisited: Women, the Organization of Production, and Private Poperty. In: Rosaldo, Michelle/ Louise Lamphere (eds.): *Woman, Culture, and Society*. Stanford: Stanford University Press, S. 207–222

Sanday, Peggy R. (1974): Female Status in the Public Domain. In: Rosaldo, Michelle/ Louise Lamphere (eds.): *Woman, Culture, and Society*. Stanford: Stanford University Press, S. 189–206

Sanday, Peggy R./ Ruth Goodenough (eds.) (1990): *Beyond the Second Sex: New Directions in the Anthropology of Gender*. Philadelphia: University of Pennsylvania Press

Shore, Bradd (1981): Sexuality and Gender in Samoa: Conceptions and Missed Conceptions. In: Ortner, Sherry/ Harriet Whitehead (eds.): *Sexual Meanings: The Cultural Construction of Gender and Sexuality*. Cambridge: Cambridge University Press, S. 192–215

Smith Oboler, Regina (1980): Is the female Husband a man? Woman/ Woman Marriage among the Nandi of Kenya. In: *Ethnology* Vol.19, S. 69–88

Strathern, Marilyn (1984): Domesticity and the Denigration of Women. In: O'Brien, D./ S.W. Tiffany (eds.) *Rethinking Women's Roles: Perspectives from the Pacific*. Berkeley: University of California Press, S. 13–31

Strathern, Marilyn (ed.) (1987): *Dealing with Inequality: Analysing Gender Relations in Melanesia and Beyond*. Cambridge: Cambridge University Press

Tcherkezoff, Serge (1993): The illusion of dualism in Samoa. ‚Brothers-and-sisters' are not ‚men-and-women'. In: del Valle, Teresa (ed.): *Gendered Anthropology*. London: Routledge, S. 54–87

Tiffany, Sharon W. (ed.) (1979): Women and Society: *An Anthropological Reader*. St. Albans Vt: Eden

Tyler, Stephen (1969): Introduction. In: Tyler, Stephen (ed.): *Cognitive Anthropology*. New York: Holt, Rinehart and Winston, S. 1–23

Whitehead, Harriet (1981): The Bow and the Burden Strap: A new Look at Institutionalized Homosexuality in North America. In: Ortner, Sherry/ Harriet Whitehead (eds.): *Sexual Meanings: The Cultural Construction of Gender and Sexuality*. Cambridge: Cambridge University Press

Whyte, Martin K. (1978): *The Status of Women in Preindustrial Societies*. Princeton: Princeton University Press

Wikan, Unni (1977): Man becomes Woman: Transsexualism in Oman as a Key to Gender Roles. In: *Man* Vol.12, S. 304–319

Williams, Walter (1986): *The Spirit and the Flesh*.New York: Beacon Press

Yanagisako, Sylvia J. (1979): Family and Household: The Analysis of Domestic Groups. In: *Annual Review of Anthropology* Vol. 8, S. 161–205

Maya Nadig

Körperhaftigkeit, Erfahrung und Ritual

Geburtsrituale im interkulturellen Vergleich[1]

Geburten sind nicht einfach biologische, nach immer gleichen Gesetzen ablaufende Ereignisse, sondern hoch differenzierte bio-psycho-soziale Prozesse, die in Form von Ritualen gestaltet und sozialisiert werden. Der Ablauf einer Geburt entspricht einerseits biologischen und physiologischen Regelsystemen; gleichzeitig aber formen und beeinflussen Menschen dieses physiologische Geschehen durch ritualisierte Handlungen, sei es, um den körperlichen Prozeß zu unterstützen, Ängste zu mindern, Gefahren zu bannen. In der Anordnung, Symbolik und Qualität dieser Rituale werden sowohl bio-psycho-soziale Bedeutungen wie geschlechtsspezifische Zuschreibungen bestätigt oder neu konstruiert. Eine fast unendliche Vielfalt an Differenzen unterscheidet in inhaltlicher und symbolischer Hinsicht die einzelnen Geburtssysteme. Einerseits sind sie in der Unterschiedlichkeit der Epochen, Gesellschaften, Gruppen oder Milieus, die die Geburt tragen, begründet und andererseits beziehen sich die Differenzen auf die unterschiedlichen symbolischen Konstruktionen des ‚Körpers', der ‚Frau', der ‚Mutter', der Beziehung zwischen Mann und Frau und zwischen Frau und Frau.

Trotzdem läßt sich auch eine Art von ‚Gleichheit' zwischen den verschiedenen Geburtsritualen feststellen, eine Gleichheit, die mit der körperlichen Erfahrung zusammenhängt, die im Schmerz eine physische und psychische Extremsituation erzeugt und die Gebärende in einen spezifischen Streß versetzt. Zur Erleichterung dieser biologischen Bedingung der Geburt findet sich fast immer und überall eine Gruppe von Menschen zur Geburtsbegleitung zusammen.

In der feministischen Diskussion war die *sex – gender* Differenzierung, die zwischen biologischem und sozialem Geschlecht unterschied, zunehmend von der Konstruktionsthese abgelöst worden. Der Bezug auf das biologische Geschlecht, so wurde argumentiert, sei gefährlich, weil er die normative Zwangsreduktion auf einen Geschlechterdualismus fördere und zudem Biologie selber auch ein Konstrukt sei. Jeder Bezug auf einen biologischen Zusammenhang wurde als reduktionistisch und potentiell sexistisch dekonstruiert (vgl. Knapp 1992; Gildemeister und Wetterer 1992; Butler 1991, 1995; Scheich 1996). Die Gleichheit der Frauen untereinander von ihrer biologischen Beschaffenheit abzuleiten, ist tatsächlich ein Fehlschluß, denn die sozialen, regionalen und politischen Differenzen sind gewichtig und determinierend.

In der neusten Diskussion zur feministischen Anthropologie wird jetzt der radikale soziale Konstruktivismus unter Bezug auf das Subjekt und den Körper in Frage gestellt (z. B. Benhabib 1993; Moore 1993). Moore beschäftigt sich in ihren letzten Arbeiten zunehmend mit dem ‚*embodiment*', d. h. mit der Rolle, die der Körper in der Erfahrung und der Konstruktion von Geschlecht und seiner Kategorisierung spielt. Das Argument zielt darauf ab, daß eine wechselseitig konstitutive Beziehung zwischen dem Biologischen und dem Kulturellen besteht, indem beide Pole sich gegenseitig beeinflussen und formen. „Experience can and does act as ontologically for all of us, but it does so through a technique of construction. This process of construction involves a recognition of the role of physical presence in establishing dialogue between individuals and groups" (Moore 1994:2f).[2]

Die Wiedereinführung der Begriffe des Physischen, des Körpers und der Erfahrung sucht nicht eine Rückkehr zum biologischen Fundamentalismus, der die dualistische Aufteilung der Geschlechter legitimiert; es geht eher darum, festzuhalten, daß Menschen ihre Bedeutungskonstruktionen auch aufgrund körperbedingter physischer und psychischer Erfahrungen machen, die gleichzeitig lokal und sozial geformt sind. Damit wird die Auflösung der binären Geschlechterbilder zugunsten der sinnlichen und empfindlichen Wahrnehmung von Differenzen im Lokalen, Sozialen, Körperlichen und Kulturellen eher gefördert als behindert. Im Aufsatz von Anja Heldmann (in diesem Band) zum Beispiel wird sehr deutlich, daß der Kampf um sozial differenzierte und multiplizierte Kategorien für die Geschlechter nicht unabhängig vom Körper geleistet werden kann, denn selbst dort, wo fundamentalistische Biologen die Zweigeschlechtlichkeit glauben begründen zu können, erweist sie sich als inexistent und nur unter Einsatz von Gewalt und Verleugnung künstlich erzeugt und den herrschenden Normen angepaßt. So erwächst der Wunsch, die Körper und das Biologische in die soziale Analyse zu reintegrieren, nicht aus einem Rückschritt auf überwundene Positionen, sondern aus dem Versuch, das ernstzunehmen, was unabweislich in der sozialen Praxis vorhanden ist, die körperhafte Natur der Subjektivität. Das gilt auch für Frauen, die gebären und für das Geburtssystem.

Diesen Fragen nach Gleichheit und Differenz und der Bedeutung der Körpererfahrung in der Konstruktion von sozialen Bewältigungsmustern und Kategorien möchte ich im folgenden am Beispiel der Geburt nachgehen. Ich werde also über Geburten, Körper, Krisen und ihre Vermittlerinnen sprechen, d. h. über Frauen, Männer, Mütter und Hebammen, über ihr soziales Umfeld und ihre Erfahrungen. Geburtsrituale machen das biologische Geschehen zu einem sozialen Ereignis. Anhand von Geburtsbeschreibungen aus verschiedenen Gesellschaften und Milieus möchte ich zeigen, wie unterschiedlich die Bilder von der Geburt, dem Körper der Frau, der Frau und der Mutter im Geburtsritual miteinander verwoben und in ihrer Wertigkeit konstruiert werden. Es sind immer andere Bedeutungen und Symbole, die das Geschehen deuten und fördern.

Gleichzeitig aber ist es faszinierend zu sehen, daß sich ganz bestimmte Gemeinsamkeiten oder Ähnlichkeiten durch all jene Rituale hindurchziehen, die die Bedürfnisse und die Not der Gebärenden, also die körperliche und emotionale Befindlichkeit des Subjekts, als zentral für das Geschehen erachten. Die sorgfältige Wahrnehmung, das genaue Registrieren und symbolische Abbilden dessen, was mit und in der Gebärenden im bio-psycho-sozialen Prozeß geschieht, erzeugt diese bemerkenswerte Gleichheit im sozialen Umgang mit der Gebärenden, eine Gleichheit, die sich über verschiedenste Gesellschaftsformen und Kulturen hinweg feststellen läßt.

Ich werde aus verschiedenen Perspektiven das soziale Geburtssystem umkreisen und dabei vier Thesen verfolgen:

1. Es gibt zwei Arten von Ritualen: subjektbezogene und institutionsbezogene. Beide Formen repräsentieren immer auch gesellschaftliche Verhältnisse, Glaubensinhalte und Regeln.
2. Subjektbezogene Rituale trennen nicht zwischen Leib und Seele, sie bearbeiten psychophysische Zustände und Prozesse in konkreter und vorwiegend symbolischer Form.
3. Geburtsrituale symbolisieren und konstruieren Aspekte von Geschlechterbildern, Körperbildern, Machtverhältnissen und Erfahrungsformen aus einer Gesellschaft.
4. Die heutigen Hausgeburthebammen sind in ihrer Arbeit ein Ausdruck der spätmodernen Gesellschaft und ihres Gesundheitssystems. Dabei knüpfen sie weder direkt an historische noch an außereuropäische Formen des Heilerinnenwissens und Handelns an. Die Struktur ihrer Rituale und ihrer Körperarbeit gleicht aber trotzdem derjenigen von Geburtsritualen aus anderen Kulturen und Epochen. Es besteht eine klare Differenz, aber auch eine innere Verwandtschaft und Gleichheit. Die Gleichheiten, die sich in der Differenz entdecken lassen, sind begründet in der Einstellung, die die Begleitpersonen dem biologischen, psychischen und sozialen Geschehen gegenüber einnehmen.

Im folgenden möchte ich nachzeichnen, wie Rituale strukturiert sind, was von Geburtsritualen in zwei bäuerlichen Kulturen überliefert wurde und wie die dargestellten Vorgänge aus einer auf die Frau bezogenen Sicht verstanden werden können. Dann will ich auf die Hausgeburt in der Industriegesellschaft eingehen und Differenzen und Gemeinsamkeiten, trotz aller eklatanten Unterschiede, herausarbeiten. Ich betrachte das Geburtsritual aus zwei Perspektiven: Die eine ist die ethnopsychoanalytische, die die Körperprozesse und den sozialen oder rituellen Umgang damit immer auch in ihrer psychischen und emotionalen Erfahrungsdimension für das Subjekt erforscht; die andere ist die gesellschaftstheoretische, die soziale Praktiken auch als Ausdruck politischer Verhältnisse, in denen immer neue Konstruktionen und Bedeutungen erzeugt werden, zu begreifen sucht.

Man könnte sagen, es sei nicht zulässig, ein Phänomen aus einer teilweise noch traditionell strukturierten indianischen Gesellschaft mit demselben Phänomen in der Industriegesellschaft zu vergleichen. Die Unterschiedlichkeit der Gesellschaftsstruktur bedingt ja geradezu die Verschiedenheiten in den sozialen Regeln und Abläufen. Was bei einem solchen Vergleich herauskommt sind meist sinnlose Idealisierungen des ‚Fremden', die jener Gesellschaft auch nicht mehr gerecht werden, da sie einseitig sind. Bei den Maya z. B. handelt es sich um eine indianische und kolonialisierte Bauerngesellschaft in Zentralamerika, während Deutschland und die Schweiz zwei hochindustrialisierte und hochkomplexe Gesellschaften repräsentieren, in denen der Staat und die Institutionen viele Aufgaben übernommen haben, die in der Bauerngesellschaft durch die Gemeinschaft und Verwandtschaft getragen werden. Das ist von der jeweiligen Gesellschaftsstruktur her gegeben; aus einem Vergleich dürften von daher keine maßgeblichen soziopolitischen Konsequenzen abgeleitet werden.

Trotzdem ist mir ein solcher Vergleich wichtig, denn es geht mir dabei um etwas ganz anderes: Es interessiert mich, was die unterschiedlichen Umgangsformen mit einer lebenswichtigen Phase, zum Beispiel der Geburt, für das biopsychische System und das Befinden einer Frau bedeuten. Es sollte möglich sein, aus einem prozeßhaften Vergleich von Ritualen aus sehr verschieden strukturierten Gesellschaften zu verstehen, was es für die Beteiligten subjektiv bedeutet, wenn sie beim Kinderkriegen so oder so begleitet werden. Und wir können ebenfalls versuchen nachzuvollziehen, wie diese Gesellschaft vorgegangen ist, um positive Verhältnisse für eine werdende und gewordene Mutter herzustellen. Der Vorteil daran ist, daß ein solcher Vergleich bereichert, indem er andere Bilder und Vorstellungen eröffnet. Aus der Betrachtung des Fremden heraus gelingt es manchmal besser, einen differenzierten Blick auf die eigene Gesellschaft zu werfen, Gleichheiten und Differenzen festzustellen und insofern Erkenntnis daraus zu ziehen.

I

Körperliche Prozesse und Veränderungen im Lebenslauf, wie Pubertät/Adoleszenz, Geburt, Menopause und Tod, werden in jeder Kultur auf verschiedene Weise erlebt, interpretiert und verarbeitet. Schwangerschaft, Geburt und Mutterschaft, resp. frühe Kindheit stellen eine der längsten Übergangsperioden dar, die durch vielfältige Begleitrituale kulturell strukturiert wird.

In nicht-industriellen Gesellschaften sind die wichtigsten Übergänge im Menschenleben durch Rituale strukturiert. Es sind komplexe Gebilde, die die unterschiedlichsten Ebenen einer Gesellschaft integrieren: In symbolischer Form stellen sie religiöse, ethische und soziale Regeln dar, die das Zusammenleben organisieren. Im Idealfall nehmen sie auch Rücksicht auf die individuellen Bedürfnisse und Nöte ihrer Mitglieder, indem sie ihnen die zur Erhaltung der psychischen Integrität notwendigen Schutz- und Abwehrmechanismen zur Verfügung stellen. Eine wichtige Rolle spielen die VermittlerInnen (HeilerInnen, SchamanInnen, Hebammen), die nicht allein Unreinheiten neutralisieren oder bösen Zauber auf sich lenken, sondern ganz konkret als Verbindungsglied dienen. Sie regulieren die Vermittlung zwischen der sozialen Gruppe und der Gebärenden wie auch die Vermittlung zwischen ihr und den Göttern oder Geistern. Die VermittlerInnen sollen Zustandsveränderungen begleiten, aber allzu starke Erschütterungen dabei verhindern.

Störungen bei körperlichen Prozessen und Krankheiten werden oft als Zeichen dafür interpretiert, daß die alltäglichen sozialen Beziehungen oder die Beziehungen zu den Göttern von Mißstimmigkeiten und Tabuverstößen gestört sind und überprüft werden sollten. Das von der VermittlerIn inszenierte Übergangs- oder Heilungsritual führt dazu, daß sich die soziale Gruppe um die Kranken herum zusammenfindet und sich gemeinsam, geleitet von kulturspezifischen Mythen der Bearbeitung, der Störung zuwendet (vgl. Oppitz 1993).

Für den Ethnologen Arnold van Gennep bestehen Übergangsrituale, die jede wichtige Zustandsänderung in nicht-industriellen Gesellschaften begleiten, immer aus drei Teilen: 1. Trennungsrituale vom alten Zustand, 2. Schwellen- oder Umwandlungsrituale und 3. die Angliederungsrituale an den neuen Zustand. Er schreibt: „Sie umfassen das Überqueren von etwas, oder das Hinwegschreiten über etwas, gemeinsame Gebete und Opfer usw. Eine wichtige Rolle spielen Vermittler, die hier, wie in anderen Zeremonien, nicht allein Unreinheiten neutralisieren oder bösen Zauber auf sich lenken, sondern ganz konkret als Brücken-, Ketten- oder Verbindungsglied dienen, kurz: Zustandsveränderungen ermöglichen sollen, ohne daß es zu heftigen sozialen Erschütterungen oder der Fluß des individuellen oder kollektiven Lebens abrupt zum Stillstand kommt“ (van Gennep 1909:53).

Die Trennungsrituale lösen die Betroffenen aus ihrem früheren Leben heraus, lassen sie davon Abschied nehmen und führen sie von der früheren Zugehörigkeitsgruppe weg. In der Schwangerschaft z. B. wird die Frau verschiedenen Tabus unterworfen, die Ernährung, Lebensführung und Sexualität verändern. Besonders wichtig sind die Reinigungsriten, bei denen sie von der Gesellschaft vorübergehend isoliert wird, weil sie jetzt als unrein und gefährlich gilt, aber auch weil sie jetzt real – sowohl physiologisch als auch sozial – in einen besonderen Zustand versetzt ist. Mit der Geburt folgt die eigentliche

Schwellen- oder Umwandlungsphase: Die Frau wird Mutter, das Kind kommt zur Welt. Die Geburt bedeutet aber für die Frau nicht das Ende des Übergangs. Vielmehr dauert dieser noch mehr oder weniger lange an. Die auf die Geburt folgenden Riten sind, gemäß van Gennep, Angliederungsriten. Sie bestehen oft in rituellen Waschungen, Nahrungstabus und aus Kontakt- und Arbeitsverboten, die die Frau schützen. Meist darf sie den Kontakt zur Umwelt nur nach und nach wieder aufnehmen und das Haus oder den Hof erst nach einiger Zeit verlassen. Die soziale Rückkehr vom Wochenbett wird sorgfältig geregelt und begleitet, und sie stimmt nicht immer in zeitlicher Hinsicht mit dem Ende des Wochenbetts überein. Gleichzeitig werden verschiedene Empfangs-, Tauf- und Angliederungsrituale für das Kind inszeniert. Fast alle Übergangsrituale enthalten, wie van Gennep zeigt, in ihrer Mitte eine Phase, in der die alltäglichen Normen und Regeln ungültig sind.

Victor Turner hat sich besonders intensiv mit der Schwellen- oder Liminalphase, also dem Moment der Umwandlung, im Ritual beschäftigt. Im Übergang oder ‚auf der Schwelle' sind die RitualteilnehmerInnen eine Art von undefinierten Wesen; Ambiguität und Unfaßbarkeit haftet ihnen an. Sie sind nicht mehr in den alten Rollen fixiert, haben aber ihre neue noch nicht angetreten. In diesem Moment sind sie quasi freischwebend und ungebunden; sie befinden sich außerhalb der von Gesetz, Tradition, Hierarchie oder Etikette fixierten Positionen. Von daher werden sie für die Ordnung der Gesellschaft als gefährlich erlebt. Viele Gesellschaften stellen im Zusammenhang mit Schwellenritualen Symbole der Ambiguität, der Unbestimmtheit oder Zwitterhaftigkeit dar. Symbole, die diesen Zustand ausdrücken sind: der Tod, das Dasein im Mutterschoß, Unsichtbarkeit, Dunkelheit, Bisexualität, Wildnis etc. Turner meint, daß in den Schwellenritualen Grundmodelle menschlicher Sozialbeziehungen auftauchen, die nebeneinander existieren und sich abwechseln. „Das erste Modell stellt Gesellschaft als strukturiertes, differenziertes und oft hierarchisch gegliedertes System politischer, rechtlicher und wirtschaftlicher Positionen [...] dar [...]. Das zweite Modell, das in der Schwellenphase deutlich erkennbar wird, ist das der Gesellschaft als unstrukturierte oder rudimentär strukturierte und relativ undifferenzierte Gemeinschaft" (Turner 1989:96). Turner nennt sie die „*Communitas*". Er versteht diese undifferenzierte Gemeinschaft als Urform der menschlichen Beziehung in welcher Gleichheit, Direktheit, Einfachheit, Auflösung von Gesetz und Etikette das Zusammensein von Menschen beschreiben. Demgegenüber steht die Gesellschaft, in der die menschlichen Beziehungen durch Hierarchie, Komplexität, Gesetz, Normen, Etikette und Differenzierung geregelt sind. Er schließt, „daß für die Individuen wie für Gruppen das Leben eine Art dialektischer Prozeß ist, der die sukzessive Erfahrung von Oben und Unten, Communitas und Struktur, Homogenität und Differenzierung, Gleichheit und Ungleichheit beinhaltet" (Turner 1989:97).

Jede Gesellschaft ist auf beide Formen angewiesen, und so schafft sie Nischen und Momente, wo sich ihre Mitglieder im Zustand der geregelten Formlosigkeit restrukturieren und für Neues öffnen können. Nach Turner geht es um die Anerkennung einer essentiellen und generellen menschlichen Beziehung, ohne die es keine Gesellschaft gäbe (Turner 1989:96). Er hat beobachtet, daß dem Zustand der Schwellensituation, also der Unstrukturiertheit der *Communitas* weltweit magisch-religiöse sowie verunreinigende und gefährliche Eigenschaften zugeschrieben werden. Aus der Perspektive der an der Strukturerhaltung Interessierten erscheint die *Communitas* als anarchisch und zerstörerisch für die Ordnung. Deshalb muß sie durch Verbote und Vorschriften eingeschränkt werden. Die Menschen, die der *Communitas* zugeordnet werden, Heiler, Schamanen, Narren, Zwerge, Hexen etc. sind einerseits Vermittler zwischen den beiden Zuständen, gleichzeitig aber gelten sie als strukturell unterlegene oder marginale Figuren, die sich in Sonderrollen bewegen. Sie vertreten eine ‚offene Moral' im Gegensatz zur ‚geschlossenen Moral'. „In geschlossenen und strukturierten Gesellschaften symbolisiert das marginale oder „inferiore" Mitglied oder der „Außenseiter" oft das „Gefühl für Humanität", [...], das wiederum auf das von uns als „Communitas" bezeichnete Modell verweist" (Turner 1989:109).

In der Industriegesellschaft hat sich die Qualität der ‚rites de passage' verändert. Auf der einen Seite sind sie institutionalisiert und globalisiert worden, wie die rituellen Handlungen, die Kirche, Militär, Bildungsstätten und das Medizinsystem anbieten, andererseits haben sie sich individualisiert und werden in sehr unterschiedlicher Weise von Individuen und sozialen Gruppen, wie z. B. der Friedensbewegung, gestaltet (vgl. Soeffner 1992).

Diese Ausführungen sind interessant, weil sie helfen, die Hausgeburt im System zwischen Struktur und Antistruktur zu situieren. Zwischen der Hausgeburt und dem herrschenden medizinischen Gesundheitssystem in unserer Gesellschaft lassen sich ähnliche Unterschiede finden, wie die von Turner beschriebenen zwischen Gesellschaft und *Communitas*. Meine These ist, daß eine Hausgeburt einen klar umgrenzten Raum zur Verfügung stellt, in welchem Entstrukturierung, Direktheit, Gleichheit und Einfachheit die Hauptelemente ausmachen, während eine Klinikgeburt vorwiegend gegenteilige Elemente enthält: Struktur, Hierarchie, gesetzlich geregelte Beziehungen, maximale Kontrolle und Verwaltung. Wir wissen aus vielfältigen Forschungen und Beobachtungen, daß die körperlichen Prozesse der Geburt sich in einem entspannten, menschlich einfachen und direkten Milieu besser entwickeln als in einer fremden und durch Hierarchien strukturierten Situation (vgl. Bauwens 1978; Naaktgeboren 1986). Ich nehme an, daß der Raum der Hausgeburt den Prozeß der Geburt in besonderer Weise unterstützt.

II

Die Cuna in Panama hatten für eine schwere Geburt einen magisch-religiösen Gesang, der 1947 von zwei schwedischen Ethnologen, Holmer und Wassen, aufgezeichnet wurde. Es geht darin um den Machtmißbrauch des Schutzgeistes Muu, der für die Bildung des Foetus verantwortlich ist und seinen Sitz in der Gebärmutter hat. Die schwere Geburt wird damit erklärt, daß Muu seine Machtbefugnisse überschritten und von der Seele der werdenden Mutter Besitz ergriffen hat. In dem Gesang unternimmt der Schamane mit Hilfe seiner Schutzgeister eine Reise in die übernatürliche Welt, um dem Geist im Kampf die Seele zu entreißen und sie der Gebärenden zurückzugeben, was dann die Heilung bewirkt. Es ist bemerkenswert, daß es sich bei der Reise im Gesang nicht um irgendeine jenseitige Landschaft handelt, sondern daß die beschwerliche Route als konkreter Weg durch die Vagina und den Uterus der Frau verstanden wird, den die Schutzgeister und der Schamane in der symbolischen Gestalt eines erigierten Penis überwinden, um den Geist niederzukämpfen.

Der Gesang beschreibt zu Beginn minutiös die Ankunft der Hebamme bei der Frau, später deren Abgang zum Schamanen, usw. In einer Art Retrospektive wird der Anfang der Geburt erinnert, um dann in einem Hin und Her zwischen mythischen und physiologischen Themen die Lage der Frau in der Hängematte zu beschreiben, ihre Gebärstellung und ihre Schmerzen, die kosmische Ausmaße annehmen. Dazwischen werden die Schutzgeister des Schamanen geschildert, die den Weg in die Vagina antreten, um gegen den im Uterus verschanzten Geist Muu zu kämpfen. Sie erhellen den Weg mit ihrem Licht. Ein Inferno mit wilden Tieren und phantastischen Ungeheuern, die die Schmerzen der Frau darstellen und verschlimmern, stellt sich ihnen entgegen. Am Anfang zwängen sich die Geister wegen der Enge hintereinander durch den Weg, später sind es mehrere nebeneinander und am Schluß, unterstützt von den ‚Wege-Öffnern‘, den ‚Herren der Wühltiere‘, dehnt sich dieser Weg, also die Vagina der Frau, so weit, daß alle in einer Frontlinie nebeneinander hergehen können.

Claude Lévi-Strauss hat sich 1949 ausführlich mit dem Gesang beschäftigt und seine psychologische Wirkung zu verstehen versucht. Das Heilritual will eine verfahrene Situation gedanklich faßbar zu machen, indem es deren Anfang rekonstruiert und dann die reale Situation ins Mythologische öffnet. Die Verknüpfung der körperlichen Leiden mit mythologischen Themen und Bildern, an die die Gebärende glaubt, ermöglicht ihr, die unerträglichen Schmerzen bewußt anzuerkennen und ihnen einen (mittelbaren) Sinn zu geben. Der Schamane gibt der Gebärenden eine Sprache für die unaussprechbaren Empfindungen unter der Geburt. Unformulierbare Zustände können so im Gesang ausgedrückt werden. Der Übergang zur Sprache stellt die

Möglichkeit her, die gegenwärtigen Erfahrungen geordnet und verständlich zu erleben, die ohne Sprache chaotisch, zerstückelt und nicht vermittelbar blieben. Die sprachliche Faßbarkeit des Geschehens führt zu einer Entspannung auf der körperlichen Ebene; somit kann der physiologische Prozeß seinen notwendigen Verlauf nehmen. Während des ganzen Rituals wird kein Eingriff in den Körper der Frau gemacht, es handelt sich um eine psychologische Intervention. Lévi-Strauss vergleicht das Vorgehen des Schamanen mit dem des Psychoanalytikers: beide regen ihre Patienten zu innerer Erfahrung an und helfen ihnen, ihre Konflikte symbolisch als Bestandteil einer übergreifenden Ordnung und Logik zu verstehen.

Bei den Maya in Yucatan hat die Geburt auch eine religiöse Bedeutung. Sie wird als ein Ereignis verstanden, das von den für die Reproduktion zuständigen Göttern geleitet wird. Auch hier paßt sich das Geburtsritual dem konkreten Geburtsprozeß an und versucht Einfluß auf die Gebärende zu nehmen (vgl. Elmendorf 1973, 1976a, 1976b; Jordan 1978; Paul 1974,1978; Nadig 1990b).

Die Hebamme, der Ehemann und eine Gruppe von Müttern – meist sind es Verwandte, Freundinnen und Nachbarinnen – begleiten die werdende Mutter bei der Geburt. Diese HelferInnen werden für den guten Verlauf als wichtig erachtet. Zu Beginn plaudern sie mit der Gebärenden, machen ihr Mut und erzählen viele Geschichten von anderen Geburten im Dorf und der Umgebung. Dieses lockere Geplauder in Form des Geschichtenerzählens verändert sich beim Fortschreiten der Geburt. Mit der Zunahme der Wehenintensität gehen die alltäglichen Gesprächsinhalte zurück und die ausschließliche Konzentration auf die Gebärende nimmt zu. Brigitte Jordan (1978) schildert, wie die Frauen einen Kreis um die Hängematte herum formen und einen Sprechchor anstimmen. Ein anschwellender Chor von Helferinnenstimmen füllt den Raum mit einem eindringlichen rhythmischen Strom von Worten, der in seinem Rhythmus die Länge und Stärke der Wehen imitiert. „Ence, ence, mama“ (Laß es heruntergehen, Mama), „Jala, Jala, jala“ (ziehe, ziehe, ziehe), „tuuchila“ (Bezug auf den Nabel, den Bauch, der in der Schwangerschaft regelmäßig massiert und gelockert wird), „koo‘osh, Ko‘osh“ (komm doch, laß uns gehen), tönt es von allen Seiten. So stehen die Anwesenden der Gebärenden in Form von Berührung, Blicken und Tönen bei. Der Geburtsgesang schwillt im Gleichtakt mit den Wehen der Mutter an und ab.

Hier erfolgt eine intensive Begleitung des Geburtsprozesses durch vertraute Frauen. Rund um die Liegende bilden sie einen Kreis, der mit dem Geburtsgesang gleichsam die Gestalt einer klingenden Kugel annimmt. Es ist ein Raum, der die Gebärende schützend umgibt und trägt. Die anwesenden Frauen sind auf das Geschehen in der Frau konzentriert, sie nehmen es auf und stellen es dar. Bildlich gesprochen könnte man sagen, sie stellen den Uterus der Frau in seinen Wehen dar.[3] Sie spiegeln der Frau das Geschehen aufgrund von Identifikation, Empathie und eigener Erfahrung. Dieses Spiegeln wird durch die Sprache und den Appell an einen guten Ausgang überhöht. Indem die Frauen reden und das Ende der Geburt, das Erscheinen des Kindes, ansprechen, öffnen sie den Raum des Hier und Jetzt und verleihen ihm eine Zukunftsdimension; das Ziel des Geschehens wird für die Gebärende in Erinnerung gerufen. Wie in der anfangs beschriebenen Primärgemeinschaft im Übergangsritual herrschen hier Bezogenheit, Empathie und Nähe vor, die auch Raum für Auflösung, Chaos und Entstrukturierung schaffen. Die Sorge um die werdende Mutter hört mit der vollendeten Geburt nicht auf, die Familie und die erweiterte Verwandtschaft tragen die Verantwortung für das neue Kind explizit mit.

III

Es lohnt sich, den Vorgang zwischen der Frauengruppe und der Gebärenden noch einmal genauer anzuschauen, um zu verstehen, inwiefern er für die Befindlichkeit der werdenden Mutter von Bedeutung sein kann. Dazu möchte ich auf psychoanalytische Begriffe zurückgreifen. Das rituelle Singen der Frauengruppe erinnert an Vorgänge, die der englische Psychoanalytiker Bion (1959) mit dem Begriff des ‚*containing*‘ umschrieben hat. Er beschreibt damit ein Verhalten der Mutter, ohne welches das Kind nicht leben und sich entwickeln kann. Ein gutes *containing* kommt zustande, wenn die Mutter fähig ist, die panische Angst, die Säuglinge ab und zu überkommt, aufzunehmen. Wenn ein Säugling unerträgliche Angst hat, versucht er, sie in die Mutter hineinzuverlegen. Indem die Mutter die Angst in sich aufnimmt und aushält, verändert sie sie. Das Kind reintrojiziert dann nicht seine ursprüngliche Angst, sondern eine Angst, die dadurch, daß die Mutter sie in sich aufgenommen (*contained*) hat, modifiziert worden ist. Es verinnerlicht gleichzeitig ein Liebesobjekt, das fähig ist, Angst in sich zu bewahren und mit ihr fertig zu werden. Ein solches ‚*containment*‘ der Angst durch ein äußeres verstehendes Objekt ist die Grundlage psychischer Stabilität.

Containment erfolgt nicht nur in zwischenmenschlichen Beziehungen, sondern auch auf kultureller Ebene. Soziale Bräuche, Rituale oder Gruppen können für Individuen durchaus ‚mütterliche‘ Aspekte annehmen und als emotionaler ‚Container‘ dienen, in den sie ihre Konflikte hineinverlagern und dort vorübergehend deponieren können. In der sozialen Szene der Maya-Geburt sind alle psychodynamischen Elemente, die dem Individuum den Umgang mit großer Angst und Bedrängnis erlauben, vorhanden. Durch die Spiegelung der Wehen kann sich die Frau in ein Verhältnis zu ihren unaussprechbaren Erfahrungen setzen, das nicht mehr von Panik geprägt ist. Der

Geburtsgesang, der sich an den Körper der Frau und die ihr innewohnenden transzendentalen Kräfte wendet und so den guten Ausgang der Geburt herbeiruft, kommt einer Verarbeitung und Beeinflussung des gegenwärtigen bio-psycho-sozialen Geschehens gleich. Die Frau fühlt sich adäquat wahrgenommen und kann in Identifikation mit den Helferinnen eine andere und sozialisierte Form des Umgangs mit den Wehen und Schmerzen wiederhereinnehmen und dabei eine Veränderung in ihrer Einstellung erfahren.

Unter großem Druck, ungewohnten körperlichen Veränderungen und Schmerzen wird der Mensch in seinem Erleben und psychischen Funktionieren ‚ursprünglicher', elementarer, möglicherweise auch aufgelöst und fragmentiert. Eine Geburt verläuft leichter, wenn die Gebärende ein hohes Maß an Entspannung, Loslassen und Entstrukturierung zulassen kann. Unter der Geburt herrscht auch eine andere Zeitdimension; die alltägliche Zeiteinteilung mit ihren überblickbaren Einschnitten ist aufgehoben; der Geburtsprozeß ist zeitlos. Die mythischen Geschichten und die rhythmischen Gesänge sind in der Unendlichkeit angesiedelt und nehmen das Zeitgefühl der Gebärenden auf. Dies alles – der soziale Raum der *Communitas*, die Ausweitung der Zeit und die spiegelnd-empathische Konzentration auf die Gebärende – ermöglicht eine vorübergehende Lockerung der festgefügten Persönlichkeitsstruktur, und diese Bewegung erleichtert die therapeutische Wirkung. Die Folge ist eine angstfreiere Einstellung zum Geschehen, ein Gefühl der Entspannung, Sicherheit und Ruhe.[4] Diese Entstrukturierung und Verflüssigung kann ertragen werden und einen Sinn bekommen, wenn ein stabiler und zugleich flexibler Rahmen zur Verfügung gestellt wird, von dem die Gebärende und die anderen Beteiligten gehalten werden. In einem solchen Kontext erhält das Geschehen einen Sinn.[5]

Es ist anzunehmen, daß in der Cuna-Kultur ähnliche Prozesse ablaufen. Auch dort begleiten vertraute Menschen aus der nächsten Umgebung als ‚gläubige' Teilnehmer das Ritual; sie sind ganz auf die Prozesse in der Gebärenden konzentriert. Es singt zwar nur der Schamane den Gesang, aber es ist offensichtlich, daß alle weiteren Teilnehmer den mythischen Kontext kennen und teilen. Das *containing* und Halten geschieht in der direkten Anknüpfung am physischen Leiden der Frau, das im Gesang thematisiert und in den präzisen Beschreibungen der leidvollen Geburt gespiegelt wird. Die Transformation erfolgt durch die Einordnung des Geschehens in einen größeren Zusammenhang, sei er mythischer oder zeitlicher Art. Eine weitere Verarbeitung der Angst besteht in ihrer Aufteilung. Die übermenschlichen Probleme werden den Göttern und Geistern zugewiesen, während die ‚alltägliche' Geburt der realen Frau vorbehalten bleibt.[6] Drittens erinnert das Ritual an das Ziel und das Ende des schweren Geschehens. Das Wiederhereinnehmen der so modifizierten Angst enthält gerade in der Extremsituation der Geburt die Möglichkeit zur Veränderung in der Gebärenden. Die Erfahrung des Gehaltenwerdens und der Spiegelung durch die Begleitgruppe kann das Gefühl des totalen Verlustes an Struktur verhindern. Der unhierarchische Raum des Rituals erlaubt sowohl die regressive Auflösung der Gebärenden als auch das strukturierende Getragenwerden durch ihre Umgebung.

Im Cuna-Gesang ist ein weiterer zentraler Aspekt im Spiel, der Schwangerschaft, Geburt und Mutterschaft grundlegend mitbestimmt: die Aggression. Hier erscheint sie in Gestalt der bösen und störenden Geister. Der englische Psychoanalytiker Winnicott war überzeugt, daß eine Mutter ihren Säugling von Anfang an auch haßt (vgl. Winnicott 1949:87ff). Dafür sieht er viele Gründe: Das Kind bedeutet während der Schwangerschaft und bei der Geburt eine Gefahr für ihren Körper. Das Baby ist eine Störung ihres Privatlebens, sie kann sich um nichts anderes mehr kümmern. Das Baby beherrscht am Anfang alles, es ist in seinen Forderungen und seiner Abhängigkeit erbarmungslos. Und so weiter. Aber, so schreibt Winnicott: „eine Mutter muß fähig sein, ihren Haß auf ihr Baby zu ertragen, ohne ihn in ihre Handlungen einfließen zu lassen" (ders. 1949:89). Dieser Satz ist von größter Bedeutung. Ich meine, das Winnicott so umformuliert werden müßte, daß es heißt: ‚eine Mutter sollte von ihrer Umgebung/Kultur in die Lage versetzt werden, ihren Haß auf das Baby zu ertragen, ohne ihn in ihre Handlungen einfließen zu lassen'. Also nicht die Mutter allein muß aus sich heraus fähig sein, sondern die soziale Gruppe müßte mit ihr Konflikte wahrnehmen und Lösungsmöglichkeiten entwickeln. Die technische Art der modernen Geburtshilfe, die sich fast ausschließlich auf die Erhaltung des Kindes, seines APGAR-Wertes[7] und seines IQ konzentriert, bietet relativ wenig symbolische oder reale Hilfe, um der Mutter den Umgang mit ihren Aggressionen, ihrer Wut und ihrer Angst zu erleichtern, um diese Gefühle sozial aufzufangen, abzuleiten und zu gestalten, sie wird eher dazu angehalten, sie zu verdrängen. Der rituelle Gesang der Cuna stellt ihre Aggressionen hingegen symbolisch dar und bearbeitet sie in der Gestalt des bösen Geistes Muu und seiner Helfer.

IV

In den geschilderten Szenen und Symbolen wird deutlich, daß die Sorge um die Nachkommenschaft gemeinsam getragen wird und stark subjektbezogen ist. Die Hilfeleistungen sind so organisiert, daß die Individuen in ihrer Unterschiedlichkeit respektiert werden. In diesen Gesellschaften ist das Bild der erwachsenen Frau fast untrennbar mit der Mutterschaft verbunden. Öffentliche, politische und ökonomische Arbeiten und Ämter können meist nur verheiratete Frauen und Mütter übernehmen. Ihre Arbeit als Mutter steht nicht im Gegensatz zur Struktur ihrer Gesellschaft und der darin geleisteten Arbeit.

Während in bäuerlichen Gesellschaften die Arbeit und die öffentliche Existenz der Frau mit der Mutterschaft zusammengeschweißt sind und symbolisch eine einheitliche soziale Tatsache darstellen, verhält es sich in der Industriegesellschaft gerade umgekehrt. Durch den Prozeß der Modernisierung, der Arbeitsteilung und Spezialisierung hat sich die in allen Gesellschaften zentrale Sorge um die Nachkommenschaft qualitativ verändert. Sie ist zur ‚Bevölkerungspolitik' geworden, zur politischen Planung und Manipulation der Geburten- und Mortalitätsraten. Im Zentrum des Interesses steht primär nicht der Geburtsprozeß oder das Befinden der Betroffenen, sondern die übergreifende Organisation reibungsloser Abläufe für möglichst alle Geburten. Mutterschaft und die Erfordernisse an eine effiziente Erwerbsarbeit stellen de facto einen vehementen Widerspruch dar (vgl. Nadig 1990a).

Frauenräume sind hier ganz anders strukturiert und repräsentiert. Es sind Räume individueller Freiheit bei der Berufs- und Partnerwahl sowie in der Vielfalt der angebotenen Selbstverwirklichungsmöglichkeiten. Das System der Mutterschaft hingegen ist so beschaffen, daß es die Frau gerade durch die Geburt eines Kindes aus ihren sozialen Zusammenhängen herauslöst, so daß sie zusammen mit ihrem Partner (sofern einer vorhanden ist) relativ isoliert für die Belange der Nachkommenversorgung und ihre Selbstversorgung aufkommen muß. Die Mutterschaft ist zu einer individuellen und psychischen Leistung der Frau geworden. Wenn sie überfordert ist, depressiv oder psychotisch wird, bietet unsere Gesellschaft meist individualisierte Erklärungsmuster für diese Störungen an, deren Ursachen in der falschen Einstellung der Mutter gesucht werden. Entsprechend wird der ideale Frauenkörper in der Öffentlichkeit der Industriegesellschaft nie als ein potentiell reproduktiver repräsentiert, sondern als ein ewig mädchenhafter. Diese Spaltung zwischen öffentlicher Kultur und Mutterschaft hat starke Auswirkungen auf die sinnliche und erotische Selbstrepräsentanz von Frauen.

V

Im Gesundheitssystem der meisten europäischen Länder nimmt die Hausgeburt eine marginalisierte und teilweise verfolgte Position ein: Sie entzieht sich bis zu einem gewissen Grad der Kontrolle und Herrschaft des medizinischen Apparates. In der Industriegesellschaft hat die klassische Medizin ein komplexes System von technischen, chemischen und mechanischen Hilfs- und Kontrollapparaten entwickelt, um im Falle einer wie auch immer gearteten Störung sofort in den körperlichen Prozeß eingreifen zu können oder um in den Körper einzudringen.[8] Die gegenwärtige herrschende Ideologie bezüglich der Klinikgeburt verspricht mit der Technik ein verringertes Risiko für Mutter und Kind. Wer nicht in die Klinik geht, heißt es, handelt unverantwortlich, ja fahrlässig. Programmierung, Digitalisierung, Kontrolle und Steuerung sind die Kennzeichen der risikomindernden Faktoren bei der Geburt. Lenzen (1993) weist nach, daß die medizinischen Forschungen und bevölkerungspolitischen Entscheidungen immer mehr ökonomischen Zwängen unterliegen.[9] Indem die Ärzte bestimmen, was als fahrlässig und was als normal angesehen werden soll, üben sie eine soziale Herrschaft aus. Die Frauen selber sind in der Wahrnehmung und Empfindung ihren Körperprozessen gegenüber zu einem großen Ausmaß von den Bildern, Regeln und Risiken, die die Mediziner definieren, beeinflußt, selbst wenn diese Bilder gar nicht dem entsprechen, was sie eigentlich empfinden (vgl. Duden 1987, 1990; Martin 1989). So kam es dazu, daß fast die Gesamtheit der Frauen in der Klinik unter den Händen der Ärzte und unter der Kontrolle der Maschinen gebären, obwohl es ihnen menschlich nicht besonders bekommt.

Sobald eine Schwangerschaft festgestellt worden ist, lassen sich auch hier rituelle Prozeduren und soziale Veränderungen beobachten, die den neuen Zustand markieren. Die Bestimmung und Festlegung der Tabus, Gebote und Untersuchungen sind mit dem Arzt, im Ausnahmefall einer Ärztin verbunden. Diese gelten als die legitimen Vermittler, die einen geregelten Ablauf des Veränderungsprozesses herstellen sollen. In der ärztlichen Betreuung wird die Frau für Momente aus ihrem Lebenszusammenhang herausgelöst und in die medizintechnische Welt der heutigen Gynäkologie verpflanzt. Der Arzt oder die Ärztin geht auch auf sie und ihr Befinden ein, aber es wird vor allem ihre chemische und organische Zusammensetzung in verschiedenen Körperbereichen gemessen; die Apparaturen dringen dazu direkt oder über Strahlen in ihren Körper ein und stellen ihr Befinden fest. Die Besuche beim Arzt oder der Ärztin haben in ihrer Regelmäßigkeit und körperlichen Intimität rituellen Charakter. Sie strukturieren und kontrollieren die Schwangerschaft und eröffnen der Frau das Ausmaß der Risiken bei gleichzeitiger Beruhigung durch die Messungen, daß alles in Ordnung ist.

Bei der Geburt ist der Ablauf ähnlich. Es sind vor allem risikomindernde Präventivmaßnahmen, die Anwendung von Kontrollapparaten und chemischen Mitteln, die den Geburtsprozeß strukturieren. Die Frau als Laie unterwirft sich den Prozeduren oft aus Angst, sonst das Gefahrenrisiko zu erhöhen. Es finden Schichtwechsel statt beim Spitalpersonal, den Hebammen und den Ärzten, die die Entbindung begleiten. Im Zentrum stehen bei diesen Formen der Geburtsbegleitung selten die Beziehungen, sondern die Apparate, die medizinischen Grenzwerte und Risikoberechnungen. Die Rituale der Gebärkliniken verkörpern trotz gegenläufiger Bemühungen immer noch die einseitige Beherrschung und Manipulierung des Körpers durch einen Berufsstand, der seinerseits die Logik des ökonomischen Systems spiegelt. Diese Rituale entsprechen in ihrer Struktur dem Modell der ‚Gesellschaft', der Hierarchie und der Indirektheit. Sie stellen Herrschaft und Ordnung dar, sie sind statisch und nicht in Bewegung.

Was Turner unter dem Begriff der *Communitas* zusammenfaßt, findet im System der Klinikgeburt nur schwer einen Platz. Die Beziehungen zwischen den Beteiligten können eher selten die Form einer *Communitas* entwickeln. Zwar agieren die Klinikhebammen als Vermittlerinnen zwischen dem Geburtsprozeß und der Rationalität der Klinik, von der sie abhängen, und sind den Gebärenden und ihrer Befindlichkeit am nächsten. Ihren Versuchen, eine direkte Beziehung aufzubauen oder gar einen Raum der *Communitas* entstehen zu lassen, sind aber klare zeitliche und strukturelle Grenzen gesetzt.

Bei der Hausgeburt versucht eine Gruppe von Menschen – die Hebamme, der werdende Vater, und eine bis mehrere helfende Freundinnen – mögliche Störungen und Gefahren nicht primär technisch oder chemisch zu bearbeiten, sondern mit Gesprächen, Lockerung und Bewegungen. Eingriffe vollziehen sich eher auf einer rituellen als materiellen Ebene. Solange von der Annahme ausgegangen werden kann, daß die Störung nicht rein organisch bedingt ist, werden die verschiedensten Mittel der Kommunikation aufgenommen, um eine Entspannung der Beteiligten und eine Aktivierung des Geburtsgeschehens herbeizuführen: Gespräche, spirituelle oder medizinische Erklärungen, Erzählungen von anderen Geburten, eventuell Musik, Düfte, Kerzen, symbolische Handlungen, sowie Massagen, Atem- und Körperübungen, Spaziergänge, Bäder, sich fühlend Anfassen und Bewegen gehören zu den häufigsten Formen der rituellen Beeinflussung der Gebärenden, die immer im Zentrum ist. Die Hebamme ist diejenige, die bei steigendem Streß den Überblick behält und gewissermaßen vom guten Ausgang der Krise ‚weiß'. Sie tröstet die Gebärende und greift ihr unter die Arme, um ihr über die schwierigsten Momente hinwegzuhelfen. Sie ist die Vermittlerin zwischen den unguten ‚Geistern', die die Geburt stören, blockieren und hemmen und der unter der Geburt stehenden Mutter und ihrer Gruppe.

Die Hebamme als die Vermittlerin des Übergangsrituals ist den Menschen, die bei der Geburt dabei sind, schon lange bekannt. Es entsteht eine stimmungsorientierte Zusammenarbeit, die alle Beteiligten an die Grenzen ihres bewußten Fassungsvermögens führen kann. Oft werden innige Nähe und gemeinsame Betroffenheit geschildert, die noch Stunden darüber hinaus anhalten. So gesehen sind die an der Geburt beteiligten Personen vorwiegend damit beschäftigt, mit der Gebärenden zusammen eine *Communitas* zu werden, die sich auf die Gebärende konzentriert und bereit ist, ihre Schmerzen und Ängste aufzunehmen und auszuhalten.

Während einer Hausgeburt wird ein Milieu geschaffen, in dem die menschlichen Grenzsituationen, das Werden von Leben und der Tod, Raum finden und gemeinsam erlebt, erfahren und verarbeitet werden können. Die Geburt eines bereits toten Kindes ist dort ebenso denkbar, wie die gemeinsame Wahrnehmung von Mißbildungen oder Schwächen am Kind. Die damit verbundene Trauer kann in der *Communitas*-Gruppe zugelassen und gelebt werden, ohne daß sie von Auflösung und Chaos bedroht ist. In dieser Hinsicht erlaubt die Hausgeburt, die Dimensionen von Leben und Tod selber zu erfahren und daran zu reifen.

Der soziale Raum einer Hausgeburt nimmt bei uns sehr unterschiedliche Färbungen an. Entsprechend den ideellen und ideologischen Neigungen der Hebamme und der Eltern liegt das Schwergewicht mehr auf spirituellen, meditativen oder auf spontanen und direkten Kommunikationsformen und Handlungen. Eine unendliche Poliphonie von Umgangsweisen und symbolischen Anwendungen bestimmt die konkrete Gestaltung der einzelnen Rituale. Hierin besteht der wesentliche Unterschied zur Kunst des Übergangs der Cuna oder Maya: Was bei diesen in den übergreifenden symbolischen Kontext der Mythen und des Glaubens gestellt wird, muß von den an der Hausgeburt Beteiligten als individueller gemeinsamer Konsens erarbeitet werden (durch Kommunikation, Verhandlungen, Vereinbarungen, etc.). Dort sind die Rituale immer gleich und werden von allen ähnlich durchgeführt, während sie hier von jedem neu erfunden (konstruiert) und mit Bedeutung gefüllt werden. Es hat eine Individualisierung und Psychologisierung des Übergangs stattgefunden.

Eines aber ist fast allen gemeinsam: Die primäre Beziehungsform einer Gruppe, die in einer gleichen, unhierarchischen, wenig strukturierten, einfachen und teilweise auch demutsvollen Haltung die Gebärende auf ihrem Weg durch das körperliche Geschehen hindurch begleitet.

Bei den gemachten Ausführungen ist es keineswegs ein Ziel, die Hausgeburt gegen die Klinikgeburt auszuspielen; es soll lediglich aufgezeigt werden, daß der soziale Raum der *Communitas* bei einer Hausgeburt besser zustande kommt als bei einer Geburt in der Klinik.
Dies hängt mit verschiedenen Faktoren zusammen:

- Entwicklung und Zielsetzung der Medizin: Kontrolle über Leben und Tod und über den menschlichen Körper im sozialen und im ökonomischen Bereich,
- institutionelle Prozesse in einer Klinik, die einen eigenen sozialen Organismus mit eigenen Gesetzen darstellt,
- relative Anonymität im offiziellen Gesundheitssystem,
- die rituell erscheinenden Abläufe im Krankenhaus sind keine Rituale im sozialen Sinn, sondern sie stellen eher eine zeitliche Periodisierungs- und ökonomische Ordnungsanstrengung dar,
- eine kleine persönliche und ad hoc gebildete Gruppe hat mehr soziale Beweglichkeit und Autonomie, sich so einzurichten, wie sie will, als eine große Institution.

Es geht weder darum, die Hausgeburt höher zu werten als die Krankenhausgeburt, oder alle Frauen zu Hausgeburten aufzufordern, denn das Risiko soll möglichst klein gehalten werden, und in vielen Fällen ist das Krankenhaus lebensrettend. Das nüchterne Abwägen zwischen Autonomie und Sicherheit ist immer vorrangig. Die wichtige Frage ist eher die: Wie könnte gegebenenfalls auch innerhalb des Krankenhauses ein Raum der *Communitas* um die Geburt herum geschaffen werden? Welche Bedingungen sind dazu nötig und welche Faktoren verhindern dies?

VI

Während ich diesen Themen nachgehe, möchte ich einen Seitenblick auf die Maya-Kultur in Yucatán und Guatemala werfen und in Form von Streifbildern zeigen, wie diese Gemeinschaft die Begleiterinnen von Schwangerschaft und Geburt auswählt und kulturell bestimmt. Dort stellt die Hebammenrolle eine wichtige soziale Sonderrolle dar, die in ganz spezifischer Weise umrissen ist.[10]

Es wird meist eine ältere, erfahrene Frau, deren Kinder bereits erwachsen sind und die durch ein übernatürliches Zeichen dazu ausersehen ist, zu dieser Arbeit berufen. Es sind häufig Frauen, die selber aus einem Heiler- oder Hebammenmilieu kommen. Sie hatten bei ihrer Geburt ein Stück der Fruchtblase auf dem Kopf als Zeichen, daß sie von den Göttern für den Umgang mit dem Übernatürlichen gewählt wurden. Diese Töchter werden von ihren Eltern sehr sorgfältig erzogen; es wird ihnen jedoch nichts von ihrer Berufung mitgeteilt. Sie führen ein Leben wie alle Frauen ihrer Kultur; sie heiraten, haben Kinder und leisten die frauenspezifische Arbeit ihrer Gruppe. In der Regel beginnt der Übergang zum Hebammenberuf damit, daß diese Frauen in der Mitte ihres Lebens in eine Krise kommen, sei es, daß sie Kinder verlieren, schwer krank werden, Phasen der Verwirrung oder Dekompensation erleben. Diese Krisen sind für die Eltern und die Eingeweihten das Zeichen, daß die Frau jetzt den Weg ihrer Bestimmung gehen sollte. Es heißt, sie könnte sterben, wenn sie dem Ruf nicht folgt. Erst jetzt wird ihr ihre Berufung eröffnet und die Angehörigen machen ihr klar, daß für sie der Moment gekommen ist, den gebärenden Frauen zu helfen. Oft wird diese Eröffnung als Schock erlebt, denn sie kündigt die grundsätzliche Veränderung des bisherigen Lebens an. Die Einführung in den Beruf erfolgt über verschiedene reinigende und aufklärende Initiationsrituale (vgl. Paul 1974, 1978).

Die Berufung verändert das Leben der Frau. Sie muß plötzlich Dinge tun, die in der gewöhnlichen Frauenrolle nicht möglich sind.[11] Als eine, die aufgrund göttlichen Willens mit Leben und Tod umgeht, wird sie selber zu einer Art Vermittlerin zwischen dem irdischen Leben und transzendentalen

Kräften. Als Hebamme ist sie auch Heilerin, Priesterin und spirituelle Kraft. Sozial ist sie zu einem tadellosen Leben verpflichtet und zur Bereitschaft, immer, wenn es nötig ist, zu helfen.[12]

In der Industriegesellschaft ist es anders. Schon sehr junge Frauen unter 20 können sich selber entscheiden, die Hebammenschule zu besuchen, um Geburtshelferinnen zu werden. Es ist nicht erforderlich, daß sie über besondere Erfahrungen oder eine ausgeprägte Persönlichkeit verfügen, geschweige, daß nach einer Berufung gefragt würde. Es interessierte mich, ob sich trotz dieser prinzipiellen Zugänglichkeit des Berufs für alle, eine besondere Gruppe von Frauen dafür entscheidet.

Im Rahmen eines studentischen Forschungsprojektes über Geburtsrituale und ihre Vermittlerinnen an der Universität Bremen sind Biographien von 13 Hebammen entstanden, auf die ich hier Bezug nehme.[13]

In diesen Fallgeschichten zeigt sich, daß die Lebensgeschichten der Hebammen gemeinsame Merkmale aufweisen. Fast alle haben relativ schwere Krisenerfahrungen, meist in der früheren Kindheit, durchgemacht: Die Hälfte von ihnen war selber eine sehr schwere Geburt. Sie haben belastende und schwierige Verhältnisse erfahren: Flucht im Krieg, Flüchtlingsdasein mit alleinstehender Mutter, soziale Not und elterlicher Streß in der Kindheit, behinderte Geschwister, totgeborene oder gestorbene Geschwister, überforderte und überlastete Eltern, die für die Kinder keinen Raum hatten (Herberge, Restaurant, Berufstätigkeit der Mutter unter ungünstigen Bedingungen). Sie haben seit ihrer Kindheit Bilder der Pflege und Versorgung anderer durch Frauen mitbekommen, denn mehr als die Hälfte aller Mütter waren Kranken- oder Säuglingsschwestern.

Die uns bekannten Hebammen sind differenzierte und tatkräftige Frauen, die ziemlich komplexe, vielschichtige und gespannte Situationen mehr oder weniger geordnet überstehen können. Der Weg zum Entschluß, Geburten außerhalb der Klinik zu begleiten, war bei allen schwierig und voller Auseinandersetzungen. Wichtige Elemente darin sind die Unzufriedenheit mit der Ausbildung und der Klinikgeburt, eine Empfindlichkeit gegenüber autoritärem und elitärem Gehabe, eine Streithaftigkeit, die am eigenen Standpunkt festhält, und eine gute Einfühlung in Frauen, die sich in einer akuten Krise befinden. Dazu gehört immer auch eine Sensibilität für die soziale Diskriminierung der Frau und die Beschäftigung mit entsprechenden Fragen. Die Jahre der Ausbildung und der Arbeit in Krankenhäusern sind begleitet von Kritik an der dort erfahrenen Geburtsbegleitungspraxis (Verplanung und Verwaltung der Gebärenden, Hebammen- und Arztwechsel, herablassende Behandlung, mangelnde Information und Freiheit für die Gebärenden, hohe Rate an Eingriffen, etc.) und von Auseinandersetzungen mit den Vorgesetzten. Der Entschluß, sich von der klinischen Geburt zu trennen, entstand meist in diesem Zusammenhang.

Sie haben die Erfahrung gemacht, daß schwere und zum Teil lebensbedrohliche Zeiten der materiellen oder psychischen Not, Entwurzelung, Überforderung, Einsamkeit und Belastung überstanden werden können und daß das Leben trotzdem weitergeht und lebenswert bleibt.

Die biographischen Erfahrungen der Hebammen passen in vieler Hinsicht zum strukturellen Ablauf der Hausgeburt:

- Das Geschehen befindet sich im gesellschaftlichen Abseits und ist von Ächtung, rechtlicher Minderstellung und vom Nimbus des Alternativ-Verrückten begleitet. Dies gleicht der sozialen Sondersituation, in der sich viele der Hebammenfamilien befunden haben, als sie Not und Streß erlitten oder sie durch die Berufe der Eltern in Außenseiterpositionen kamen. Die heutigen Anfechtungen und Kritiken von seiten der öffentlichen Institutionen sind sie gewohnt auszuhalten, respektive die Sondersituation wird zur Quelle von Stolz und Selbstwertgefühl (Pariabewußtsein).
- Die Hausgeburt setzt sich ab von den Praktiken der herkömmlichen Medizin, und oft erschien es uns, als ob sich die Frau damit auch von ihrem strengen Vater und seinen engen Seiten absetze und auf diese Weise lebendig damit in Auseinandersetzung komme.
- Die Ereignisse während einer Geburt gleichen einer lebensbedrohlichen Krise mit einem unvorhersehbaren Ausgang. Die Hebamme aber ‚weiß', daß diese Krise zur Geburt gehört und ein guter Ausgang zu erwarten ist. Sie verfügt über die nötige Spannkraft, die die Begleitung einer Geburt erfordert, die nicht im Kontrollgriff technischer Apparaturen steht.
- Bei der Geburt steht die Hebamme einer Frau in einer Krise bei. Es drängte sich uns bei einigen folgender Zusammenhang auf: Das, was sie damals als kleines Mädchen nicht tun konnte, als die Mutter unter Streß stand, lebt sie heute mit Frauen, die sie brauchen können. Sie schafft einen sozialen Raum, in dem das, was Frauen erleben, ernst genommen und sorgfältig wahrgenommen wird. Ein authentischer und respektvoller Rahmen für die körperlichen und psychischen Prozesse der Schwangeren, Gebärenden und neuen Mutter wird gestaltet. Viele der Hebammen legen auch sehr großen Wert auf eine sorgfältige Begleitung der Mutter nach der Geburt, einer Phase der sensiblen Durchlässigkeit und Aufgelöstheit, in der der Kontakt zum neugeborenen Kind aufgebaut wird und eine Reintegration in den Alltag, aber auch eine Reorganisation des Alltages versucht werden muß.
- Eine gelungene Geburt bedeutet, daß die Krise wirklich überlebt werden kann. In der wichtigen Position, die die Hebamme in diesem Geschehen einnimmt, erlebt sie nicht nur immer neu einen Erfolg, sondern auch das Ausmaß ihrer Macht. „Ich bin süchtig nach Geburten", sagte die eine und

> eine andere: „Eine gelungene Geburt ist das Intensivste und Schönste für mich, daran werde ich immer wieder ganz“. Sie symbolisiert aber auch eine Art von Wiedergutmachung all dessen, was früher nicht gelungen ist – von Verletzungen, Schuld und Enttäuschungen – eigener und der der anderen.

Zwischen den Hausgeburthebammen und den Maya-Hebammen sind viele Unterschiede vorhanden, die sich durch die unterschiedlichen Gesellschaftsformen erklären lassen. Die Auswahl zum Beruf findet anders und in einer anderen Lebensphase statt. Auch die Vermittlung und Einbettung des Wissens und dessen Allgemeingültigkeit sind sehr verschieden, ebenso das soziale Prestige. Aber auf der Ebene der konkreten, verkörperlichten Erfahrungen, der Motivation und der persönlichen Einstellung besteht eine Ähnlichkeit. In beiden Gesellschaften haben die Hebammen eine Krise durchgemacht: die Maya-Frauen als Mütter mit fast erwachsenen Kindern und die Hausgeburthebammen als Kinder in ihrer Familie und in ihrer hierarchischen Ausbildung; und sie hatten in der Familie Menschen um sich, die mit einem Pflege- oder Heilberuf beschäftigt waren.

Fast könnte man sagen, daß die Hausgeburthebammen auch einer Art Berufung gefolgt sind, wenn sie ihren Beruf in der dargestellten Form ausführen; es ist eine Art von biographischer und erfahrungsbedingter Berufung. Die durchgestandenen Krisen als gelebte, körperliche und emotionale Erfahrung statteten die uns bekannten Hebammen mit einer Sensibilität und Beweglichkeit aus, die sie überhaupt in die Lage versetzte, die enormen gesellschaftlichen und sozialen Spannungen im Umfeld der Hausgeburt auszuhalten und einen sozialen Raum zu öffnen, in dem das Erleben von Leben und Tod, Schmerz und Angst und die Begegnung mit sich und seinen Grenzen möglich wird. Im allgemeinen haben sie damit eine äußerst lebendige und ihrer Person Raum verschaffende Form der Vergangenheitsbewältigung gefunden. Ihre Berufswahl muß mehrheitlich im Sinne einer kreativen Wiedergutmachung verstanden werden und nicht im einengenden Sinne eines Wiederholungszwanges, der erlittene Konflikte in der alten Weise inszeniert.[14]

Es ist wichtig anzumerken, daß das Denken der Hausgeburthebammen nicht isoliert im sozialen Gefüge steht. Als Teilnehmerinnen an der alternativen Öko-, Körper- und Psychobewegung eignen sie sich die unterschiedlichsten Techniken an, die ihnen behilflich sein könnten, im Übergangsritual ein reguliertes Nähe-Distanz-Verhältnis herzustellen. Im folgenden werde ich einen kleinen Exkurs zum Körper in der spätmodernen Gesellschaft machen.

VII

Ich möchte den Körper im Geburtssystem aus einer allgemeinen historischen und gesellschaftstheoretischen Perspektive betrachten und gewichten, denn der rein ethnologische Zugang zu Phänomenen der Industriegesellschaft führt leicht zu Idealisierungen oder Verzerrungen.

Die historischen Veränderungen der sozialen Rolle der Hebamme gingen mit der Etablierung einer medizinischen Geburtshilfe in den Händen von Männern einher. Die Verwissenschaftlichung des geburtshelferischen Wissens entwertete das lebensweltliche Wissen, wie Gernot Böhme (1980) es im Gegensatz zum Erfahrungswissen nennt, der weiblichen Geburtshelferinnen. Die technisierte Klinikgeburt war das Endprodukt dieses historischen Kampfes um die Macht über die sogenannte Reproduktion und den Frauenkörper, der die Entwicklung der Industrieproduktion und die entsprechende gesellschaftliche Umformung begleitete. Barbara Duden (1987, 1991) hat eindrucksvoll auf die epistemische, d. h. situative und lokale Betrachtungsweise des Körpers hingewiesen und gezeigt, daß der Körper nur im Zusammenhang mit seiner ganz spezifischen Epoche und momentan gelebten Kultur entschlüsselt werden kann.

Im Industrialisierungsprozeß ist der Körper entsprechend der Rationalität der Maschine und ihrer Zeitrhythmen funktionalisiert worden. Die vormals enge Verbindung zwischen Körper und Arbeit ist aufgehoben; Körper taucht in der wachsenden Komplexität der sozialen Systeme vorwiegend als abstrakte Größe auf. Der sinnliche, lebendige Körper ist bedroht; seine Integration in die moderne Gesellschaft setzt ihn Temposteigerung, Zeitknappheit, Unüberschaubarkeit und Anonymität aus, was Streß, Entfremdung und Krankheiten zur Folge hat. Aber diese Distanzierung vom Körper hat nicht einfach dazu geführt, daß das gesellschaftliche System auf den Körper der Menschen verzichten könnte. Selbst die fast immateriell und abstrakt funktionierenden Bereiche der spätmodernen Gesellschaft könnten ohne den Körper, das Bewußtsein und die Wahrnehmung von Menschen nicht funktionieren (vgl. Bette 1989:25).[15] Insofern hängt die Gesellschaft vom Körper ab und übt der Körper Kontrolle aus.

Unter Anwendung des systemtheoretischen Ansatzes von Luhmann vertritt Karl-Heinrich Bette die These, daß die zunehmende gesellschaftliche Körperdistanzierung und Körperverdrängung eine Körperaufwertung nach sich zieht. „Mit Hilfe von anthropologisierenden Ganzheits- und Selbstverwirklichungsvorstellungen, die auf der Grundlage des Konzepts einer Körper-Geist-Einheit entwickelt werden, kommen soziale Bewegungen in Gang, die das unter dem zivilisatorischen Disziplinierungspanzer verborgene Sinnliche hervorholen wollen. [...] Als Metapher des Unbehagens und der Betroffenheit wird eine Kritik an der sozio-evolutionären Selektion betrieben“ (Bette 1989:39). Die Entwertung gesammelter Erfahrungen, der Sinn- und Erfahrungsverlust der Individuen legt eine Rückbesinnung auf das Konkrete in der Gegenwart nahe. Der Körper versinnbildlicht permanente und erfahrbare Gegenwart. Der Rückzug auf die körperliche Nahwelt verspricht im Gegensatz zum abstrakten und unbeeinflußbaren Geschehen der Gesellschaft die Erfahrung von überschaubaren Kausal- und Erlebenszusammenhängen. Erfahrungen der Art, ‚wenn ich renne, schlägt mein Herz höher, schwitze ich und bin ich stärker durchblutet‘, erleichtern eine Selbstvergewisserung. In einer abstrakten Gesellschaft wird der Körper als Symbol der Natürlichkeit und Direktheit zu einer wichtigen Sinninstanz. „Die heutzutage anzutreffenden, vornehmlich am Körper festgemachten Natürlichkeitsvorstellungen sind Produkte einer Lebenswelt, in der Körperlichkeit und Natürlichkeit selbst schon stark verknappt worden sind“ (Bette 1989:32). Die Suche nach Spontaneität, Direktheit und naturhaftem Leben findet ihren Ausdruck auf verschiedenen Ebenen: Im Rückgriff auf die Gegenstands- und Symbolwelt vergangener Epochen und auf vormoderne Körpertechniken; in der Aufwertung handwerklicher Tätigkeiten; in der Wahl eines anderen sozialen Tempos; in gesundheitsbewußten Eßgewohnheiten; meditativen Körperübungen, aber auch in Körperprotesten (Greenpeace) etc.

Der Körper- und Natürlichkeitsboom als lebensrettende Maßnahme und als ein Aufbäumen der Subjekte gegen das System bedient sich in seinen Argumenten und Kampfstrategien durchaus auch ideologischer Mittel. Sie äußern sich in der Idealisierung des scheinbar ‚Ganzheitlichen‘ und ‚Natürlichen‘, in einer Überhöhung des Unzeitgemäßen gegen das Moderne und Rationale. Ausdruck davon sind die ausgebaute Betroffenheits- und Authentizitätssemantik, die Popularisierung von wissenschaftlichem Sonderwissen und ein unreflektierter Wahrnehmungspositivismus, der auf die ‚Weisheit des Körpers‘ rekurriert und den eigenen Empfindungen und Wahrnehmungen Wahrheitsgehalt zuschreibt. Eine Vielzahl von Gruppen, Verbänden und Bewegungen organisieren Selbsterfahrung, Selbstverwirklichung, Meditation, Beschaulichkeit und Ganzheitlichkeit sowie außereuropäische Körper- und Ekstasetechniken, Fitneß und Schönheit durch Jogging, Aerobic und Bodybuilding. Es geht hier nicht um die grundsätzliche Infragestellung dieser Parallelentwicklung, sondern lediglich um die Darstellung der Mittel, derer sich die Bewegung bedient.

Es stellt sich jetzt die Frage, inwiefern die moderne Hausgeburtbewegung Teil der beschriebenen Körperboombewegung ist und inwiefern die sie begleitenden Überzeugungen aus deren Ideologiefonds übernommen wurden.

Im System der Hausgeburt spielt der Begriff der Natürlichkeit eine zentrale Rolle. Die ‚natürliche‘ und ‚sanfte‘ Geburt, propagiert von Michel

Odent, Grantly Dick-Read und Frédérick Leboyer legten die Grundsteine dazu, und es fällt auf, daß die ersten ‚Ideologen' der freien Geburt Männer waren. Berichte bezeugen, daß die wenigen ‚alten' Hausgeburthebammen, die es vor der modernen Hausgeburtbewegung noch gab, schon immer versucht haben, dem ‚natürlichen' Körperprozeß während der Geburt Raum zu geben und die Frau in ihrer Befindlichkeit aufmerksam zu begleiten; nur reden und redeten sie nicht in der modernen Natürlichkeitsterminologie darüber (vgl. Grabrucker 1989). Die Beschreibungen ihrer Arbeit machen aber deutlich, daß die alten Landhebammen bei der Geburt sehr stark um die Herstellung einer Art von *Communitas* bemüht waren. Die heutige psychologische und meditative Natürlichkeitsterminologie im Feld der Hausgeburt verbreitete sich erst im Laufe der siebziger Jahre, als die Technologisierung der Geburt zu gezielten Kritiken führte – sowohl von seiten der Klinikhebammen als auch von betroffenen Müttern. Die dann entstehende Absetzbewegung kam aber unter Legitimations– und Argumentationsdruck gegenüber dem halbstaatlichen Gesundheitssystem. Die breiten Angriffe auf die Gefahren der ‚handgestrickten Hausgeburt' und der Wunsch der Eltern nach maximaler medizintechnischer Sicherheit in Verbindung mit einer ‚natürlichen' Geburt drängten viele Hebammen dazu, sich in Kursen zusätzliches Körperwissen und Körpertechniken anzueignen. Hier finden wir das Verbindungsglied zum Körperboom, seinen Ideologien und Techniken. Hausgeburthebammen haben sich oft in mehreren dieser Methoden ausgebildet, um ihre Effizienz im alternativen körperfreundlichen Bereich der Hausgeburt zu steigern und Zugang zur ‚Natur des Körpers' zu finden: Jede Art von Psychotherapie, transzendentale Meditation, Neurolinguistisches Programm, psychosoziale Leitungskompetenz, Homöopathie, Eutonie, Atmungs- und Massagetechniken, Haptonomie, Transaktionsanalyse, themenzentrierte Interaktion, Bachblütentherapie, Edelsteintherapie, Rebirthing, spirituelle Selbstfindung und viele andere mehr gehören zu den alternativen Körper- und Psychotechniken, die sich Hebammen heute aneignen, um dem Geschehen im Raum der *Communitas* und den massiven Angriffen aus den Kreisen der technisierten Medizin besser gewachsen zu sein. Die erlernte Technik verhilft ihnen als Spezialistinnen im Prozeß der Auflösung und Destrukturierung die Distanz und Abgrenzung aufrecht zu erhalten, die sie brauchen, um sich in der Pendelbewegung zwischen der *Communitas* und der Gesellschaft nicht zu verlieren. Der Anschluß an die zeitgenössische alternative Natürlichkeitsideologie ermöglicht eine Überbrückung ihrer sozialen Isolation und die legitimatorische Einbindung des eigenen Handelns in einen größeren Zusammenhang. Die soziale und psychische Selbstvergewisserung, die daraus gezogen werden kann, ist ihrerseits eine Voraussetzung für eine selbstbewußte Arbeit.[16]

Es ist interessant zu sehen, wie sehr die Praktiken der Hausgeburt mit der spätmodernen Bewegung der Körperaufwertung verbunden sind und wie sie in ihrer Struktur auch über die Inhalte des Körperbooms wieder auf Techniken kommen, die gewissen spirituellen und sozialen Ritualen anderer Kulturen sehr ähnlich sind. Die spirituelle Meditation des Cuna-Gesanges konzentriert die geistige Wahrnehmung auf einen lebenswichtigen Körpervorgang und vergegenwärtigt ihn in seiner Funktionalität. Heutige Formen der Bewegungswahrnehmung wie Feldenkrais, Bewegungsmeditation, Eutonie etc. gehen davon aus, daß Krankheit sowohl ein somatisches als auch ein komplexes subjektives Phänomen ist. Die therapeutische Sitzung hat einen ähnlichen Ablauf wie bei den oben beschriebenen: Eine durch Meditation herbeigeführte bewußte Bewegungswahrnehmung kann bereits zu einer Änderung im Körpergeschehen führen, das selbst ein Produkt von bestimmten ‚Äußerlichkeiten' und ‚Innerlichkeiten' ist (vgl. Duffner 1993:96f). In Anlehnung an den Neurologen und Nobelpreisträger Holger Sperry wird die Bewegungsmeditation folgendermaßen erklärt: „Unser Geist [*mind*, M. N.] wirkt aber auch unmittelbar auf unseren Körper ein und auf die physiologischen und biochemischen Vorgänge. Spannung und Entspannung, Streß und Angst, aber auch Freude, Hoffnung, Liebe haben zunächst geistige Anteile und erfassen uns dann in unserer gesamten Existenz. (...) Eine disziplinierte geistige Tätigkeit [also die Meditation, M.N.] ist es hier, die zu Entspannung und Streßbewältigung verhilft. Meditation ermöglicht darüber hinaus Erfahrungen von Einheit zwischen Leib und Seele und verhilft zu der Gewißheit, daß es hinter der materiellen Oberfläche der Dinge eine geistige Ordnung gibt, eine Ordnung, die alles trägt und alles durchdringt" (Schleske 1993:100). Verhaltensmedizinische Untersuchungen bestätigen den engen Zusammenhang von ‚Leib und Seele', Körper und Geist und wenden ihn in der Verhaltensmedizin therapeutisch an.

VIII

Die Frage nach der Differenz und der Gleichheit im Rahmen von Geburten in verschiedenen Gesellschaften und Milieus kann jetzt noch einmal aus der Perspektive der Konstruktion von Körperbildern gestellt werden. Es ist deutlich geworden, daß konstruktive Prozesse über die Wahrnehmung der (oft gestörten) Körperhaftigkeit (*embodiment*) verändert werden können und dadurch eine (oft therapeutische) Rückwirkung auf das Geschehen im Körper erfolgt. Die Cuna, die Maya und die Hausgeburthebammen vollziehen eine Art von meditativer Konzentration auf das Körpergeschehen in der Gebärenden und die Bedeutung, die dieses für ihren biopsychischen Zustand haben muß. Man könnte sagen, daß es sich hier um sehr vergleichbare Therapietechniken zur Geburtshilfe handelt, die in ihrer konkreten Ausformung kulturspezifisch unterschiedlich gestaltet sind. Darüber müßte noch mehr geforscht werden.

Es war mir ein Anliegen, die vielschichtigen Bedeutungen und Körperbezüge von Ritualen im Zusammenhang mit der Geburtspraxis darzustellen. Ich habe dabei deutlich zu machen versucht, daß die Kunst, körperliche Übergänge zu begleiten, sehr unterschiedlich gehandhabt werden kann und daß trotzdem Gemeinsamkeiten zu finden sind. Ich habe drei Beispiele von rituellen Übergängen bei der Geburt erläutert: zwei kulturell integrierte in nicht-industriellen Gesellschaften und die individualisierten, immer neu verhandelten der Hausgeburt. Die Unterschiede in der Symbolik, den transzendentalen Bezügen, den anwesenden Personen sind sehr groß. Die Gemeinsamkeiten bestehen im *embodiment*, d. h. darin, daß Körper, Erfahrung und *mind* in der Konstruktion einer ‚ganzheitlichen' Geburtsbegleitung zusammenfließen. Dies läßt sich daran feststellen,

- daß die VermittlerInnen in den Ritualen teilweise vergleichbare biographische psychophysische Erfahrungen gemacht haben und aufgrund einer Art von ‚Berufung' zu ihrer Tätigkeit gekommen sind,
- daß bio-psycho-soziale Vorgänge als eine Einheit verstanden werden;
- daß die Frau und werdende Mutter als Subjekt und in ihrer Befindlichkeit im Zentrum der Aufmerksamkeit steht (und nicht das Kind oder ihr Körper),
- daß die TeilnehmerInnen am Geburtsritual zu einer nicht-hierarchischen Gruppe werden, die die Erfahrungen der Gebärenden empathisch miterlebt und begleitet,
- daß die im Ritual angewandte therapeutische Technik stark meditative und körperkonzentrative Anteile aufweist, anhand derer Blockaden im Körper wahrgenommen und beeinflußt werden sollen,
- daß die Vermittlerinnen einen beziehungsorientierten Rahmen gestalten, in dem Grenzerfahrungen und sozialer Tod, Prozesse der Destabilisierung und der kreativen oder heilsamen Neuintegration möglich werden.

Die Erfindung und Neukonstruktion dieser Art von körperbezogenen Ritualen stellen in unserer Gesellschaft ein wichtiges Element in der Erarbeitung einer humanen politischen und medizinischen Kultur dar, weil sie, in indirekter Form, auch einen zentralen Gesellschaftsbezug enthalten und damit im Kleinen und scheinbar Privaten eine Integration des Globalen und des Lokalen, des Abstrakten und des Konkreten im Medizinsystem erproben.

Anmerkungen

1 Verschiedene Personen waren an der Entstehung dieses Artikels beteiligt: Ich bedanke mich bei den Studentinnen und dem Studenten, die im Hebammenprojekt mitgemacht und die lehrreiche und kreative Zusammenarbeit ermöglicht haben. Ich habe von allen viel gelernt, auch aus den entstandenen Magisterarbeiten (Tengeler 1995; Grefe 1995; Orth 1996; Holte 1997; Orth und Bertram 1994). Ich bedanke mich bei Barbara Duden und Franz Wellendorf für die Zusammenarbeit und den Gedankenaustausch.

2 Es erscheint mir an dieser Stelle wichtig anzumerken, daß gerade die von Moore erwähnte physische Präsenz als Grundlage von Erfahrung und Konstruktion nur in den *face-to-face* Beziehungen vorhanden ist. Es fragt sich, wie die These lauten müßte, wenn davon ausgegangen wird, daß mit der Verbreitung der Medien- und Kommunikationstechnologie zunehmend gesichtsunabhängige Beziehungen zwischen Individuen und/oder Gruppen möglich werden.

3 In der Darstellung einer Geburt bei den Magar in Nepal von Michael Oppitz (1993) wird der Uterus symbolisch in der Gestalt eines Kürbis dargestellt. Eine weiß bemalte, blumenverzierte Kalebasse wird mit Modellbroten und Kükenblut angefüllt. Ihr Wohlgeruch soll die Geister ins Innere des Gefäßes locken, wo sie mit einem hölzernen Pfropfen eingesperrt werden. Später wird die Kalebasse mit einem Holzprügel zerschlagen und weit entfernt verstreut. Sie soll den Schoß symbolisieren, der den Geist *ra* gebar und jetzt zerstört wird. Gleichzeitig soll der Gott *ra* aus dem Schoß der Frau vertrieben werden, damit die Blockade der Geburt aufhört. Das Geschehen im Körper wird durch diese symbolische Darstellung vergegenwärtigt und beeinflußt.

4 In psychoanalytischen Therapien werden Auflösung und Regression zum Beispiel bewußt zugelassen, weil sie die Aufhebung von Verdrängung, das Wiederanknüpfen an Abgespaltenes sowie das Erleben von Es-Anteilen erlauben. Der Vermittler/Therapeut begleitet die darauffolgende Integration dieser Ausnahmeerfahrung: Er garantiert einen klaren Rahmen (Setting und Häufigkeit der Sitzungen), der das Geschehen hält; seine erinnernde Deutung verknüpft die Erfahrungen in der Regression mit den bewußt strukturierten Ich-Anteilen. Wichtig ist, daß hier die Restrukturierung durch einen Prozeß der Erkenntnis und Bewußtwerdung vollzogen wird. Diese Reintegrationsform der regressiven Erfahrung führt meist zu einer kreativen Veränderung und Bereicherung der Persönlichkeit.

5 Therapieformen, die eine sehr schnelle und innerhalb von kurzer Zeit stattfindende Regression fördern (Intensivwochenenden) legen oft zu wenig Sorgfalt auf die nachträgliche Restrukturierung und Wiederanknüpfung. Daher kann es bei einzelnen Teilnehmern zu Entgleisungen in Form von Depressionen und psychotischen Einbrüchen kommen. Ähnliches kann sich während einer Geburt ereignen: wenn der Prozeß sehr heftig war und kein entsprechendes *containing* durch die Umgebung die Wiederanknüpfung an den Alltag und die Alltagsidentität vermittelt, kann es zu einer postpartalen Psychose kommen (vgl. Gambaroff 1984; Maier 1989).

6 Vgl. Michael Oppitz (1993), der eine sehr interessante Deutung einer Geburt bei den Magar gibt.

7 Den APGAR-Index erhält man durch die Auswertung von Hautfarbe, Herz- und Atemfrequenz, Reflexen und Muskeltonus des Neugeborenen nach einer und nach fünf Lebensminuten. Jedem dieser Faktoren wird eine Punktzahl zugeordnet. Die optimale Punktzahl beträgt 10. Der APGAR-Index hilft, den Zustand eines Neugeborenen unmittelbar nach der Geburt zu beurteilen.

8 Die Wahrnehmung von zunehmender Inkommensurabilität und Kontingenz veranlaßt die Menschen zu Maßnahmen gegen die damit verbundene Ohnmacht und Unsicherheit. In diesem Zusammenhang scheint es, daß die Medizin ihr gewaltiges technisches Kontrollsystem, die Gentechnologie und die Risikoideologie auch entwickelt, weil sie Einfluß auf das menschliche Leben in seiner Gesamtheit erringen will. Die kollektive Verdrängung der Todestatsache verdrängt gleichzeitig die Erfahrung von Ohnmacht und Abhängigkeit. Die Medizin hat sich zum Anwalt dieser Ängste gemacht (vgl. Bette 1989:29ff).

9 Die für Risikofälle entwickelten Apparaturen und Kontrollen werden zur Sicherheit auch an jeder Gesunden appliziert, um noch weitere Risiken präventiv zu verhindern. „Auf diese Weise geht an der Medizin auch für die Behandlung des Normalfalles kein Weg mehr vorbei" (Lenzen 1993:43). Die medizinische Normierung dessen, was für die Risikoberechnung als gut oder schlecht angesehen wird, führt zur direkten Kontrolle der Subjekte, ihrer Meinungen und Gefühle.

10 Im Vergleich mit der Maya-Gesellschaft werden verschiedene Aspekte deutlich: Erstens die ausgefeilte Geformtheit von Schwangerschaft, Geburt und Stillzeit durch die Kultur und die Gemeinschaft sowie deren Integriertheit in den Alltag. Und zweitens sehen wir, daß die Auswahl derjenigen, die Geburtshelferinnen werden, ebenfalls stark kulturell vorgeschrieben und beeinflußt wird. Es bleibt nicht dem Zufall überlassen, welche Person diesen Beruf ergreift, denn die Gesellschaft schreibt eine Menge von übernatürlichen Zeichen und lebensgeschichtlichen Bedingungen vor, die erfüllt sein müssen. Die Umsetzung dieser Bedingungen ist in den unmittelbaren Alltag der Gemeinschaft und Verwandtschaft verwoben.

11 Das alles sind große Anforderungen an eine Frau wie auch an ihre Familie. Zum Beispiel muß auch ihr Mann seine Rolle stark verändern; er muß nicht nur bereit sein, viele ihrer Funktionen und Arbeiten zu übernehmen, sondern er sollte auch über ein so ausgeprägtes Selbstwertgefühl verfügen, daß er es aushält, die Frau in einer wichtigeren Rolle zu sehen, die die üblichen geschlechtspezifischen Verhaltensweisen auf beiden Seiten aufsprengt.

12 Aus der frühen Neuzeit werden für Europa ähnliche Formen der Berufung zur Hebamme beschrieben. Oft war es eine ‚ganz gewöhnliche' ältere Frau, eine Nachbarin oder Bekannte, die selber mehrere Geburten hatte oder selber öfter dabei war, die vermehrt von Frauen zur Geburt beigezogen wurde. Aufgrund ihres Erfahrungswissens und ihrer Persönlichkeit wurde sie, meist in der Lebensmitte, durch ihre Umgebung zur Hebamme gemacht (Böhme 1980; Schiefenhövel 1983; Labouvie 1990; Gélis 1980, etc.).

13 13 StudentInnen haben eine ca. einmonatige Feldforschung bei Hausgeburthebammen in verschiedenen Teilen Deutschlands unternommen. Mit teilnehmender Beobachtung haben sie ‚ihre' Hebammen bei ihrer Arbeit begleitet und regelmäßige biographische und selbstreflexive Gespräche mit ihr geführt. Die Tagebücher, Dokumente und Gespräche wurden gemeinsam ausgewertet und zuein-

ander in Beziehung gesetzt. Es handelt sich bei dem vorliegenden Material um **qualitative Fallgeschichten** ohne repräsentativen Anspruch.

14 Das Bereitstellen eines sozialen Raumes, in dem die Bedürfnisse und Erfordernisse der gebärenden Frau sich entfalten können und an dem auch Männer teilhaben, bietet der Hebamme die Möglichkeit, sich selber mit den Belangen der Frau und ihrer Position in der Gesellschaft auseinanderzusetzen. Die frauenfreundliche Arbeit der Hausgeburthebamme stellt immer auch ein Abarbeiten der eigenen geschlechtsspezifischen Unsicherheiten dar, ein sich Abgrenzen von verinnerlichten Entwertungen und eine ständige Innovation von Möglichkeiten, die den vorhandenen gesellschaftlichen Raum ausweiten.

15 Der Körper bleibt eine unerläßliche „Sicherheitsbasis für jedwelchen Sozialbereich. [...] Ohne den Körper könnten die Elemente nicht hergestellt werden, über die fast immateriell operierende Sozialsysteme sich reproduzieren. Ohne das Wahrnehmungssensorium und die Bewußtseinsvorgänge von Menschen wäre es (dies) nicht möglich“ (Bette 1989:25).

16 Eine wichtige Spezifität des Berufs der Hausgeburthebammen wird in diesem Zusammenhang deutlich. Die Beteiligten am Körperboom sind in Experten, die professionelle Träger der Bewegung sind, und in Konsumenten aufgeteilt, die die Auseinandersetzung mit ihrem Körper vorwiegend in ihrer Freizeit betreiben. Ihre Freizeitgestaltung verhält sich komplementär zu dem, was ihr Körper in ihrer Berufsrolle darstellt. Die freischaffenden Hebammen lassen sich weder der einen noch der anderen Gruppe zuschlagen. Sie sind Expertinnen besonderer Art, weil sie jenseits von Freizeitgestaltung und beliebigem Körperangebot eine der einschneidendsten Übergangsphasen im Leben von Frauen begleiten. Sie sind professionelle Spezialistinnen für die „natürliche“ Geburt, die zur Selbstvergewisserung begleitendes Wissen und Können aus dem Bereich der alternativen Körpertechniken beziehen.

Literatur

Bauwens, E.E./ Sandra Anderson (1978): Home birth: A reaction to hospital environmental stressors. In: Bauwens, E.E. (ed.): *The anthropology of health.* St. Louis: Mosby

Benhabib, Seyla (1993): Feminismus und Postmoderne. Ein prekäres Bündnis. In: Benhabib, S./ J. Butler/ D. Cornell und N. Fraser: *Der Streit um Differenz. Feminismus und Postmoderne in der Gegenwart.* Frankfurt: Fischer, S. 9–30

Benhabib, Seyla/ Judith Butler/ Drucilla Cornell und Nancy Fraser (1993): *Der Streit um Differenz. Feminismus und Postmoderne in der Gegenwart.* Frankfurt: Fischer

Bette, Karl Heinz (1989): *Körperspuren. Zur Semantik und Paradoxie moderner Körperlichkeit.* Berlin, New York: de Gruyter

Bion, Wilfred (1959): Attacks on linking. *International Journal of Psycho-Analysis* 30, S. 308–315

Böhme, Gernot (1980): *Alternativen der Wissenschaft.* Frankfurt: Suhrkamp

Broch-Due, Vigdis/ Ingrid Rudie (1993): Carved flesh – Cast selves: An introduction. In: Broch-Due, V./ I. Rudie and T. Bleie (eds.): *Carved flesh / Cast selves, Gendered symbols and social practices*. Oxford: Berg, S. 1–40

Broch-Due, Vigdis/ Ingrid Rudie and Tone Bleie (eds.) (1993): *Carved flesh / Cast selves, Gendered symbols and social practices*. Oxford: Berg

Butler, Judith (1991): *Das Unbehagen der Geschlechter*. Frankfurt: Suhrkamp

Butler, Judith (1995): *Körper von Gewicht. Die diskursiven Grenzen des Geschlechts*. Berlin: Berlin-Verlag

Christmann, Fred/ Markus Dietrich und Wolfgang Larbig (eds.) (1993): *Ambulante Verhaltensmedizin und Psychotherapie. Der Blick über den Zaun*. München: Quintessenz

Duden, Barbara (1987): *Geschichte unter der Haut. Ein Eisenacher Arzt und seine Patientinnen um 1730*. Stuttgart: Klett-Cotta

Duden, Barbara (1991): *Der Frauenleib als öffentlicher Ort. Vom Mißbrauch des Begriffs Leben*. Hamburg, Zürich: Luchterhand

Duffner, T. (1993): Die Feldenkraismethode in der Psychotherapie. In: Christmann, F., et al (eds.): *Ambulante Verhaltensmedizin und Psychotherapie. Der Blick über den Zaun*. München: Quintessenz, S. 94–99

Elmendorf, Mary (1973): *La mujer Maya en el cambio*. México: Sepsetentas

Elmendorf, Mary (1976a): *Nine Mayan women: A village faces change*. New York: John Wiley

Elmendorf, Mary (1976b): Dilemmas of peasant women: a view from a village in Yucatàn. In: I. Tinker/ M. Bo Bramsen (eds.): *Women and world development*. Washington: Overseas Development Council

Gambaroff, Marina (1984): *Utopie der Treue*. Reinbek: Rowohlt

Gélis, Jacques/ Mireille Laget und Marie-France Morel (1980): *Der Weg ins Leben. Geburt und Kindheit in früherer Zeit*. München: Kösel

Gennep van, Arnold (1909) 1986: *Übergangsriten*. Frankfurt: Campus

Gildemeister, Regine/ Angelika Wetterer (1992): Wie Geschlechter gemacht werden. Die soziale Konstruktion der Zweigeschlechtlichkeit und ihre Reifizierung in der Frauenforschung. In: Knapp, G./ A. Wetterer (eds.): *Traditionen Brüche, Entwicklungen feministischer Theorie*. Freiburg: Kore, S. 201–254

Grabrucker, Marianne (1989): *Vom Abenteuer der Geburt. Die letzten Landhebammen erzählen*. Frankfurt: Rowohlt

Grefe, Elke (1995): *Frauenleben zwischen alten Leitbildern und neuen Rollenvorstellungen am Beispiel einer freiberuflichen Hausgeburthebamme*. Magisterarbeit Universität Bremen

Heldmann, Anja (1997): *Intersexualität*, in diesem Band

Holte, Christina (1997): *Der Beruf der Hausgeburtshebamme – Möglichkeit zur Selbstverwirklichung in einer sozialen Nische*. Magisterarbeit Universität Bremen

Jordan, Brigitte (1978): *Birth in four cultures. A crosscultural investigation of childbirth in Yucatàn, Holland, Sweden and the United States*. Montreal, Quebec: Eden Press

Knapp, Gudrun-Axeli (1992): Neure Entwicklungen in der feministischen Macht- und Herrschaftsdiskussion. In: Knapp, G./ A. Wetterer (eds.): *Traditionen Brüche, Entwicklungen feministischer Theorie*. Freiburg: Kore, S. 287–325

Knapp, Gudrun-Axeli/ Wetterer, Angelika (eds.) (1992): *Traditionen Brüche, Entwicklungen feministischer Theorie*. Freiburg: Kore

Labouvie, Eva (1990): Selbstverwaltete Geburt. Landhebammen zwischen Selbstverwaltung und Reglementierung (17. bis 19. Jh.). *Geschichte und Gesellschaft*, Nr. 18, S. 477–506

Lenzen, Dieter (1993): *Krankheit als Erfindung. Medizinische Eingriffe in die Kultur.* Frankfurt: Fischer

Lévi-Strauss, Claude (1949) 1967: *Strukturale Anthropologie*. Frankfurt: Suhrkamp

Liedloff, Jean (1982): *Auf der Suche nach dem verlorenen Glück. Gegen die Zerstörung unserer Glücksfähigkeit in der frühen Kindheit.* München: Beck

Maier, Christian (1989): Schizophrene Wochenbettpsychosen, Ein psychodynamischer Ansatz. *Psyche*, 43, 5, S. 429–444

Martin, Emily (1989): *Die Frau im Körper. Weibliches Bewußtsein, Gynäkologie und die Reproduktion des Lebens*. Frankfurt: Campus

Moore, Henrietta (1993): The differences within and the differences between. In: del Valle, T. (1993): *Gendered Anthropology.* London/ New York: Routledge, S. 194–204

Moore, Henrietta (1994): *A passion for difference. Essays in anthropology and gender*. Cambridge: Polity Press

Naaktgeboren, Corneluis (1986[2]): Über die Hausgeburt in den Niederlanden. *Curare*, Sonderband 1/1983, S. 65–70

Nadig, Maya (1990a): Die gespaltene Frau – Mutterschaft und öffentliche Kultur. *Psyche*, Nr 1, S. 53–70

Nadig, Maya (1990b): *Die soziale und subjektive Ausprägung der Mutterschaft bei den Maya in Yucatán und in unserer urbanen Gesellschaft*. Interim 8, Museum für Völkerkunde, Frankfurt, S. 59–70

Oppitz, Michael (1993): Schwere Geburt. Schamanische Praxis als transzendentale Psychotherapie. *Lettre International*, 3. Jg, Nr. 22, S. 87–92

Orth, Friederike (1996): *Erzählungen einer Hebamme. Eine kulturwissenschaftlich-hermeneutische Untersuchung anhand einer Feldforschung*. Magisterarbeit Universität Bremen

Orth, Friederike/ Marion Bertram (1994): Das Arbeitsfeld der Hausgeburtshebamme als kultureller Raum. Zur Forschungsmethode eines ethnologischen Projektes. In: *Störfaktor* 26, Jhg. 7, Heft 2

Paul, Lois (1974): The mastery of work and the mistery of sex in a Guatemalan village. In: Rosaldo, M./ L. Lamphere (eds.): *Woman, culture and society.* Stanford: Stanford University Press, S. 281–300

Paul, Lois (1978): Careers of midwifes in a Mayan community. In: Hoch-Smith, J./ A. Spring (eds.): *Women in rituals an symbolic roles.* New York: American Anthropological Association, S. 1129–1149

Popp, Volker (ed.) (1969): *Initiation.* Frankfurt: Suhrkamp

Scheich, Elvira (ed.) (1996): *Vermittelte Weiblichkeit. Feministische Wissenschafts- und Gesellschaftstheorie*. Hamburg: Hamburger Edition

Schiefenhövel, Wulf (1983): Geburten bei den Eipo. In: *Curare*, Sonderband 1, 41–56

Schleske, W. (1993): Bewegungsmeditation – selbsttherapeutische Streßbewältigung und Förderung eines ökologischen Bewußtseins. In: Christmann, F., et al (eds.):

Ambulante Verhaltensmedizin und Psychotherapie. Der Blick über den Zaun. München: Quintessenz, S. 100–112

Soeffner, Hans-Georg (1992): *Die Ordnung der Rituale. Die Auslegung des Alltags* 2. Frankfurt: Suhrkamp

Tengeler, Sabine (1995): *Das Bild des ‚modernen Frauenkörpers' in der heutigen Gesellschaft am Beispiel einer Feldforschung bei einer Hausgeburthebamme.* Magisterarbeit Universität Bremen

Turner, Victor (1989): *Das Ritual. Struktur und Anti-Struktur.* Frankfurt: Campus

del Valle, Teresa (1993): Gendered Anthropology: Introduction. In: del Valle, T. (ed.): *Gendered Anthropology.* London/ New York: Routledge, S. 1–16

del Valle, Teresa (ed.) (1993): *Gendered Anthropology. London/ New York: Routledge*

Winnicott, D.W. (1949): Haß in der Gegenübertragung. In: Winnicott, D.W. (ed.) (1983): *Von der Kinderheilkunde zur Psychoanalyse.* Frankfurt: Suhrkamp, S. 77–90

Anja Heldmann

Jenseits von Frau und Mann

Intersexualität als Negation der Zweigeschlechtlichkeit

Die seit Jahrzehnten proklamierte ‚Natur der Zweigeschlechtlichkeit' wird neuerdings in der feministischen Diskussion häufig als biologistisch kritisiert und als bloße Konstruktion der Geschlechter im Dienste einer sozialen (Macht-) Ordnung entlarvt. Diese ‚Konstruktionshypothese' will in ihrer radikalsten Form zeigen, „daß das Geschlecht (*sex*) definitionsgemäß immer schon Geschlechtsidentität (*gender*) gewesen ist" (Butler 1991:26) und daß Geschlechterdifferenzen selbst dort, wo sie gelebt werden, nicht ontologisch mißverstanden werden dürfen. Unsere Körper werden in dieser Diskussion als immer schon repräsentiert begriffen, die nie losgelöst von kulturellen Codes wahrnehmbar sind. Sexuelle Differenz wird in ihrer Zweigeschlechtlichkeit in den neueren Debatten zunehmend in Frage gestellt, insofern man den Unterschied zwischen Mann und Frau als diskursiv hergestellt begreift.

Das ontologische Mißverständnis ‚lauert' in unseren Körpern. In ihnen leben wir unsere Geschlechterdifferenzen für jeden sichtbar, so möchte man zumindest annehmen, um wenigstens dort einen sicheren Ort der Erkenntnis zu wahren. Und genau um diesen vermeintlich sicheren Ort wird es mir im folgenden gehen, um den Körper, um seine ‚Substanz'[1] und die sich um ihn gruppierende Debatte Konstruktivismus versus Essentialismus, die im Feminismus in den letzten Jahren viel Raum eingenommen hat und m. E. zu polar diskutiert wird.

Ich möchte erläutern, durch welche Umstände ich in meinem Denken zur Geschlechterdifferenz derart irritiert wurde, daß es mir nicht mehr gelang, mich aus meinem Körper herauszustehlen, um ihn als bloßen Effekt einer diskursiven Praxis in die Ecke zu stellen. Durch die Begegnung mit intersexuellen Menschen wurde ich auf ganz neue Weise mit meinem eigenen Körper konfrontiert, dessen Geschlechtsidentität mir bisher ganz zweifellos eindeutig vorkam, und zwar eindeutig weiblich im Kontext einer bipolar gedachten Geschlechterdifferenz. Das Thema der Intersexualität eröffnete mir die Möglichkeit, die Debatte um *sex* und *gender* und der Konstruktion von Geschlechtern aus einer neuen Perspektive zu betrachten.

Wenn aber die „Natur der Zweigeschlechtlichkeit" dekonstruiert wird, muß damit gleichzeitig die Entmaterialisierung von Körpern einhergehen? Und wie steht es um die vielfach diskutierte Auflösung der Unterscheidung von *sex* und *gender*? Darf es kein *sex* neben *gender* geben, damit ich der „institutionalisierten Heterosexualität" (Butler 1991:45) bzw. Zweigeschlechtlichkeit entgehen kann? Die Gefahr eines ‚*gender*-Monismus' erscheint hoch, und Andrea Rödig stellt sich die Frage:

> „Ob man dichotomes Denken aufbrechen kann, indem man den Monismus einer Seite predigt: (fast?) alles ist Effekt, alles ist Kopie, alles ist Oberfläche, alles ist gender" (Rödig 1994:95).

Der Gegenstand, den ich hier einkreisen will, ist der Körper, den ich zwar auch als konstruierten Körper in verschiedenen Diskursen erkenne (beispielsweise im medizinischen Diskurs, auf den ich gleich ausführlich zu sprechen komme), aber dennoch nicht in seiner konkreten Präsenz leugnen möchte. Kann ich über den Körper sprechen, ohne die Frage vorab zu klären, ob es ein Apriori des Körpers überhaupt gibt? Judith Butler, die der Geschlechtsidentität (*sex*) einen vordiskursiven Charakter abspricht und den Körper selbst als bloßen Effekt einer kulturellen Praxis ansieht (Butler 1991:24), plädiert in diesem Zusammenhang für eine Geschlechter-Travestie, für ein Spielen mit den Geschlechterrollen (Butler 1991:202). Doch diese Form der Travestie spielt mit *gender*, nicht mit *sex*: Rödig bringt es auf den Punkt:

> „Wenn es wirklich zur Sache geht, muß das Geschlecht unterm Kostüm stimmen, und zwar eindeutig" (Rödig 1994:96).

Was aber geschieht, wenn sich das körperliche Geschlecht gemäß medizinischer Kriterien nicht eindeutig bestimmen läßt? Mit dieser Frage ziele ich ganz bewußt auf das anatomische Geschlecht und damit auf mein Plädoyer, die Kategorien *sex* und *gender* zunächst beizubehalten. Es geht mir um die Möglichkeit, über die Körper Intersexueller zu sprechen, die bisher mit erstaunlicher Ignoranz in den feministischen Debatten um Geschlechterdifferenz ausgeklammert wurden. Wenn es ein primäres Anliegen feministischer Politik sein soll, Benachteiligung und Zwang zu überwinden, dann wird es Zeit, die Pathologisierung von Geschlechtern, wie sie in der Medizin praktiziert wird, zu analysieren, und zwar gerade nicht mit dem selbstmitleidigen Blick auf das ‚schwache Geschlecht', sondern auf die gewaltsame Eliminierung sogenannter zwischengeschlechtlicher Menschen, deren Geschlecht sich nicht eindeutig als ‚Frau' oder ‚Mann' kategorisieren läßt.

Die sprachliche Nicht-Existenz Intersexueller hat mich erstaunt und ihr erfahrenes Leid durch die medizinischen Behandlungsmethoden zutiefst erschüttert. Mir stellt sich die Frage, warum ich über Intersexualität kaum etwas wußte und warum so selbstverständlich von nur zwei eindeutigen Geschlechtern ausgegangen wird, gerade auch in der feministischen Geschlechterdebatte. Zwar ist Androgynität und die Frage nach dem dritten Geschlecht bereits in die Diskussion aufgenommen, hauptsächlich aber auf der Ebene des „doing gender" (West und Zimmermann 1987). In der Ethnologie finden sich allerdings etliche Studien über Gesellschaften, in denen mehr als zwei soziale

Geschlechterkategorien existieren, sowie auch einige Berichte über den kulturellen Umgang mit Intersexualität.[2]

Auf der Suche nach der sprachlichen Existenz Intersexueller im deutschsprachigen Raum finde ich ihre Erwähnung fast ausnahmslos in der medizinischen Literatur.[3] Dort wird Intersexualität als Anomalie diagnostiziert und die nicht eindeutigen Körper werden in das Modell der Zweigeschlechtlichkeit hineinoperiert. Intersexuelle finden den Ort ihrer Existenz in unserer Gesellschaft erst als operierte Menschen mit einem im wahrsten Sinne des Wortes konstruierten eindeutigen Geschlecht. Die psychischen und physischen Narben, die Schmerzen ihrer operierten Körper sind so real, daß es mir als Hohn erscheint, bereits ihre ‚ursprünglichen' Körper für konstruierte zu halten.[4] Von diesen nicht-operierten, unverletzten Körpern soll hier gesprochen werden, denn gerade sie eröffnen eine neue Dimension in der Frage der Geschlechterdifferenz und der Geschlechterkategorien und stellen eine Herausforderung dar, Geschlechter jenseits von ‚Frau' und ‚Mann' zu denken. Doch hier gerate ich in die bereits erwähnte Zwickmühle: Daß ich zwar einerseits von dem konstruierten Modell der Zweigeschlechtlichkeit spreche und von konstruierten Körpern, die dieses Modell bedienen. Andererseits aber auf der ‚Substanz' von Körpern bestehen muß, um Intersexuellen nicht erneut den Ort ihrer Präsenz zu nehmen.

Ich werde Intersexualität im folgenden auf zwei Ebenen betrachten. Zunächst werde ich den Umgang der Medizin mit Intersexuellen erläutern. Ich werde die medizinischen Versuche schildern, Geschlechter zu kategorisieren, die ‚Korrektur'-Maßnahmen, die Eindeutigkeit bezüglich des Geschlechts herstellen sollen, und die medizinischen Argumentationsstrategien, die derartige Eingriffe legitimieren helfen. Da das Thema relativ unbekannt ist und bisher keine Analysen über den Umgang der Medizin mit Intersexuellen vorliegen, werde ich zum Teil sehr ausführlich zitieren, um die Sprache und interne Logik der Medizin zu repräsentieren. Dabei soll der Zusammenhang der medizinischen Wissenschaft und Praxis und der kulturellen Bedingtheit der Geschlechterdifferenz und des Umgangs mit Körpern in unserer Gesellschaft deutlich werden. In diesem Kontext wird Medizin als kultureller Bereich betrachtet, in dem sich das Körper- und Geschlechtermodell einer euro-amerikanischen Gesellschaft widerspiegelt, das ein „Wir" auf der Basis der Zweigeschlechtlichkeit konstituiert und damit Intersexuelle als die „Anderen" definiert. Des weiteren wird auch die völlig differente Sichtweise, welche etliche Intersexuelle vertreten, dargestellt werden.

Auf einer zweiten Ebene werde ich an ausgewählten Aufsätzen aus der rezenten feministischen Diskussion über die Kategorie Geschlecht zeigen, in welchem Maße Intersexuelle die Ansätze zu den Kategorien *sex* und *gender* in Frage stellen und einen erweiterten Blick auf diese notwendig machen. Ich möchte nach dem Ort suchen, den Intersexuelle in der Debatte um

Geschlechterdifferenz bisher sprachlich und körperlich einnehmen durften und inwieweit überhaupt von intersexuellen Körpern die Rede sein kann, wenn Körper aus der feministischen Diskussion um Geschlecht verbannt werden sollen. Ich stelle die provozierende Frage, wieviele Varianten von Geschlechtskörpern die feministische Debatte um Geschlechterkategorien ertragen kann und inwieweit überhaupt auf die Kategorisierung von Geschlechtern verzichtet werden kann. Intersexualität als Negation der Zweigeschlechtlichkeit bedeutet nicht, mit Geschlechtern in Form einer Maskerade oder Travestie lediglich zu spielen, es erfordert eine grundsätzlichere Veränderung des polaren Denkens bezüglich einer pluralen Geschlechterdifferenz jenseits der Kategorien ‚Frau' und ‚Mann'.

I Intersexualität im Kontext der Medizin

Die Genitalverstümmelung von Millionen Mädchen und Frauen in den islamischen Ländern Afrikas wird in unserer Gesellschaft bereits lange als grauenvoll-archaische Tradition thematisiert. Die Beschneidung weiblicher Sexualität in fernen Kontinenten wird in den letzten Jahren immer stärker in der Öffentlichkeit diskutiert und scheint von dem Blick auf die eigene Kultur, auf die Menschen in unserer nächsten Nähe abzulenken.

Genitalverstümmelung in Deutschland? Eine für mich unglaubliche Vorstellung, der ich nachgegangen bin. Ich nahm Kontakt zu der „Arbeitsgruppe gegen Gewalt in der Pädiatrie & Gynäkologie" auf und fand die Gelegenheit, dort mit Betroffenen der Genitalverstümmelung zu sprechen. Die Arbeitsgruppe setzt sich aus Intersexuellen zusammen, die es sich zur Aufgabe machen, über die fatalen Auswirkungen des Modells der Zweigeschlechtlichkeit für Intersexuelle zu berichten, den Kontakt zu anderen Intersexuellen herzustellen und über medizinische Behandlungsmethoden der sogenannten fehl- oder mißgebildeten Genitalien sowie die damit einhergehenden psychischen Konsequenzen für ihre Gesamtpersönlichkeit aufzuklären. Durch Gespräche mit VertreterInnen der Arbeitsgruppe fand ich den Zugang zu dem in unserer Gesellschaft völlig tabuisierten Thema der Intersexualität und begann schließlich mit der Lektüre medizinischer Literatur zu Intersexualität. Die folgende Erläuterung verschiedener medizinischer Kategorisierungsversuche bezüglich des Geschlechts und der medizinischen Behandlungsmethoden Intersexueller stellt nur eine komprimierte Auswahl meiner Auswertung dar und kann lediglich als Einführung in diese komplexe Thematik dienen. Ausführliche Zitate werden sowohl die Methoden als auch die Argumentationen der Mediziner verdeutlichen und medizinisches Denken über gesellschaftliche Geschlechterrollen eindrucksvoll erhellen.

In der Medizin werden zwei Geschlechter unterschieden: das männliche und das weibliche Geschlecht. Entsprechend werden Menschen, die diesen Kategorien nicht zuzuordnen sind, als „Zwitterbildungen“ definiert und in sogenannte geschlechtliche Zwischenstufen eingeteilt, die durchweg als pathologisch diagnostiziert werden. Die Prinzipien der medizinischen Klassifizierung der Geschlechter lassen sich nur schwer referieren, da sie in den Medizinbüchern recht unterschiedlich dargestellt werden. Grundsätzlich unterscheidet man das Geschlecht nach folgenden Kriterien, die in den sogenannten Normalfällen (eindeutig Frau bzw. Mann) entsprechend übereinstimmen müssen:

> „Eine normale chromosomale, gonadale und hormonale Geschlechtsdifferenzierung ist Voraussetzung für die normale Ausbildung des Genitales und eine adäquate Sexualentwicklung, also ein zusammenpassendes, chromosomales, gonadales und genitales Geschlecht“ (Tscherne 1987:51).

Neben dem somatischen Geschlecht unterscheidet man zusätzlich das psychosoziale Geschlecht, so daß man insgesamt sieben Geschlechtskomponenten festhalten kann (Pschyrembel 1990:584):

1. Das chromosomale bzw. genetische Geschlecht (auch Kerngeschlecht): Frau 46, XX Gonosomen; Mann 46, XY Gonosomen.
2. Das gonadale Geschlecht: Frau mit Ovarien, Mann mit Testes.
3. Das genitale Geschlecht: Zuordnung unter dem Aspekt des inneren Genitales. Frau mit Gebärmutter, Eileiter und Scheide, Mann mit Samenleiter und Prostata.
4. Das Phänotypische bzw. morphologische Geschlecht: Zuordnung unter dem Aspekt des äußeren Genitales und der sekundären Geschlechtsmerkmale: Frau mit Vulva und Brüsten, Mann mit Penis.
5. Das hormonelle Geschlecht: Frau u. a. mit Östrogenen und Androgenen, Mann mit überwiegend Androgenen.
6. Das psychische Geschlecht: Die sexuelle Selbstidentifikation [*gender identity*].
7. Das soziale Geschlecht: Die sexuelle Einordnung und Rollenzuweisung durch die Umwelt [*gender role*].

Welche Kriterien das Geschlecht ausschlaggebend bestimmen, wird unterschiedlich bewertet. Von großer Bedeutung für die Entscheidung der Geschlechtsbestimmung ist bei intersexuellen Genitalien die Erscheinungsform des äußeren Genitales, das phänotypische bzw. morphologische Geschlecht, das nach Auffassung der Mediziner sowohl das psychische als auch das soziale Geschlecht nachhaltig prägt.

Art und Ausmaß einer medizinisch diagnostizierten Geschlechteranomalie sind abhängig von der Art der Störung, dem Zeitpunkt ihres Wirksamwerdens und ihrer Intensität. Daraus ergibt sich eine Vielfalt der Erscheinungsformen als fehlerhaft klassifizierter Geschlechtsentwicklung, die als Intersexualität,

Gonadendysgenesie[5] oder isolierte Fehlbildungen im Genitalbereich in Erscheinung treten. Allerdings kann die Gliederung dieses Spektrums von Symptomen und Syndromen durch begriffliche und klinische Überschneidungen erschwert werden, und eine einheitliche Einteilung in der Medizin ist nur sehr schwer auszumachen.[6] Im folgenden werde ich mich auf die Diagnose „intersexuell" beschränken:

> „Unter Intersexualität lassen sich Diskrepanzen zwischen somatischer Geschlechtsdifferenzierung und chromosomalem bzw. gonadalem Geschlecht zusammenfassen. Es handelt sich um Anomalien im Bereich des Genitales und des körperlichen Erscheinungsbildes, die eine eindeutige Zuordnung zu einem Geschlecht unmöglich machen" (Tscherne 1987:52).[7]

Intersexuelle werden im medizinischen Sprachgebrauch weiterhin auch in „Hermaphroditen" und „Pseudohermaphroditen" untergliedert, wobei der negativ konnotierte Wortzusatz „Pseudo" den Eindruck erweckt, als ob es sich um Pseudomenschen handelt:

> „Neben dem seltenen echten Hermaphroditismus sind es Formen von Pseudohermaphroditismus, männliche oder weibliche Scheinzwitter. Es sind unterschiedliche Bilder von Verweiblichung bei Vorliegen von Hoden oder Vermännlichung bei Vorliegen von Ovarien" (Tscherne 1987:71).

Es ist erstaunlich, mit welcher Selbstverständlichkeit weiterhin mit Begriffen wie weiblich und männlich argumentiert wird, obwohl es keine Klarheit bezüglich des Geschlechtes gibt. Die Entscheidung, ob ein Mensch als ein männlicher oder weiblicher „Scheinzwitter" definiert wird, ist demnach willkürlich.

Wieviele Personen von der Diagnose „intersexuell" betroffen sind, bleibt eine Schätzung, denn statistische Zahlen der in diesen Fällen durchgeführten Operationen bzw. der diagnostizierten Fälle überhaupt existieren seitens der Ausführenden weltweit nicht. Die Zahlen schwanken zwischen 0,2 bis 4 Prozent. Das gängige klinische Wörterbuch Pschyrembel gibt die Häufigkeit von Intersexualität mit 1 : 500 an (Pschyrembel 1990:730).[8]

Es fällt auf, daß das Thema der Intersexualität fast ausschließlich in gynäkologischer bzw. in kindergynäkologischer Fachliteratur behandelt wird. Dies ist darauf zurückzuführen, daß Kinder, die mit einem nicht eindeutigen Geschlecht geboren werden, zunächst zwar von Neonatologen, Kinderchirurgen und pädiatrischen Endokrinologen behandelt werden, doch in ca. 90 Prozent der Fälle wird eine Feminisierung des Kindes, d. h. eine Zuweisung zum weiblichen Geschlecht veranlaßt. Als Motto gilt diesbezüglich: „Die Wahl des sozialen Geschlechts erfolgt nach der günstigsten Korrekturmöglichkeit" (Terruhn 1987:67). Denn in der Praxis stellt es sich als ‚günstiger' dar, ein Kind mit einem weiblichen Genitale auszustatten, da dieses (sprich eine Scheide)[9] leichter herzustellen ist. Auch hier wird noch einmal deutlich, daß nicht das chromosomale bzw. gonadale Geschlecht entscheidend ist, sondern fast ausschließlich das morphologische Geschlecht und die derzeitigen medizinischen Möglichkeiten der Herstellung künstlicher Genitalien.

Als ab ca. 1940 chirurgische und hormonelle ‚Korrekturen' ihren Anfang nehmen[10], wird der bis dahin geltende Leitsatz „in dubio pro masculo" durch die inzwischen fortgeschrittene chirurgische ‚Korrektur'-Möglichkeit „it's easier to make a hole than to build a pole" (Reiter 1997:47) abgelöst. Auch:

> „ (...) herrscht die soziale Anschauung vor, daß es für ein weibliches Individuum mit reduzierter Genitalfunktion leichter sei ‚im Leben ihren Mann zu stehen' als für ein männliches Individuum mit verminderter Geschlechtsfähigkeit" (Bolkenius u. a. 1982:249).

Die Äußerung mutet fast wie eine Ausrede dafür an, daß man nicht in der Lage ist, einen funktionsfähigen Penis zu modellieren.[11] Auch wird ein Klischee reproduziert, daß sich bis heute hartnäckig zu halten scheint, nämlich daß der Verzicht auf eine befriedigende Sexualität für eine Frau leichter ist als für einen Mann. Überhaupt fehlen Überlegungen, ganz auf derartige Operationen zu verzichten und den Intersexuellen ihre eigene Sexualität zu lassen bzw. ihnen die Möglichkeit zu geben, diese erst zu entwickeln, vollständig.

Behandlungsmethoden

Genitalien ‚korrigierende' Operationen betreffen sowohl Menschen mit sogenannten genitalen Fehl- und Mißbildungen als auch ‚Patienten', deren Syndrome der Intersexualität zugeordnet werden. Die Behandlungsmethoden sind vielfältig, und ihre Anwendung wird hauptsächlich nach dem äußeren Erscheinungsbild entschieden:[12]

> „Wichtigstes Kriterium: Form des äußeren Genitales! Allfällige spätere operative Korrekturen sind in weibliche Richtung leichter durchführbar" (Tscherne 1987:76).

So wird es in den „Allgemeinen Richtlinien für die Geschlechtsbestimmung und das Vorgehen bei intersexuellen Genitale" formuliert und es wird hinzugefügt:

> „Die Festlegung des Geschlechts bei intersexuellem Genitale ist eine außerordentlich verantwortungsvolle Entscheidung, hängt doch das weitere Schicksal des Individuums ganz wesentlich vom richtigen Vorgehen ab. Daher sollten in unklaren Fällen kompetente Institutionen zu Rate gezogen werden, die über die Möglichkeiten und Kenntnisse zu einer genauen Beurteilung verfügen" (Tscherne 1987:76).

Das Bemühen der Ärzte, eine richtige Entscheidung zu treffen, wird in einer Sprache formuliert, die nicht annähernd vermittelt, daß es hier um Kinder im Säuglings- und Kleinkindalter geht, die nicht nach ihrem Willen gefragt werden und über deren Körper einfach verfügt wird. Sogenannte „Institutionen“ sollen darüber urteilen, mit welchem Körper das Kind aufwachsen wird, mit welchem Geschlecht es seine eindeutige soziale Rolle in dieser Gesellschaft einnehmen soll, die nur zwischen Frau und Mann differenziert. Die medizinische Sprache wirkt sachlich, und verbirgt so das Leiden der Betroffenen, gleichzeitig enthält sie und vor allem das Bildmaterial in den Medizinbüchern eine ungeheure Brutalität und Entmenschlichung. Selbst noch von Menschen im pubertierenden Alter werden Ganzkörperaufnahmen nackt vor einer Rasterwand in Vorder- und Seitenprofil erstellt, und so manches Foto erinnert eher an eine anthropologische Aufnahme aus der Rassenkunde.

Der medizinische Umgang mit Intersexuellen zeigt den hilflosen Versuch, den Menschen mit einem nicht eindeutigen körperlichen Geschlecht auch ein gesellschaftliches Leiden ersparen zu wollen. Es wird deutlich, wie sehr die medizinischen Eingriffe bemüht sind, den in unserer westlichen Gesellschaft gültigen Werten nachzukommen und ‚fehlgeratene‘ Körper in die Norm einzupassen. Man könnte auch sagen, daß die medizinischen Verfahren die Gesellschaft vor Uneindeutigkeit schützen wollen, um sie in ihrem polaren Denken nicht zu irritieren.

Eines der Hauptanliegen der VertreterInnen der „Arbeitsgruppe gegen Gewalt in der Pädiatrie & Gynäkologie“ ist die Abschaffung „genitalkorrigierender“ Eingriffe im Säuglings- und Kleinkindsalter (Reiter 1996: 23) und die Vermittlung der Vision, in einer Gesellschaft leben zu können, die ein Denken jenseits der Zweigeschlechtlichkeit erlaubt:

> „Durch die physische Verstümmelung wird intersexuellen Individuen die ganz konkrete, körperliche Möglichkeit genommen, Eigenes zu entwickeln. Unser verstümmeltes Geschlecht ist ein medizinisches Konstrukt, also Theorie. So schob man uns von einem Nichts in das andere Nichts: Unser Geschlecht, wie es uns angeboren wurde, hat keine gesellschaftliche Existenz. Nach den Operationen hat es zwar einen Wiedererkennungswert für Außenstehende, dafür empfinden wir es nicht uns zugehörig/körpereigen. Nun ist fraglich, welche psychischen Auswirkungen sich bei intersexuell Diagnostizierten, jedoch nicht Operierten, konstatieren lassen (...) Vermutlich wären wir AUCH durch alle Kategorien durchgefallen. Aber mit Sicherheit hätten wir etwas EIGENES entwickeln können, hätten z. B. unser sexuelles Potential entdeckt und unseren Körper kennengelernt“ (Gesprächsauszug).

Von den vielfältigen Behandlungsmethoden möchte ich das Vorgehen bei Vaginalaplasie (Fehlen einer Scheide) und bei Klitorishypertrophie (Klitorisvergrößerung) vorstellen. Weitere ‚Therapieformen‘ sind aus funktionalen und kosmetischen Gründen Labienkorrekturen, Entfernung der Gonaden, Hormonsubstitution, Penisaufbauplastik und Harnröhrenverlegung.

Vaginalaplasie bei kompletter „Testikulärer Feminisierung“

Unter die verschiedenen Formen der Intersexualität bei Vorhandensein von Hoden fällt auch die sogenannte komplette „Testikuläre Feminisierung“ (CAIS).[13] Der Karyotyp ist männlich (46, XY), die aktiven Hoden liegen aber in der Position der Ovarien. Uterus und Tuben fehlen. Die Medizin spricht von einer Androgenresistenz aufgrund eines Androgenrezeptordefekts (das Nichtannehmen von Androgen durch den Körper als „Defekt“ zu bezeichnen, entlarvt ein entsprechendes Denken, das Körperfunktionen in normal und nicht normal klassifiziert). Durch den „Defekt“ bildet sich eine weibliche Körperform mit Entwicklung der Brüste heraus; auch die Körpergröße ist „normal“ (!) weiblich. Charakteristisch ist das Fehlen der „typischen“ (!) weiblichen Körperbehaarung.

> „Für den Gynäkologen ist die Testikuläre Feminisierung die wichtigste Form des männlichen Pseudohermaphroditismus. Sie ist gekennzeichnet durch eine totale oder partielle Verweiblichung der Genitalsphäre und des Phänotyps bei Vorliegen von Hoden“ (Tscherne 1987:72).

Es ist wichtig, hinzufügen, daß die Menschen, die durch diese Diagnose pathologisiert werden, keinerlei körperliche Beschwerden aufweisen und sich gesund fühlen. Für ihre Umgebung stellen sie aber ein Problem dar, weil sie aus der Norm fallen. Die Mediziner diagnostizieren dann, daß ihr Karyotyp männlich entgegen ihrer weiblichen Erscheinung ist und sprechen von einem „männlichen Pseudohermaphroditen“. Dieser Mensch ist vom medizinischen Standpunkt her gesehen eigentlich männlich, die Entscheidung über die Behandlungsmethoden richtet sich allerdings auch hier nach dem morphologischen Geschlecht. Auch hier treten Ärzte als Hüter der Normen auf, die gesellschaftliche Idealbilder im Falle einer Störung in Realität umzusetzen versuchen. Da diese Form der Intersexualität meist erst in der Pubertät bei Ausbleiben der Menstruation erkannt wird, stellt sich erst in diesem Alter die Frage der Behandlung, deren wichtigstes Ziel aus medizinischer Sicht die Erlangung der Kohabitationsfähigkeit darstellt. Dazu wird die meist kurze Scheide (ca. 6 cm sind aus medizinischer Sicht zu kurz) durch eine plastisch-chirurgische Scheidenbildung ‚korrigiert‘. Das Fehlen der Scheide wird vor allem unter dem Gesichtspunkt der Unmöglichkeit, eine heterosexuelle Beziehung führen zu können, beurteilt:

> „Die gänzlich unerwartete Konfrontation mit einem Defekt, der ihr die Erfüllung ihrer erträumten und anerzogenen Rolle als Frau und Mutter unmöglich macht, stürzt die Betroffene nicht selten in einen Abgrund der Verzweiflung. Er belastet sie mit dem Gefühl einer Unzulänglichkeit und Minderwertigkeit, die bis zum Lebensüberdruß und wie wir es wiederholt erlebten, bis zum Versuch der Selbsttötung führen kann. Während früher die Bildung einer künstlichen Scheide wegen Unfähigkeit zur Fortpflanzung aus moralischen Gründen vielfach strikt abgelehnt

> wurde (...), besteht gegenwärtig an der Berechtigung, ja Notwendigkeit, der Formation eines Kopulationsorgans kein Zweifel mehr" (Richter 1987:69).[14]

Die plastisch-chirurgische Bildung einer Neovagina kann durch unterschiedliche Methoden erreicht werden: Man unterscheidet zwischen „unblutigen", mechanischen und „blutigen" operativen Methoden. Die mechanische Methode setzt voraus, daß ein „funktionsfähiger Scheidenblindsack" bereits vorhanden ist. Die Ausbildung einer Scheide erfolgt durch den systematischen Einsatz eines Bougies (Röhrchen in unterschiedlicher Länge und Dicke). Diese werden mit „sanfter Gewalt" (!) über Wochen abwechselnd eingeführt und getragen, bis sich die Scheide entsprechend vergrößert hat, d. h. Kohabitationsfähigkeit erreicht ist (Richter 1987:70).

Die operativen Methoden der Scheidenbildung beginnen alle mit der Formation eines Kanals zwischen dem Harn- und Darmtrakt, der zur Aufnahme eines Transplantates bestimmt ist. Wird das Transplantat vom Körper abgestoßen, so wird das Setzen einer Scheidenprothese empfohlen. Die unzähligen weiteren Vorgehensweisen darzustellen, wäre in diesem Rahmen zu umfangreich. Allerdings wird in der Medizin selbst die künstliche Scheidenbildung als wenig erfolgreich eingeschätzt und die Nachteile für die Patientin/den Patienten kritisch bewertet (genannt werden u. a. Verletzungen von Blase und Rektum, Abstoßung des Transplantats, Narbenschmerzen, keine Erlangung der Kohabitationsfähigkeit). Diese zweifelhaften Resultate, veranlassen die Mediziner offenbar nicht dazu, das scheidenbildende Verfahren grundsätzlich in Frage zu stellen, stattdessen verlieren sie sich in vagen Äußerungen:

> „Optimale Ergebnisse lassen sich nur bei einem der Besonderheit des Falles angepaßten differenzierten Vorgehen und einer reifen Indikationsstellung erwarten" (Richter 1987:77).

Als besonders fragwürdig erscheint die Empfehlung, der Patientin/dem Patienten ihr ‚wahres' Geschlecht zu verheimlichen, dadurch nimmt man den Betroffenen und der Umgebung die Möglichkeit, Geschlecht jenseits der Zweigeschlechtlichkeit zu erfahren und zu leben:

> „Die als Mädchen aufgewachsenen Jugendlichen dürfen über ihr chromosomales und gonadales Geschlecht keinesfalls aufgeklärt werden. Sie bleiben selbstverständlich weiblich. Ihr gesamtes psychosexuelles Verhalten und Empfinden ist weiblich" (Tscherne 1987:73).

Auch bei der kompletten „Testikulären Feminisierung" wird deutlich, in welchem Dilemma sich die Medizin befindet. Weder karyotypisch, noch chromosomal, noch hormonell, noch gonadal oder morphologisch läßt sich eine eindeutige Aussage über das Geschlecht machen. Gerade dadurch zeigt sich, wie stark die gesellschaftliche Macht der Zweigeschlechtlichkeitsnorm ist, die auch die Mediziner als Folge ihrer Sozialisation internalisiert haben.

Eigentlich müßte den Ärzten bewußt sein, daß sich auch durch derartige schwere, den ursprünglichen Körper stark verändernde Eingriffe keine Eindeutigkeit bezüglich des Geschlechts herstellen läßt, doch für sie steht ja das pathologische Moment des Phänomens nicht in Frage, das gerade die angewendeten Behandlungsmethoden legitimieren hilft.

Die Menschen, bei denen eine „komplette Testikuläre Feminisierung" diagnostiziert wird, haben theoretisch die Chance, sich gegen eine „Vaginalkorrektur" zu entscheiden, da sie schon ein gewisses Alter erreicht haben. Allerdings ist die Phase der Pubertät auch eine Zeit der körperlichen Unsicherheit, in der es sicher sehr schwer ist, sich dem medizinischen Machtapparat und seinen Behandlungsvorschlägen zu entziehen. Außerdem haben sie bereits selbst die kulturelle Hegemonie der Zweigeschlechtlichkeit erlebt und stellen sie nicht unbedingt in Frage.

Anders verhält es sich bei Kindern, bei denen die „Anomalie" (dieses Wort wird in der Medizin in diesem Zusammenhang ständig gebraucht) gleich nach der Geburt entdeckt wird. Bezüglich dieser Kinder wird unter Medizinern z. T. bis heute die Ansicht vertreten, möglichst früh „korrigierende" Maßnahmen zu ergreifen, d. h. im Alter von 12 bis 18 Monaten. Dies gilt besonders für die kosmetische ‚Korrektur' der Klitorishypertrophie, der vergrößerten Klitoris, auf die ich jetzt eingehen möchte.

Klitorishypertrophie beim Adrenogenitalen Sydrom

Menschen mit „Adrenogenitalen Syndrom" (AGS) weisen sowohl den männlichen Karyotyp (46, XY) als auch den weiblichen Karyotyp (46, XX) auf. Im folgenden befasse ich mich mit dem Vorkommen von AGS beim weiblichen Karyotyp, das auch als „Pseudohermaphroditismus feminismus" bezeichnet wird. Während Ovarien und Uterus vorhanden sind, wird eine fehlende Scheide (es impliziert, daß ‚normalerweise' eine Scheide vorhanden sein müßte) und ein ‚vermännlichtes' Genitale (vergrößerte Klitoris) diagnostiziert, was auch als Virilisierung bezeichnet wird. In einem frühen Stadium der Schwangerschaft (2.–3. Monat) werden beim Embryo statt des feminisierenden Cortisols Androgene gebildet, nachdem die inneren weiblichen Geschlechtsorgane sich bereits entwickelt haben. Dies hat eine Virilisierung der äußeren Geschlechtsorgane zur Folge. Je nach Ausprägung wird die Klitoris reduziert, die Harnröhre verlegt, es erfolgt eine Labienkorrektur und gegebenenfalls die Konstruktion einer Neovagina. Hinzu wird eine Cortisonsubstitution verabreicht, um Minderwuchs (Körpergröße unter 1,55 m) und eine fortschreitende Virilisierung zu verhindern (Tscherne 1987:75). Die Diagnose der Klitorishypertrophie orientiert sich an festgelegten Normen, die in der Medizin als Standard fomuliert werden:

> „Als idealer Parameter für eine Androgenwirkung darf die Klitoris in keinem kinder- und jugendgynäkologischen Alter größer als 1 cm sein. Ihr normaler

Durchmesser liegt im Alter von 1 Monat bis 7 Jahren bei 4 mm, von 7–11 Jahren bei 5 mm und nach dem 14. Lebensjahr bei 7 mm“ (Terruhn 1987:50).

Die Feststellung verdeutlicht, daß in der Medizin Durchschnittsdaten und Grenzwerte festgelegt werden, um die Trennschärfe gegenüber dem anderen Geschlecht aufrechtzuerhalten. Aus organmedizinischer Sicht ist die Klitoris für die Fortpflanzungsaufgabe der Frau entbehrlich, doch in ihrer Morphologie sollen die Körper eindeutig in Frau und Mann unterschieden werden können. Klitoris und Penis, die sich in ihrer Größe ähneln, verwischen die Trennschärfe zwischen den Geschlechtern, ihre Eindeutigkeit steht in Frage. Die Angabe des aus medizinischer Sicht optimalen Zeitpunktes für einen derartigen Eingriff ist aus psychologischer und ethischer Sicht äußerst fragwürdig:

„Diese kosmetische Korrektur der Klitorishypertrophie sollte im frühen Kindesalter (2.–3. LJ.) durchgeführt werden, um psychologische Schwierigkeiten beim heranwachsenden Kind und seiner Umgebung zu vermeiden“ (Strohmenger 1987:206).[15]

Auch hier entsteht der Eindruck, daß es stark darum geht, die „Umgebung“ nicht zu irritieren und die gesellschaftlich bedingten Maßstäbe einzuhalten, in deren Sinne die Mediziner zu handeln versuchen. Es wird zwar eingeräumt, daß man heute bei dieser Verstümmelungsoperation bestrebt ist, die für die sexuelle Sensibilität so wichtige „Glans clitoris“ zu erhalten, dies gelingt aus Sicht der Betroffenen allerdings nicht:

„Eine Korrektur hat sich für keine einzige von uns als ‚kleineres Übel‘ im Sinne eines *social compliance*-Effektes erwiesen. Der Deal ‚Erlebnisfähigkeit gegen soziale Akzeptanz‘ ist ohnehin fragwürdig, ja zutiefst unethisch. Aber ganz im Gegenteil haben wir nicht nur als Kinder die Korrektur selbst als Traumatisierung erlebt, sondern diese wurde auch immer wieder durch Nachuntersuchungen und Folgebehandlungen bestätigt, die z. T. extrem schmerzhaft sein können. Ferner war Bestandteil der ‚Therapie‘, daß wir, um den Komplott nicht auffliegen zu lassen, dazu angehalten wurden, mit niemandem darüber zu reden, was ‚wirklich‘ mit uns los war. Auf diese Art und Weise wurde uns auch eine eigene Identität vorenthalten – und auch eine eigene Würde, denn mit einer solchen als ‚Intersexe‘ ließe sich selbst auch Spott über ‚Zwitter‘ besser ertragen, als wenn man ängstlich um eine Wahrung der brüchigen Fassade als Frau oder Mann sich (...) sorgen würde“ (Gesprächsauszug).

Die beiden kurz dargestellten Behandlungsmethoden der „Scheidenaplasie“ und der „Klitorishypertrophie“ geben nur einen winzigen Einblick in das sexuelle Konformitätsdenken- und handeln von Kindergynäkologen. Durch das medizinische Axiom einer naturgegebenen Zweigeschlechtlichkeit werden Körper als pathologisch konstruiert, die sich nicht in die medizinischen und gesellschaftlichen Kategorien der Geschlechterdifferenz einfügen lassen. Intersexuelle werden als eine Gefahr für sich selbst und die Gesellschaft dargestellt, deren Uneindeutigkeit zumindest äußerlich eliminiert sein muß. Im Gegensatz dazu stellen Intersexuelle selbst fest:

> „Durch gesellschaftliche Zwangszuweisung an nicht einwilligungsfähigen intersexuellen Kindern entsteht ein erheblich höherer psychischer Schaden, als dies durch Ablehnung seitens der Bevölkerung jemals möglich sein wird, ganz abgesehen von physisch irreparablen Schäden. Menschen besitzen ab Geburt zwar keine ausgeprägte Identität, aber eine Integrität und ein Gefühl für Intaktheit. Als extrem einschneidend in ihrem Leben als Erwachsene beschreiben alle sich zum Thema Äußernde die genitalen Korrekturen, welche die Möglichkeiten einer erfüllten Sexualität für alle Zeiten versagen, und zwar unabhängig davon, ob eine Reduktion oder eine Totalamputation des Lustorgans erfolgte. Weiterhin wird als äußerst belastend die erlebte Isolation sowie Unkenntnis der Umwelt und damit Unmöglichkeit, sich offen zur Thematik auszutauschen, formuliert. Nahezu alle fühlen sich im 'falschen', da konstruierten Körper. Etwa 15% der Zugewiesenen wünschen sich eine Revision. Im Gegensatz zu Transsexuellen würden Intersexuelle sich in ihrem ursprünglichen Körper wohl fühlen, doch sie werden juristisch-sozial für 'illegal' erklärt" (Reiter 1997:49–50).

Hinter den medizinischen Argumenten verbirgt sich auch die Vorstellung, daß für Mädchen bzw. Frauen ein sexuelles Erleben nur in heterosexuellen Beziehungen vorstellbar und wünschenswert sei. Wie selbstverständlich wird von der Frau als Mutter gesprochen. Wenn sie auch aufgrund ihrer „Anomalie" keinen Beitrag zur Reproduktion leisten kann, so sollte doch wenigstens ihr sexuelles Begehren auf einen männlichen Sexualpartner ausgerichtet und sie deshalb zur Kohabitation fähig sein. Gerade auch das hier kurz angesprochene Reproduktionsfähigkeits-Argument spielt eine zentrale Rolle innerhalb der Zweigeschlechterkonstruktion. Die Möglichkeit des Gebärens teilt die Geschlechter in Gebärende und Nicht-Gebärende und damit in Frauen und Männer. Intersexuelle heben dieses Prinzip der Zweiteilung auf, das sich in unserer Kultur als gesellschaftliche Geschlechterdualität etabliert hat. Die auf Intersexualität spezialisierten Ärzte lassen sich als Hüter der körperlichen Dualität im Sinne unserer kulturellen Vorstellungen über Geschlechter bezeichnen. Sie entwickeln Methoden, um körperliche Geschlechterdifferenzen jenseits der Zweigeschlechtlichkeit zu eliminieren. Die Medizin ist Teil unserer Kultur, und die Mediziner handeln den Normen unserer Kultur entsprechend, wodurch sie diese natürlich unterstützen und reproduzieren.

II Intersexualität im Kontext der *sex/gender*-Debatte

Ich werde mich im folgenden mit einigen der neueren sozialwissenschaftlichen Aufsätze auseinandersetzen, welche die soziale und kulturelle Konstruktion von Geschlecht thematisieren und um Begriffe wie ‚Geschlecht', ‚Körper' und ‚sexuelle Differenz' kreisen, wobei z. T. auch die Komplexe der

Inter- und Transsexualität behandelt werden. Mich beschäftigt hierbei die Frage, inwieweit diese Arbeiten theoretisches und methodisches Potential aufweisen, das eine systematische Einbeziehung Intersexueller in die Debatte um Geschlecht zuläßt. Oder aber ob sie im Gegenteil gerade durch die Betonung der sozialen Konstruiertheit von Geschlecht vielgeschlechtliche Körper ausblenden und so auf der körperlichen Ebene eine geschlechtliche Bipolarität konstruieren, die de facto nicht existiert.

In dem Band „Konstruktion von Geschlecht" (Pasero und Braun 1995) sind Beiträge von AutorInnen versammelt, die sich dem Gedanken einer Neubeschreibung von Frauen, Männern und Geschlechterverhältnissen verpflichten. In ihrem Aufsatz „Biologische Grundlagen der Geschlechterdifferenz" will Kerrin Christiansen darauf aufmerksam machen, daß es in der Humanbiologie nicht **das** Kriterium gibt, welches die Geschlechter eindeutig unterscheidet. Sie referiert, daß das Prinzip der bipolaren Zweigeschlechtlichkeit im Tier- und Pflanzenreich weit verbreitet sei und das Geschlechter in ihrer „reinsten Ausprägung" als „Pole" beschrieben werden, zwischen denen sich eine Variationsreihe von Geschlechtern befindet, die eher einen fließenden Übergang von der männlichen zur weiblichen Seite darstellen (Christiansen 1995:15). Christiansen räumt also durchaus das Vorkommen von „Zwitterbildungen" ein, die in der Mitte dieser Reihe auftreten, problematisch allerdings wird es, wie sie diese „Zwitterbildungen" im folgenden beurteilt. Wie selbstverständlich spricht sie von „normal männlich" und „normal weiblich", vom männlichen und weiblichen Geschlecht in seiner/ihrer „reinsten Ausprägung", wenn es darum geht, „Störungen", „Defekte" oder „Anomalien" in der Geschlechtsentwicklung einzelner Individuen aufzuzeigen. Damit pathologisiert sie Menschen mit nicht eindeutigem Geschlecht und bewertet ihre Körper nach medizinischen Parametern. Christiansen beschreibt die uns inzwischen bekannte komplette „Testikuläre Feminisierung" als „eine genetisch bedingte Anomalie" und beurteilt die Körper, wie es scheint an der medizinischen Sprache orientiert, in folgender Weise:

> „Die Brüste sind gut bis teilweise sogar übermäßig entwickelt, sie haben eine Vagina, die Labien sind häufig unterentwickelt, die Klitoris ist klein bis normal. Das Kopfhaar zeigt eine unauffällige weibliche Verteilung und Qualität, es fehlen aber die Achsel- und Genitalbehaarung" (Christiansen 1995:20).

Begriffe wie „Anomalie", „Defekt" oder „Störung" werden in keiner Weise in Frage gestellt, ebensowenig die Rede von dem männlichen und weiblichen Geschlecht in seiner „reinsten Ausprägung". Angeregt durch die Gespräche mit Intersexuellen, halte ich diesen Ansatz als Beitrag einer Neubeschreibung der Geschlechterdifferenz für ungeeignet, ja gefährlich, da hier die Pathologisierung von im medizinischen Sinne uneindeutigen Geschlechtern reproduziert wird.

Ganz anders liest sich der Aufsatz „The medical construction of gender: case management of intersexed infants“ von Suzanne J. Kessler (1990), die darin die Argumentationen der Ärzte, ihre Sprache gegenüber Intersexuellen bzw. ihren Eltern analysiert und kritisiert. Ihr Beitrag ist der konkrete Versuch, das Leiden der intersexuellen Kinder in den Mittelpunkt zu stellen und die Sprache der Medizin vor dem Hintergrund der *sex/gender*-Kategorien und der sexuellen Differenz kritisch in den Blick zu nehmen. Derartige Ansätze, die sich explizit mit dem Thema der Intersexualität in der Medizin beschäftigen, finden sich bisher ausschließlich in der anglo-amerikanischen Literatur. Kessler zeigt, daß Mediziner zunächst allein von dem äußeren Erscheinungsbild eines Intersexuellen ausgehen; ihnen und ihren Eltern soll suggeriert werden, daß sich ein eindeutiges Geschlecht zumindest auf der *gender*-Ebene herstellen läßt, das zunächst unabhängig von ihrem biologischen Geschlecht (*sex*), beispielsweise vom chromosomalen Geschlecht, zu sein scheint. Gegenüber den PatientInnen wird von seiten der Ärzte niemals von „Anomalie“ oder „Defekt“ gesprochen, um die geschlechtliche Uneindeutigkeit zu verschweigen, die aus medizinischer Sicht durchaus pathologisch ist. Kessler macht in ihrer Studie ganz deutlich, daß nicht das Wohl der Kinder im Vordergrund steht, sondern es gilt, das duale Geschlechterdenken der Gesellschaft zu reproduzieren. Kessler kommt zu dem Schluß, daß die Medizin Teil dieser „two-gender culture“ ist, die keine mehrdeutigen Geschlechter akzeptiert und damit ihre verstümmelnden Behandlungsmethoden zu rechtfertigen versucht, in dem Glauben, ein eindeutiges Geschlecht zumindest auf der *gender*-Ebene konstruieren zu können:

> „Their ‚understanding‘ that particular genders are medically (re)constructed in these cases does not lead them to see that gender is always constructed. Accepting genital ambiguity as a natural option would require that physicians also acknowledge that genital ambiguity is 'corrected' not because it is threatening to the infant`s life but because it is threatening to the infant`s culture“ (Kessler 1990:25).

Gesa Lindemann (1993) schreibt „Wider die Verdrängung des Leibes aus der Geschlechterkonstruktion“, indem sie dafür plädiert, zwischen Leib und Körper zu unterscheiden. Damit bezieht sie sich auf phänomenologische Ansätze (insbesondere Helmuth Plessners) und ermittelt ein verschränktes Verhältnis von Körper und Leib: Der Körper wird als Geschlechtskörper mit symbolischen Werten der jeweiligen Kultur belegt. Der Leib ist mit einer passiven Wahrnehmung assoziiert, die durch das alltagsweltliche Wissen über den Körper strukturiert ist. Dadurch geschieht eine „Verleiblichung des Körpers“ (Lindemann 1993:50). Lindemann setzt sich kritisch mit dem Ansatz auseinander, den Geschlechtskörper ausschließlich als ‚Effekt‘ sozialer Interaktionen zu betrachten:

> „Ein Geschlecht zu sein bedeutet in diesem Zusammenhang nicht, eine psychische Geschlechtsidentität zu haben, sondern bezieht sich auf die unmittelbare leibliche Erfahrung, die durch die am Körper festgemachte Geschlechterbinarität strukturiert wird" (Lindemann 1993:50).

Das Wissen um den Körper, das u. a. durch die Biologie und Medizin geprägt ist, erlaubt es nicht, Leibeserfahrungen- und wahrnehmungen unpolar zu erleben. Die Menschen unserer Kultur können nur anhand binär gestalteter Körperdifferenzen die Geschlechter ‚Frau' und ‚Mann' wahrnehmen.

In Begegnungen mit Intersexuellen fällt auf, wie dominant dieses binär gestaltete Körperwissen ist. So suche ich in der unmittelbaren Konfrontation mit einem intersexuellen ‚Leib' an seinem/ihrem ‚Körper' Merkmale, die sich nur an den Kategorien ‚Frau' und ‚Mann' zu orientieren scheinen. Die Irritation, die ich dabei erlebe, läßt sich insofern mit Hilfe der Leib-Körper-Unterscheidung beschreiben, daß ich den Leib zwar durchaus als nicht eindeutig im Sinne der Frau/Mann-Kategorisierung erlebe, ihn aber in dieser Uneindeutigkeit nicht belassen kann, sondern durch mein Körperwissen (oder ist es eher ein Körperunwissen) versuche, den Leib in binäre Geschlechtermerkmale zu strukturieren. Da dies unmöglich gelingen kann, bin ich zunächst verwirrt und kann dem Menschen mir gegenüber in meiner Wahrnehmung nur gerecht werden, indem ich mein Körperwissen ‚vergesse'.

Carol Hagemann-White (1993) geht in ihrem Aufsatz „Die Konstrukteure auf frischer Tat ertappen?" auf die methodische Komplexität ein, die sich bei der empirischen Erforschung der Konstruktion der Zweigeschlechtlichkeit ergibt. Zunächst muß der „im Vollzug gelebter Zweigeschlechtlichkeit involvierte Blick" (Hagemann-White 1993:74) beibehalten werden. Er ist das Instrument, mit dem man das Material für den neuen, zweiten Blick gewinnt: Dieser soll dann die soziokulturelle Ordnung der Zweigeschlechtlichkeit außer Kraft setzen und uns ermöglichen, das Geschlecht nicht mehr als „naturgegebenes" Merkmal eines Individuums zu betrachten, sondern uns zumindest die zweigeschlechtliche Konstruiertheit bewußt machen. Dabei laufen wir ihrer Meinung allerdings Gefahr, die Grundfesten der eigenen Identität zu verlieren und erfahren die Unmöglichkeit ein „wahres" Selbst jenseits der Zweigeschlechtlichkeit erleben zu können (Hagemann-White 1993:75).[16] Doch durch den erweiterten, zweiten Blick kann es gelingen, geschlechtliche Körper in mehr als zwei Varianten zu erfassen. Durch die Konfrontation mit Intersexuellen ergibt sich aber die viel grundsätzlichere Herausforderung, Identität unabhängig von Geschlecht zu denken.

Stefan Hirschauer knüpft seine Überlegungen zur Geschlechterdifferenz an Forschungen zur Transsexualität an. Er untersucht die Prozesse der Herstellung von Zweigeschlechtlichkeit anhand der Abweichung von sexuellen Normen und deren Definition und Verarbeitung in der Gesellschaft. Zwar werden sowohl Transsexuelle als auch Intersexuelle (wenn man überhaupt über sie spricht) ausgegrenzt, es lassen sich jedoch nur bedingt Parallelen ziehen. Die meisten Transsexuellen erleben sich als ‚Frau‘ bzw. ‚Mann‘, fühlen sich aber im falschen Körper. Verändern sie ihr Geschlecht durch eine Hormonbehandlung oder Operation, so scheint auch diese Entscheidung dem Zwang, das duale Geschlechtersystem zu reproduzieren, zu unterliegen. Transsexuellen geht es um die Anerkennung ihres umgewandelten Geschlechts, während es Intersexuellen um die Anerkennung und vor allem um den Erhalt ihres angeborenen Geschlechts geht.

In seinem Aufsatz „Dekonstruktion und Rekonstruktion“ (1993) geht er auf die „Soziologik“ von Dichotomisierungen ein, die in ihrer Funktion soziale Ordnung zu schaffen, gleichzeitig unweigerlich Abweichungen produzieren, die dann als „unnatürlich“ oder pathologisch deklariert werden:

> „Je zwanghafter die ‚Anordnung von Attributen‘ in einer dichotomen Weise, desto mehr Anomalien werden produziert; und umgekehrt: je flexibler die Geschlechtskategorien, desto weniger irritabel ist die Zweigeschlechtlichkeit“ (Hirschauer 1993:58).

Hirschauer erläutert, daß die Geschlechtsmodelle des 19. Jahrhunderts noch ein „Drittes Geschlecht“ kannten, während die heutigen Geschlechtskategorien nur ein duales System bilden und insofern stabiler und auch hartnäckiger in ihren Ausgrenzungsmechanismen sind. Hirschauer konzentriert sich in seinen Überlegungen zwar hauptsächlich auf die soziale Konstruktion der Transsexualität, berührt aber auch Bereiche der Androgynität und Intersexualität:

> „Die Zuschreibung von Androgynität ist wie die von körperlicher Zwischengeschlechtlichkeit an die Weiterverwendung der Geschlechterunterschiede gebunden: Das Zwischengeschlechtliche ist nicht eine Denkmöglichkeit gegen die Geschlechterdichotomie, sondern eine Denknotwendigkeit auf ihrer Basis“ (Hirschauer 1993:60).

Die Begriffe der Zwischengeschlechtlichkeit bzw. Intersexualität basieren demnach auf der Bestimmung zweier Pole (die von Frau und Mann), **zwischen** denen sich Abstufungen ergeben können, die dann als Abweichungen deklariert werden. Insofern ist auch die Intersexualität eine Definition, die sich auf die beiden Pole der Zweigeschlechtlichkeit bezieht – sie liegt lediglich ‚dazwischen‘. Daher möchte ich anregen, auch den Begriff der Intersexualität kritisch zu betrachten.

Von der Konstruktionshypothese der Zweigeschlechtlichkeit überzeugt, fordert Hirschauer eine empirische Rekonstruktion der Geschlechterontologien mit einer provozierenden Vorgabe:

> „Das Programm, Sexuierungsprozesse zu untersuchen, kann nicht eingelöst werden, wenn wir konzeptuell nur in der Lage sind, eine zweigeschlechtliche Welt zu sehen“ (Hirschauer 1993:60).

Diese Vorgabe stellt eine große Herausforderung dar, die ich aber als Voraussetzung begreife, um sich mit dem Thema der Intersexualität zu beschäftigen. Denn eine Differenz der Geschlechter jenseits der Zweigeschlechtlichkeit sehen zu können, bedeutet, sich ein völlig neues Wahrnehmen, Denken und Wissen anzueignen, das die Menschen in ihren vielfältigen Geschlechtern belassen kann.

III Jenseits von *sex* und *gender*?

Es ging mir in diesem Beitrag in erster Linie darum, Intersexuelle in unser Bewußtsein zu bringen und ihre Ausgrenzung aus unserer Gesellschaft zu beschreiben. Die Pathologisierung intersexueller Körper durch die Medizin bestätigt und reproduziert das Denken einer bipolaren Geschlechterdifferenz in unserer Kultur. Intersexuelle sind gerade nicht das sogenannte „Dritte Geschlecht", das neben den ‚gängigen' Geschlechtern ‚Frau' und ‚Mann' existiert. Die vielfältigen Formen der Intersexualität und die Schwierigkeit der Medizin, diese zu kategorisieren, macht deutlich, daß die körperlichen Merkmale intersexueller Körper nicht lediglich als eine Mischung der definierten weiblichen und männlichen Körpermerkmale anzusehen sind, sondern jeder Körper für sich eine eigene körperliche Geschlechtskategorie darstellt. Dadurch wird der Begriff der Intersexualität obsolet. Spräche man von einer Vielgeschlechtlichkeit in unserer Gesellschaft, so wären damit alle Varianten möglicher Geschlechter umfaßt; ‚Frau' und ‚Mann' definierten dann lediglich zwei Möglichkeiten der Geschlechterformen unter vielen. Damit hätte die Medizin keine Möglichkeit mehr, intersexuelle Körper als pathologisch zu definieren. Das heißt nicht, daß auch die Rede von einem Viel-Geschlechter-Modell nicht auch wieder eine Konstruktion ist, aber dies müßte erst in einem zweiten Schritt thematisiert werden, nachdem die Wahrnehmung von vielfältigeren Geschlechtskörpern als bisher gelungen ist. Die Annahme eines ‚natürlichen' Körpers im Sinne einer einmaligen Ausgangsbasis ist sicher unhaltbar, aber ich gebe noch einmal zu bedenken, daß auch konstruierte Körper eine Wirksamkeit und damit eine Materialität besitzen, die uns gerade intersexuelle Körper deutlich vor Augen führen. Insofern sollte auch der Begriff der Materialität nicht zu schnell als biologistisch abgetan werden, der als statische Größe, quasi als ‚erste' Natur fungiert, sondern Materialität selbst könnte als Prozeß verstanden werden, im Sinne einer sich auch durch veränderte Wahrnehmung gestaltbaren ‚Substanz'.[17]

An dieser Stelle möchte ich noch einmal auf meine eingangs vorgestellten Überlegungen bezüglich des Begriffs der ‚Substanz' zurückkommen. Wie gesagt ließe sich der Begriff der ‚Substanz' durch den Begriff der ‚Konkretheit' und der ‚Lokalität' ersetzen, um seinen prozeßhaften Charakter zu verdeutlichen. Es gibt nicht die körperliche ,Substanz' schlechthin, sondern sie steht immer in einem ganz ,konkreten' Kontext und in einem aktuellen ,Raum', der durch ganz individuelle, einzigartige und auch gesellschaftliche Lebensbezüge geprägt ist. Andrea Rödig verweist in diesem Zusammenhang auf die kantische Idee, die besagt,

> „daß wir Zugang zur Wirklichkeit nur über die Erfahrung haben und wir folglich über Erscheinungen, nicht aber über Tatsachen der Welt urteilen können" (Rödig 1994:92).

Wir müssen den Standpunkt der Betrachtungsweise umkehren und nach den „Bedingungen unserer Erkenntnis" (ebd.) fragen, nicht nach dem Sein der Gegenstände. Frage ich nach der Möglichkeit meiner Erkenntnis und Erfahrung und unter welchen Bedingungen ich Geschlechter bisher wahrnehmen konnte, so standen mir lediglich zwei Geschlechterkategorien zur Verfügung, unter denen ich alle Menschen einordnete. Würden Intersexuelle von dem Pathologisierungsdiktum befreit und fänden sie eine andere, auch sprachliche Anerkennung, indem unsere Gesellschaft ein Modell der Vielgeschlechtlichkeit anböte, wären auch die Bedingungen meiner Erkenntnis verändert. Meine Erfahrungen könnten andere sein.

Wäre die Vielgeschlechtlichkeit in unserer Gesellschaft ein anerkanntes Modell, so müßte man fragen, inwieweit die Kategorien ,Frau' und ,Mann' überhaupt noch ihren Sinn hätten oder ob sie einfach mögliche Geschlechtervarianten unter vielen darstellten. Bisher dient das geschlechtsverschiedene, sexuell verbundene Paar Frau und Mann dazu, Intersexuelle durch Pathologisierung als die „Anderen" zu definieren und aus dem gesellschaftlichen „Wir" von Frauen und Männern als „Fremde" auszuschließen. Unsere westliche Kultur ist charakterisiert durch eine Tradition der Verfremdung, um das „Andere" als das „Fremde" in Form der Aneignung beherrschbar zu machen. Diese Tatsache hat sich im Feminismus längst bestätigt, der sich bisher mit dem geschlechtlichen Anderen als der Frau befaßt hat. Im Kontext der Thematik der Intersexualität wird eine erweitertere Sichtweise als bisher auf das „Andere" notwendig. Dadurch wird die Hierarchisierung der Geschlechter in Mann, Frau und „Andere" möglicherweise neu strukuriert, durch die körperliche Geschlechtsunterschiede in ihrer vielfältigen Differenz assimiliert oder ganz eliminiert werden.

Und wie steht es mit den Kategorien von *sex* und *gender*, braucht die feministische Wissenschaft diese Unterscheidung? Auch wenn sie in ihrer bipolaren Struktur die Konstruktion der Zweigeschlechtlichkeit zu reproduzieren scheint, bietet sie doch die Möglichkeit, über vielgeschlechtliche Körper zu sprechen, deren Konkretheit und Materialität in der *gender*-Kategorie nicht den angemessen Diskussionsraum finden. Die Frage ist, ob dann ausnahmslos Klassifikationen der Biologie und Medizin als Bezugsrahmen dienen müssen, wenn es gilt, weiterhin über *sex* zu sprechen. Terminologisch können wir zwischen Körper und Leib unterscheiden. Es lohnt sich, diese Unterscheidung zu nutzen, wenn es gilt, leibliche Geschlechtserfahrungen gegen das naturwissenschaftliche Wissen vom menschlichen Körper, wie es in der Biologie, der Medizin und der Sexualwissenschaft entwickelt wird, zur Geltung zu bringen.

Die Diskussion um die ‚Konkretheit' und ‚Materialität' von Körpern darf keine rein anatomische bzw. medizinische sein, sondern sollte der Debatte über Geschlechterdifferenz erhalten bleiben, die allerdings auch im Sinne einer Kulturkritik geführt werden muß. Um die Vielfalt von Leibern auch sprachlich neu zu entdecken, ist ein Diskurs erforderlich, der die Frage nach der ‚Substanz' weder als gegeben voraussetzt noch negiert. Diese scheinbare Paradoxie muß in der feministischen Diskussion um Geschlechterdifferenz thematisiert werden, denn Leiber sind „von Gewicht"[18] und müssen es auch bleiben.

Anmerkungen

1 Es ist heute ein Wagnis, von dem Körper als ‚Substanz' zu sprechen. In seinem Charakter einer metaphysischen Kategorie ist der Begriff der ‚Substanz' im Kontext einer Thematisierung des Körpers besser durch Begriffe wie ‚Konkretheit' oder ‚Lokalität' zu ersetzen. Darin habe ich mich durch Elisabeth List anregen lassen, die feststellt, daß sich am Thema der Leiblichkeit und Körperlichkeit Erkenntniskritik und Herrschaftskritik treffen und in diesem Zusammenhang neue Kategorien fordert: „Konkretheit und Lokalität, ebenso wie Leiblichkeit, sind nicht – und letztere jedenfalls nicht nur – neu zu entdeckende Inhalte, sondern Kategorien der Kritik" (List 1993:153). Ich werde im folgenden den Begriff der ‚Substanz' in Anführungszeichen setzen, ihn provozierend und kritisierend zugleich im eben angesprochenen Sinne verwenden und später noch einmal darauf zurückkommen.

2 Die Konstruktion von *gender*-Klassen weisen die meisten Völker dieser Erde auf. Doch die Durchsetzung eines dichotomen sozialen Geschlechts ist eher in westeuropäischer Kultur vorherrschend. In der Ethnologie gibt es inzwischen Untersuchungen darüber, wie in außereuropäischen Kulturen die Rollen der Geschlechter offener definiert sind und neben den Kategorien „Frau" und „Mann" weitere Geschlechterrollen existieren. Sowohl der Geschlechtsrollenwechsel als auch alternative Geschlechterkategorien bieten akzeptierte Geschlechtervarianten, die von den Menschen gewählt werden können, die als Intersexuelle geboren werden oder sich nicht als das Geschlecht empfinden, das sie körperlich aufweisen (u. a. Fausto-Sterling 1993; Lipp 1986; Nanda 1990).

3 Eine gute Möglichkeit sich über das Thema der Intersexualität außerhalb des medizinischen Kontextes zu informieren, bietet die Kontaktaufnahme mit Gruppen und Netzwerken (z. B.: AG gegen Gewalt in der Pädiatrie & Gynäkologie, Bremen). Interessant ist die Tatsache, daß das Internet inzwischen ein Forum

darstellt, in dem sich auch Betroffene und Engagierte austauschen und Kontakt aufnehmen können, bei gleichzeitiger Wahrung ihrer Anonymität. Auch dort findet man einen Einstieg in die Thematik.

4 Sicher ist ein operierter Körper ein anderer als der, von dem im Konstruktivismus gesprochen wird. Doch ich meine, daß die Auseinandersetzung mit operierten Körpern Intersexueller auch ein neues Licht auf die Konstruktionsdebatte werfen kann, insofern sie die Kategorien *sex* und *gender* vom Kopf auf die Füße stellt und dadurch die Möglichkeit eröffnet wird, ins konkrete Leben zu schauen.

5 Gonadendysgenesien werden z. T. auch direkt als Erscheinungsform der Intersexualität angesehen. Dadurch wird die Gruppe der Intersexuellen wesentlich größer. Es fällt auf, daß in der Medizin durch eine immer differenziertere Diagnostik die Fälle der Intersexuellen möglichst gering gehalten werden, um dadurch möglicherweise ihre gesellschaftliche Relevanz zu verringern. Die „AG gegen Gewalt in der Pädiatrie & Gynäkologie“ (AGGPG) unterscheidet lediglich zwischen Intersexualität und genitalen Fehl- und Mißbildungen.

6 Ausführlich dazu Tscherne 1987: 51–52.

7 Die AGGPG unterteilt Intersexualität in zwei Gruppen: 1. Gruppe: Varianz der gonadalen Ausdifferenzierung („Hermaphroditismus“). Dazu gehören auch die Fälle der Gonadendysgenesien. 2. Gruppe: Endokrine Varianz bei männlicher resp. weiblicher Ausdifferenzierung der Gonaden („Pseudo-Hermaphroditismus“).

8 Eine ausführliche Auflistung der Häufigkeit der sogenannten Fehl- und Mißbildungen der Genitalien findet man u. a. bei Huber und Hiersche 1987 sowie Pelzer und Beck 1991. Die AGGPG gibt das ganze Spektrum der genitalen „Anomalien“ mit 15 Prozent an.

9 Die weiblichen Genitalien werden auf die Scheide reduziert. Die Möglichkeit, auch eine Gebärmutter und Eierstöcke künstlich herzustellen, wird nicht in Erwägung gezogen. Es geht also tatsächlich nur um Kohabitationsfähigkeit.

10 Etwa zur gleichen Zeit etabliert sich in Ungarn die Kindergynäkologie durch den Kinderarzt Dobszay, und in Prag baut der tschechische Gynäkologe Peter die erste kindergynäkologische Abteilung auf. Im deutschsprachigen Raum findet erst 1972 der erste kindergynäkologische Kongreß statt, während für die BRD die Geburtsstunde der Kinder- und Jugendgynäkologie mit dem Jahr 1978 datiert wird (ausführlich dazu Schüßler und Bode 1992:40–42).

11 Inzwischen ist man in der Entwicklung von Penisaufbauplastiken weiter, allerdings werden die Operationserfolge als gering eingeschätzt, d. h. sie führen zu keinen befriedigenden Ergebnissen. Folglich wird die maskulisierende Genitalplastik nur selten angewandt (vgl. dazu Strohmenger 1987:209).

12 Insbesondere bei einem vorliegenden XY-Chromosomensatz. Menschen mit auffälligem Genitale und einem XY-Chromosomensatz werden einem Peniswachstumstest unterzogen. Spricht der Körper nicht auf die zugeführten Androgene an, sprich, findet kein Peniswachstum statt, wird das vorhandene Genital ‚korrigiert‘.

13 Man unterscheidet zwischen kompletter „Testikulärer Feminisierung“ (auch komplette Androgeninsuffizienz [CAIS] genannt) und partieller „Testikulärer Feminisierung“ (auch partielle Androgeninsuffizienz [PAIS] genannt). Bei PAIS können sich die äußeren Genitalien in allen Variationen ausbilden, während bei CAIS kein Unterschied zur weiblichen Morphologie besteht.

14 Nach Aussagen der VertreterInnen der AGGPG verursacht nicht die Unmöglichkeit, ihre Rolle als Frau und Mutter leben zu können, eine Suizidgefährdung, sondern die mangelnde Begleitung und Aufklärung seitens der Ärzte führten zu einer großen Verunsicherung der Betroffenen gegenüber dem eigenen Körper, den sie immer schon als ‚anders' erlebt haben, über dieses ‚Anderssein' aber nie sprechen durften und konnten.

15 Nach Aussagen der VertreterInnen der AGGPG ist das Behandlungsalter inzwischen deutlich herabgesetzt. Es wird von Fällen berichtet, in denen Operationen zwischen der 6. Lebenswoche und dem 15. Lebensmonat durchgeführt werden.

16 Möglicherweise ist dieser Verlust nur ein phantasierter, d. h., daß es auch denkbar wäre, ein Leben ohne eine eindeutige Geschlechtsidentität zu führen. VertreterInnen der AGGPG jedenfalls bestätigen mir immer wieder, daß sie natürlich auch eine Identität besitzen, die eher auf der Integrität ihrer Körper beruht, die sie trotz der verstümmelnden Eingriffe nicht verloren haben und die von ihrem Geschlecht unabhängig ist.

17 Judith Butler hat in ihrem Buch „Bodies that matter" (dt. „Körper von Gewicht" 1995) ausführlich zu den zahlreichen Kritiken feministischer Theoretikerinnen Stellung genommen. Dabei wird deutlich, daß es Butler nicht um die Leugnung eines Körpers geht, sie gibt lediglich zu bedenken, daß die Materialität des Körpers auch immer schon unter normativen Bedingungen hergestellt wird (Butler 1995:15).

18 Diese Formulierung habe ich in Anlehnung an den Titel des Buches „Körper von Gewicht" von Judith Butler (1995) gewählt, die darin fragt, welche Körper in unserer Gesellschaft Gewicht/Bedeutung haben und welche Körper unberücksichtigt bzw. stigmatisiert werden. Erstaunlicherweise kommen darin intersexuelle Körper nicht zur Sprache.

Literatur

Bolkenius, M. (u. a.) (1982): Das intersexuelle Genitale beim Kind – kinderchirurgische Therapie unter gynäkologischem und andrologischem Aspekt. In: *Wissenschaftliche Information. Vol. 8.1. 1. europäisches Symposium für Kinder- und Jugendgynäkologie* Bd. 1. Friedrichsdorf/Taunus: Milupa AG, S. 247–252

Butler, Judith (1991): *Das Unbehagen der Geschlechter*. Frankfurt a. M.: Suhrkamp

Butler, Judith (1995): *Körper von Gewicht. Die diskursiven Grenzen des Geschlechts*. Berlin: Berlin Verlag

Christiansen, Kerrin (1995): Biologische Grundlagen der Geschlechterdifferenz. In: Pasero, Ursula/ Friederike Braun (eds.): *Konstruktion von Geschlecht*. Pfaffenweiler: Centaurus Verlag, S. 13–28

Fausto-Sterling, Anne (1993): The five sexes: Why male and female are not enough. In: *The Science* (März/April), S. 20-24

Hagemann-White, Carol (1993): Die Konstrukteure des Geschlechts auf frischer Tat ertappen? Methodische Konsequenzen einer theoretischen Einsicht. In: *Feministische Studien* Vol. 11.2, S. 68–78

Hirschauer, Stefan (1993): Dekonstruktion und Rekonstruktion. Plädoyer für die Erforschung des Bekannten. In: *Feministische Studien* Vol. 11.2, S. 55–67

Huber, Alfons/ Hans Dieter Hiersche (eds.) (1987): *Praxis der Gynäkologie im Kinder- und Jugendalter*. Stuttgart/ New York: Georg Thieme Verlag

Kessler, Suzanne J. (1990): The medical construction of gender: case management of intersexed infants. In: *Signs: Journal of women in Culture and Society* Vol. 16.1, S. 3–26

Knapp, Gudrun-Axeli/ Angelika Wetterer (eds.) (1992): *Traditionen. Brüche. Entwicklungen feministischer Theorie*. Freiburg i. B.: Kore

Lindemann, Gesa (1993): Wider die Verdrängung des Leibes aus der Geschlechtskonstruktion. In: Vol. 11.2, S. 44–54

Lipp, W. (1986): Geschlechtsrollenwechsel. Formen und Funktionen am Beispiel ethnographischer Materialien. In: *Kölner Zeitschrift für Soziologie und Sozialpsychologie* (38), S. 529–559

List, Elisabeth (1993): *Die Präsenz des Anderen. Theorie und Geschlechterpolitik*. Frankfurt a. M.: Suhrkamp

Nanda, Serena (1990): *Neither Man nor Woman: The Hijras of India*. Belmont, Ca.: Wadsworth Publ. Comp

Pasero, Ursula/ Friederike Braun (eds.) (1995): *Konstruktion von Geschlecht*. Pfaffenweiler: Centaurus Verlag

Pelzer, Volker/ Ludwig Beck (eds.) (1991): *Aktuelle Fragen aus der Kinder- und Jugendgynäkologie*. 2. Düsseldorfer Symposium 1990. Stuttgart; New York: Georg Thieme Verlag

Pschyrembel (1990): Klinisches Wörterbuch. Berlin; New York: Walter de Gruyter

Reiter, Birgit-Michel (1996): *Diagnose Intersexuell. Vorgehensweisen und Auswirkungen von Genitalverstümmelungen und sexueller Gewalt in der Kinder- und Jugendgynäkologie*. Bremen: Arbeitsgruppe gegen Gewalt in der Pädiatrie & Gynäkologie (AGGPG)

Reiter, Birgit-Michel (1997): „It's easier to make a hole than to build a pole". Genitale Korrekturen an intersexuellen Menschen. In: *Koryphäe. Medium für feministische Naturwissenschaft* (21), S. 47–51

Richter, K. (1987): Die Behandlung der Aplasie Vaginae. In: Stolcke, Herbert/ Volker Terruhn (eds): *Pädiatrische Gynäkologie*. Berlin; Heidelberg; New York: Springer Verlag, S. 69–81

Rödig, Andrea (1994): Ding an sich und Erscheinung. Einige Bemerkungen zur theoretischen Dekonstruktion von Geschlecht. In: *Feministische Studien* Vol. 12.2, S. 91–99

Schüßler, Marina/ Kathrin Bode (1992): *Geprüfte Mädchen – ganze Frauen: zur Normierung der Mädchen in der Kindergynäkologie*. Zürich: eFeF

Strohmenger, P. (1987): Urologische Probleme in der Kinder- und Jugendgynäkologie. In: Stolecke, Herbert/ Volker Terruhn (eds.): *Pädiatrische Gynäkologie*. Berlin/ Heidelberg/ New York: Springer Verlag S. 195–209

Stolecke, Herbert/ Volker Terruhn (eds.) (1987): *Pädiatrische Gynäkologie*. Berlin/ Heidelberg/ New York: Springer Verlag

Terruhn, Volker (1987): Fehlbildungen des weiblichen Genitale im Kindes- und Jugendalter und ihre Behandlung. In: Stolecke, Herbert/ Volker Terruhn (eds.): *Pädiatrische Gynäkologie*. Berlin/ Heidelberg/ New York: Springer Verlag, S. 41–68

Tscherne, G. (1987): Gynäkologische Fehl- und Mißbildungen, Intersexualität. In: Huber, Alfons/ Hans Dieter Hiersche (eds.): *Praxis der Gynäkologie im Kinder- und Jugendalter*. Stuttgart/ New York: Georg Thieme Verlag, S. 50–76

West, Candace/ Don H. Zimmermann (1987): Doing Gender. In: *Gender and Society* Vol 1, S. 125–151

Wissenschaftliche Information (1982): Vol 8.1. 1. europäisches Symposium für Kinder- und Jugendgynäkologie. Bd. 1, Friedrichsdorf/Taunus: Milupa AG, Wissenschaftliche Abteilung

Elfriede Hermann

Geschlechterdiskurs und historische Differenz: Dis/kontinuitäten in den Geschlechterbeziehungen bei den Ngaing in Papua-Neuguinea

Die feministische Ethnologie erarbeitete während der vergangenen Jahrzehnte nicht nur die Erkenntnis, daß Kategorien wie „Frau" und „Mann" soziale Geschlechter-Konstruktionen (*gender*) darstellen[1], sondern sie gelangte auch zu der Einsicht, daß diese Kategorien durch eine historische Spezifik charakterisiert sind (Moore 1988:7, 192). Die Definitionen der Geschlechter und damit die Beziehungen zwischen ihnen sind historisch spezifische Produkte, die über die Zeit hinweg in unterschiedlichen sozialen Kontexten immer wieder konstituiert und rekonstituiert werden.[2] Im Laufe der Geschichte entstehen so Unterschiede zwischen den Geschlechterdefinitionen vergangener Epochen und der Gegenwart.

In diesem Artikel möchte ich nun in Augenschein nehmen, wie geschichtliche Veränderungen in bezug auf Geschlecht im lokalen Diskurs einer Dorfgemeinschaft in Papua-Neuguinea als historische Differenzen thematisiert werden. Daß lokale Diskurse das Potential besitzen, uns auf kulturell wahrgenommene Unterschiede zwischen den Geschlechtern von heute und den Geschlechtern von früher zu verweisen, daß Frau-Sein und Mann-Sein in der Gegenwart etwas anderes bedeutet als in der Vergangenheit, darauf haben mich die BewohnerInnen von Yasaburing[3], einem Dorf der Sprachgruppe Ngaing in der Madang Provinz Papua-Neuguineas, aufmerksam gemacht. Bei meiner Betrachtung geht es mir hier weniger um eine Rekonstruktion geschichtlicher Unterschiede der Geschlechter, wiewohl ich meine, daß in der Gesamtheit der Formation lokaler Aussagen wichtige Verweise auf eine sozialwissenschaftlich nachvollziehbare historische Spezifik von *gender* enthalten sind. Im Rahmen dieser Untersuchung möchte ich freilich vielmehr die von den Yasaburing artikulierten historischen Differenzen auf die damit verbundenen Aussagen über die Beziehungen der Geschlechter in der Gegenwart überprüfen. Dabei werde ich der Frage nachgehen, inwiefern die im Diskurs geäußerten historischen Differenzen bei der laufenden Konstituierung von Geschlecht eine Rolle spielen.

Meine Untersuchung von historischer Differenz im Hinblick auf Geschlecht orientiert sich an der diskursanalytischen Methode von Michel Foucault. Nach Foucault ist unter Diskurs eine genealogisch gewordene, komplexe Formation von Aussagen zu verstehen, die Wissen produziert und unmittelbar mit vielfältigen Machtbeziehungen zusammenhängt (Foucault

1991a, 1991b). Mit der Historikerin Joan Scott gehe ich davon aus, daß ‚Geschlecht' das Wissen bezeichnet, das im Diskurs über sexuelle Differenzen geformt wird und damit soziale Beziehungen entscheidend mitkonstituiert sowie Machtverhältnisse artikuliert (Scott 1988:2, 42–44)[4]. Dieses Konzept von Diskurs/Wissen umfaßt ausdrücklich auch das gesamte Bündel kultureller Praktiken einer Gesellschaft (Scott 1988:2).

Aus dieser Perspektive betrachte ich den lokalen Diskurs über Geschichte mit einem Fokus auf die darin enthaltenen Aussagen über Unterschiede zwischen den Geschlechtern in der Vergangenheit und der Gegenwart. Dabei spüre ich den Wirkungen der lokal erarbeiteten Geschichte auf den Geschlechterdiskurs nach und versuche darzulegen, daß diese indigene Historie mit ihrer kulturellen Repräsentation von historischen Differenzen einen nicht unwesentlichen Beitrag zur gegenwärtigen Konstruktion der Geschlechter leistet.

Die Anregung, den lokalhistorischen Diskurs unter diesem Blickwinkel zu untersuchen, bekam ich von Joan Scotts Ausführungen über die Rolle der akademisch geschriebenen Geschichte auf das Wissen über *gender*. Scott schreibt mit Bezug auf die von HistorikerInnen produzierte Geschichte: „I assume that history's representations of the past help construct *gender* for the present" (Scott 1988:2). Auch wenn es sich bei einer lokal produzierten Geschichte um einen Aussagenkomplex über die Vergangenheit handelt, der einen anderen Fall darstellt als die von der Geschichtswissenschaft konstruierte Historie, so meine ich doch, daß sich auch hier eine von Scotts These abgeleitete Frage nach dem Stellenwert diskursiver Geschichte für die kulturelle Konstituierung von Geschlecht stellen läßt. Bei meiner Bearbeitung dieser Frage anhand des Materials aus Yasaburing gehe ich von der Einsicht aus, daß Diskurse die Geschichte immer im Kontext aktueller Alltagspolitik konstruieren. Daher wird es mir nicht nur darum gehen festzustellen, welche Unterschiede zu Geschlechter-bezogenen Praktiken der Vergangenheit im Diskurs der Yasaburing dargestellt werden, sondern auch darum zu analysieren, welche Implikationen ihr Wissen über historische Geschlechter-Differenzen für die Machtbeziehungen im gegenwärtigen sozialen Geflecht beinhaltet.

Meine Auseinandersetzung mit Geschlechterdiskurs und historischer Differenz rückt besonders die lokale Konstituierung des Weiblichen in den Blickpunkt und bezieht dabei die kulturspezifische Gestaltung der Beziehungen zwischen den Geschlechtern mit ein. Entsprechend verweisen meine Ausführungen sowohl auf die Diskussionen über Differenzen zwischen verschiedenen Geschlechtern, als auch insbesondere auf die Debatten über Verschiedenheiten innerhalb einer Geschlechterkategorie: der von Frauen.[5] Die Konstituierung des Männlichen wird bei dieser Diskussion in einigen Aspekten miteinbezogen, kann jedoch nicht gleichgewichtig behandelt werden, denn die Klärung dieser Frage überließen die Yasaburing und auch ich selbst in der Hauptsache meinem Kollegen Wolfgang Kempf (1992, 1994, 1996).[6] Im Rahmen des vorliegenden Textes ist es mir auch nicht möglich, den Geschlechterdiskurs der Yasaburing umfassend zu repräsentieren. Daher wähle ich nur einige thematisch relevante Ausschnitte aus folgenden Bereichen aus: dem der sozial-historischen Verortungen der Geschlechter, der Mädchen-Initiation und der Heirat.

In bezug auf diese Themen hatten die Yasaburing historische Differenzen bisweilen implizit in der Interaktion miteinander angesprochen und mich von sich aus mitunter explizit auf Unterschiede zwischen kulturellen Praktiken der Gegenwart und früherer Zeiten hingewiesen. Mit den ausdrücklichen Verweisen antworteten sie sicherlich auch auf mein generell geäußertes Interesse an der von ihnen formulierten Geschichte, die sie durch meine Arbeit dokumentiert sehen wollten. In der Anfangszeit meiner Forschung spielte dabei wohl eine gewisse Rolle, daß sie sich bemühten, ihre gegenwärtige Kultur mir gegenüber positiv darzustellen, denn sie hatten die Erfahrung gemacht, daß andere EuropäerInnen vor mir – so etwa Missionare und Administrationsbeamte – diese nicht immer unvoreingenommen betrachtet hatten (Hermann 1995: Kap. 2). Die Tatsache, daß sie die ‚Richtigkeit' sozialer Verhaltensweisen sowie die Details der Durchführung von Ritualen untereinander immer wieder im Hinblick auf ihre Tradition einerseits und mögliche Neuerungen andererseits verhandeln, verweist jedoch deutlich auf eine permanente Auseinandersetzung mit historischen Unterschieden, die auch ohne die Präsenz einer Ethnologin oder eines Ethnologen stattfindet. Die älteren Generationen in Yasaburing sind sich aufgrund ihrer bewegten Vergangenheit der Veränderungen von Geschlechterdefinitionen sehr bewußt und teilen dieses Wissen den jüngeren Mitgliedern der Gesellschaft mit. In diesen Geschlechterdiskurs mit seinen kulturell formulierten historischen Differenzen versuchte ich mich zunächst einzuhören und forderte die Yasaburing erst später auf, mir mehr über diese Unterschiede zu erzählen. Da mir die älteren Frauen der Dorfgemeinschaft als Expertinnen für das historisch fundierte Wissen über weibliche Geschlechtsspezifik vorgestellt wurden, führte ich dann vorrangig mit ihnen informative Gespräche, in denen sie mir Ausschnitte aus dem alltäglichen Geschlechterdiskurs und damit zusammenhängende Aussagen von Männern erklärten.

Sozial-historische Verortungen der Geschlechter

Nach der Geschichtsdarstellung der Yasaburing siedelten die von ihnen als *hong* bzw. in Tok Pisin als *klan* (Clan) bezeichneten sozialen Gruppen, die heute als Dorfgemeinschaft zusammenleben, in der vorkolonialen Zeit teils vereinzelt und teils gemeinsam in kleinen Weilern in den steilen Hügeln des

Hinterlands der Rai Coast. Erst nach dem Ende des Zweiten Weltkriegs zogen sie alle auf Initiative einiger respektabler Männer an den näher an der Küste gelegenen Ort, an dem sie heute leben. Zusammen mit etwa fünfzehn weiteren Dörfern, die, von den jeweiligen Variationen einmal abgesehen, die gleiche Sprache sprechen, begreifen sie sich heute als „*mipela ngaing*“, „wir Ngaing“. Diese nach außen hin vertretene Identität einer einheitlichen Sprachgruppe wurde in den vergangenen drei Jahrzehnten auch mit durch das Werk von Peter Lawrence geprägt, der seit den 60er Jahren über die Ngaing publizierte (bes. 1964). Für die soziale Identität der Mitglieder von Dorfgemeinschaften sind früher wie heute mehrere Prinzipien gesellschaftlicher Organisation maßgeblich: Zum einen der bereits erwähnte *hong*, der mehrere Gruppen umfassen kann, die sich aufgrund von Deszendenz oder Adoption aus väterlichen Linien rekrutieren. Zum anderen die *suiding*- oder *sapud*-Gruppen, die einst der Matrilinie folgten (vgl. Lawrence 1965:200–201, 1973), mittlerweile jedoch etwas an Bedeutung verloren haben und in einigen Yasaburing benachbarten Ngaing-Dörfern während der letzten Jahrzehnte bereits in die Patrilinie überführt wurden (Hermann 1995:49–51). Daneben waren Geschlecht, Alter und Wissen in je spezifischer Weise zu allen Zeiten wichtige Faktoren der sozialen Identität und Differenzierung.

Saguing, in der „alten Zeit“, so erzählten ältere Frauen und Männer, lebten ihre VorfahrInnen in Häusern, die unmittelbar auf den Erdboden gebaut waren und im Innenraum auf einer Seite eine erhöht gebaute Fläche, ebenfalls *hong* genannt, enthielten. Diese Häuser basierten auf einem Plan der geschlechtsspezifischen Raumaufteilung, so machten sie mir klar: Die erhöhte *hong*-Fläche war für den Mann reserviert, dort nahm er das Essen zu sich, dort schlief er, während der Aufenthaltsraum der Frau unten am Erdboden war, in nächster Nähe des Feuers, wo sie für die Familie kochte und schlief. Minung, eine respektierte ältere Frau, etwa Ende Fünfzig, schilderte mir diese geschlechtsspezifische Ordnung des Raumes und führte weiter aus:

> „Die Frauen, die waren wirklich unten, früher. Die Männer oben. In jeder Hinsicht waren die Männer oben. Die Frauen waren dem Mann untergeordnet.“
>
> (Minung am 27.3.1996, K 15:16)[7]

Minung brachte damit zum Ausdruck, daß räumlich unter dem Mann zu leben für die Frau früher auch bedeutete, ihm in sozialer Hinsicht untergeordnet zu sein. Diese Unterordnung sei von den Männern mit der Androhung von Gewalt und Zerstörung durch Zauberei aufrechterhalten worden. Da die Frauen sich davor fürchteten, hätten sie großen Respekt vor den Männern gehabt. Mittlerweile haben sich die Zeiten jedoch geändert:

> „Früher war das sehr hart. Früher war das extrem hart. Alle Praktiken hier gehören [jedoch] der Gegenwart an, jetzt nehmen wir auf der erhöhten Fläche Platz, wir sitzen und schlafen auf der erhöhten Fläche.“
>
> (Minung am 27.3.1996, K 15:16)

Wie Minung, so erzählte mir auch die fast gleichaltrige Teti, daß es einst weitere Einschränkungen für den Platz der Frau im Haus gab:

> „Früher setzten sich die jungen Frauen niemals auf die Matte eines älteren oder auch eines jungen Mannes, oder auf deren Schlafmatte, niemals! So war das früher. Das war streng.“
>
> (Teti am 26.3.1996, K 13:7)

Diese geschlechtsspezifische Sitzordnung habe zwar generell für alle Frauen gegolten, ihre strikte Einhaltung sei freilich besonders von jungen Frauen gefordert worden. Frauen, so wurde erzählt, hatten ihre eigenen Matten oder ließen sich auf den von *limbum*-Palmen herabgefallenen Blattscheiden nieder, während die Männer auf ihren geflochtenen Matten saßen. Teti begründete diese Verhaltensregeln mit einem Hinweis auf den Respekt, den Frauen jeden Alters, aber auch junge Männer den älteren Männern gegenüber erweisen mußten. Heutzutage hielten sich nur noch einige ältere Frauen an diese Verhaltensmaßregel, und dies auch nur im Hinblick auf bestimmte, Respekt gebietende soziale Beziehungen, wie beispielsweise die zum Mutter-Bruder. Die jüngeren Frauen aber wüßten nichts mehr von diesem Gebot:

> „Heute gibt es das nicht mehr. Sie haben es hinter sich gelassen. Egal, sie setzen sich alle zusammen. Das hat sich endgültig geändert.“
>
> (Teti am 26.3.1996, K 13:8)

Indem Teti formulierte, daß sich heute alle „zusammensetzen“, thematisierte sie die Aufhebung der früheren scharfen Geschlechtertrennung. Sie artikulierte zwar ein gewisses Bedauern darüber, daß damit auch ein Verlust des früheren Respekts einherging, sie hatte aber ansonsten nichts gegen mehr Zusammensein der Geschlechter einzuwenden.

Die Erzählungen von Minung, Teti und anderen älteren Frauen verweisen darauf, daß die einstige räumliche Distanz Ausdruck einer sozialen Ordnung zwischen den Geschlechtern und Altersgruppen war, die mit Hilfe unzähliger Verhaltensnormen routinisiert wurde. Zu diesen gehörten Vorschriften, die es den Frauen verboten, sich in der Nähe von Männern hinzusetzen oder aber nahe an sitzenden Männern vorbeizugehen. So hatten es ihnen die Frauen der älteren Generation erzählt, berichteten Minung und Teti, und zum Teil hatten sie es an deren Verhalten noch beobachten können. Aber zur Zeit ihrer Kindheit seien diese traditionellen Regeln bereits nicht mehr konsequent befolgt worden und hätten inzwischen gänzlich an Bedeutung verloren.

Die entscheidende Wende der Ordnung des häuslichen und sozialen Raumes und der damit zusammenhängenden Geschlechterhierarchie setzen alle Yasaburing mit dem Wirken von Yali an, einem ihrer respektierten „großen Männer“, der zwischen 1946 und 1975 zur Führungsfigur einer überregionalen sozialen Bewegung in der Madang Provinz wurde (Lawrence 1964; Hermann 1992, 1995). Seit den späten 20er Jahren war die Kolonisierung der Rai Coast-Region vorangeschritten und hatte wahrscheinlich in den 30er Jahren mit ihrem administrativen Regelwerk auch die Yasaburing erreicht (vgl. Kempf 1996:69–74). Nach der Rückkehr von seinem Einsatz in der australischen Armee während des Zweiten Weltkriegs begann nun Yali, sein an den Richtlinien der Administration orientiertes Entwicklungs-Programm zu propagieren. Den vielstimmigen Berichten der ZeitzeugInnen von Yasaburing zufolge war ein Punkt von Yalis umfangreicher Agenda auch auf die Verbesserung der Stellung der Frau ausgerichtet. So zitierten die älteren Männer und Frauen Yali immer wieder gerne, wie er damals forderte, daß auch Frauen auf den erhöhten *hong*-Flächen sitzen und schlafen können sollten, daß auch Frauen wie Männer in Zukunft auf Stühlen Platz nehmen, ja, daß sie sich zusammen mit den Männern zum Essen an einen Tisch setzen können sollten. Den Berichten zufolge wurden diese Forderungen Yalis nach und nach in die Praxis umgesetzt.

Auch das Recht der Rede habe Yali mit seiner „Schulung“ den Frauen ab diesem Moment zugesprochen, heißt es in der lokalen Historiographie. Denn die früheren Regeln des Diskurses gestatteten den Frauen kaum ein Mitspracherecht.

> „Du durftest nicht mitsprechen. Heutzutage reden wir Frauen darüber, was auch immer es ist. Früher nicht, da hat nur der Mann gesprochen, die Frau folgte dem Mann dann lediglich.“
>
> (Minung am 27.3.1996, K 15:17)

Minung bezog mich mit in die Gruppe der Frauen ein, um mir nahezubringen, was es für die Frauen damals bedeutet haben muß, zur Sprachlosigkeit verpflichtet zu sein. Nach ihrer Darstellung, die durch analoge Aussagen von anderen Frauen wie auch Männern bestätigt wurde, stand das Rederecht früher primär dem Mann zu, der es vorrangig im Männerhaus *dotu*, auch *haus tambaran* (Tok Pisin), dem „Haus der Ahnengeister“, ausübte. Die dort getroffene Entscheidung wurde den Frauen durch ihre Ehemänner mitgeteilt. Den Frauen von früher blieb nichts weiter übrig, als diesem zuzustimmen, so heißt es. Im Gegensatz dazu, betonte Minung und sprach damit für viele, haben die Frauen heutzutage einiges gegenüber den Männern zu sagen. Auch wenn gegenwärtig noch mancher Mann auf eine Priorität der männlichen Rede pocht und noch manch eine Entscheidung offiziell von den Männern im *haus tambaran* gefällt wird, das zentral im Dorf plaziert ist und aus dem

Frauen nach wie vor kategorisch ausgeschlossen sind, so macht es für die Frauen von heute doch einen großen Unterschied, sich auf dieses Rederecht berufen zu können. Daß Frauen über interne oder informelle Gespräche im Vorfeld von exklusiven Männerversammlungen im *haus tambaran* tatsächlich an Entscheidungen mitbeteiligt sind, entspricht auch meinen Beobachtungen der lokalen Alltagspolitik.

Nun gibt es im sozialen Netzwerk der Yasaburing freilich auch Stimmen, die im Hinblick auf die traditionelle Verortung der Geschlechter bisweilen eine starke Kontinuität sehen und diese gerade an der auch gegenwärtig praktizierten religiösen Kommunikation der Männer mit den Ahnengeistern *gabu* (*tambaran*) festmachen, die durch das *haus tambaran* symbolisiert ist. Dazu gehört Christine, knapp sechzig, die in einem nahen Weiler lebt, mit einigen DorfbewohnerInnen eng verwandt ist und über lange Jahre hinweg die Funktion einer Leiterin der Kirchengemeinde in Yasaburing einnahm. Sie schilderte mir zunächst die früheren Verhältnisse so:

> „Früher hatten die Frauen nicht einmal ein geringes Ansehen, das ihnen zukam. Der Mann allein herrschte über sie. Die Frauen mußten immer nur den Willen des Mannes befolgen. Die Frauen konnten nie ihrem eigenen Willen folgen. Sie waren den Männern untergeordnet. Wenn die Frauen etwas sagen wollten, dann ging es nicht an, daß die Männer zuhörten. Diese sagten dann oft: ‚Du Frau bist doch nichts!' (...) Nur die Männer hatten Macht. Die Macht bekamen sie im Namen des *tambaran*. Der Mann verband sein Ansehen mit dem *tambaran*. Und so haben sie die Frau zerstört. Sie haben sie umgebracht, haben sie geschlagen, haben sie zur Heirat gezwungen."
>
> (Christine am 5.3.1989, K 44:1)

Im Laufe ihrer weiteren Ausführungen relativierte Christine ihre Aussage zwar dahingehend, daß in mancher Hinsicht den Frauen auch früher Respekt entgegengebracht worden sei, so etwa gerade im Hinblick auf die weibliche Gebärfähigkeit, sie blieb aber im wesentlichen bei diesem Bild der durch *tambaran*-Macht erzwungenen Unterordnung der Frauen unter die Männer. Anders als viele ihrer Altersgenossinnen vertrat sie in diesem Gespräch vehement die Meinung, daß sich an der durch die traditionelle Religion fundierten Geschlechterhierarchie bis zum heutigen Tage nichts geändert hätte:

> „Diese Praktiken sind wirklich weit verbreitet in unserer Lebensweise. Sie wurden von früher bis zum heutigen Tage beibehalten. Und wir Frauen, wir müssen immer nur den Männern untergeordnet bleiben. Weil sie alle dem *tambaran* angehören, also ihren Namen so nennen und sagen: ‚Wir sind *tambaran*'."
>
> (Christine am 5.3.1989, K 44:2)

Was die Geschlechterbeziehungen in der Gegenwart betrifft, so verwies auch Christine in einem späteren Gespräch auf Yalis Initiative zur Verbesserung der Situation der Frauen und betonte, daß er es war, der sie 1973 zur „Kirchenführerin" ernannt hatte. Dieser Aspekt einer Veränderung der sozialen Stellung der Frau spielte in dem zitierten Gespräch jedoch keine Rolle, weil es ihr hier um eine Kritik der *tambaran*-Praxis mit dem damit verbundenen Ausschluß der Frauen ging.

Diese Argumentation von Christine, die den *tambaran*-Komplex der Männer für ein hierarchisches Verhältnis der Geschlechter auch in der Gegenwart verantwortlich macht, ist deshalb sehr aufschlußreich, weil sie sowohl Bezüge zum lokalen Diskurs über die indigene Religion als auch deutliche Referenzen zum missionarischen Diskurs darüber aufweist. Seit dem Beginn der Missionierung dieser Region Mitte der dreißiger Jahre drang die katholische Mission (S.V.D.) bei der von ihr konvertierten Bevölkerung auf eine definitive Absage an die indigene Religion. In diesem Zusammenhang forderte sie – in bestimmten Zeitphasen äußerst massiv – die Aufgabe der *tambaran*-Praxis und die Offenlegung der von den Männern im *haus tambaran* geheimgehaltenen rituellen Paraphernalia (Kempf 1996:77–82, 90–91). Wie Männer und Frauen aus Yasaburing immer wieder erzählten, benutzte die Mission dabei vor allem zwei Argumente: Sie klagte die Einheimischen an, mit der fortgeführten Praxis des *tambaran* „eine Sünde" vor Gott zu begehen; und sie warf ihnen den Ausschluß der Frauen aus dem *haus tambaran* vor. Als gläubige Katholikin in der privilegierten Position einer „Kirchenführerin" übernahm Christine diese Behauptungen der Mission, die sie auf Fortbildungskursen der Mission immer wieder gehört hatte, um den Kampf gegen die *tambaran*-Praxis im Namen der Kirche und im Namen der Frauen fortzuführen.

„Da kam überdies auch noch das Christentum, und sie [die Missionare] attackierten uns wegen einer enormen Einseitigkeit (‚bias') zwischen Männern und Frauen bei den Ngaing" (Jones am 18.12.1988, K 1:18). Mit diesen Worten artikulierte Jones das lokale Bewußtsein dieser missionarischen Argumentation. Gegen die Behauptungen der Mission hatte sich im Laufe der Zeit auf seiten der Yasaburing freilich ein Gegendiskurs über die indigene Religion formiert, der die räumliche Verortung der Frauen im Außenbereich und die der Männer im Innenbereich des *haus tambaran* rechtfertigt. Diese oppositionellen Aussagen werden heutzutage sowohl von Männern, als auch von traditionsbewußten Frauen, teils in übereinstimmenden, teils in differierenden Versionen formuliert (Hermann n. d.). Übereinstimmend vertraten sie die Überzeugung, daß die indigenen religiösen Praktiken, inklusive die Anrufung der Ahnen, sehr wohl mit dem Christentum vereinbar seien. Und im Kontext des Gegendiskurses gegen missionarische und andere koloniale Diskurse legitimierten neben den Männern auch die Frauen die räumliche Exklusivität des Männerhauses als ein „Gesetz" der Tradition, das um der Bewahrung der eigenen Kultur willen befolgt werden muß. Dabei, so wurde betont, ist der räumliche Ausschluß der Frauen keineswegs mit einem Ausschluß der Frauen aus dem Wissen um den *tambaran*-Komplex verbunden. Über die Inhalte der

Praktiken der Männer wüßten die Frauen sehr wohl Bescheid, wenn ihnen auch ein Verbot auferlegt sei, öffentlich darüber zu sprechen. Dieses Verbot garantiere den Respekt der Frauen gegenüber der männlichen Sphäre, genauso wie auf seiten der Männer Respekt gegenüber der weiblichen Sphäre geboten sei. Im Hinblick auf dieses Mit-Wissen der Frauen, so wurde impliziert, ist heutzutage nicht notwendigerweise eine soziale Hierarchie der Geschlechter mit der Ausübung des *tambaran* verbunden.

In früheren Zeiten war jedoch durchaus ein unmittelbarer Zusammenhang der exklusiv männlichen *tambaran*-Praxis mit einer Machtausübung gegenüber den Frauen verbunden, so bestätigten auch die Männer. Denn wenn sich die Frau vis-à-vis der *tambaran*-Aktivitäten der Männer nicht an die Gebote hielt, dann drohten ihr die Männer mit zerstörerischer Macht:

> *Magnus*: „Und angenommen sie [die Männer] waren mit dieser Frau nicht zufrieden ..."
> *Jones*: „... dann hätten sie die Frau davongejagt ..."
> *Magnus*: „... hätten sie die Frau davongejagt ..."
> *Jones*: „... oder Schadenzauber auf sie angewandt, so daß sie gestorben wäre!"
> *Magnus*: „... dann mußte die Frau sterben."
> [...]
> *Magnus*: „Wenn der Mann im Männerhaus war, dann galt ein wirklich wichtiges Gesetz. Das war ein wirklich wichtiges Gesetz. Für geringere Dinge im Außenbereich war es nicht so wichtig. Aber innen im Männerhaus. Wenn ein Mann oder eine Frau es brach, dann mußte er oder sie eben sterben."
> *Jones*: „Dann mußte er oder sie sterben."
> *Magnus*: „Kurzer Prozeß. Er oder sie mußte eben sterben. Da gab es nur dieses. So war das früher. Heutzutage spielen wir es hoch."
> (Magnus und Jones am 18.12.1988, K 1:19)

Unter Beipflichtung einiger Senioren erklärten Magnus und Jones, beide mittleren Alters, dies im Rahmen ihrer Ausführungen über den *tambaran*-Bereich, den die Anwesenden Wolfgang Kempf und mir zu Beginn unserer zweiten längeren Feldforschung bei den Ngaing als einen zentralen Bereich ihrer Kultur darstellten. Die Repräsentation der einstigen *tambaran*-Praxis mit ihren Implikationen für die Rechte und Pflichten der Geschlechter, die in dieser Gesprächsrunde abgegeben wurde, ist Teil eines Diskurses, der auch die Quelle für die oben zitierten Aussagen von Minung und Christine über die Machtausübung der Männer in früheren Zeiten bot. Es wird deutlich, daß in diesem *tambaran*-Diskurs vor allem von einer Anwendung der Macht gegenüber den Frauen die Rede ist, auch wenn die Gültigkeit des strengen „Gesetzes" auf die Männer ausgedehnt ist, wie hier relativierend gesagt wird.

Mit dem Vergleich der *tambaran*-Praxis früher und jetzt ist in dieser Passage ferner bereits ein Hinweis darauf enthalten, daß sich die Rede über eine Machtausübung der Männer in diesem Kontext nicht allein auf die

Vergangenheit beschränkt. Denn die Aussage „heutzutage spielen wir es hoch“ belegt, daß diese Argumentation durchaus in der Gegenwart verwendet wird, wenn sie auch nicht mehr so (tod-)ernst zu nehmen ist wie früher. Die Präsenz dieses Diskursausschnitts wird durch eine vielsagende Reaktion von Kabak, einer Frau etwa Mitte Fünfzig, illustriert (Kabak am 7.3.1989, N 10:74–77). Sie hatte Christines Ausführungen über den *tambaran* und die Ungleichheit der Geschlechter eine Weile lang mitangehört. Nachdem sie Christines Aussagen anfänglich bestätigt hatte, wurde sie jedoch immer stiller und verließ uns schließlich. Zwei Tage später wünschte sie ein Gespräch mit mir, um sich aus Furcht vor der *tambaran*-Machtausübung von einer so scharfen Kritik, wie Christine sie geübt hatte, explizit zu distanzieren. Um die Realität dieser Macht zu verdeutlichen, erzählte sie von einer nur wenige Jahre zurückliegenden Bestrafung der Frauen durch die Männer. Damals, so berichtete sie, hatten es die Frauen im Rahmen eines Festes, bei dem rituelle Clownerie[8] üblich ist, mit der Parodierung der *tambaran*-Aktivitäten der Männer für deren Geschmack etwas zu weit getrieben. Hohe kollektive Geldbußen für die Frauen waren die Folge, so betonte sie und erklärte, daß sie dies als Warnung an die Frauen verstanden und ernst genommen hätte. Nicht nur diese Reaktion von Kabak, sondern auch andere Äußerungen verweisen auf die Existenz von diskursiven Komponenten, die den Männern gerade vor dem Hintergrund der *tambaran*-Praxis auch heutzutage Macht über die Frauen zusprechen. So bestätigte etwa Tagu, eine Frau Mitte Dreißig, Christines Aussage über das geringe Ansehen der Frauen und zitierte einen typischen Ausspruch der Männer: „Sie sagen dann zu dir: ‚Du bist nichts! Du kommst an letzter Stelle!‘“ (Tagu am 6.3.1989, N 10:71).

Nun sind Aussagen mit diesem Tenor und die damit verbundenen Praktiken jedoch nicht die einzigen, die das Geschlechterverhältnis in der Gegenwart charakterisieren. In anderen Versionen des religiösen Diskurses wird den Frauen, wie bereits erwähnt, nicht nur ein Mit-Wissen um den *tambaran* attestiert, sondern mit Verweis auf die mythische Geschichte sogar die Autorinnenschaft dieser religiösen Praxis zugeschrieben. Hierbei beziehen sich Männer wie Frauen auf einen Mythos, der davon berichtet, wie Frauen einst die Ahnen-Melodien im *haus tambaran* produzierten und diese dann den Männern überließen. Mit dieser Argumentation wird den Frauen im religiösen Bereich eine historisch begründete Macht zugestanden, die derjenigen der Männer an die Seite gestellt werden kann.[9] In wieder anderen Kontexten wird impliziert, daß das Beharren der Männer auf ihr „Geheimnis“ im *haus tambaran* eine zwar sehr differente, aber von der geschlechtsspezifischen Ausschließlichkeit her eine durchaus parallele Institution zu den ebenfalls durch die Überlieferung vorgegebenen exklusiven Frauen-Räumen ist: den Menstruationsräumen *ya buluk*. Um die Gesetze der Tradition zu achten, so stimmen alle überein, werden diese speziellen Frauen-Räume in der Gegenwart beibehalten, auch wenn sie im Vergleich zu vergangenen Zeiten, wo sie sich im Busch oder am Dorfrand befanden, weiter in den dörflichen Wohnbereich vorgerückt sind. So wird diesen *ya buluk*, die als Menstruationshütten oder -räume in Wohnhäusern existieren, auf spezifische Weise ebenfalls Respekt entgegengebracht. In Analogie zur männlichen Sphäre des *haus tambaran* bezeichneten Frauen ihren Aufenthalt in diesen Räumen mitunter sogar als „unser *tambaran*" oder „unser *tambaran*" im Sinne von „unser Inneres, unser Geheimnis". Im Geschlechterdiskurs sind auch hierfür spezifische Gebote vorgesehen: So verbietet sich eine Annäherung der Männer an diese exklusiv weibliche Sphäre mit dem Argument, daß die damit assoziierten weiblichen Körpersubstanzen eine mächtige Schwächung für den Mann bedeuten würden. Aus dem gleichen Grund ist jeglicher Kontakt von Männern mit Frauen während ihrer Menstruation *buluk*, wörtlich „das Unwohlsein", verboten – ausgenommen sind lediglich kleine Jungen. Dabei wird die Menstruation eng mit der Gebärfähigkeit der Frau verknüpft, was durch eine Redewendung, die zur Umschreibung der Blutung gebraucht wird, explizit zum Ausdruck kommt, wenn es da heißt: „sie gebiert ein Kind". Aufgrund ihrer Gebärfähigkeit wird so auch den Frauen eine Macht zugesprochen, die den Männern gefährlich werden kann.

Die Aussagen über den kontinuierlichen Machteinfluß des weiblichen Geschlechts auf Männer sind genauso wie diejenigen über die traditionell legitimierte Möglichkeit männlicher Machtausübung auf Frauen Teil des lokalen Geschlechterdiskurses, der aus pluralen Versionen besteht. Die Äußerung der jeweiligen Version ist dabei immer mit einer Politik der Aussage verbunden, die im weiteren sozialen Kontext gesehen werden muß. Im Hinblick auf diese Kontextbezogenheit möchte ich bei der Analyse dieser Äußerungen zwischen offiziellen und internen Versionen unterscheiden.[10] Zu den offiziellen Versionen gehören solche Aussagenformationen, die Sachverhalte sehr allgemein zusammenfassen, um sie mit autoritativer Stimme nach außen hin zu repräsentieren. Hierzu würde ich die Ausführungen über den einstigen und jetzigen Ausschluß von Frauen aus dem *tambaran*-Bereich sowie die damit verbundene Unterdrückung oder Bedrohung der Frau zählen, oder aber Diskursfragmente wie diejenigen über die Minderwertigkeit von Frauen. Während offizielle Versionen häufig in der Auseinandersetzung mit anderen kontroversen Diskursen zum Ausdruck kommen, werden interne Versionen eher innerhalb einer sozialen Gemeinschaft formuliert. Als interne Versionen, die inhaltlich differenzierter sind als die offiziellen, würde ich die Aussagen charakterisieren, die der Weiblichkeit gegenüber, ob nun in der Vergangenheit oder in der Gegenwart, Respekt und Macht zugestehen. Interne Versionen relativieren in der Regel die plakativen Bilder der offiziellen Erzählungen. So offenbaren beispielsweise interne Versionen über Yalis Frauenförderungspolitik auch, daß diese in späteren Jahren zur Politik gegen Frauen verkam, als er sie mit brachialer Gewalt zur Unterordnung zwang. Interne Versionen sind jedoch nicht ‚wahrer' als die offiziellen, vielmehr repräsentieren beide je spezifische und korrelative Wahrheiten.

In den offiziellen wie den internen Verortungen der Geschlechter in Vergangenheit und Gegenwart werden sowohl Diskontinuitäten als auch Kontinuitäten formuliert. Wie wir hörten, wurde zum einen Diskontinuität in bezug auf die frühere scharfe Geschlechtersegregation, die räumliche wie soziale Unterordnung der Frauen unter die Männer, die Ordnung des Sprechens und die Machtausübung der Männer via *tambaran* festgestellt. Zum anderen wurde wiederum gerade im Hinblick auf die fortgesetzte *tambaran*-Praxis eine Kontinuität der Geschlechterhierarchie hergestellt. Diese Äußerungen über Diskontinuitäten und Kontinuitäten sind freilich nicht allein als faktische Beschreibungen zu verstehen, sondern auch als alltagspolitische Aussagen im gegenwärtigen Diskurskontext wahrzunehmen, in dem über den Verweis auf die Situation von einst die Machtverhältnisse im Jetzt verhandelt werden. Wenn meine Gesprächspartnerinnen die Frauen heute gegenüber früher als sozial erhöht schildern, was sehr schön auch durch die räumliche Metapher ausgedrückt wird, dann positionieren sie sich gegenüber den Männern ihrer Gesellschaft in einer selbstbewußten Haltung und sprechen sich dadurch heute mehr Macht zu. Wenn sie das Verhältnis der Geschlechter zueinander heute als weit weniger antagonistisch als früher schildern, dann implizieren sie damit auch den Hinweis auf einen Fortschritt im gesellschaftlichen Leben – so wie ihn Yali gefordert hatte. Eine politische Aussage mit negativen Vorzeichen wird hingegen gemacht, wenn eine Kontinuität der *tambaran*-legitimierten Unterordnung der Frauen aufgezeigt wird. Hiermit wird genaugenommen eine Kritik an den als zu gering empfundenen Möglichkeiten der Machtausübung von Frauen früher und jetzt geübt. Dabei setzt diese Aussage den Vergleich mit Geschlechterverhältnissen voraus, wie sie in westlichen, konkret: missionarischen, Diskursen vor Ort proklamiert werden. Inwiefern diese westlichen Diskurse die Kontexte für den lokalen Geschlechterdiskurs mit seinen historischen Bezugnahmen darstellen, soll in den folgenden Abschnitten weiter verfolgt und im Schlußkapitel dann eingehender erörtert werden. Zunächst möchte ich jedoch etwas näher darauf eingehen, wie im Kontext dieser sozialhistorischen Verortungen eine weibliche Geschlechtsidentität konstituiert wird.

Frau-Werden: Die Mädchen-Initiation

Eine Frau *barangaing* zu werden, ist in der Kultur der Yasaburing ein facettenreicher Prozeß, der ihrer Darstellung zufolge in der Gegenwart freilich anders gestaltet ist, als er es in der Vergangenheit war. Die mit der Menarche assoziierte Initiation[11] eines Mädchens gilt nach wie vor als ein signifikanter Schritt in diesem Prozeß. Sie kann zwar sicherlich nicht als das erste Ritual bezeichnet werden, das Weiblichkeit konstituiert, denn schon auf dem Weg eines neugeborenen Mädchens ins öffentliche Leben wird dessen Geschlecht mit der Präsentation eines kleinen Bündels Feuerholz symbolisiert, und der Gestaltungsprozeß wird in den folgenden Kindheitsjahren fortgesetzt. Aber der Initiation eines Mädchens wird von den Yasaburing eine herausragende Bedeutung für die Konstruktion ihrer Geschlechtsidentität zugesprochen – ein so wichtiger Stellenwert, wie er auf der komplementären Seite auch der Initiation eines Jungen zugeschrieben wird.

In ihren Lebensgeschichten erzählten mir ältere Frauen von den mannigfachen Veränderungen der Mädchen-Initiation von einst bis jetzt. Noch in ihrer Jugend, so berichteten meine fünfzig- bis sechzigjährigen Gesprächspartnerinnen, waren sie mit dem Beginn ihrer ersten Menstruation für die lange Dauer von mehreren Monaten in die Seklusion einer Menstruationshütte *ya buluk* gebracht worden. Auch heutzutage müssen sich Mädchen beim Eintreten der entsprechenden körperlichen Anzeichen oder bald darauf in die Seklusion begeben, die übrigens in der Lokalsprache nach wie vor namengebend für Menarche und Mädchen-Initiation ist: „*ya aloti*“, wörtlich: „sie geht ins Haus“. Heute ist ihr Aufenthalt dort jedoch von kürzerer Dauer – im Durchschnitt nicht länger als eine Woche – und von weniger strengen Verhaltens- und Speisetabus begleitet als früher. Einen weiteren spürbaren Unterschied stellt der Verzicht auf körperliche Operationen in der Gegenwart dar, vor allem das Durchbohren der Nasenscheidewand, wie es zum Beispiel bei Teti noch durchgeführt worden war. Als wichtigsten Unterschied betonten freilich alle älteren Frauen, daß sie selbst damals am Ende der mehrmonatigen Seklusion noch „geschmückt“ worden waren. Dabei verweist die Schmückung auf den ihr folgenden Akt der Übergabe der jungen Frau an ihren zukünftigen Ehemann.

Die Absenz eines Ehemannes war folglich auch der Punkt, der bei der Durchführung einer Mädchen-Initiation im Februar/März 1989 am häufigsten herausgestellt wurde. Diese Initiation sollte eine ganz besondere werden. Denn angesichts meiner Anwesenheit – jedoch ohne mein aktives Zutun, so möchte ich sofort hinzufügen – beschlossen die Yasaburing, bei dieser Gelegenheit eine Initiation nach Art der Tradition *kastom* (Tok Pisin) durchzuführen. Mit der Performanz dieses aufwendigen Rituals wollten sie den jüngeren Generationen von Frauen und Männern am Ort, aber eben auch mir als Ethnologin in der Praxis zeigen, wie eine Initiation früher durchgeführt wurde, wo ich ihrem Verständnis gemäß doch gekommen war, um solche Traditionen zu dokumentieren. Wie es bei jungen Mädchen, die im Dorf leben, üblich ist, wurde Madubang, 14 Jahre alt, gleich nach dem Eintreten ihrer ersten Blutung in die Seklusion geschickt. Da sie bei ihrem Onkel Magnus, dem Bruder ihrer Mutter, und ihrer Tante Tagu lebte, wurde sie von dieser anstelle ihrer eigenen Mutter im Menstruationskämmerchen auf der Rückseite des Wohnhauses untergebracht und versorgt. Madubang mußte sich in diesem Raum von der Öffentlichkeit distanziert halten, durfte nicht zum Waschen an den Fluß gehen, mußte Trink- und Speisetabus einhalten. In den ersten Tagen durfte sie sich außerdem kein Feuer machen bis zu dem Zeitpunkt, an dem ihrer „Mutter"/Tante ein auf der Jagd erlegtes Tier präsentiert und Madubang im Zusammenhang damit das Ritual des „Feuer-Blasens" *teiyak huk* durchführen würde. Nachdem sie zwei Tage in der Seklusion war, lud mich Tagu in ihr Haus ein, um mir zusammen mit Bugali, einer knapp fünfzigjährgen, ebenfalls involvierten Frau aus diesem *hong* (Clan), die bisherige Vorgehensweise zu erklären. Bei diesem Gespräch in ihrem Haus waren auch Madubangs Großmutter Yowinak, etwa Mitte Sechzig, und deren Mann Nonoria anwesend. Tagu und Bugali hatten über die ersten rituellen Vorschriften im Zusammenhang mit der Mädchen-Initiation gesprochen, als Nonoria einwarf:

> *Nonoria*: „Aber eine Frage ist die: Wenn Madubang später herauskommt und ein Essen vorbereitet wird, wem wird dieses gegeben?"
> *Daraufhin Bugali*: „Ja, darüber machen wir uns durchaus Gedanken. Wenn Magnus etwas erlegt, und Madubang das Feuer bläst, dann werden wir einen Mann markieren und es [das Essen] diesem geben, wer auch immer es ist."
> (am 25.2.1989, K 39: [1])

Wie aus Bugalis Antwort klar wird, hatte Nonoria mit seinem sorgenvollen Einwurf auf das zentrale Problem dieser Initiation hingewiesen: auf das Fehlen eines Ehemannes, dessen Verwandtschaft, so seine Inferenz, bei dem Festessen zum Abschluß der Initiation die Tauschpartner für Madubangs Gruppe sein würden. Wenn dies eine Initiation in der Art der Tradition sein sollte, dann war hiermit ein signifikanter Unterschied zur traditionellen Initiation gegeben, so betonten die beiden älteren Leute. Yowinak fuhr fort, die wesentlichen Schritte der früheren Initiation zu beschreiben, um schließlich auf die Differenzen zur heutigen Praxis zu sprechen zu kommen:

> *Yowinak*: „Wenn wir ein junges Mädchen [initiieren] wollten, und wenn es einen Mann gäbe, einen Mann, den wir bestimmt hätten und der bereit stünde, dann würde sie also im Haus [d.h. in der Seklusion] bleiben. Sie würde in diesem Haus ausharren. Ja, sie würde das *udingi* [Tabu], wie wir es nennen, einhalten, und auch ihre Mutter würde dies tun. Die beiden würden gemeinsam das Tabu befolgen."
> *Bugali*: „Die Mutter zusammen mit ihrem Kind."
> *Yowinak*: „Sie würde solange ausharren, bis alles vorbereitet ist; wenn es genug Schweine gibt, dann sind alle vorbereitet: Nun gilt es, die Schweine zu halten, zu töten, zu kochen, und währenddessen würden sie das Mädchen schön schmücken, und so würde sie an die Öffentlichkeit treten. Sie würde sich präsentieren. Es würde auch eine rituelle Clownerie aus diesem Anlaß stattfinden ..."

Bugali: „... Ja, wenn es einen Mann gäbe, dann würden wir es immer auf diese Art und Weise durchführen. [...] Aber es gibt keinen Mann und so machen wir es eben einfach so!"
Yowinak: „... Sie würde sich präsentieren, wäre also geschmückt, und nun würde man sie zu dem Mann bringen, so daß sie sich nun zusammen mit dem Mann hinstellen könnte, und nachdem die beiden sich die Hand gegeben hätten, würden sie ihren Weg gehen. Aber wenn es keinen Mann gibt, dann führt man dies nur ein kleines bißchen durch, und daraufhin wird sie an die Öffentlichkeit treten. Dann wird nur sie selbst das Essen halten, kochen, sich waschen, andere Dinge tun und wieder wie üblich ihren Weg gehen."
Elfriede: „Aha?"
Yowinak: „So ist das."
Nonoria: „Aber heute gibt es ja diese und jene Arbeiten ..."
Yowinak: „... Jetzt ist die Schule dazugekommen, ja und die Arbeit hinzugekommen, und deshalb lassen wir die Töchter in die Schule gehen, und dann gehen sie gleich ganz ihren eigenen Weg! Aber früher, da wußten die Großmütter und Mütter sie gut zu lenken, auf sie aufzupassen, und sie richtig vorzubereiten, so daß sie wie ein Mann im Leben standen. Sie blieben so bis in ihr Alter und bis zu ihrem Tod. So wußten sie zu leben. Heutzutage lassen wir sie gehen, machen es einfach so, und sie gehen. Das ist ganz anders! Früher, da bemühte man sich um sie, wußte sie vorzubereiten, zu schmücken, dem Mann zu geben, so war das."
(am 25.2.1989, K 39:[2])

Indem Yowinak nach ihrer Darstellung der traditionellen Initiations-Praxis mit Blick auf die Gegenwart betonte: „Das ist ganz anders!", artikulierte sie sehr deutlich ihr Bewußtsein der historischen Unterschiede. Da Madubangs Initiation nun jedoch nicht die in der Gegenwart übliche Form, sondern das Ritual sein sollte, das man als traditionell überliefert ansah, schien es allen involvierten älteren Frauen und Männern unmöglich zu sein, dieses zu realisieren, ohne daß zumindest eine soziale Gruppe benannt war, aus der ein potentieller Ehemann kommen könnte. Daher arrangierte man sich mit dem oppositionellen *hong* (Clan), der pro forma die Rolle der affinen Verwandtschaft übernahm. Dies wurde bei der Durchführung des rituellen „Feuer-Blasens" öffentlich gemacht, so wie Bugali es angekündigt hatte. Aufgrund der traditionellen Vorschriften für diese *kastom*-Initiation mußte Madubang für die Dauer von viereinhalb Wochen – und damit wesentlich länger als heutzutage üblich ist – in der Seklusion bleiben. Während dieser Zeit hatte sie die Wasch- und Speise-Tabus zu befolgen, die von den älteren Frauen aus Mitgefühl ihr gegenüber freilich etwas gelockert wurden. Madubang durchschritt alle rituellen Praktiken, die als obligatorisch für die frühere Initiation erklärt wurden. In der Nacht vor dem großen Tag führten die älteren Frauen in ausgelassener Stimmung ihre rituelle Clownerie durch und im Morgengrauen reinigten und bemalten sie Madubang, legten ihr traditionelle Faserröcke und Schmuck, insbesondere ein Hundezahnstirnband, Muscheln und moderne Halsketten an. Um der ‚traditionellen' Aufführung willen wurde Madubang am nächsten Morgen wie eine Braut der früheren Heiratszeremonie unterzogen: Mit einem jungen Mann des auserwählten Clans balancierte sie auf dem *tagobak*-Baum – so wie Minung es für eine traditionelle Verheiratung beschreibt (siehe den folgenden Abschnitt). Anschließend tauschte die ‚Brautgruppe' Speisen mit der Gruppe des ‚Bräutigams', und das Festessen konnte stattfinden.

Nach bestem Wissen und Können führten die Yasaburing eine Initiation nach traditioneller Art durch. Dennoch waren sich die älteren Frauen und Männer dessen bewußt, daß vor allem aufgrund des Fehlens eines ‚richtigen' Ehemannes und dessen Verwandtschaft sowie der gelockerten Tabuvorschriften diese Initiation in der Gegenwart immer noch anders war als früher. Letztlich schufen sie damit eine gegenwartsbezogene Variante ‚traditioneller' Initiation. Die Tatsache, daß dies mit durch meine Anwesenheit evoziert worden war, hatte mich anfangs mit sehr ambivalenten Gefühlen erfüllt, denn nach meinem Verständnis sollte meine Präsenz keinen so maßgeblichen Einfluß auf die rituelle Praxis vor Ort haben. Nachdem mir die Yasaburing durch ihr Handeln freilich klar gemacht hatten, daß mein Interesse für Kultur und Tradition nolens volens einen Einflußfaktor darstellte, mit dem sie sich kreativ auseinandersetzten, war ich über ihre Performanz erfreut. Sie boten mir damit die Chance, einen umso besseren Einblick in die von ihnen formulierten historischen Differenzen zu bekommen.

Madubangs *kastom*-Ritual stellte einen deutlichen Kontrast zu der heutigen, reduzierten Form der Initiation dar, wie sie bei den um wenige Jahre älteren oder gleichaltrigen Mädchen des Dorfes durchgeführt wurde. Bei dieser rezentesten Initiations-Variante wird keine traditionelle Schmückung vorgenommen, vielmehr werden die jungen Frauen in westlicher Kleidung präsentiert. Dies war eine weitere Differenz, die alle Yasaburing, darunter auch Madubang selbst, formulierten. In vielen Fällen findet die Mädchen-Initiation heutzutage auch nicht mehr exakt anläßlich der Menarche statt. In Madubangs Fall konnte die Initiation tatsächlich beim Eintreten der ersten Menstruation beginnen, da sie die sechs Klassen umfassende Schule bereits im Jahr zuvor abgeschlossen hatte und im Dorf lebte. Wenn die Mädchen bei ihrer Menarche jedoch noch zur Schule gehen und damit zum regelmäßigen Erscheinen dort gezwungen sind, dann wird die Initiation in der Regel verschoben und während der folgenden Schulferien nachgeholt. Einige Frauen im Alter zwischen etwa fünfundzwanzig und fünfunddreißig Jahren machten mich wiederum auf die Verschiedenheit zu ihrer eigenen Initiation aufmerksam: Sie waren noch bei einer längeren Seklusion initiiert und abschließend geschmückt worden, ohne jedoch das Heiratsritual zu durchlaufen.

Bei allen Differenzen der Initiationen von früher und heute existieren jedoch auch Gemeinsamkeiten. Ein wesentliches gemeinsames Charakteristikum ist zweifelsohne nach wie vor die Konstituierung des Geschlechtsstatus durch die Initiation. In der kulturellen Konzeption der Yasaburing sind Mädchen solange Kinder, bis sie mit der Menarche in Seklusion gehen. Aus der Initiation gehen sie als Frauen heraus. Wenn Mädchen sich aufgrund ihrer körperlichen Veränderung mit einem Mal der Initiation unterziehen müssen, empfinden sie oft Mitleid mit sich selbst und weinen, erklärten mir Frauen mittleren und höheren Alters. Sie selbst hätten geweint und genauso weinte auch Madubang, so vertrauten sie mir an. Die Veränderung des Geschlechtsstatus wurde und wird den Mädchen in der Initiation durch die Schulung *sawanang* der älteren Frauen bewußt gemacht. Im Fall von Madubang übernahm Kabak diese Schulung, deren Kernsätze sie mir gegenüber wiederholte, darunter folgende Worte:

> „In der Zeit, in der wir außen [im öffentlichen Raum] leben, in der du das Unwohlsein von uns Frauen noch nicht erfährst, sind wir noch Kinder. Zu der Zeit, wenn du dich ins Haus begibst, und wir dich [als Initiierte der Gesellschaft] präsentierten, du also heraus kommst, bist du nun endgültig eine Frau."
>
> (am 28.3.1989, N 14: 65)

Die nach der Initiation gegebene Zuschreibung eines sozialen und sexuellen Geschlechtsstatus einer menstruierenden und damit erwachsenen Frau ist eine gemeinsame Erfahrung von Frauen einst und jetzt. Gleichzeitig wäre es aber auch vereinfacht, hierbei über historische Differenzen hinwegzusehen. Denn der Hauptunterschied der gegenwärtigen Initiation gegenüber der früheren hat natürlich auch Konsequenzen auf die Festlegung des Geschlechtsstatus, wie gleich noch deutlicher werden wird.

Frau-Sein: Die Heirat

Heutzutage, so betonten die Yasaburing immer wieder, ist die rituelle Initiation eines Mädchens zeitlich und damit konzeptionell deutlich vom Schritt in den Lebensabschnitt der Heirat getrennt. Wie wir bereits hörten, schrieb die *kastom* (Tradition) in früheren Zeiten den unmittelbaren Übergang von der Initiation zur Verheiratung vor. Minung erzählte:

> „Was Frauen betrifft, uns, die wir heiraten, so gilt heutzutage, jetzt in dieser Zeit, ein ganz anderes Gesetz! Aber als wir, unsere Altersgruppe, zu der auch die Mutter von Thea gehört, unsere Menstruation gerade eben hinter uns hatten, just zu diesem Zeitpunkt schmückten sie uns und schickten uns zum Mann."
>
> (Minung am 9.6.1990, K 184:1)

Im Morgengrauen der letzten Nacht ihrer Seklusion wurde sie mit speziellen Blätterextrakten gereinigt, mit besonderer roter Erdfarbe am ganzen Körper eingerieben, mit neuen rot eingefärbten Faserröcken eingekleidet und mit traditionellen Wertgegenständen wie einem Hundezahnstirnband und Muschelketten geschmückt, so schilderte Minung. Mit diesem Schmuck wurde sie der Öffentlichkeit zur Verheiratung präsentiert.

Minung erinnerte mich an die wenige Wochen zurückliegende *kastom*-Initiation von Madubang: So ähnlich wie diese Performanz sei auch das Ritual ihrer eigenen Verheiratung abgelaufen. Im wesentlichen bestand das traditionelle Verheiratungsritual, wie es Minung und andere ältere Frauen mir erklärten, aus einem Balanceakt des jungen Brautpaares auf einem flach auf die Erde gelegten und geschmückten Baumstamm *tagobak* oder *tawann*. Vom unteren, lange Baumwurzeln aufweisenden Ende beginnend mußten Braut und Bräutigam, die sich zur gegenseitigen Stützung an der Hand führten, auf dem schmalen Baumstamm entlang balancieren und zusammen mit den ihnen folgenden nahen weiblichen Verwandten des Bräutigams versuchen, diesen Stamm entzwei zu brechen. Dabei mußten sie mit Pfeilbündeln, auf die sie sich stützen konnten, Angriffen der Braut-Verwandten trotzen, die versuchten, die junge Frau zurückzuhalten. War der *tagobak* auseinander gebrochen und damit symbolisch die Wurzeln der jungen Frau zu ihrer elterlichen Verwandtschaftsgruppe gekappt, so galt sie als dem Ehemann angetraut und in seine Verwandtschaftsgruppe aufgenommen. Nunmehr folgte ein zeremonieller Gabentausch, *barangaing gimureha* oder *baim meri* (Tok Pisin), der „Kauf der Frau". Von seiten der Bräutigams-Gruppe wurden der affinen Verwandtschaft ein lebendes Schwein, das gegarte Fleisch eines weiteren Schweines, große Mengen an Nahrungsmitteln und traditionelle Wertgegenstände übergeben. Die Braut-Gruppe erwiderte dies ihrerseits mit der Gabe von Nahrungsmitteln, inklusive Schweinefleisch.

Ihre Verheiratung, so berichtete Minung weiter, war den traditionellen Regeln entsprechend bereits bei ihrer Geburt vereinbart worden. Dieses Versprechen zwischen den Eltern des eben geborenen Töchterchens und den Eltern des späteren Bräutigams wurde dadurch markiert, daß die Mutter des Jungen die Nabelschnur der neugeborenen, prospektiven Schwiegertochter durchtrennte – ein symbolischer Akt, der bereits zu diesem frühen Zeitpunkt die spätere Trennung des Mädchens von ihren Eltern andeutete, die mit ihrer Heirat in den *hong* (Clan) ihres Ehemannes und dem virilokalen Wohnort einhergehen würde.

Minung reflektierte während der Darstellung ihrer Verheiratung, die zu Beginn der 50er Jahre stattfand, nicht nur immer wieder über Unterschiede zu jungen Frauen in der Gegenwart, sondern auch über Differenzen zu den Vorfahrinnen, *barangaing saguing yerak*, „den Frauen der alten Zeit". Die wichtigste Veränderung sah sie darin, daß die jungen Mädchen zu ihrer Zeit immerhin bis zur Menarche bei ihren Eltern leben konnten, während die Frauengenerationen vor der ihrigen schon im Kindesalter in den Haushalt des künftigen Ehemannes integriert wurden.

> „Also das ist jetzt, in der heutigen Zeit so, daß wir die Mädchen erst groß genug werden lassen, und dann können sie heiraten. Ganz früher war das nicht möglich. Ein solch kleines Mädchen wie Manga [ca. 8 Jahre alt] würde bereits von ihrem Mann versorgt werden."
>
> (Minung am 27.3.1996, K 14:2)

Damals bedeutete das auch, daß dieses Mädchen von der Schwiegermutter, nicht von der eigenen Mutter, in die Initiation geführt wurde. Minung berichtete von dieser einstigen Praxis im Ton des Mitgefühls für die früheren Frauen und artikulierte, daß es auch für ihre Generation, die zum Zeitpunkt von Initiation und Verheiratung ja bereits ein gewisses Alter erreicht hatte, nicht leicht gewesen sei, das angestammte Elternhaus gegen den Haushalt der Schwiegereltern einzutauschen.

Als eine signifikante Änderung des Heiratssystems mit weitreichenden Konsequenzen sieht die ältere Generation der Frauen und Männer in Yasaburing auch das Aufgeben der Kreuzcousin-/Kreuzcousinenheirat an. Bei einer hohen kulturellen Variabilität war diese Bindung der bevorzugte Typ der Heirat (Lawrence 1973:277). Innerhalb dieses Systems gab es für die Nachkommen jeden Geschlechts mit den jeweiligen Kreuzcousins oder Kreuzcousinen potentielle HeiratspartnerInnen. Diese wurden mit dem Terminus *sawaing* bezeichnet, ein Begriff, der hier „das Andere" bedeutet und die entsprechende Person als mögliche/n HeiratspartnerIn charakterisiert. In anderen Kontexten wird dieser Begriff aber auch mit „wild/heilig" übersetzt und kennzeichnet etwas, das Respekt gebietet. Aus dem Kreis der *sawaingyang* wurde durch die Vereinbarung der Elternpaare der/die prospektive HeiratspartnerIn gewählt.

Die Kreuzheirat wird von den Yasaburing als kulturelle Tradition klassifiziert: „Dies war eine *kastom* der Leute früher!" (Minung am 27.3.1996, K 14:4). In der Zwischenzeit wurde man/frau jedoch eines anderen belehrt:

> „Das, das war jedoch falsch. Früher war es eben so, sie folgten dieser Tradition. Aber heute, in der jetzigen Zeit haben wir die Schulung gehört und haben dies nun aufgegeben."
>
> (Minung am 27.3.1996, K 14:4)

Man dürfe nicht die eigene Verwandtschaft, das „halbe Blut" heiraten, die Verbindung zwischen Kreuzcousine und Kreuzcousin sei zu nahe. Zwei Eheleute, die heute zur älteren Generation zählen, berichteten mir wiederholt, daß es der Ethnologe Peter Lawrence gewesen sei, der sie und die verantwortliche Elterngeneration wegen ihrer Kreuzcousinenheirat gerügt hätte. Ihre Reaktion tiefer Betroffenheit bei meinen Fragen nach ihren Genealogien zeigte mir, daß sie sich in der Vergangenheit wohl mit einer westlichen Kritik auseinandersetzen mußten, die sie als eine bittere Lektion verstanden. Mit einiger Sicherheit wurde diese Kritik, die deutlich auf eine westliche Verwandtschaftsvorstellung verweist, freilich von Kolonialbeamten und Missionaren vorgebracht. Aufgrund dieser Belehrungen praktizierten die Yasaburing dieses Heiratssystem ab etwa Mitte der 50er Jahre nicht mehr, wie aus ihren Berichten zu schließen ist.

Was diese Veränderung der Heiratspraxis betrifft, so verweisen die älteren BewohnerInnen Yasaburings darauf, daß damit auch eine Veränderung der Verwandtschaftsterminologie und des Verwandtschaftssystems einherging. Wurde in früherer Zeit zum Beispiel die Tochter des Mutter-Bruders *sawaing* genannt und war eine potentielle Heiratspartnerin, so wurde sie nun zu einer Schwester *upaning* erklärt, die zur eigenen „Familie“ gehörte und somit für eine Heirat keinesfalls in Frage kam. Analog dazu wurde der Sohn der Vaterschwester nunmehr zum „älteren Bruder“ *kakaning*. Entsprechend änderten sich den Darstellungen zufolge die sozialen Beziehungen zwischen den beteiligten Generationen und auch den Geschlechtern.

Als eine weitere Veränderung und Verbesserung der Heiratspraxis betrachten die Yasaburing die Monogamie. Nachdem die katholische Mission seit Mitte der dreißiger Jahre vehement gegen die traditionell praktizierte Polygynie anging, und Yali deren Propaganda mit seinem Entwicklungsprogramm zeitweise (1947) unterstützte, wurden ab den 50er Jahren nur noch wenige polygyne Ehen geschlossen. Zu den Ausnahmen gehörte dann jedoch Yali selbst, der zu dieser Zeit eine anti-missionarische Haltung entwickelte. Im Rückblick auf die einstige Heiratspraxis kritisierten meine älteren Gesprächspartnerinnen auch, daß nach dem „alten“ System verwitwete Frauen ihren Haushalt nicht alleine weiterführen durften, sondern wieder in den Haushalt eines Mannes, und dann häufig in eine polygyne Ehe gezwungen wurden. Demgegenüber sehen sie es als sehr vorteilhaft an, jetzt die Möglichkeit zu haben, als Witwe ihr Leben für sich nach ihrem eigenen Willen zu führen.

Im Unterschied zur früheren Heiratspraxis besteht heutzutage die eigene Wahl des Heiratspartners bzw. der Partnerin, so stellen es die älteren Generationen dar, und so sagen es die Jungverheirateten und Jugendlichen unisono. Minung resümierte die historische Entwicklung:

> „Das war nicht so wie heutzutage. Jetzt in der Gegenwart folgen sie den Weißen. Dem Gesetz der Weißen. Sie heiraten nach ihrem eigenen Willen. Aber vor langer Zeit war das nicht so, zur Zeit unserer Vorfahren.“
>
> (Minung am 9.6.1990, K 185:2)

Mit diesen Ausführungen erklärte Minung explizit, daß die eigene Wahl des Partners bzw. der Partnerin eine Angleichung an die Heiratspraxis der Europäer intendiert. Damit verwies sie auch deutlich auf den Einfluß westlicher Diskurse, auf den diese Veränderung der Heiratskultur zurückgeht. Minung selbst hatte von dieser Neuordnung des Heiratens jedoch noch nicht profitieren können, wie sie auf meine Frage nach ihren eigenen Erfahrungen weiter ausführte:

> „Uns, uns haben sie [zum Mann] geschickt. Aber wir haben noch nicht ans Heiraten gedacht. Ich dachte noch nicht daran, mein Inneres/Fühlen/Denken war noch nicht reif fürs Heiraten. Daher haben sie uns einfach so geschickt."
>
> (Minung am 9.6.1990, K 185:2)

Minung stellte in ihren Ausführungen sehr klar heraus, daß die Entwicklung vom Heiratszwang der Vergangenheit zum eigenen Heiratswillen in der Gegenwart verlief. Dabei sprach sie nicht nur für sich allein, sondern für ihre Altersgruppe und die Frauengenerationen davor, wenn sie sagte: „*ol i salim mipela*", „uns haben sie geschickt". Interessanterweise formulierte sie hier nicht „*mipela i marit*", „wir heirateten". Diese Begrifflichkeit, die eine eigene Initiative voraussetzt, verwendete sie nur für die selbst gewollte Heirat von heute.

Die Umsetzung der westlich orientierten Partnerwahl wurde wiederum in entscheidendem Maße von Yali gefördert, wie die älteren DorfbewohnerInnen des öfteren erwähnten. Bugali, die einige wenige Jahre jünger ist als Minung, illustrierte dies, als sie mir im Zuge ihrer Lebensgeschichte von ihrer Heirat erzählte. Sie war von ihren Eltern einem Mann versprochen worden und hatte als Mädchen bereits zeitweise bei ihrer prospektiven Schwiegermutter gelebt, bis sie ihren jetzigen Mann kennenlernte. Als sie sich zu dieser Zeit aus der versprochenen Verbindung lösen und den Mann ihrer eigenen Wahl heiraten wollte, habe ihr Yali mit seiner Autorität gegenüber ihren Eltern sehr geholfen.

Die selbst gewollte Heirat ist heutzutage eine Option, die für die Yasaburing einen signifikanten Unterschied zur vergangenen Praxis darstellt. Dabei ist die Wahl des Partners bzw. der Partnerin „nach dem eigenen Willen" nicht in jeder Hinsicht als synonym mit einer freien PartnerInwahl nach westlicher Vorstellung zu verstehen. Zwar bahnt heutzutage die Elterngeneration die Heirat ihrer Kinder tatsächlich nicht mehr bei der Geburt eines Mädchens an, aber interne Diskussionen der DorfbewohnerInnen vermitteln die Einsicht, daß letztlich doch ganz bestimmte soziale Gruppen anvisiert werden, aus denen der/die HeiratspartnerIn vorzugsweise gewählt werden sollte. Zum einen ist dies wie früher durch die Exogamieregel vorgegeben, die sowohl für die patrilinearen *hong* (Clans) gilt, wie auch für die einst der Matrilinie folgenden *suiding*- oder *sapud*-Gruppen. Zum anderen wird die HeiratspartnerInwahl auch heutzutage bisweilen noch durch Obligationen der eigenen Verwandtschaftsgruppe gegenüber anderen sozialen Gruppen bestimmt: Hat der eigene *hong* in vorangegangenen Generationen eine Frau aus einem spezifischen Clan oder von einem bestimmten Ort bekommen, dann steht der *hong* noch immer – wenn auch nicht mehr so definitiv wie früher –

in der Pflicht, bei Gelegenheit eine junge Frau dorthin zurückzugeben. Andere Kriterien, wie etwa eine gleichwertige Schulbildung des/der Zukünftigen sind hinzugekommen. Im Hinblick auf diese sozialen Verpflichtungen folgen nicht wenige PartnerInwahlen auch in der Gegenwart gewissen vorgebahnten Wegen. Gleichzeitig können jedoch auch gänzlich freie Wahlen stattfinden.

In der heutigen Zeit werden den jungen Frauen, wie wir bereits hörten, noch einige Jahre nach ihrer Initiation zugestanden, bevor sie sich an einen Mann binden sollen. Ältere Frauen wiesen darauf hin, daß die Mädchen in früherer Zeit und auch sie selbst ihre erste Menstruation später bekamen, während die Mädchen heute zum Zeitpunkt ihrer Menarche sehr viel jünger sind: „Früher sind wir zuerst groß geworden. Aber jetzt [...] bekommen die Mädchen ihre Menstruation, wenn sie noch klein sind" (Yuruwitik am 24.7.1989, K 148:[1]). Solche Aussagen dienen den Yasaburing auch zur Begründung der neuen Heiratspraxis.

Heutzutage beinhaltet die Heirat das *tagobak*-Ritual in der Regel nicht mehr. Dennoch findet eine Heirat in der Gegenwart nicht ohne ein Fest statt. So ist heute der zeremonielle Gabentausch ins Zentrum des Feierns gerückt. Anläßlich des Zusammenziehens des Paares wird von seiten der Verwandtschaftsgruppe des Bräutigams gewöhnlich ein erster Teil des Brautpreises an die Brautgruppe übergeben, der als *ukuruk gimureha*, das „Kaufen des Bettes" bezeichnet wird. Dieser erste Teil des Brautpreises besteht aus einem lebenden Schwein, großen Mengen von lokalen und westlichen Nahrungsmitteln, dem Fleisch eines weiteren Schweines, und Geschenken wie Kochgeschirr, Kleidung und Geld. Die Gruppe der Frau gleicht diesen Brautpreis ab, indem sie die Braut mit entsprechenden Speisegaben, inklusive einem lebenden Schwein, Haushaltswaren und Kleidung „zum Mann schickt". Gegebenenfalls schließt sich in den folgenden Monaten eine kirchliche Trauung an. Das Schmücken der Braut mit traditionellen Wertgegenständen findet heutzutage in der Regel erst in einem nächsten Schritt statt, wenn der zweite Teil des Brautpreises an ihre Verwandtschaftsgruppe übergeben wird. Dieser zweite Teil, *barangaing gimureha*, das „Kaufen der Frau", wird häufig erst organisiert, nachdem die Frau ein oder mehrere Kinder geboren hat, so daß der dritte Teil des ‚Preises', der für das/die Kind/er, gleichzeitig mit dem Rest des Brautpreises übergeben werden kann.

Mit dem Thema Heirat verbanden meine älteren Gesprächspartnerinnen zumeist auch Ausführungen über Schwangerschaft und Mutterschaft. Sie betonten, daß eine Heirat zu ihrer Zeit, ja die traditionelle Heirat ganz generell, für die Frau nicht sofort den Schritt in ein sexuell aktives Leben bedeutete. Vielmehr hätten die traditionellen Regeln dem älteren Ehemann für geraume Zeit – schätzungsweise ein bis drei Jahre – Enthaltsamkeit gegenüber seiner jungen Frau geboten, die ihm ja unmittelbar nach ihrer ersten Menstruation angetraut worden war. Der jungen Frau sei daher eine gewisse Zeit zugestanden gewesen, in der sie sich im Haushalt von Ehemann und Schwiegereltern eingewöhnen konnte, bevor sie schwanger wurde und sich den Aufgaben einer Mutter widmete. Heute, so meinten sie, sei die Heirat für die Frau oft allzubald mit Schwangerschaft und Mutterschaft verbunden. Häufig bedauerten sie in diesem Zusammenhang den Verlust der traditionellen Moral und Tabuvorschriften.

Die Unterscheidung des Selbst von den jüngeren Frauen einerseits und den Seniorinnen andererseits sprach aus allen Lebensgeschichten und thematisch relevanten Darstellungen im Kontext von Heirat, die ältere Frauen in Yasaburing mir erzählten. Bei der Bandbreite der Variationen von persönlicher Erfahrung und Sichtweise artikulierten sie alle auf die eine oder andere Weise das Bewußtsein historischer Differenzen, die sie bisweilen auch mit der Äußerung von Emotionen und Bewertungen verbanden. Gegenüber der späteren Heirat heutzutage formulierten sie zumeist eine positive Haltung, da den jungen Frauen damit etwas mehr Zeit zur eigenen Entwicklung gegeben würde. Wenn einige meiner älteren Gesprächspartnerinnen den Zwang beschrieben, der sie selbst in eine Ehegemeinschaft geführt hatte, dann befürworteten sie auch die eigene PartnerInwahl von heute. Sie implizierten, daß mittlerweile der älteren Generation, vor allem aber den älteren Männern, die früher in erster Linie die Verheiratungen arrangiert hatten, die Macht genommen wurde, diesen Zwang auszuüben. Damit bekamen die betroffene junge Frau genauso wie der angehende Ehemann über das Mitspracherecht eine gewisse Macht der Selbstbestimmung zuerkannt. Andererseits wurde von älteren Frauen und Männern im Hinblick auf die heutige PartnerInwahl aber mitunter auch Bedauern angesichts der Tatsache geäußert, daß einige der selbst gewählten Ehen nicht harmonischer, manche meinten, sogar noch weniger harmonisch als die angebahnten, verliefen.

Der gegenwärtige Geschlechterdiskurs mit den ihm inhärenten retrospektiven Unterscheidungen konstruiert spezifische Geschlechterrollen und -relationen. Demnach wurde ein Mädchen früher mit dem nahtlosen Übergang von Initiation und Verheiratung unmittelbar nach ihrer Menarche sowohl in ihrer sexuellen als auch in ihrer sozialen Geschlechtsrolle als Ehefrau konstituiert. Heute wird mit der Initiation allein der sexuelle Geschlechtsstatus einer menstruierenden Frau, nicht aber der einer Ehefrau geformt. Die junge Frau befindet sich in einer Zwischenphase: Sie muß sich wie eine erwachsene Frau verhalten und entsprechende Arbeiten selbständig verrichten, lebt jedoch noch bei ihren Eltern. Erst wenn sie mit der Heirat einen Haushalt mit ihrem Ehemann gründet, übernimmt sie die soziale Geschlechtsrolle ‚Ehefrau'. Aus den Erzählungen der älteren Frauen wurde zwar deutlich, daß es auch in früheren Zeiten eine Zwischenphase für die jungen verheirateten Frauen gab, bis sie das sexuelle Leben einer verheirateten Frau auf sich nahmen, diese Geschlechtsrolle war jedoch mit der Initiation und Verheiratung bereits festgelegt. Demgegenüber ist die Konstitution der sozialen und sexuellen Rolle einer Ehefrau heutzutage zeitlich verschoben.

Veränderungen wie die Trennung von Mädchen-Initiation und Heirat, die Heraufsetzung des Heiratsalters für junge Frauen und die Umstellung des Heiratssystems wurden in Auseinandersetzung mit westlichen Diskursen und deren Kritik an der zu frühen Heirat junger Frauen, an der Kreuzcousinenheirat, an der Polygynie und an der lokalen Anbahnung der Ehen vorgenommen. Nach Jahrzehnten kolonialer und missionarischer Ermahnungen haben die Yasaburing die Heiratpraxis bewußt umgestellt. Diese Umstellung beschreiben sie selbst als eine Entwicklung von der forcierten Verheiratung hin zur Heirat nach eigenem Willen, nach dem „Gesetz der Weißen".

Aus diesen Auseinandersetzungen resultierte der heutige Diskurs über Heirat und die darin enthaltenen Unterscheidungen zwischen „ganz früher", „früher" und „jetzt". Diese Aussagen über historische Differenzen konstituieren die Geschlechter in der Gegenwart mit, indem sie Personen jeden Alters mit den Hinweisen auf die Unterschiede vor Augen halten, daß Verheiratung einst für Frauen wie für Männer etwas anderes bedeutete als Heirat jetzt.

Zusammenfassung: Weibliche Identität, Geschlechterbeziehungen und historische Differenz

Lokale Praktiken und Aussagenformationen über die spezifischen Orte von Frauen und Männern im sozialen, politischen, ökonomischen und religiösen Raum, über das Frau-Werden in der Initiation und das Frau-Sein mit der Heirat konstituieren weibliche Identität nicht nur über die Thematisierung von Charakteristika der Geschlechter in der Gegenwart, sondern auch über den Vergleich mit Besonderheiten der Geschlechter in der Vergangenheit. Es finden Auseinandersetzungen mit Fragen des Gleich-Seins und Verschieden-Seins im Hinblick auf die jeweiligen Geschlechtergruppen und deren Beziehungen zueinander statt. Wenn hierbei nicht nur Gemeinsamkeiten innerhalb der weiblichen Geschlechtsgruppe von damals und von jetzt und nicht allein Differenzen zum anderen Geschlecht der Gegenwart formuliert werden, sondern mit Bezug auf die Vergangenheit Unterschiede innerhalb der *gender*-Gruppen und zwischen diesen herausgestellt werden, dann verweist dies deutlich darauf, daß historische Differenz bei der Konstituierung von Geschlecht eine wichtige Rolle spielt.

Bei der Retrospektive auf die Geschlechter und die Geschlechterbeziehungen von einst werden sowohl Kontinuitäten wie auch Diskontinuitäten zum Jetzt hergestellt. Ausschlaggebend dafür, ob eine durchgängige oder eine durchbrochene Linie gezogen wird, ist die jeweils kontextbezogene Intention der SprecherInnen, die Politik ihrer Aussagen. Sowohl die Betonung von historischer Gemeinsamkeit als auch die Akzentuierung von historischer Differenz sagen dabei etwas über Machtbeziehungen aus, über politische Diskriminierung, Ungleichheit von Machtverteilungen und Formen der Beherrschung, wie Moore (1994:26) im Hinblick auf Differenz ganz allgemein schreibt.

Was das politische Potential von historischer Differenz angeht, so möchte ich diese Dimensionen abschließend auf der Basis von Sawickis (1991) Ausführungen über die Ambiguität von Differenz generell beleuchten. Mit Bezug auf Audre Lorde und Foucault stellt sie heraus, daß Differenz einerseits die Quelle für Fragmentierung und Uneinigkeit, andererseits aber auch die Ressource für Widerständigkeit und Wandel sein kann (Sawicki 1991:18). Dieser doppelte Effekt, so meine ich, wird auch bei einer Analyse von historischer Differenz im Geschlechterdiskurs der Yasaburing deutlich. Gerade wenn es um Fragen von Macht geht, um Fragen des oben und unten, des Mitspracherechts beispielsweise, dann verweisen ältere Frauen heute nicht auf die Verschiedenheit der Frauen früher, um sich lediglich von ihnen zu dissoziieren. Vielmehr tun sie dies, um den Männern ihrer eigenen Gesellschaft klarzumachen, daß sie sich jetzt nicht mehr wie die Frauen früher noch auf einen unteren Platz in der sozialen Hierarchie verweisen lassen. In diesen Zusammenhängen können Frauen historische Differenz benutzen, um damit gegen Dominierungsversuche von Männern zu opponieren. Einer ähnlichen Logik folgen Argumentationen, die Differenzen zur Mädchen-Initiation und Heirat von früher betonen. Damit werden die Rituale von früher nicht einfach nur als die ganz anderen hingestellt. Vielmehr dienen die Hinweise darauf, daß die Initiation heute nicht mehr unmittelbar mit einer Verheiratung verbunden ist und die junge Frau (genauso wie der junge Mann) bei der Heirat heute nicht mehr wie früher von der älteren Generation in eine Eheverbindung gezwungen werden, dazu, das größere Mitspracherecht der Betroffenen in der Gegenwart zu behaupten. Mit der Berufung auf die historische Differenz kann dieses Recht und die damit verbundene Macht im Fall des Falles auch gegen das Machtwort älterer Männer eingefordert werden.

Darüber hinaus stellt der gegenwärtige Diskurs über die historische Differenz der Geschlechter auch die Quelle für eine weitere Dimension des Widerstands dar: den gegen die Hegemonie westlicher Diskurse. Daß westliche Diskurse über die Ordnung der Geschlechter im Laufe von Kolonisierung und Missionierung einen hegemonialen Einfluß ausübten, spricht aus vielen Aussagen der Yasaburing. So sind die Töne der dominanten westlichen Diskurse beispielsweise deutlich herauszuhören, wenn die Yasaburing Yalis Frauenförderungsprogramm hochloben, die missionarische Kritik an der Behandlung der Frauen in der indigenen Religion übernehmen, die Kreuzcousinenheirat genauso wie die Polygynie ablehnen und die Heirat nach dem „Gesetz der Weißen“ gutheißen. Nachdem Kolonialherren und Missionare der

Lokalbevölkerung jahrzehntelang Primitivität, Heidentum und Rückständigkeit im Zusammenhang mit den entsprechenden indigenen Praktiken vorgeworfen hatten, stimmten die Yasaburing diesen Diskursen zu. Dementsprechend konstruieren sie heute selbst oft ein Bild von der früheren Unterordnung der Frauen unter die Männer, die sie negativ bewerten. *Gender*-Beziehungen von heute, so wird deutlich, sind mit ein Effekt von Kolonisierung.

Gleichzeitig akzeptieren die Yasaburing die kolonialen Diskurse jedoch nicht in ihrer Totalität, sondern stimmen auch einen gegenhegemonialen Diskurs an. Über interne Aussagen dieses lokalen Gegen-Diskurses kommt so zutage, daß die weibliche Unterordnung in der Vergangenheit keine absolute war, daß auch Frauen damals ein gewisses Machtpotential gegenüber Männern besaßen. In solchen Äußerungen sind überdies Hinweise darauf enthalten, daß gerade die Missionierung den Frauen Möglichkeiten der magischen Machtausübung nahm. Missionierung und Kolonisierung hatten zweifelsohne nicht nur positive, sondern auch negative Auswirkungen auf verschiedenste Lebensbereiche der Yasaburing (Hermann 1995:43–55).

Auch die Rede über historische Differenz wird im Kontext dieses gegenhegemonialen Diskurses geführt. Indem die Yasaburing manche traditionelle Regelungen für die Geschlechter und manche Praktiken von einst als die anderen, vergangenen hinstellen, distanzieren sie sich von etwas, das als rückständig gilt. Über die Distanzierung von der Geschlechtertrennung einst assoziieren sich Frauen heute mit den Männern ihrer Gesellschaft, um den hegemonialen Diskursen einen eigenen Diskurs über die Geschlechterbeziehungen in einer reformierten Gesellschaft entgegenzuhalten. Letztlich sprechen sie sich über die Differenz zu früher damit mehr Wissen und Macht vis-à-vis den EuropäerInnen in der Gegenwart zu.

Bemerkenswert ist in diesem Zusammenhang auch, daß weniger die Macht der kolonialen Diskurse formuliert wird, sondern vielmehr die eigene Macht der Umsetzung neuer Regeln betont wird. So wird nicht den westlichen Institutionen sondern Yali, der sein Programm auf der Grundlage von administrativen und missionarischen Vorgaben entwickelte, die entscheidende Initiative zugeschrieben. Gleichzeitig wird hervorgehoben, daß die Veränderungen nur aufgrund von Yalis Wirkkraft im Zusammenspiel mit den bewußten Anstrengungen der DorfbewohnerInnen herbeigeführt werden konnten. Mit seiner Konstituierung von historischer Differenz trägt der lokale Diskurs damit bewußt zur Umgestaltung, zum sozialen Wandel der Geschlechterbeziehungen bei.

Dank

Allen Yasaburing, insbesondere aber den älteren Frauen, danke ich herzlich dafür, daß sie mich in ihre Dorfgemeinschaft aufnahmen und mich mit ihrem Geschlechterdiskurs vertraut machten. Dank schulde ich ferner den Institutionen Papua New Guineas, die mir die Genehmigung für meine Forschung erteilten, sowie der Landesgraduiertenförderung Baden-Württembergs und dem Deutschen Akademischen Austauschdienst, die mir ihre Unterstützung gewährten. Frau Brigitta Hauser-Schäublin und Birgitt Röttger-Rössler danke ich für ihre kritischen Anmerkungen und anregenden Diskussionen. Die kontextuellen Auseinandersetzungen mit Wolfgang Kempf haben mich auch bei dieser Forschungsarbeit stets ermutigt.

Anmerkungen

1 Siehe hierzu die Definition von Hauser-Schäublin (1991:12–13).

2 Vgl. Scott (1988:6).

3 Yasaburing ist ein Pseudonym des Dorfes, in dem ich in den Jahren 1985–86, 1988–1990 und während eines Monats im Jahr 1996 meine Feldforschung durchgeführt habe. Die Zahl der EinwohnerInnen betrug Ende der 80er Jahre etwa 70, von denen circa 50 Personen permanent im Dorf lebten.

4 Auf den theoretischen Ansatz von Scott machte mich Barbara Heys (1994) hervorragende Zusammenfassung von *gender*-Konzepten im poststrukturalistischen Zusammenhang aufmerksam.

5 Siehe beispielsweise Moore (1993:199–202), Howell and Melhuus (1993:49–51) und Sawicki (1991:17–18) zur Notwendigkeit von Diskussionen über Differenzen innerhalb von Kategorien, vor allem auch der Kategorie ‚Frauen'.

6 Wolfgang Kempf führte seine Forschung über die rezente Praxis von Männer-Ritualen schwerpunktmäßig in dem Ngaing-Dorf Yawing durch. Da sein Projekt mit meiner Forschung koordiniert war, arbeitete er zeitweise jedoch auch mit den Yasaburing zu diesem männerspezifischen Thema.

7 Für die Zitatangaben verwende ich folgende Kürzel: K (Kassette), N (Notizbuch); danach folgen die entsprechenden Seitenzahlen (die sich im Falle einer Kassette auf das Transkript beziehen).

8 Die rituelle Clownerie *walai* bzw. *pilai* (Tok Pisin) ist als ein karnevaleskes Spiel zu verstehen, das integraler Bestandteil von Übergangsriten, wie etwa der öffentlichen Präsentation eines Neugeborenen, einer initiierten jungen Frau oder eines initiierten jungen Mannes ist. In ausgelassener Stimmung spielen die Frauen dabei Szenen mit Bezügen zu verschiedenen Bereichen ihrer Kultur, in denen sie sich auch über die soziale Ordnung, unter anderem über die Ordnung der Geschlechter, lustig machen.

9 Andererseits kann dieser Mythos umgekehrt auch wieder zur Legitimierung der *tambaran*-Ausübung durch die Männer benutzt werden.

10 Bei meiner Unterscheidung in offizielle Versionen einerseits und interne Aussagen andererseits orientiere ich mich an einer Charakterisierung, die die Yasabuhring selbst vornehmen. Sie unterscheiden Informationen nach *biena*, „oberflächlich", und *bubuing*, „innen" (s. a. Hermann 1995:25–26, 95, 108).

11 Bei der Bezeichnung dieses Rituals als ‚Initiation' sehe ich mich von Lutkehaus und Roscoe (1995:XIV–XV) bestätigt. Sie erweitern eine frühere Definition, die auf der Bedingung einer kollektiven rituellen Teilnahme beruhte, zugunsten einer neuen Definition, in der die Durchführung eines Rituals für eine einzelne Person, wie gerade für ein Mädchen zum Zeitpunkt ihrer ersten Menstruation, mit einbezogen ist.

Literatur

Foucault, Michel (1991a) [Orig. 1972]: *Die Ordnung des Diskurses*. Frankfurt a. M.: Fischer

Foucault, Michel (1991b) [Orig. 1976]: *Der Wille zum Wissen. Sexualität und Wahrheit* 1. Frankfurt a. M.: Suhrkamp

Hauser-Schäublin, Brigitta (1991): Das Werden einer geschlechterspezifischen Ethnologie (im deutschsprachigen Raum). In: Hauser-Schäublin, Brigitta (ed.): *Ethnologische Frauenforschung: Ansätze, Methoden, Resultate*. Berlin: Reimer, S. 9–37

Hermann, Elfriede (1992): The Yali Movement in Retrospect: Rewriting History, Redefining „Cargo Cult". In: Lattas, Andrew (ed.): Alienating Mirrors: Christianity, Cargo Cults and Colonialism in Melanesia. In: *Oceania, Special Issue* 63 (1), S. 55–71

Hermann, Elfriede (1995): *Emotionen und Historizität. Der emotionale Diskurs über die Yali-Bewegung in einer Dorfgemeinschaft der Ngaing, Papua New Guinea*. Berlin: Reimer

Hermann, Elfriede (n. d.): ‚Kastom' Versus „Cargo Cult": Emotional Discourse on the Yali Movement in Madang Province, Papua New Guinea. In: Otto, Ton/ Ad Borsboom (eds.): *Cultural Dynamics of Religious Change in Oceania*. Leiden: Koninklijk Instituut voor Taal-, Land- en Volkenkunde (im Druck)

Hey, Barbara (1994): Die Entwicklung des *gender*-Konzepts vor dem Hintergrund poststrukturalistischen Denkens. *In: L'Homme. Zeitschrift für Feministische Geschichtswissenschaft*. 5 (1), S. 7–27

Howell, Signe/ Marit Melhuus (1993): The Study of Kinship; The Study of Person; A Study of Gender? In: del Valle, Teresa (ed.): *Gendered Anthropology*. London: Routledge, S. 38–53

Kempf, Wolfgang (1992): Yong – Das Beschneidungsritual bei den Ngaing und benachbarten Gruppen im Finisterre-Gebirge. In: Wassmann, Jürg (ed.): *Abschied von der Vergangenheit. Ethnologische Berichte aus dem Finisterre-Gebirge in Papua New Guinea*. Berlin: Reimer, S. 75–107

Kempf, Wolfgang (1994): Ritual, Power and Colonial Domination: Male Initiation Among the Ngaing of Papua New Guinea. In: Stewart, Charles/ Rosalind Shaw (eds.): *Syncretism/Anti-Syncretism: The Politics of Religious Synthesis*. London: Routledge, S. 108–126

Kempf, Wolfgang (1996): *Das Innere des Äußeren: Ritual, Macht und Historische Praxis bei den Ngaing in Papua Neuguinea.* Berlin: Reimer

Lawrence, Peter (1964): *Road Belong Cargo. A Study of the Cargo Movement in the Southern Madang District New Guinea.* Manchester, Melbourne: Manchester and Melbourne University Presses

Lawrence, Peter (1965): The Ngaing of the Rai Coast. In: Lawrence, Peter/ M. J. Meggitt (eds.): *Gods, Ghosts and Men in Melanesia: Some Religions of Australian New Guinea and the New Hebrides*. Melbourne: Oxford University Press, S. 198–223

Lawrence, Peter (1973): Marriage Rules and Kinship Terminology Among the Ngaing. In: Tauchmann, K. (ed.): *Festschrift zum 65. Geburtstag von Helmut Petri*. Köln: Böhlau Verlag, S. 271–288

Lutkehaus, Nancy C./ Paul B. Roscoe (eds.) (1995): *Gender Rituals. Female Initiation in Melanesia. Preface*. London: Routledge, S. XIII–XIX

Moore, Henrietta L. (1988): *Feminism and Anthropology.* Cambridge: Polity Press

Moore, Henrietta L. (1993): The Differences Within and the Differences Between. In: del Valle, Teresa (ed.): *Gendered Anthropology*. London: Routledge, S. 193–204

Moore, Henrietta L. (1994): *A Passion For Difference. Essays in Anthropology and Gender*. Cambridge: Polity Press

Sawicki, Jana (1991): *Disciplining Foucault. Feminism, Power, and the Body.* London: Routledge

Scott, Joan Wallach (1988): *Gender and the Politics of History*. New York: Columbia University Press

Dorle Drackle

„Die Frau gehört ins Haus und der Mann auf die Straße“

Zur kulturellen Konstruktion von Geschlechterdifferenz im Alentejo (Portugal)

In Südeuropa werden Männern und Frauen symbolisch verschiedene Lebensräume zugeordnet. Sprichwörter wie: „Frauen gehören ins Haus und Männer auf die Straße“ sind zentrale, alltäglich geäußerte Redensarten. In der Ethnologie des Mittelmeergebietes wurde über die Segregation von Frauen und Männern bereits ausführlich gearbeitet. Ich wende mich diesem Thema – am Beispiel Südportugals – unter neuen Gesichtspunkten zu und beschreibe, wie sich das Verhältnis der Geschlechter zueinander in der alltäglichen Interaktion performativ verwirklicht. Ich analysiere die gesellschaftliche Rede über die Differenz der Geschlechter ausgehend von der These, daß Geschlechterdifferenz keine biologischen Ursachen hat, sondern auf sozialen und kulturellen Konstruktionen beruht, die erst in der gesellschaftlichen Rede ständig neu bestätigt und ausgehandelt werden. Meine Gedanken entwickelte ich in der Auseinandersetzung mit den Arbeiten von Michel Foucault, Judith Butler und Henrietta Moore.

In diesem Beitrag werde ich zeigen, wie über den Diskurs der Differenz ‚Geschlechter‘-Bilder von Männern und Frauen imaginiert und damit gleichzeitig vielfältige Machtbeziehungen ausgehandelt werden. Als Grundlage meiner Überlegungen sowie als Materialfundus dienen meine Feldforschungen im Alentejo.[1] Bevor ich meine Beispiele im einzelnen vorstelle, gehe ich zunächst auf ethnologische Wissenschaftstraditionen ein, die für die Positionierung von Männern und Frauen im Diskurs über Südeuropa eine entscheidende Rolle spielen. Theoretische Konzepte, die aus der Beschäftigung mit der Region als ethnologischer Landschaft hervorgegangen sind, weisen interessante Ähnlichkeiten zur Diskursivierung von Geschlechterdifferenz im lokalen Kontext auf. Ich zeige Gründe hierfür und verbinde diese mit einem neuen theoretischen Ansatz.

Ehre und Scham – ein moralischer Code

Seit Beginn der ethnologischen Forschung in den europäischen Mittelmeerländern konzentrierte sich die wissenschaftliche Diskussion um die Geschlechtertrennung als konstituierendem Merkmal der sozialen Organisation südeuropäischer Gesellschaften. Das Thema Geschlechtersegregation und daraus resultierende Wirkungen auf die soziale Organisation zieht sich wie ein roter Faden durch alle weiteren Untersuchungen in der Region.[2] Ich gebe dazu im folgenden eine allgemeine Einführung, um verständlich zu machen, auf welche fachlichen Diskussionen sich mein Standpunkt bezieht und wo genau die Neuerungen anzusetzen sind, die meine Forschung innerhalb des bereits bekannten Kanons darstellt.

Die Begriffe ‚Ehre' und ‚Scham' benennen einen Komplex, mit dem sich die Ethnologie des Mittelmeerraumes seit den sechziger Jahren, dem ungefähren Zeitpunkt ihres Entstehens, auseinandergesetzt hat (Campbell 1964; Peristiany 1965; Pitt-Rivers 1965). Ehre bezeichnet den öffentlichen Kampf des Mannes um Anerkennung, und Scham bezeichnet das auf sexuelles Wohlverhalten ausgerichtete Leben der Frau und ihren Kampf um gesellschaftliche Anerkennung. Die Ethnologen dieser Zeit sahen die Kategorien „Ehre" und „Scham" als zentrale Merkmale an, die in allen Mittelmeergesellschaften vorherrschend seien. Die oben genannten kulturvergleichenden Studien legten den Schluß nahe, daß es einen Idealtyp dieser Gesellschaften gäbe, deren wichtigstes Erkennungsmerkmal auf der sozialen Dynamik geschlechtergetrennter Haushalte beruhe. Man stellte sich ‚die' mediterrane Gesellschaft als ein Konglomerat von kleinen, ökonomisch ungefähr gleich ausgestatteten Haushalten vor, die sich in einem harten Konkurrenzkampf um karge Ressourcen befänden. Der Haushalt selbst galt als männlich dominierter Raum.[3]

Aus diesem Blickwinkel sind die Mechanismen von ‚Ehre und Scham' ein Mittel der sozialen Kontrolle, um die ansonsten sehr fragmentierten Gesellschaften zusammenzuhalten. Männliche Ehre als Konzept ist am Zwang der Männer untereinander ausgerichtet, im harten Konkurrenzkampf zu bestehen. Aber darüber hinaus ist die männliche Ehre in höchstem Maße vom sozialen und sexuellen Wohlverhalten der Frauen und Töchter abhängig, die zur Familie oder zum Haushalt dazugehören. Nur die Domestizierung der Frau als Mutter und Ehefrau entschärft das für den Mann ehrgefährende Potential. Aus dem Blickwinkel der früheren Ethnologie sind die Männer der Mittelmeergesellschaften permanent damit beschäftigt, ‚ihre' Frauen auf Fehlverhalten hin zu kontrollieren. Alles Weibliche erscheint demzufolge für die Männer als latent bedrohlich, gefährlich und schlecht.

In diesem Punkt gerinnt die Auseinandersetzung der ‚Mittelmeerethnologen' der ersten Generation mit dem Phänomen der Geschlechtertrennung zu statischen Konzepten. „Frauen" und „Männer" dachte man als geschlossene Gruppen, in der alle Mitglieder qua Biologie und Sexualität gleich sind. Unterschiede wie Alter, sozialer Status usw. nivellierten sich. Männer und Frauen wurden durch die Forscher allein auf ihre reproduktiven Funktionen reduziert und gleichzeitig unausweichlich zu Opfern ihrer Natur (Schneider 1971). Damit beschrieben die auf das Mittelmeer spezialisierten Ethnologen exakt die lokal vorgefundenen Geschlechterideologien. Den beobachtbaren Verhaltensweisen hingegen und den Unterschieden innerhalb der Geschlechterkategorien schenkte man keine Aufmerksamkeit.

Erst vor wenigen Jahren hat eine fundierte Kritik dieser männlich orientierten Interpretation eingesetzt (Fernandez 1983; Herzfeld 1984; Pina-Cabral 1989). Voreingenommenheit in der Beschreibung von mediterranen Kulturen attestieren Brandes (1981) und Herzfeld (1984, 1987) und weisen Romantizismen in überlieferten Bildern auf. Herzfeld spricht in Anlehnung an Saids Orientalismus gar von einem „Mediterraneanism“ (1987:5–9).

Auf eigenem Feldforschungsmaterial aus Nordportugal basierend kritisiert die amerikanische Ethnologin Cole (1991:79) das Konzept von ‚Ehre und Scham‘ als völlig unbrauchbar. Durch die ‚Ehre und Scham‘-Brille betrachtet, so weist sie nach, traten Frauen bisher im ökonomischen Bereich nicht in Erscheinung. Mittels ihrer Feldforschung über die Arbeit von Fischerfrauen gelingt ihr der Gegenbeweis. Problematisch an der ansonsten sehr wertvollen Untersuchung von Cole ist die Nichtbeachtung der Tatsache, wie wichtig das Thema Geschlechterdifferenz für Männer und Frauen im Alltag selbst ist. Cole übersieht außerdem, daß Macht- und Herrschaftsprozesse gerade über die Geschlechterdiskussion ausgetragen werden.

Frauen und Männer stehen mit- und untereinander in einem ständigen Austausch über ihre jeweiligen Positionen innerhalb der sozialen Organisation. Geschlecht ist, so gesehen, ein umkämpfter Diskurs. Aber erst wenn Geschlecht als Kategorie selbst problematisiert wird, ist es möglich zu fragen, wie ‚vergeschlechtlichte Identitäten‘ (*gendered identities*, Butler 1990)[4] verstärkt werden, um die Unterschiede zwischen Mann und Frau generell festzuschreiben – und wie gleichzeitig die Kategorien selbst festgelegt werden und welchen Einfluß Machtprozesse darauf haben (Lindisfarne 1994:83; Moore 1993:204).

Ich werde im weiteren zeigen, wie hegemoniale[5] Modelle der Geschlechterdifferenz am Beispiel Südportugals als Diskurs der Macht wirken. Die Konsequenzen dessen betreffen nicht nur die Organisation der Beziehung von Mann und Frau im häuslichen Bereich. Die Ungleichheiten zwischen den Geschlechtern und innerhalb der Geschlechter sind mit der kontinuierlich vergeschlechtlichten Neuinterpretation der politischen und ökonomischen Verhältnisse vor Ort verbunden (Lindisfarne 1994:85). Ich werde zeigen, wie mit dem Konzept von Diskurs eine vielgestaltigere Handlung wahrgenommen werden kann, als dies im privatisierenden, moralischen Kode (‚Ehre und Scham‘) angelegt ist.

Feldforschung

Durch meine Lektüre über die Ethnologie des Mittelmeers war ich gut vorbereitet auf die Feldforschung in Südportugal. Ich kam an, lebte längere Zeit in Odemira und fand zunächst die Aussagen der Klassiker vollkommen bestätigt. Die Trennung zwischen Männern und Frauen schien mir allgegenwärtig und einheitlich. Die ganze soziale Organisation orientierte sich in auffälliger Weise an der Geschlechtertrennung. Erst allmählich bemerkte ich, wie intensiv und auf wievielen Ebenen die Ideologie der Geschlechterdifferenz wirkt. Das geschah hauptsächlich durch meine eigene Erfahrung als Feldforscherin.

Nach einiger Zeit begann ich wahrzunehmen, wie stark die Feldsituation mich veränderte. Diese Veränderung traf mich mit ungeheurer Wucht in meiner eigenen Geschlechteridentität, in meinem Selbstverständnis als moderne junge Frau und Wissenschaftlerin. Meine Vorstellungen über mich selbst begannen sich zu verändern. Ich internalisierte lokale geschlechtsbezogene Verhaltensideale und machte mich so zu einem Teil der Gesellschaft, die ich untersuchte. Ich hatte begonnen, Werte zu verinnerlichen, zu leben und zu verteidigen, die in Portugal wichtig waren, zu Hause in Deutschland aber nicht zu meinem Alltag gehörten und dort auch gar keinen Platz haben. Sie stehen meiner Idee von Selbstverwirklichung entgegen.

Der Wunsch nach Anerkennung meiner Person und meiner Arbeit verband sich in Odemira zu einem Verhalten, das stark auf die Einhaltung traditioneller Normen ausgerichtet war. Ich bemerkte, daß mir ebenso wie meinen InformantInnen wichtig war, eine sozial anerkannte Rolle in der Gesellschaft zu übernehmen, und ich erfüllte die von Frauen erwarteten Verhaltensweisen möglichst zur vollkommenen Zufriedenheit meiner unmittelbaren Freunde, Bekannten und InformantInnen.

Meine ausgesuchte Untersuchungsgruppe waren Eliteangehörige in einer Agrostadt.[6] Nicht nur, daß Studien über diese soziale Gruppe in der Ethnologie bisher selten gemacht worden sind, auch haftet ihnen die Fama an, Eliteangehörige seien besonders schwer zu erreichen, da sie sozialen Klassen angehören, die über denen der Ethnologen angesiedelt sind und untereinander stark geschlossene Zirkel bilden (Nader 1974). Hinzu kommt, daß die südportugiesische Gesellschaft innerhalb Portugals von Ethnologen bereits als in sich geschlossene Gesellschaft beschrieben wurde und die Alentejaner im Ruf stehen, sehr verschlossen (*fechada*) zu sein. Soziales Wohlverhalten schien mir für diese Situation eine gute Ausgangsbasis. Ich beachtete imaginäre Kleiderordnungen als Reaktion auf abwertende Bemerkungen meiner Nachbarinnen und Freunde über nordeuropäische Touristinnen, die, ohne es zu merken, zum Gespött der einheimischen Frauen wurden. Ich war von vornherein bereit, soziale Normen zu respektieren und einzuhalten.

In meiner Arbeit wurde der Wunsch nach Anpassung bald zum Problem: Ich geriet in eine Zwickmühle durch meine Vorstellungen darüber, wie Frauen sich zu verhalten haben, und der Unmöglichkeit, dies in meiner Forschungssituation ausreichend zu respektieren. Für eine Feldforscherin, die in männlichen Bereichen wie politischen und ökonomischen Institutionen und damit hauptsächlich mit Männern arbeitet, gibt es im Alentejo keine passenden kulturellen Modelle. So waren Interviews, die ich mit meinem Partner oder im Beisein meines Kindes führte, immer von einer sachlichen Arbeitsatmosphäre gekennzeichnet. War ich alleine, mußte die Situation mit einem Mann als Interviewpartner jeweils erst ausgehandelt werden.

Oftmals fanden meine Interviews mit Männern in der schützenden, männlichen Domäne des Cafés statt. Unsicherheiten ergaben sich beispielsweise in dem Punkt, wer von uns beiden für die Zeche aufkommt: Einerseits ist es üblich, daß Männer untereinander sich gegenseitig einladen, andererseits ist es unmöglich für Frauen, selbst einzuladen, da dies als Aufforderung gilt, sich näherzukommen. Nachdem ich einige Male diese unsichtbaren Grenzen überschritten hatte und sich unangenehme Konsequenzen ergaben, informierte ich mich genauer über die Bedeutung bestimmter Verhaltensweisen.

Sehr häufig ergab sich in einem Interview mit Männern ein mehr oder weniger ausgeprägtes Flirtverhalten ihrerseits. In solchen Situationen fühlte ich mich meist regelrecht schachmatt gesetzt, bis mir klar wurde, daß dies eine Antwort auf eine unbekannte und auch leicht bedrohliche Situation (Interview mit einer deutschen Ethnologin) seitens meiner Informanten darstellte. Es handelte sich um ein unsichtbares Kräftemessen, das seinen Ausdruck in einer mit sexualisierten Konnotationen versehenen Rede fand. Durch diese sexualisierte Zuwendung versuchte mein Gegenüber, mich in für ihn kulturell bekannte Rollen einzuordnen und mich dadurch ungefährlich zu machen.

Gleichzeitig mußte ich beachten, meinen Ruf als gute Wissenschaftlerin, Ehefrau und Mutter zu erhalten. An meinem Wohnort war ich in ein Netzwerk von Nachbarschaftsbeziehungen eingebunden, alle meine Interviewpartner kannten sich untereinander und waren stets darüber informiert, mit wem ich mich wo bereits getroffen hatte. Neben der Erklärung, daß es sich freilich um die enge soziale Kontrolle in einem relativ überschaubaren Landkreis handelte, enthielt diese Beobachtung durch Andere eine geschlechtliche Komponente. Vermutungen, ich wäre mit diesem oder jenem Mann eine Beziehung ‚neben‘ meiner Ehe eingegangen, besonders in meinem zweiten Feldforschungsjahr, als ich allein war und mein Partner und mein Sohn in Deutschland blieben, lagen nahe. Ich wurde bereits am nächsten Morgen von Nachbarinnen auf Ausflüge in Diskotheken oder Cafés angesprochen, bei denen mich eventuell jemand allein mit einem Mann gesehen hatte. So entschied ich mich, selbst auf die genaueste Einhaltung der lokalen Normen zu achten, übrigens auch aus Selbstschutz, da manch ein Blick oder ein

Gespräch mit einem Mann von diesem bereits als Aufforderung verstanden wurde, mir nachzustellen. Ich nahm im Laufe meiner Feldforschung ganz den Schritt einer Frau aus Odemira an, wenn ich durch die Stadt ging. Mußte ich den Hauptplatz überqueren, an dem die Männer sich häufig trafen und in kleinen Gruppen miteinander sprachen, tat ich das in der geziemenden Eile und mit niedergeschlagenem Blick, nicht ohne allerdings die sozial erwarteten rituellen Grüße auszutauschen – und dann rein ins nächste rettende Geschäft. Meine Vermieterin, die mit ihrem Mann zusammen ein Café besaß, das fast ausschließlich von Männern besucht wurde, bat mich stets in ihren hinteren Küchenraum, damit ich nicht bei den lärmenden, betrunkenen Männern sitzen müsse, wie sie mir sagte, und daß wir uns ungestörter unterhalten könnten. Besuchte ich andere Cafés alleine, dann solche mit sicherem Hintergrund, oder ich setzte mich nicht an einen Tisch, sondern blieb, wie es für Frauen üblich ist, für einen schnellen kleinen Imbiß an der Theke stehen.

Die Dynamik der Geschlechtertrennung habe ich nicht nur gespürt, weil in einer Feldsituation die Nerven der Feldforscherin bloß liegen oder weil es wichtig ist, Anerkennung für sozial angepaßtes Verhalten zu bekommen. Ich bemerkte, daß es mir geradezu notwendig erschien, einen eindeutigen Platz in der Geschlechterhierarchie einzunehmen, und daß dies für die Frauen, mit denen ich unmittelbar zusammenlebte und arbeitete, genauso war. Den Frauen in meinem Beziehungsnetzwerk war es ebenso wichtig wie mir, Anerkennung über geschlechtlich ‚normales' Verhalten zu bekommen. Abweichendes Verhalten muß sofort sanktioniert werden, bei sich und anderen. Diskutiert wurde das Verhalten von anderen Frauen in bezug auf die Einhaltung von Geschlechternormen, beispielsweise in den kleinen Gruppen von Nachbarinnen, mit denen ich regelmäßig auf kleinen Stühlchen vor den Häusern zusammensaß und mich unterhielt.

Unmittelbare Sanktionen, die ich beobachtete, war etwa die Verweigerung von Grüßen gegenüber einer von dieser Nachbarinnengruppe ausgegrenzten Frau, Maria Ana, aus einem naheliegenden Viertel, die als sechzigjährige Witwe Schmuck trug und sich damit angeblich aufreizend gegenüber Männern verhielt. Neben all den anderen Vorwürfen, die man ihr machte (daß sie nicht aus dieser Gegend stamme, ihr Mann Polizist war und sie eine unfreundliche Person sei), brachte die Witwe mir gegenüber in einem Interview über ihre Arbeit in einem Café die Ablehnung, die ihr von den Frauen meines Umfeldes entgegengebracht wurde, mit ihrem Schmuck und Kleidungsverhalten in Verbindung: „Meine Liebe, die mögen mich nicht, das kommt von meinem Schmuck. Du siehst, ich trage schwarz wie man es tut, aber den Schmuck, den trägt man hier nicht, man sagt [*diz:* ‚man sagt' oder ‚die Leute sagen'], er ist Zigeunerinnenschmuck." Ich hatte sie nicht gefragt, ob es wahr ist, daß man sie nicht mag, sie war von selber darauf gekommen, denn sie wußte ja, wo ich wohne, und mußte sich wahrscheinlich mir gegenüber verteidigen. Ihrer Meinung nach wurde sie ausgegrenzt, weil sie nicht aus diesem Ort kam, sondern aus dem ungeliebten, hier als feindlich empfundenen Norden Portugals. In ihrer Heimat seien die Sitten nicht so rauh, und man würde nicht abgelehnt, bloß weil man in der Witwenschaft Schmuck trage, meinte sie.[7] Der Aspekt ‚Zigeunerinnenschmuck' trägt ebenfalls eine ausgrenzende Bedeutung. Im Alentejo gibt es viele auf traditionelle Weise nomadisierende Zigeunergruppen, die häufig während meiner Feldforschungszeit verschiedenster Vergehen beschuldigt wurden. Gleichzeitig ist „die Zigeunerin" in der lokalen Populärmusik und Gedichtstradition ein bekanntes Motiv: das sexuell auffordernde Wesen, die unerreichbare Schönheit schlechthin. Im Alltag redet man über Zigeunerinnen meist in Bezug auf Diebstahl, oder ihnen wird Prostitution bzw. ausschweifend sexuelles Leben vorgeworfen. Von freundschaftlichen Kontakten zwischen Zigeunerfamilien und lokalen Familien ist mir während der Zeit meines Aufenthaltes nichts bekannt geworden.

An dieser Geschichte erkannte ich, wie nah die verschiedenen Formen des Andersseins wie Ethnizität, Status, Alter und Geschlecht beieinander liegen. Meines Erachtens handelt es sich um Merkmale, die zur Konstruktion von Differenz zwischen Menschen benutzt werden, um die jeweiligen Machtpositionen festzulegen, aus denen heraus man miteinander umgeht. Henrietta Moore formuliert diesbezüglich: „Multiple forms of difference – race, class, gender, sexuality – intersect within individuals, and identity is therefore premised on difference" (1993:204).

Starken Einfluß auf den Umgang der Menschen miteinander hat der Klatsch. *Diz* wird in der Rede immer dann verwendet, wenn eine Aussage mit einem starken Beweis versehen oder bekräftigt werden soll, indem andere, imaginäre Personen zur Verteidigung oder zum Angriff zitiert werden. Immer sind diese imaginären Personen eine moralische und eine normalisierende[8] Instanz. Normalisierend ist dieser Diskurs insofern, als diese imaginären Personen eine Kontrollfunktion ausüben, die die sprechende Person durchaus teilen kann. ‚Unnormales' Verhalten muß sanktioniert werden. In vielen Fällen, wie ich dies an meiner oben beschriebenen eigenen Ausrichtung an diesen imaginären Stimmen bemerkte, entsteht ein Begehren, den Normen zu entsprechen, aber auch, sich gleichzeitig an der Kontrolle der Einhaltung der Normen bei sich und anderen zu beteiligen.[9] Meine Idee dazu ist, daß unnormales Verhalten bei sich und anderen sofort sanktioniert wird, da die eigenen Gefühle darin bekämpft werden müssen. Nicht der Norm zu entsprechen ist unerwünscht, denn es ist bedrohlich.

Während meines zweiten Feldaufenthaltes beschäftigte ich mich intensiv mit Judith Butlers Buch: „Das Unbehagen der Geschlechter" (1991). Gerade diese Lektüre hat direkt mit mir und meiner Feldforschung sozusagen ‚gesprochen'. Ich begann zu verstehen, daß das Subjekt über keine feste, angeborene Identität verfügt, sondern daß Identität vielmehr einen ständigen

Prozeß darstellt.[10] Butler beschäftigte sich mit den gleichen Fragestellungen wie ich, nämlich: Wie wirken Normalisierungstendenzen in der Herstellung von Geschlechteridentität, was gibt es für disziplinierende Tendenzen in der Identitätsformation, und wie wirken subtile Machtmechanismen im Diskurs? Ihr Fazit ist, daß Menschen nicht per se von ihrer Geschlechtsidentität bestimmt sind, sondern im regulierten Wiederholungsprozeß zu bestimmten Geschlechtsidentitäten finden: zum Beispiel durch die Anweisung, eine gute Mutter zu sein, ein heterosexuell begehrenswertes Objekt, eine tüchtige Arbeiterin (1991:213).[11] Diesen Wiederholungsprozeß nennt Butler Performanz.

Durch meine Erfahrung hatte ich entdeckt, wie flexibel und verhandelbar das eigene Ich ist, und welche Macht wirkt, um es erstarren zu lassen. In jedem Moment, so war meine Schlußfolgerung, findet kulturelle Konstruktion von Identität statt, in jeder Situation der Interaktion bestätige ich oder verändere ich sie. Vor allem die Beharrungstendenzen fand ich an meinem Untersuchungsort stark ausgeprägt, und ich interessierte mich für die diese verstärkenden Machtprozesse. Ich war darauf gestoßen, wie stark das Thema der Unterschiede zwischen Männern und Frauen die Dynamik des sozialen Lebens in meinem Untersuchungsgebiet bestimmt. Das Thema war sozusagen im Alltag ständig in aller Munde. Gleichzeitig betrachte ich dies als Indiz für die Virulenz und den ungeheuren Druck, mit dem immer wieder aufs neue verhandelt werden muß, wem welcher Platz in der Gesellschaft zusteht. Dabei wirken hegemoniale Diskurse, die Männer und Frauen auf binär getrennte Lebens- und Arbeitsbereiche im Sinne einer Ideologie festlegen. In den beobachtbaren Verhaltensweisen stellt sich der Umgang mit dieser Ideologie vielgestaltig dar.

Im folgenden konzentriere ich mich auf die starke Betonung des kulturell konstruierten Unterschieds zwischen Männern und Frauen im Alentejo. Zur Ideologie der Geschlechtertrennung im Alentejo gehört auch, daß die „differences within rather than simply the differences between" (Moore 1993:204) im Diskurs praktisch zum Verschwinden gebracht werden. Für die Untersuchung der Bedeutung der auffälligen Betonung von binärer Geschlechterdifferenz im Alentejo ergaben sich für mich aus der oben genannten Lektüre folgende Fragen: Welche Machtmechanismen wirken, damit die Geschlechterdifferenz im Alentejo so allumfassend und genormt erscheint? Gibt es andere Lebensentwürfe, wo entstehen Brüche, Widersprüchlichkeiten und welche Rolle spielen diese im Gesamtkontext der lokalen Geschlechterdifferenz?

Hegemoniale Geschlechterbilder

Ich begebe mich nun auf die Spur der Widersprüche zwischen dem lokalen Ideal von Mann und Frau und dessen jeweiligen Verwirklichungen im Leben und im Diskurs meiner InformantInnen. Lokale Vorstellungen von einem guten, d. h. an den Normen orientierten Leben von Männern und Frauen bilden für mich Anhaltspunkte, an denen ich die kulturellen Diskurse erkenne, die Geschlechterdifferenzen konstruieren. Ich gehe davon aus, daß diese kulturellen Diskurse starken Einfluß auf die individuellen, kreativen Umsetzungen dieser Rollenerwartungen ausüben. Ich stelle mir den Vorgang als kontinuierlichen Prozeß der Einsetzung, Bestätigung und Veränderung der Geschlechterdiskurse vor und verstehe sie in diesem Sinne als Performanz.[12] Selbst die kontinuierliche Weiterführung des Geschlechterideals entsteht in Performanz und ihre Machtwirkung liegt in der scheinbar gleichen Wiederholung: „The experience of hegemony lies in the repetition of the similar, but never identical, interactions“ (Cornwall and Lindisfarne 1994a:10).[13]

Den Moment, in dem bestimmte Sinnzuschreibungen der Geschlechtertrennung dominant werden und die Machtbeziehungen zwischen Menschen als natürlich gelten, bezeichne ich als Hegemonie. Ich schließe mich hier im weiteren Connell (1987) an, der den Herrschaftsaspekt der diskursiven Geschlechtertrennung hegemonial nennt. In seiner Untersuchung über Männlichkeit in einer alentejanischen Kleinstadt verwendet auch Vale de Almeida (1995:151) den Ausdruck „hegemoniale Männlichkeit“ (*masculinidade hegemónica*) in Anlehnung an Connell.

Mit der Diskussion hegemonialer Konzepte von Männlichkeit und Weiblichkeit beziehe ich mich nicht nur auf den Herrschaftsaspekt zwischen Männern und Frauen insgesamt, sondern betone hegemoniale Geschlechterbilder, die auf Männer und Frauen untereinander wirken. Ich gehe also davon aus, daß hegemoniale Geschlechterbilder kohärente Auffassungen von Mann und Frau als binäre Opposition begründen und zusätzlich eine Kohärenz innerhalb der konstruierten Gruppe herstellen. Die hegemonialen Geschlechterbilder für Männer und Frauen üben gleichermaßen eine starke, kontrollierende Herrschaftswirkung aus und verstärken den Druck, an den ritualisierten Alltagsdiskursen und -praktiken der Geschlechtertrennung teilzuhaben. Obwohl alternative Formen von Männlichkeit oder Weiblichkeit existieren, bestehen der Druck und der Wunsch, sich den hegemonialen Konzepten zu unterwerfen. Ich sehe es als Machtwirkung an, wenn es einerseits den gesellschaftlichen Druck gibt, seine Beziehungen und sein Selbst an den gängigen Normen auszurichten, und andererseits im Subjekt der Wunsch entsteht, diese Beziehungen an der Norm auszurichten.

Vale de Almeida (1995) hat in seiner oben erwähnten Studie aufgezeigt, daß die Männer seines Untersuchungsgebietes dem hegemonialen Männerbild nur jeweils in einzelnen Fragmenten entsprechen. Das hegemoniale Ideal ist praktisch von einem Mann gar nicht zu erfüllen (beispielsweise Zwangsheterosexualität, Monogamie, Reproduktion, ökonomischer Erfolg etc.) –

trotzdem übt dieses Ideal starke, kontrollierende Macht aus und bewirkt somit die Normalisierung des Alltagsverhaltens.

Meines Erachtens ist diese Beobachtung Vale de Almeidas, die sich auch mit meinen Forschungsergebnissen deckt, zentral für das Verständnis des tiefen Wunsches, eine feste Geschlechtsidentität zu entwickeln. Es besteht eine große Unsicherheit des vergeschlechtlichten Subjektes bezüglich seiner Identität – gleichzeitig hat es den Wunsch, eine feste Geschlechtsidentität zu besitzen (Butler 1991:213ff; Moore 1993:203). Der Diskurs über Geschlechtsidentität ist aber so angelegt, daß ein Subjekt den Anforderungen des Ideals nicht entsprechen kann. Als Folge muß dies vor dem normativen System als Versagen gelten. In diesem Zusammenhang ist ein Gedanke von Strathern (1993) interessant: Sie sieht Vergeschlechtlichung als Vorgang einer Fragmentierung. Im Prozeß der Fragmentierung werden Individuen durch soziale Beziehungen, Verwandtschaft, Geschlechterbeziehungen, Sexualität und Alter erst unvollständig und damit abhängig gemacht. Mit dem Vorgang des „making incomplete" entsteht das Begehren, den gesellschaftlichen Normen zu entsprechen. In der Erkenntnis der eigenen Unvollständigkeit ist gleichzeitig der unendliche und verzögerte Versuch der Vervollständigung angelegt.[14]

Ich beschreibe im folgenden, welche Ausprägungen das Spannungsverhältnis zwischen Fragmentierung und dem Wunsch nach einer festen Geschlechteridentität auf die Gestaltung individueller Lebenswege nimmt. Von besonderer Bedeutung ist hierbei der Einfluß des hegemonialen Geschlechterbildes auf das Leben von Männern und Frauen. Die Erzählungen meiner InformantInnen werden vor dem Hintergrund dieser Machtwirkungen verständlich.

Männer/Männlichkeit

Zu Recht kritisiert Les Back (1993:218) die Aussage, klassische ethnologische Monographien hätten bereits zur Genüge Studien über Männer geliefert. Er sagt, Männer seien in diesen Studien im Grunde nie als Subjekte wahrgenommen worden, sondern lediglich als Repräsentanten eines angenommenen Männlichkeitsideals, sie seien sozusagen stellvertretend für ‚mankind' gesetzt worden. Wenn ich nun über das hegemoniale Männlichkeitsideal berichte, wie es sich für mich in meinem Untersuchungsgebiet darstellt, geht es mir nicht darum, ein weiteres Bild ‚des' südportugiesischen ‚Macho-Mannes'[15] zu konstruieren, sondern den verschiedenen, fragmentierten Verhaltensanforderungen nachzuspüren, die für Männer in unterschiedlicher Stärke Geltung besitzen.

Die Handlungen von meinen Interviewpartnern zielen darauf, einen hohen Status innerhalb ihrer Männer/Freundesgruppe zu erhalten, wirtschaftlich erfolgreich zu sein und sich gleichzeitig der Solidarität und der Anerkennung eben dieser Männergruppe versichern zu können. Ein akzeptierter und anerkannter Mann wird als *homen honesto* (ein anständiger, ehrbarer Mann), als ein *verdadeiro homen* (ein richtiger Mann) oder ein *homen de palavra* (ein Mann, der sein Wort hält) bezeichnet.

Gegenüber der imaginierten Gruppe von Frauen beinhaltet dieses Bild eine graduelle Überlegenheit, die sich aus Diskursen über körperliche und geistige Dominanz aus biologischen und religiös/evolutionistischen Vorstellungen herleitet. Dieses Idealbild ist mit einer Idee von aktiver, ja aggressiver, besitzergreifender männlicher Sexualität gekoppelt, die von Natur aus als stark und unbeherrschbar gilt und der nachgegeben werden muß. In bezug auf Ehefrauen kommt dem Ehemann die Aufgabe zu, seine Ehefrau sexuell so zu befriedigen, daß sie nicht fremdgehen mag. Ihre Treue in der Ehe ist für das Ansehen des Mannes in seiner Männergruppe (Freunde, Altersgruppe) sehr wichtig.[16] Mit Freunden unternimmt man gemeinsame Ausflüge in Bars mit Prostituiertenbedienung (*boîte*) oder ‚Hurenhäuser‘ (*casas da puta*), die durchaus den Charakter von Mutproben annehmen. Dort, aber auch im Alltag, gilt es, über sexuelle Aktivität seine Virilität unter Beweis zu stellen und zu versuchen, jede sich bietende Gelegenheit wahrzunehmen und möglichst vielen Frauen in der Öffentlichkeit eindeutige Avancen zu machen. Sexuelle Aktivitäten dürfen sich ausschließlich nur auf das andere Geschlecht beziehen. Die Überbetonung von sexueller Aktivität durch alleinstehende Männer deutet darauf hin, daß diese unter einem besonderen Beweisdruck stehen, ‚normal‘ orientiert zu sein.[17] Die Anspielungen auf Sexualität im zwingend heterosexuellen Sinne hat einen wesentlichen Anteil nicht nur in der Konstruktion von Männlichkeit (und Weiblichkeit), sondern in der Konstruktion des binären Geschlechtersystems insgesamt. Diesen Zwang bezeichne ich in Anlehnung an Haller (1996) als Heteronormativität. Yanagisako (1995:13) faßt zusammen: „ ... not only does heterosexuality depend on the cultural construction of two distinctive and dichotomous genders, but the cultural construction of a binary gender system depends on heterosexuality.“ Ausgehend von Heteronormativität ist es von besonderer Bedeutung zu untersuchen, wie Homosexualität im Alltagsdiskurs über Männlichkeit im Alentejo behandelt wird.[18]

Gleichgeschlechtliche sexuelle Beziehungen sind verpönt und werden als der Männlichkeit entgegengesetzt betrachtet. Offen gelebte homosexuelle oder bisexuelle Beziehungen sind undenkbar. Männer beziehen sich auf männliche Homosexualität nur über die Vorstellung, der Mann übernehme die weiblich-passive Rolle beim Geschlechtsverkehr und verliere damit seine Männlichkeit (s. a. Vale de Almeida 1995:189). Gerade die Übernahme der passiven, weiblichen Rolle ist es, der die strenge Verachtung von Homosexuellen gilt.

Bereits im Schulalter und als Jugendliche legen Jungen Wert auf robustes Auftreten im oben genannten Sinne und kontrollieren sich gegenseitig auf die Einhaltung heteronormativer Sexualität und entsprechender Verhaltensweisen.[19] Es ist in Jungengruppen von Schülern üblich, sich bei Streitereien gegenseitig als Homosexuelle zu verunglimpfen: „*Es marica, pá*“ („du bist wohl schwul, was“ – wörtlich: ein Weicher) ist ein häufig benutzter Angriff auf die Persönlichkeit des Anderen und endet manchmal in Schlägereien. Mit diesem Angriff verbunden ist auch die Kontrolle, ob ein Mann oder Jugendlicher zu „weich“ in der Öffentlichkeit auftritt, als Muttersöhnchen gilt oder zuviel Zeit im Hause und nicht mit anderen Männern oder Jugendlichen in den öffentlichen Räumen verbringt.

Meine Interviews zum Thema Homosexualität waren teilweise von starker Ablehnung derselben, aber auch von gewalttätigen Geschichten begleitet – Geschichten, in denen der unfreiwillige Ausschluß aus dem Ort berichtet wurde, der Ausschluß von Männern, die als *passivos* galten. Ein offenes Leben der Homosexualität ist nicht möglich, so sagte mir Miguel, der mich kennenlernen und mit mir sprechen wollte, weil ihn das Thema beschäftigte und er sich für meine Einschätzung des Lebens im Ort interessierte. Miguel ist Sohn einer Landarbeiterfamilie, und zu der Zeit unseres Kennenlernens absolvierte er eine Ausbildung in Lissabon. Im Laufe unserer Gespräche erzählte er von seiner Homosexualität. Die einzige Möglichkeit zu überleben, so sagte Miguel, sei die Flucht in die Hauptstadt. Dort existiere eine sichere Subkultur, in der er sich entfalten könne. Es war für ihn undenkbar, dies seinen Eltern oder Freunden mitzuteilen, und er hatte Angst, daß irgend jemand im Ort etwas davon bemerken könnte. Seine Angst war ganz konkret und bezog sich auf Verfolgungsgeschichten gegenüber homosexuellen Männern, die im Ort vorgekommen waren, wie er sagte. Ich erhielt zwar auf Nachfragen nie Bestätigungen dafür, doch hörte ich andere Geschichten, die diesen an Gewalt nicht nachstanden. Ungefähr spiegelt sich die Idee von Miguels Erzählungen in einer Sequenz des ethnologischen Romans von Hubert Fichte (1988:60) wider, der in den sechziger Jahren in Portugal gelebt und sich mit Homosexualität auseinandergesetzt hat:

- Eines Tages, vor einer Woche etwa – beobachtete der Onkel des Passivo, des Negativo, wie sie sagen, als der Activo und der Passivo es im Walde trieben.
- Im Städtchen, am Nachmittag, beim Markt, nimmt der Onkel den Neffen, den Passivo, beiseite.
- Sechs Männer fesseln den jungen Mann.
- Er wird zum Aufblasen getragen.
- Der junge Mann wird zum Aufblasen getragen, weil er schwul ist.
- Das ganze Dorf hinterher, João wird zum Aufblasen getragen, weil er Marica ist.
- Die beiden Nonnen, der Gärtner mit dem Filzhut, die Fischer, die Kurzwarenhändler und Heinrich der Seefahrer.

- Weil er passivo ist.
- João wird zum Aufblasen in die Tankstelle getragen, weil er Marica ist.
- Der Onkel steckt dem gefesselten João selbst den Preßluftschlauch hinten rein, und João wird aufgeblasen, weil er Marica ist, bis er verblutete.

Diese Geschichte transportiert die Angst, die Miguel mir gegenüber geäußert hat. Eine Angst, die ihm ein Leben in seinem Heimatort unmöglich werden läßt.

Ängste vor Verfolgung haben Männer und Frauen auch, wenn sich neue Paare mit verheirateten Partnern bilden (‚fremdgehen‘). In dem relativ langen Zeitraum meiner Feldforschung habe ich insgesamt vier Fälle erlebt. Jedesmal war es so, daß das neue Paar, unter Zurücklassen der Kinder, sozusagen bei Nacht und Nebel den Ort verließ. Eine Rückkehr ist praktisch nicht möglich und kam in den mir bekannten Fällen bis auf eine Ausnahme nicht vor. Bei dieser Ausnahme kehrte die junge Frau nach vielen Wochen wieder zu ihrem Mann und dem dreijährigen Sohn zurück. Der Mann, mit dem sie fortgegangen war, verkaufte seinen Laden und sein Haus im Ort und ließ sich anschließend in einer weiter entfernten Kleinstadt nieder. Hier, wie auch in anderen Beispielen gilt, daß für ein von der Norm abweichendes Verhalten, das aktiv ausgelebt werden soll, nur die Flucht und der Abbruch von Familien- und Freundschaftsbeziehungen möglich sind.

Der Mann auf der Straße: Öffentliche Räume

Als Zeichen der Männlichkeit gilt es, möglichst viel Zeit in öffentlichen Räumen zu verbringen. Als solche gelten die Cafés, Restaurants und Kneipen, die zentralen Plätze der Dörfer und Städte und Veranstaltungen jeglicher Art. Es sind Orte, an denen Männer fast ausschließlich unter sich sind.

Auf dem zentrale Platz in Odemira kommen die Männer der Stadt (hauptsächlich aus der Unterschicht und der unteren Mittelschicht) täglich mehrmals zusammen. In der Regel bleiben sie für einige Zeit am Rand des Platzes stehen und unterhalten sich mit anderen dort stehenden Männern. Sie beobachten, wer vorbei geht, kommentieren das Geschehen und tauschen Nachrichten aus. Bezeichnenderweise heißt dieser Platz auch *Praça da má lingua* (Klatschplatz). Es gibt Bänke für die alten Männer, an einer Wand sind die Aushangkästen der Kreisverwaltung angebracht, und offenherzige Plakate kündigen Pornofilme im Kino an. Morgens vor der Arbeit, genauso wie abends in den Stunden nach Arbeitsschluß, sind die meisten Männer in der *Praça* anzutreffen.

João Martins, einer meiner Hauptinformanten, Fliesenleger und Lokalpolitiker, verbrachte viel Zeit in diesen öffentlichen Räumen, und auch unsere Interviews fanden in Cafés statt. Sein Tagesablauf ist neben Arbeit und

Familie nach Möglichkeit daran ausgerichtet, morgens vor der Arbeit auf die *Praça* zu gehen, genauso wie nach Dienstschluß. Danach kehrt er heim zum Essen, um nach angemessener Zeit in sein Lieblingscafé aufzubrechen, wo er bis zur Schlafenszeit bleibt. Cafés sind eine Art Wohnzimmer für Männer. Almeida nennt sie in Anlehnung an melanesische Verhältnisse Männerhäuser (1995:181ff.) und hat meines Erachtens damit gar nicht so unrecht. Unter Männern ist es schlecht angesehen, wenn man sich zu lange im Hause (dem Frauenraum) aufhält, es vermindert die Anerkennung als viriler Mann. João Martins sagt dazu: „Zuhause-sein verweichlicht!" (*estar em casa amolece*). Es tut nicht gut (*faz mal*), sich dort zu lange aufzuhalten.

Die Caféhauskultur selbst ist wiederum von strengen Verhaltensregeln geprägt. Es genügt nicht nur, sich dort aufzuhalten, sondern man muß an den in diesen Häusern gepflegten Spielen, an Unterhaltungen und Streits teilnehmen, man muß beim Rauchen und Trinken mithalten und sich an bestimmten Regeln des Tauschs und des Aushaltens von Freundesgruppen[20] innerhalb des Cafés orientieren. Mit diesen Freundesgruppen unternimmt man nächtliche Touren: Man besucht gemeinsam Tanzveranstaltungen (*bailes* – regionale Feste, die bereits erwähnten Bars mit Prostituierten, Discotheken), oder man geht gemeinsam zur Jagd, zum Fischen und zum Fußball. Von besonderer Bedeutung sind die Gespräche und Erzählungen in den Cafés, wo Sprachwitz und rhetorische Fähigkeiten ständig auf die Probe gestellt werden. Alle beobachten, wie sich ein Mann gegenüber Angriffen auf seine Familie, seine Arbeit, seinen Fußballclub, seinen ökonomischen Erfolg (s. a. Anm. 16) zu verhalten weiß, und wie er die ‚Angreifer' abwehrt.

Die Cafés sind nicht nur Orte der Geschlechtertrennung, sondern auch der sozialen Differenzierung. In der Stadt Odemira gibt es eine Vielzahl von Cafés und Kneipen, die man jeweils einer bestimmten sozialen Gruppe zurechnet und deren hierarchische Grenzen selten überschritten werden. Angehörige der Mittelschicht nehmen nur partiell an der oben beschriebenen Caféhauskultur teil und Männer aus der Oberschicht nur ganz vereinzelt.[21] Bestimmte Angehörige der lokalen politischen Elite verbringen hingegen so oft wie möglich Zeit in unterschiedlichen Cafés des Ortes. Dies geschieht zu Wahlkampfzwecken: Solidarität mit dem ‚Volk' (*povo*) ist ein hochgeschätztes Gut und kommt der Forderung der Männer aus der Unterschicht nach Gleichheit (*igualdade*) entgegen. Ebenfalls ungewöhnlich ist es für Männer der Elite, in der *Praça* zu stehen und mit den Bürgern zu fraternisieren. Einzig der Landrat (ein Arzt aus reicher Familie) und sein Vorgänger (ein lokaler Großgrundbesitzer) waren manchmal dort zu sehen, meines Erachtens aus politischen Motiven.

Neben diesen an der Fortführung des hegemonialen Männlichkeitsideals beteiligten Hauptgruppen gibt es noch verschiedene kleinere, marginalisierte oder stigmatisierte Gruppen, die nicht an der Caféhauskultur teilnehmen.

Dazu zählen beispielsweise Zigeuner und ausländische Einwanderer aus Nordeuropa, die aus ethnischen/sozialen Gründen nicht dazugehören. Weiterhin sind es die wenigen religiös orientierten Männer, die alten Männer, Großstädter, d. h. Portugiesen, die bewußt aufs Land gezogen sind, und die zahlreichen, aus anderen Landesteilen vorübergehend hier wohnenden Lehrer. Letztere Gruppe führt praktisch ein abgeschlossenes Leben, da sie einerseits aus dem, wie sie sagen, ‚weiter entwickelten‘ Norden oder der Hauptstadt kommen und unter den ihrer Ansicht nach ‚zurückgebliebenen‘ Sitten der Alentejaner leiden, worunter sie insbesondere auch die strenge Trennung der Geschlechter fassen. Die Lehrer leben meist ohne die Unterstützung eines familiären Hintergrundes (der als wichtig erachtet wird) und sind ganz auf die Netzwerke unter Kollegen angewiesen. Viele kämpfen mit dem Gefühl, isoliert zu sein und setzen deshalb häufige Wochenendausflüge nach Lissabon dagegen. Mir gegenüber äußerten sich viele dahingehend, daß es unmöglich sei, Zugang zu Einheimischen zu bekommen. Aus dieser Sicht ist es verständlich, daß die Lehrer ihr Leben und ihre Freizeit möglichst untereinander oder an der Hauptstadt ausrichten.

Die portugiesischen ‚Großstadtflüchtlinge‘ sind Intellektuelle, Wissenschaftler, Architekten, Ärzte, Rechtsanwälte, Künstler und Schriftsteller, die sich hier niedergelassen haben. Manche dieser Personen erbten alten Grundbesitz in der Gegend, und damit führen sie auch eine Art paternalistische Haltung zu Land und Leuten weiter. Die Intellektuellen haben einen eher kritischen Blick auf die Einheimischen, deren Kultur als von der eigenen verschieden gesehen wird. Im Kreis Odemira gibt es die höchste Selbstmordrate Portugals, und laut einer lokalen Statistik sind es häufig Männer im Rentenalter, die den Freitod wählen.[22]

In einem Interview über das Phänomen der hohen Selbstmordraten im Kreis äußerte ein aus Lissabon zugezogener Arzt:

> „Es passiert bei alten Ehepaaren: Wenn die Frau stirbt, bringt sich der Mann um. Die Männer können nicht allein leben, sie halten es nicht aus. Frauen kommen her und sagen zu mir, wissen sie, ich habe keine Lust mehr, meinem Mann essen zu machen, ich habe keine Lust mehr auf die ganzen Diskussionen, und sie weint. Aber Männer kommen gar nicht erst. Frauen können ihre Gefühle zeigen und um Hilfe bitten. Stirbt der Mann, kümmern sie sich weiter um die Kinder, sie haben eine Aufgabe. Männer haben keine Aufgabe mehr, und sie reden auch nicht über sich.“

Die Gründe für Selbstmord sind wesentlich komplexer. Hier genügt die Feststellung, daß das Bild von Männlichkeit, das der Lissabonner Arzt sich von alentejanischen Männern macht, das eines gefühlsgehemmten ‚Macho‘-Mannes ist – ein Verhalten, das nach Ansicht des Arztes unweigerlich zum Tod führen muß. Interessant ist weiterhin, daß der Arzt hier festschreibt, daß Frauen besser mit ihren Gefühlen umgehen können als Männer und Gefühle dem weiblichen Bereich zugeordnet werden. Der Arzt nimmt an der lokalen Caféhauskultur nicht teil, für ihn ist dieser Bereich männlichen Lebens wie eine fremde Welt. Sein medizinischer Diskurs über die Anderen trennt ihn vom lokalen hegemonialen Bild eines ‚echten' Mannes. Trotzdem reproduziert er das hegemoniale Männerbild, indem er Männer und Frauen grundsätzlich als binäre Oppositionen (Härte/Gefühl etc.) sieht.

Männer im Rentenalter nehmen selten an den abendlichen Caféhaustreffen teil. Nur einige Alleinstehende, Witwer oder Rentner nutzen die Abendstunden noch zur Gesellschaft unter Bekannten. Alkoholkranke Männer, wie mein achtundsechzigjähriger Nachbar Luís, sind entweder immer im Café zu finden oder benutzen diesen Ort phasenweise. Andere Rentner aus meiner Bekanntschaft verbringen den Abend lieber im Haus um fernzusehen. Häufig wurde mir Krankheit oder Unwohlsein als Grund angegeben, nicht so häufig auszugehen; aber auch die Scham, nicht mehr stark und unabhängig zu sein und so viel erleben zu können wie als junger oder Mann mittleren Alters.

Es gibt also in der sozialen Realität verschiedene Gruppen von Männern, die nicht in dem idealisierten Maße an der zentralen Caféhauskultur und ihrem Diktum der Trennung von Frauen- und Männerräumen (Haus/Straße) teilnehmen. Trotzdem ist dieses Modell als hegemoniales Bild wirksam und beeinflußt die Wahrnehmung aller Männer und Frauen und ihre Auseinandersetzungen untereinander wesentlich.

Frauen/Weiblichkeit

Das hegemoniale Bild einer sich wohlverhaltenden Frau ist das der opferbereiten, treusorgenden Mutter (*mãe*) und Ehefrau. Die Betonung liegt auf ‚Mutter', denn Frauen sprechen sich mit dem Alter deutlich abnehmende sexuelle Intentionen zu und mit sinkender sexueller Aktivität wächst die mütterliche Rolle: Sexualität und Mütterlichkeit stehen in einem umgekehrt proportionalen Verhältnis zueinander. Dieses Verhältnis entwickelt sich aufgrund der Annahme, daß Frauen und ihre sexuellen Begierden eine Bedrohung für das soziale Gefüge darstellen.[23]

Besonders von alleinstehenden Frauen geht eine permanente Gefahr aus. Mit Matilda, einer geschiedenen Frau Mitte vierzig, habe ich lange darüber gesprochen. Matilda ist durch die Alkoholkrankheit ihres ehemaligen Mannes finanziell sehr schlecht gestellt und arbeitet viel, um Schulden abzuzahlen. Außer zur Kirche geht sie nie aus, und als Grund gibt sie an, daß die ablehnende Haltung anderer Frauen, die um ihre Ehen fürchten, oft so stark ist, daß sie lieber zu Hause bleibt, als diese Ablehnung und dieses Mißtrauen ertragen zu müssen. Sogar in ihrer Familie fühlt sie sich allein und marginal. So zieht sie sich zurück und sagt, sie möchte niemandem zur Last fallen.

Es gibt freilich immer Frauen, die unverheiratet bleiben. Selbst Nonnen werden streng in ihrem Verhalten kontrolliert: So wurde der jüngeren der im Ort wohnenden Nonnen vorgeworfen, sie sei zu aktiv und zu weltlich engagiert, sprich, zu häufig in Männergesellschaft zu sehen. Es gibt einzelne reiche, unverheiratet gebliebene Großgrundbesitzerinnen im Landkreis, die der Kirche sehr verbunden sind und sich in der Rolle von sozialen Wohltäterinnen gefallen. Zwei ältere Schwestern in Odemira sind Zeit ihres Lebens unverheiratet geblieben und arbeiteten bis zu ihrer Pensionierung wohlgeachtet in einer örtlichen Behörde. Unverheiratete Frauen können auch als Tanten in einer Familie den Nachwuchs versorgen.

Alleinstehende Frauen sind allerdings immer ein Anlaß für vielfältige sexuelle Phantasien. Von weiblicher Homosexualität in Bezug auf alleinstehende Frauen habe ich nie etwas gehört. Vielmehr ist die Sexualität der alleinstehenden Frau im Diskurs auf Männer ausgerichtet. Ein gängiges Sprichwort über unverheiratete Frauen lautet: „*Mulher de ninguem é mulher de todos*“ (Eine Frau, die niemandem gehört, gehört allen). So spüren unverheiratete Frauen (auch geschiedene und verwitwete) einen immensen Druck, sich gegenüber den imaginierten Vorwürfen zu wehren, „es mit allen Männern zu tun“.

Das Ideal, möglichst den ersten Mann, mit dem man sich verlobt, oder mit dem man zusammen ist, auch zu heiraten, habe ich in vielen Gesprächen gehört. Frauen, die dem nicht entsprechen, bekommen einen schlechten Ruf. ‚Häufiges‘ (Anzahl bleibt unbestimmt) Verlobtsein ohne Heirat oder ‚häufigere‘ Freundschaften gelten für Frauen als verwerflich, ausschweifend sexuell. Als Beispiel für einen solchen Fall wurde mir immer die älteste Tochter eines lokalen Unternehmers genannt, die schon mit dem dritten Mann in Folge zusammenlebte, und die man deshalb als die ‚Nymphomanin‘ bezeichnete.

Dem Weiblichkeitsideal der Keuschheit widersprechend gibt es viele uneheliche Kinder, die meist in später folgenden Ehen ‚legalisiert‘ werden. Diese Informationen bekam ich in bestimmten Situationen von Frauen, die mir hinter vorgehaltener Hand erzählten, daß so etwas bei dieser oder jener Nachbarin vorgekommen sei. Soweit ich beobachten konnte, hatte das nicht unmittelbar negative Auswirkungen, bot aber entsprechend Anlaß, darüber zu reden. So geschah das beispielsweise in einem Fall von früher Schwangerschaft, den ich selbst während meiner Feldforschung miterlebte, da das junge Paar, 16 und 17 Jahre alt, in meiner unmittelbaren Nachbarschaft wohnte. Die beiden heirateten und bezogen eine eigene Wohnung, gegen den Widerstand der Eltern. Der junge Mann fuhr fort, seine Ausbildung zu beenden, und die junge Frau arbeitete weiterhin als Verkäuferin in einem Laden in der Stadt. Die Frauengruppe meines Nachbarschaftsnetzwerkes besprach das Geschehen auf eine mir sehr charakteristisch erscheinende Weise: Sie machten das Mädchen für die Verfehlung verantwortlich, sie habe den Jungen verführt, ihn durch ein Kind gefangen. Er sei ein guter Mann (*homen honesto*) und stelle sich der Verantwortung, das habe sie gewußt. Und sie habe auch gewußt, daß – da sie hier schon einmal verlobt gewesen sei – kein Mann aus dem Ort sie mehr hätte heiraten wollen, und sie hätte sich deshalb an einen Mann von außerhalb halten müssen. Die beiden jungen Leute gaben in Gesprächen mit mir nichts auf diesen Klatsch, schließlich würden die Leute immer reden. Die junge Frau, Antónia, sprach mir gegenüber von ihrer Freude, einen eigenen Haushalt gründen zu können. Sie freute sich sehr, daß sie nun ihrem Elternhaus entronnen war und endlich ein eigenes Leben beginnen konnte, ungebunden und mit unkontrollierten Ausgangszeiten am Abend. Da unverheiratete Kinder immer bei den Eltern wohnen, auch im fortgeschrittenen Alter, bedeutet Heirat für junge Männer und Frauen eine von zwei Fluchtmöglichkeiten aus dem kontrollierenden Familien- und Nachbarschaftszusammenhang. Die einzige weitere Möglichkeit bietet ein Umzug nach Lissabon oder eine andere Großstadt.

Als Gegenstück zu der idealisierten Mutter mit ihrem geregelten, zurückgezogenen Leben gilt die Hure (*puta*). Das idealisierte Frauenbild und sein abschreckendes Gegenmodell (die sexuell aktive Frau) sind von ganz entscheidender Bedeutung für die diskursive Geschlechterdifferenz im Alentejo. Die Grenzen zu einem hurenhaften Verhalten können ganz scharf gezogen werden und hängen von der jeweiligen Beziehungskonstellation ab, in der sich die Personen befinden. Anläßlich meiner Arbeit in den politischen Netzwerken hörte ich oft von Männern und Frauen gleichermaßen, diese oder jene Frau aus der anderen Partei sei eine *puta*. Auch über Politikerinnen auf nationaler Ebene wurden beim gemeinsamen Fernsehen im Café diesbezügliche Kommentare abgegeben.[24] Als unweiblich empfundenes Verhalten kann als hurenhaft verunglimpft werden (oder als Zeichen für unsittlichen Lebenswandel gelten), ebenso wie zu häufiges Sprechen mit Männern, unbeobachtetes Verbringen von Zeit in Gegenwart eines Mannes oder die lässige Handhabung des eigenen Haushaltes. In einem sehr realen Sinn ist die weibliche Sexualität eine ständige Herausforderung an die moralische Ordnung des Dorfes oder der Kleinstadt. Frauen sind der häufigen Thematisierung und den Schimpfwörtern entsprechend potentiell Huren, und in der Caféhauskultur genügt eine Andeutung an andere nach dem Motto: „In deiner Familie sind doch alle Huren“, um Schlägereien zu provozieren oder in deren Abwesenheit andere Männer zu diskreditieren.

Die Frau im Haus: Frauenräume

Das Haus, als den öffentlichen Bereichen entgegengesetzt, ist Zufluchtsort vor der Gefahr des Draußen und Trutzburg gegen Gefahren, die von außen eindringen könnten. Insofern ist das Haus wie ein verlängerter Körper. Nur im Haus ist man sicher und kann man sich bewegen, wie man es möchte, nach seinen Ideen leben und sein Leben verwirklichen, ohne daß jemand die Möglichkeit hat, kontrollierend einzugreifen. Die Privatsphäre wird hoch geschätzt und respektiert. Außer um Familienangehörige zu besuchen, übertritt man nur selten die Schwelle anderer Häuser, auch Freunde besuchen sich selten gegenseitig zu Hause. Kinder verabreden sich praktisch nie zu Hause. Selbst Nachbarn betreten nur selten die Häuser in unmittelbarer Nähe. Meine Nachbarin Maria do Ceu (früher Landarbeiterin, heute mit 63 Jahren ‚Nur-Hausfrau‘) hat noch nie das Haus einer Nachbarin, die vier Häuser weiter wohnt, von innen gesehen – und das, obwohl sie schon mehr als zwanzig Jahre in derselben Straße wohnen.

Verläßt eine Frau ihr Haus, gilt sie als gefährdet und als potentielle Gefährdung für Männer. Gehen junge Frauen aus, dann nur in Begleitung von Freunden und Freundinnen oder Verwandten. Am Tage gehen Frauen nur in bestimmte Cafés, wo auch Kuchen verkauft werden, meist in Männerbegleitung oder in kleinen Frauengruppen. Von der neuen Freiheit, in Cafés eine Kleinigkeit zu sich zu nehmen (beispielsweise in Arbeitspausen) machen vor allem Frauen der Mittel- und Oberschicht Gebrauch. Frauen, die alleine kommen, verlassen das Café bald wieder.

Der Haushalt hingegen ist der Herrschaftsbereich der Frauen, ihre Stärke, ihre gottgegebene Erfüllung. Diese Sichtweise wird durch die Orientierung am katholischen Glauben gefördert, der den Frauen exakt die Rolle als Hausfrau und Mutter zuschreibt. Der Haushalt stellt die absolute Domäne der Frau dar, von Männern getrennt. Das gilt besonders für die ältere Generation. Unter jüngeren Frauen ist diese Ansicht ebenfalls verbreitet, auch wenn einige jüngere Männer sich mit kleineren Aufgaben an der Arbeit im Hause beteiligen, oder für sich das strenge Ideal des Mannes und des Lebens ‚draußen‘ nicht mehr in vollem Umfang erfüllen mögen.

Wie ich bei meinen Bekannten erlebte, ist bei Frauen das Bild vorhanden, daß ein Mann im Haus, besonders in der Küche, nichts zu suchen hat und nur stört. Männer sind im Haus lediglich zum Essen und Schlafen geduldet. Mütter, Ehefrauen und Töchter komplimentieren Männer der Familie aus dem Haus hinaus und geben ihnen zu verstehen, daß sie unerwünscht sind.[25] Männer werden von Hausarbeit und Kinderpflege systematisch ausgeschlossen mit dem Hinweis, das ginge sie nichts an, davon verstünden sie nichts.

Meine Nachbarin Maria do Ceu, mit der ich viel Zeit verbrachte, sagte dazu:

> „Männer im Haus, die bringen alles durcheinander. Sie wissen nicht, was man im Haus alles macht (*não sabem estar em casa*). So lange er wieder heimkommt, ist es mir egal, wo er ist und was er draußen macht. Aber der Platz eines Mannes ist auf der Straße (*o lugar deles é na rua*).“

Gleichzeitig leidet Maria do Ceu darunter, daß sie und ihr Mann nie gemeinsam etwas unternehmen, wie sie das bei ihrem verheirateten Sohn und der Schwiegertochter sieht. Dort macht sich auch der Mann im Haushalt nützlich, geht einkaufen oder spielt mit den Kindern. Maria do Ceus Mann hilft nie im Haushalt, auch nicht, wenn sie krank ist. Einerseits findet sie die Art der jungen Leute, im Haus anders zu leben wunderschön und hätte es selbst gerne so, aber in gewisser Weise erzählt Maria do Ceu stolz, daß ihr Mann sich noch nie selbst Essen bereiten, sich die Kleidung selbst aus dem Schrank holen oder das Telefon abnehmen mußte.

Obwohl offiziell der Mann als Haushaltsvorstand gilt und nach außen hin die größere Macht hat, Entscheidungen zu treffen, ist diese Macht nach innen hin nicht so deutlich strukturiert. Diese Doppeldeutigkeit drücken Männer in dem folgenden Sprichwort aus: „*Na minha casa manda a mulher, nela manda eu*“ (in meinem Haus bestimmt meine Frau und über die bestimme ich).[26] Dabei konnte ich beobachten, daß dieses Sprichwort immer dann benutzt wurde, wenn andeutungsweise Geschlechtergrenzen überschritten oder im Gespräch in Frage gestellt wurden. Es gibt interessanterweise auch eine ironisierende Variante dieses Sprichwortes: Ein Kachelbild, das man auf Andenkenmärkten kaufen kann, mit dem Bild einer Frau, die beide Arme in die Hüfte stemmt und das Sprichwort so umändert: „*quem manda nesta casa sou eu*“ (wer in diesem Haus bestimmt, bin ich) – mit der Konnotation der über den Mann herrschenden Frau.

Redet ein Mann außer Haus über seine Frau, benutzt er häufig die Wendung „*a minha patroa*“ (meine Chefin), um über seine Ehefrau zu sprechen. Während sich die männliche Form des Wortes auf den Arbeitgeber (*patrão*) bezieht, wird hier gegenüber Dritten eine ironische, abwertende Haltung bezüglich der Ehefrau und dem häuslichen Kommando antizipiert. Die Bezeichnung Ehefrau gleich Chefin zeigt, daß die Beziehung mit Unbehagen belegt und teilweise konfliktbeladen ist. Vor Dritten negiert der Ehemann im selben Augenblick, in der er sie als seine Chefin bezeichnet, weibliche Dominanz im Hause.

Arbeit

Nun ist es keineswegs so, daß alle Frauen – entsprechend dem hegemonialen Ideal – ‚Nur-Hausfrauen‘ wären. Im Gegenteil, der Anteil der berufstätigen Frauen aller Schichten ist hoch.[27] Die Arbeitsplätze im Kreis Odemira sind knapp, und ein einziges Gehalt deckt oftmals nicht mal die allernötigsten Grundkosten. Konsumansprüche und vor allem Kleidungsnormen erhöhen die Ausgaben enorm. Viele Männer leben in der Arbeitsmigration in Nordeuropa oder in den Großstädten Portugals. Es ist keine Seltenheit, daß Frauen und

Männer zwei bis drei Arbeitsstellen haben.[28] Obwohl es das allesbeherrschende Hausfrauenideal gibt, wird diesem im realen Leben gar nicht entsprochen. Die Berufstätigkeit der Frauen wird nicht nur geringer bewertet als die des Mannes, sondern sie gilt auch nicht als erstrebenswert. Gleichzeitig gibt es beispielsweise im landwirtschaftlichen Bereich eine Idealisierung der Landarbeiterin. Die Lohnunterschiede für gleiche Arbeit, etwa in der Landwirtschaft, aber auch beim größten Arbeitgeber der Region, der Kreisverwaltung, sind frappierend.[29] Bis auf wenige Ausnahmen gaben die meisten von mir befragten Frauen an, Familienarbeit höher zu schätzen als beruflichen Erfolg. Selbst Frauen mit erfolgreicher Berufskarriere, wie die zwei Anwältinnen des Kreises und die Leiterin des Grundbuchamtes gaben im Gespräch an, daß sie zwar in ihrem Beruf ganz zufrieden und erfolgreich seien, der Platz einer Frau aber eigentlich im Haus, in der Familienarbeit liege.[30]

Das Bild einer Hausfrau war stets wichtiger Bezugspunkt meiner Interviews mit Frauen über Arbeit: Unter Frauenarbeit wird dabei zentral Familienarbeit verstanden und betont. Ein Gegensatz zu männlichen Räumen und männlichen Arbeitsfeldern wird als grundlegend erachtet. Neben deutlich getrennten Arbeitsfeldern für Männer und Frauen ist mir an einem Beispiel auch die Hierarchisierung von Frauen untereinander im Arbeitsprozeß als problematisch dargestellt worden. Ich gebe dieses Geschichte wieder, um zu zeigen, wie schwer eine Grenzüberschreitung zwischen männlichen und weiblichen Arbeitsbereichen in der Praxis wirklich ist.

In der Agrarkooperative, in der ich meine erste Feldforschung im Alentejo (1987) unternahm, erfuhr ich durch meine Informantin Maria José, welchen Schwierigkeiten sie ausgesetzt war, als sie versuchte, sich in ihrer Tätigkeit als Landarbeiterin weiterzuentwickeln. Dazu muß erläuternd erwähnt werden, daß sich in den Latifundien des Südens eine historisch gewachsene, strenge Arbeitsteilung zwischen Männern und Frauen herausgebildet hat, die auch heute fortgeführt wird. Frauen arbeiten im Feld in Gruppen von 10–20 Frauen (*ranchos*) zusammen, die jeweils von einem männlichen Vorarbeiter beaufsichtigt werden. Als körperlich schwerer angesehene oder technisch anspruchsvollere Arbeit mit Maschinenbedienung wird immer von Männern erledigt. Männerarbeit ist besser bezahlt. Maria José arbeitete seit ihrem zwölften Lebensjahr auf dem Feld, in einer der beschriebenen *ranchos*. Nach der Revolution von 1974 enteigneten die Landarbeiter des Dorfes die Großgrundbesitzer und bearbeiteten das Land in eigener Regie. Im Laufe der folgenden Jahre hatten die jüngeren Frauen die Idee, sich weiterzubilden und die traditionelle Arbeitsteilung aufzubrechen. Maria José war eine von ihnen. Sie machte zusammen mit zwei Freundinnen den Traktorführerschein und übernahm männliche Arbeiten. Bereits nach kurzer Zeit zirkulierten Geschichten darüber, daß sie „es mit den Männern draußen treiben“ würde. Ihr und ihrem Mann setzten die Geschichten böse zu. Obwohl das keineswegs der Wahrheit entsprach, gab Maria José (ebenso wie die beiden anderen) den Job auf und verzichtete auf bessere Bezahlung und eine interessante, abwechslungsreiche Tätigkeit. Zur Zeit unserer Gespräche trauerte sie noch immer ihrer Arbeit als Traktorfahrerin nach und entschuldigte sich gleichsam für ihre Trauer, indem sie in unserem Gespräch häufig auf das bekannte Sprichwort zurückgriff: „Aber was kann ich machen, so ist das Leben" (*O que há de fazer – a vida é assim*).

Auch ein Versuch, Vorarbeiterinnen für die *ranchos* einzuführen, ist nach kurzer Zeit eingestellt worden, erzählte Maria José. Die Befehle der Vorarbeiterin seien einfach nicht ausgeführt worden. Die Landarbeiterinnen in der Gruppe hätten gesagt: „Von einer Frau lasse ich mir nichts befehlen", „Die hat mir gar nichts zu sagen", und „Hier sind wir alle gleich", und boykottierten einander. Ein Chaos in der Arbeitsorganisation entstand, und es ergaben sich wütende Auseinandersetzungen. Schließlich verlangten die Frauen selbst, daß wieder ein männlicher Vorarbeiter eingesetzt werde.

Die politische Forderung nach *igualdade* (Gleichheit) der nachrevolutionären Landarbeiterbewegung wurde hier umgewandelt zu dem Diktum, daß die Frauen in den Arbeitsgruppen untereinander gleich zu sein hätten und keine mehr sein dürfe als die andere. Das hegemoniale Frauenbild wirkt hier ganz konkret, um Frauen und Männer auch weiterhin auf binär getrennte Lebens- und Arbeitsbereiche festzulegen. Das hegemoniale Bild der Frau als gefährliche Verführerin wirkt, um die ideologische Geschlechtertrennung weiterzuführen. Ebenso die politische Forderung nach Gleichheit: Als Befreiungsgedanke entworfen, liegt die Gleichheit hier in der Kontrolle und Herrschaft der als homogen konstruierten Gruppen von Frauen untereinander.

Handlung und Diskurs

Bereits in den frühen ethnologischen Studien des Mittelmeerraumes ist die auffällige Trennung der Geschlechter thematisiert worden. In diesen Arbeiten trafen sich die Vorstellungen der Forscher mit denen der Informanten und verstärkten und erneuerten gegenseitig bestimmte vorherrschende Bilder. Das Verständnis vom sogenannten südeuropäischen ‚Macho-Mann' ist beispielsweise ein Ergebnis dieser zusammenwirkenden Konstruktion (Cornwall and Lindisfarne 1994b). Männlichkeit wird darin über die isolierte Betrachtung des ‚Ehre und Scham'-Komplexes und seiner biologisierenden Komponenten (Mann gleich Aggression gleich Trieb) hergeleitet. In dieser Forschungstradition wurde eine Vergleichssituation hergestellt, in der die lokalen Unterschiede und regionalen Ausprägungen gänzlich vernachlässigt wurden. Der Vergleich, auf der Grundlage der ‚natürlichen' Bedingtheit der Unterschiede von Mann und Frau betrachtet, hat aus heutiger Perspektive keine Aussagekraft mehr. In meinem Untersuchungsgebiet zeigt sich der wissenschaftliche, hier insbesondere der medizinalisierende, Diskurs der Elite wieder rückwirkend auf die Bevölkerung: als Legitimierung für bestimmte Krankheitsbilder bzw. kulturelle Erscheinungen (Selbstmord).

Geschlechterdifferenz im Alentejo erscheint im Alltagsdiskurs allumfassend und berührt alle Bereiche des täglichen Lebens. Während meiner Feldforschungszeit habe ich diese Wirkungen intensiv gespürt und begann daraufhin, mich für die Bedeutung von der Rede über Differenz zu interessieren. Grundsätzlich ging ich davon aus, daß Geschlechterdifferenz kulturell konstruiert ist, und doch wirkte der Diskurs über Geschlechter im Alentejo so stark, daß ich selbst zeitweise den Blick dafür verloren hatte. Ich beschäftigte mich daraufhin mit der Frage, welche Mechanismen den Diskurs über die Differenz der Geschlechter so stark werden lassen, daß jeder andere Lebensentwurf ausgeblendet wird, und die einzige Möglichkeit der Selbstverwirklichung von den Betroffenen nur im Verlassen des Ortes gesehen wird. Meine Arbeit bestand darin auszuloten, wie die Wiederholung der gleichen, aber niemals identischen Interaktionen die Geschlechterdifferenz in meinem Untersuchungsgebiet aufrecht erhält. Ich fand verschiedene Anhaltspunkte für meine These, daß hegemoniale Geschlechterbilder die Differenz zwischen Männern und Frauen als Opposition begründen und gleichzeitig damit eine Kohärenz in den so konstruierten Gruppen herstellen. Das zeigt sich beispielsweise in dem Bild von Männlichkeit, das Berufstätigkeit und Freizeit immer außer Haus vorsieht, dem in Wirklichkeit aber nicht alle Männer nachkommen. Das Bild selbst ist unabhängig vom realen Verhalten, denn Männer in anderen sozialen Hierarchien oder anderen Altersstufen erachten den ‚Mann auf der Straße' als gleichfalls für sie selbst zutreffend und wichtig, auch wenn sie dem Bild gar nicht entsprechen oder die Teilnahme bei ihnen unterschiedliche Formen oder Ausprägungen annimmt.

Die starke Notwendigkeit einer Kohärenz in der konstruierten Gruppe enthüllt auch das Beispiel um den Konflikt einer Neugestaltung der Arbeitsform von Frauen in der Landarbeit. Hier ist aber noch deutlicher zu sehen, daß die Kohärenz in einer intensiven Kontrollsituation hergestellt wird und massive Auswirkungen auf den Lebensweg der Beteiligten hat: in den disziplinierenden und fragmentierenden Tendenzen der Identitätsformation. Hegemoniale Bilder von Geschlechterdifferenz, in diesem Falle der aus dem Landarbeiterkampf entlehnten ideologischen Forderung nach der Gleichheit aller, verbinden sich mit der vorherrschenden Neigung, alle Frauen und alle Männer als eine geschlossene Gruppe erscheinen zu lassen. In dieser Situation trafen verschiedene Diskurse (Emanzipation der Frau und Befreiung der Arbeiter) aufeinander und wurden in der Interaktion der Frauen ausgehandelt.

Die hegemonialen Männer- und Frauenbilder drücken sich in den von mir wiedergegebenen Geschichten, in Klatsch und Sprichwörtern aus. Sie benötigen keine Rechtfertigung, denn sie legitimieren den status quo und schaffen das Begehren, den Normen zu entsprechen. Die strukturellen Momente in ihrem hegemonialen Charakter werden ständig wiederholt, neugefaßt und routinisiert. Verschiedene, sich widersprechende Subjektpositionen stören die Wirkungen des dominanten Diskurses nicht, wie das etwa im Lebensentwurf des jungen Ehepaares oder in der Situation alleinstehender Männer und Frauen deutlich wird. Der Kontext, in den ich diese Bilder stelle, ist der der ständigen Wiederholung des Identischen, aber niemals Gleichen, in der Interaktion. In genau diesen Momenten sehe ich die Wirksamkeit der Machtmechanismen und Herrschaftsprozesse. Sagt man also an einem bestimmten Stand der Unterhaltung: „Ja, so ist das eben, der Mann gehört auf die Straße, und die Frau gehört ins Haus", so bedeutet dies, daß auf eine routinisierte Interpretationsmöglichkeit zurückverwiesen wird. Neben dem damit ausgedrückten Wunsch nach einer Festschreibung von Geschlechteridentität kann es sich gleichzeitig um eine Situation handeln, die mit den Vorstellungen des hegemonialen Ideals bricht. Die jeweilige Bedeutung ist variabel, und so gesehen ist eine sorgfältige Analyse im beschriebenen Kontext in jeder einzelnen Situation nötig: Es gibt keine einfachen Antworten.

Anmerkungen

1 Alentejo, Südportugal im Jahr 1987 (Rio de Moinhos, Distrikt Setúbal) und 1991–1992 sowie 1993–1994 (Odemira, Distrikt Beja).

2 Es handelt sich hierbei um ein Phänomen, das auch für andere regionale Traditionen ethnologischer Forschungen zu verzeichnen ist (Fardon 1990).

3 Das Verständnis von Haushalt wird in der Wirtschaftsethnologie bereits seit langem als vergeschlechtlichte Vorstellung kritisiert (eine Zusammenfassung liefert Hart 1992) und dementsprechend verändert (Moore 1994a:86–106).

4 Ich beziehe mich auf die Verwendung des Begriffs *gendered identity*, wie er von Judith Butler (1990) geprägt worden ist. Ich halte die Übersetzung von *gendered identity* als *geschlechtlich bestimmte Identität* (deutsche Ausgabe 1991) für unglücklich. Hier wird ein deterministischer Aspekt angelegt, der dem Praxismodell von Butler widerspricht. Ich werde deshalb im folgenden von ‚vergeschlechtlichter Identität' sprechen, um die Machtanteile des Geschlechterdiskurses anzudeuten und um gleichzeitig dem Prozeßgedanken Rechnung zu tragen.

5 Unter *hegemonial* verstehe ich bestimmte dominante Sinnzuschreibungen, die Machtbeziehungen im Diskurs naturalisieren (Drackle 1991:33). Siehe auch den folgenden Abschnitt.

6 In der Mittelmeerethnologie bezeichnet man Kleinstädte als *Agrostadt*, wenn sie das Zentrum örtlicher und regionaler Verwaltung bilden und in der Stadt selbst landwirtschaftliche Unternehmen eine große Rolle spielen.

7 Das Ideal für Frauen ab dem mittleren Alter ist es, nach dem Tod des Mannes für immer unverheiratet zu bleiben und nur noch schwarze Kleider zu tragen. Der Tod des Mannes von Maria Ana lag drei Jahre zurück (1993).

8 Den Begriff Normalisierung verwende ich in Anlehnung an Foucault (1983) und Butler (1991). Normalisierung umfaßt im Gegensatz zum Begriff Normierung den Machtaspekt des Bestimmens und Aushandelns, wer normal ist und wer nicht. Dieser Prozeß wird im Diskurs fortwährend ausagiert und unterscheidet sich wesentlich von dem passiven Verständnis eines Subjekts, das normiert wird und dabei nichts tut.

9 Zum Begehren und der Konstruktion des Subjektes unter der Wirkung von Macht siehe Lacan (1986:171ff.). Beide Begriffe verwende ich darüber hinaus im Sinne von Foucault (1983) und Judith Butler (1991), die sie weiterentwickelt haben. Über den Einfluß von Lacan auf die feministische Ethnologie und die Konsequenzen für die neue Konzeption des Subjekts s. a. Moore (1994b:131ff.).

10 Stuart Hall sagt dazu, daß Identität sich ständig in Beziehung zu den verschiedenen Weisen verändert, wie wir in den uns umgebenden kulturellen Systemen angesprochen und repräsentiert werden. Demnach ist das einheitliche Subjekt mit festem Identitätskern eine Fiktion: „The fully unified, completed, secure and coherent identity is a fantasy“ (1992:277).

11 Henrietta Moore ergänzt, daß erfolgreiches Wohlverhalten nicht nur begehrt wird und emotional befriedigt, sondern auch andere soziale und materielle Vorteile mit sich bringt: „.... modes of subjectivity and questions of identity are bound up with issues of power, and with the material benefits which may be consequent on the exercise of that power“ (1994a:65).

12 Neben Judith Butlers Arbeiten zum prozessualen Charakter von Performanz im Zusammenhang mit Geschlechterdifferenz siehe die neuere Übersicht in Morris (1995).

13 In diese erhaltende Richtung geht die Untersuchung von Bourdieu (1979, 1990). Er beschreibt, wie sich Wahrnehmungskategorien und Handlung in der Praxis so verflechten, daß sie sich durch ihren Wiederholungseffekt materialisieren und ihre diskursiven Inhalte naturalisiert werden. Als eindrucksvolles Beispiel dient ihm die Beschreibung des kabylischen Hauses, dessen soziale Konstruktion durch die Praxis menschlicher Handlungen solche Naturalisierungen in binären Oppositionen ausdrückt. Für meinen Zusammenhang ist von Bedeutung, daß hier Geschlechterbeziehungen in der Performanz naturalisiert werden: Sie scheinen im lokalen Diskurs natürlich und unveränderbar.

14 Im Sinne von Strathern ist dies ein Vorgang, der erst vor dem poststrukturalistischen Konzept des Subjekts seine Brisanz vollständig enthüllt: Ein Subjekt im Prozeß der Identitätsfindung erreicht niemals einen Endzustand. Für diesen Prozeß sind Machtwirkungen konstituierend (s. a. Moore 1993:203).

15 Cornwall and Lindisfarne (1994b:12ff.) kritisieren die Verwendung von *macho* in ethnologischen Studien als den Versuch, ein stereotypes Männerbild zu schaffen. Sie weisen nach, welche vielfältigen Bedeutungen diese Bezeichnung interkulturell tragen kann und fordern eine sorgfältige Beschreibung dessen, was im Einzelfall der Bedeutungskontext aussagen mag.

16 Ein Mann, dessen Frau ihn betrügt, gilt als *cabrão*, ‚Gehörnter‘. Die Folklore zu diesem Begriff wird permanent thematisiert. Ein Mann darf freilich niemals ein

Gehörnter sein. Gehörnt ist ein Mann auch bei ökonomischem Mißerfolg. Fischer beispielsweise rufen sich diese Beschimpfung scherzhaft zu und machen die entsprechende Handbewegung, wenn einer von ihnen ohne Fang nach Hause zurückkehrt. Zur Bedeutung des Topos im Mittelmeerraum siehe Blok (1981).

17 In meinem Bekanntschaftsnetzwerk gab es drei Männer über vierzig, die unverheiratet geblieben waren. Über alle drei kursierten Geschichten, in denen ihnen Homosexualität zugeschrieben wurde, besonders über einen Mann, der eine öffentliche Rolle einnahm. Für diese Verdächtigungen ergaben sich aber nie konkrete Anhaltspunkte oder Vorfälle, auf die man sich hätte berufen können. Anläßlich eines Familienfestes in der Nachbarschaft erzählte mir eine Frau, daß mein direkter Nachbar bereits drei gescheiterte Verlobungen mit Frauen (*namorados*) hinter sich hätte, was ihn freilich von dem Verdacht der Homosexualität entlastete. Hingegen äußerte eine andere Nachbarin, daß die Frauen sicher vor seinen gewalttätigen sexuellen Praktiken geflohen seien – woraufhin die anwesenden Frauen lachten und das Sprichwort sagten: „*Ninguem sabe o que se passa debaixo dos lenções*" – niemand weiß, was sich unter den Bettlaken abspielt."

18 Zum weitreichenden Einfluß von Heteronormativität auf ethnologische Konzepte siehe Haller (1996). – Die heterosexuelle Orientierung wird von frühester Jugend an auch von Mädchenseite her stark betont. Viele Verhaltensweisen von Mädchen werden mit Hinweis auf die spätere Heirat kommentiert. Spielen ein Junge und ein Mädchen im Schul- oder Kleinkindalter miteinander, werden sie scherzhaft schon als Verlobte (*namorados*) tituliert.

19 Die Bedeutung der Geschlechterdifferenz für die Sozialisation in Institutionen, wie zum Beispiel in der Schule, kann ich hier nur am Rande erwähnen, obwohl ich sie für äußerst wichtig halte und eine ethnologische Neubearbeitung dieser Themen dringend geboten ist. Bisher haben sich ethnologische Untersuchungen hauptsächlich auf exotische Initiationsriten beschränkt, um den Übergang in das erwachsene Geschlechtsleben zu markieren. Was aber geschieht in der überwältigenden Mehrheit der Kulturen, die keine Strukturierung dieser Zeit vorgeben? Anhaltspunkte dafür liefert Murphy (1983b) auf Andalusien bezogen; s. a. Bräunlein und Lauser (1996).

20 Ähnlich wie von Murphy (1983a) für Sevilla beschrieben, frequentieren Väter und Söhne, auch männliche Geschwister, in Odemira nicht oder nur selten dieselben Lokale. Es sind Vermeidungsstrategien zu bemerken.

21 Nach meinen Beobachtungen suchen sozial Höherstehende regelmäßig teure Restaurants und Cafés auf, auch in weiter entfernten Orten. Die Berufe der Eliteangehörigen bringen häufig eine verlängerte tägliche Arbeitszeit mit sich, so daß auch diese selten zuhause anzutreffen sind.

22 Für eingehendere Informationen verweise ich auf meinen Artikel über Selbstmord im Alentejo (1996).

23 Mit mir diskutierten Frauen häufig Vorkommnisse, bei denen ausländische Touristinnen mit einheimischen Männern Beziehungen eingegangen waren und in der Konsequenz Familien zerstört wurden. Ich sehe das als Reaktion auf ein Bedrohungsgefühl aus der Situation, mit der wir uns im Interview befanden. Meine Rolle als Frau war unklar, ich verkehrte mit Männern im Arbeitszusammenhang, meine Familiensituation war nicht geregelt (mein Partner und Sohn in Deutschland). In einem Interview mit einem Mann wurde ich auch auf einen

Doppelselbstmord von einer Touristin und einem älteren, verheirateten Fischer angesprochen; zur Interpretation siehe Drackle (1996:206).

24 In beiden meiner Feldforschungsorte gibt es nur vereinzelt Frauen, die sich aktiv politisch betätigen. Diese sind insgesamt unter Frauen und Männern gleichermaßen schlecht angesehen, besonders die jeweilige Gegenpartei verhöhnt sie auf eine sehr persönliche, sexuell anzügliche Weise, wie das Männern gegenüber nicht geschieht. Trotzdem gibt es einige wenige politisch engagierte Frauen.

25 Als Hinweis auf diese strikte Trennung werte ich auch, daß es für Männer durchaus üblich ist, vor ihrem Haus (oder an anderen Plätzen) sehr lange Zeit allein in ihren Autos zu sitzen, ohne daß sie sich irgendwelchen erkennbaren Tätigkeiten widmen würden.

26 Siehe auch Pina-Cabral (1986:114) für Nordportugal.

27 Das statistische Material über meine Forschungsregion ist sehr lückenhaft und nicht aussagekräftig. Ich verlasse mich bei dieser Aussage auf meine eigene Wirtschaftsbefragung. Ein Ergebnis dieser Befragung ist es, daß die intensiven Tätigkeiten im informellen Sektor im öffentlichen Zahlenmaterial niemals auftauchen. In kleinen Unternehmen mitarbeitende weibliche Angehörige sind offiziell praktisch nicht erfaßt.

28 Auch Eliteangehörige, Akademiker und Staatsangestellte (Männer und Frauen), die in Odemira wohnen, gehen verschiedensten haupt- und nebenberuflichen Tätigkeiten nach (zum Teil in der Schattenwirtschaft), um genügend Geld zu verdienen.

29 Meines Erachtens ist der Grund dafür, warum Frauen in bisherigen Studien zur Ethnologie des Mittelmeerraumes nicht in ihrer ökonomischen Funktion wahrgenommen werden konnten, darin zu sehen, daß im Geschlechterdiskurs Frauenarbeit negativ bewertet wird. EthnologInnen sind diesem Diskurs selbst verbunden und haben die Bedeutung des Unterschieds zwischen dominantem Diskurs und widersprüchlichen Praktiken in diesem Bereich bisher nicht verfolgt.

30 Die jüngere der beiden Anwältinnen versorgt neben ihrer vollen Stelle in der Verwaltung (was öfter auch Geschäftsreisen erforderte) ihren einjährigen Sohn. Ihr Ehemann arbeitete in einer nähergelegenen Großstadt und kann nur am Wochenende nach Hause kommen. Zumindest während der Kleinkindphase würde sie gerne zu Hause bleiben, sagt sie. Jedoch reiche der Lohn nicht für die Familie aus. Ihre Arbeit aufzugeben, ist für sie nicht denkbar, da sie nie wieder die Chance auf eine feste Arbeitsstelle in dem Ort, wo sie leben möchte, erhalten würde.

Literatur

Back, Les (1993): Gendered Participation: Masculinity and Fieldwork in a South London Adolescent Community. In: Bell, Diane/ Pat Caplan and Wazir Jahan Karim (eds.): *Gendered Fields*. London: Routledge, S. 215–233

Blok, Anton (1981): Rams and Billy-Goats: A Key to the Mediterranean Code of Honour. In: *Man* 15, S. 427–440

Bourdieu, Pierre (1979): *Entwurf einer Theorie der Praxis auf der ethnologischen Grundlage der kabylischen Gesellschaft*. Frankfurt: Suhrkamp (1972)[1]

Bourdieu, Pierre (1990): La Domination Masculine. In: *Actes de la Recherche en Sciences Sociales* 84, S. 2–31

Brandes, Stanley (1981): Like Wounded Stags: Male Sexual Ideology in an Andalusian Town. In: Ortner, Sherry/ Harriet Whitehead (eds.): *Sexual Meanings*. Cambridge: Cambridge University Press, S. 152–182

Bräunlein, Peter/ Andrea Lauser (1996): Fließende Übergänge ... Kindheit, Jugend, Erwachsenwerden in einer ritualarmen Gesellschaft. In: Dracklé, Dorle (ed.): *Jung und wild*. Berlin: Dietrich Reimer, S. 152–182

Butler, Judith (1990): *Gender Trouble*. New York: Routledge

Butler, Judith (1991): *Das Unbehagen der Geschlechter*. Frankfurt: Suhrkamp

Campbell, John (1964): *Honour, Family and Patronage: A Study of Institutions and Moral Values in a Greek Mountain Community*. Oxford: Clarendon Press

Cole, Sally (1991): *Women of the Praia. Work and Lives in a Portuguese Coastal Community*. Princeton: Princeton University Press

Connell, Robert (1987): *Gender and Power: Society, the Person, and Sexual Politics*. Stanford: Stanford University Press

Cornwall, Andrea/ Nancy Lindisfarne (eds.) (1994a): *Dislocating Maculinities. Comparative Ethnographies*. London: Routledge

Cornwall, Andrea/ Nancy Lindisfarne (1994b): Dislocating Masculinitiy. Gender, Power and Anthropology. In: dies. (eds.): *Dislocating Masculinities*. London: Routledge, S. 11–47

Dracklé, Dorle (1991): *Macht und Ohnmacht. Der Kampf um die Agrarreform im Alentejo (Portugal). Eine diskursanalytische Untersuchung zur Strukturierung von Machtbeziehungen am Beispiel einer südportugiesischen Kooperative*. Göttingen: Edition Re

Dracklé, Dorle (1996): Über Selbstmord sprechen: Fachhistorischer Diskurs und ein Beispiel aus Südportugal. In: *KEA, Zeitschrift für Kulturwissenschaften* 9, S. 171–210

Fardon, Richard (ed.) (1990): *Localizing Strategies. Regional Traditions of Ethnographic Writing*. Edinburgh: Scottish Academic Press

Fernandez, James (1983): Consciousness and Class in Southern Spain. In: *American Ethnologist* 10, S. 165–173

Fichte, Hubert (1988): *Eine glückliche Liebe*. Frankfurt: S. Fischer Verlag

Foucault, Michel (1983): *Der Wille zum Wissen. Sexualität und Wahrheit* I. Frankfurt: Suhrkamp

Hall, Stuart (1992): The Question of Cultural Identity. In: Hall, Stuart/ David Held and Tony Mc Grew (eds.): *Modernity and its Futures*. Cambridge: Polity, S. 273–325

Haller, Dieter (1996): Überlegungen zu Heteronormativität und Feldforschung. In: Kokot, Waltraut/ Dorle Dracklé (eds.): *Ethnologie Europas*. Berlin: Dietrich Reimer, S. 181–199

Hart, Gillian (1992): Imagined Unities: Constructions of „The Household“ in Economic Theory. In: Ortiz, Sutti/ Susan Lees (eds.): *Understanding Economic Process*. Lanham: University Press of America, S. 111–130

Herzfeld, Michael (1984): The Horns of the Mediterraneanist Dilemma. In: *American Ethnologist* 11, S. 439–454

Herzfeld, Michael (1987): *Anthropology Through the Looking Glass. Critical Ethnography at the Margins of Europe*. Cambridge: Cambridge University Press

Lacan, Jacques (1986): *Die Ausrichtung der Kur und die Prinzipien ihrer Macht: Schriften* Bd.I. Weinheim: Quadriga, S. 171–239

Lindisfarne, Nancy (1994): Variant Masculinities, Variant Virginities: Rethinking „Honour and Shame“. In: Cornwall, Andrea/ Nancy Lindisfarne (eds.): *Dislocating Masculinities*. London: Routledge, S. 82–96

Moore, Henrietta (1993): The Differences Within and the Differences Between. In: del Valle, Teresa (ed.): *Gendered Anthropology*. London: Routledge, S. 193–204

Moore, Henrietta (1994a): *A Passion for Difference. Essays in Anthropology and Gender*. Cambridge: Polity

Moore, Henrietta (1994b): Gendered Persons: Dialogues between Anthropology and Psychoanalysis. In: Heald, Suzette/ Ariane Deluz (eds.): *Anthropology and Psychoanalysis*. London: Routledge, S. 131–148

Morris, Rosalind (1995): All Made Up: Performance Theory and the New Anthropology of Sex and Gender. In: *Annual Review of Anthropology* 24, S. 567–592

Murphy, Robert (1983a): Coming of Age in Seville: The Structuring of a Riteless Passage to Manhood. In: *Journal of Anthropological Research* 39, S. 376–392

Murphy, Robert (1983b): Emotional Confrontations between Sevillano Fathers and Sons: Cultural Foundations and Social Consequences. In: *American Ethnologist* 10, S.651–664

Nader, Laura (1974): Up the Anthropologist – Perspectives from Studying Up. In: Hymes, Dell (ed.): *Reinventing Anthropology*. New York: Random House, S. 284–311

Peristiany, John G. (ed.) (1965): *Honour and Shame: The Values of Mediterranean Society*. London: Weidenfeld and Nicolson

Pina-Cabral, João de (1986) *Sons of Adam, Daughters of Eve: The Peasant Worldview of the Alto Minho*. Oxford: Clarendon Press

Pina-Cabral, João de (1989): The Mediterranean as a Category of Regional Comparison: A Critical View. In: *Current Anthropology* 30, S. 399–406

Pitt-Rivers, Julian (1965): Honour and Social Status. In: Peristiany, John (ed.): *Honour and Shame*. London: Weidenfeld und Nicolson, S. 19–78

Schneider, Jane (1971): Of Virgilance and Virgins: Honour, Shame and Access to Resources in Mediterranean Society. In: *Ethnology* 10, S. 1–24

Strathern, Marilyn (1993): Making Incomplete. In: Broch-Due, Vigdis/ Ingrid Rudie and Tone Bleie (eds.): *Carved Flesh, Cast Selves. Gendered Symbols and Social Practices*. Oxford: Berg, S. 41–51

Vale de Almeida, Miguel (1995): *Senhores de Si. Uma Interpretação Anthropológica da Masculinidade*. Lisboa: Fim de Século

Willis, Paul (1977): *Learning to Labour. How Working Class Kids Get Working Class Jobs*. Farnborough: Saxon House

Yanagisako, Sylvia (1995): *Sex and Culture and Other Intersections*. Unveröffentlichtes Manuskript. Vortrag 27.9.95, Tagung der Deutschen Gesellschaft für Völkerkunde, Wien

Barbara Göbel

Räume geschlechtlicher Differenz und ökonomisches Handeln (Andenhochland in Nordwest-Argentinien)

Einleitung

Über die Andenregion sind in den letzten Jahren mehrere Arbeiten über bäuerliche Gemeinschaften entstanden, die darzustellen versuchen, wie über soziale Interaktion Geschlechteridentitäten reproduziert und transformiert werden. Hierbei betonen sie, daß das alltägliche Handeln durch soziale Konfigurationen strukturiert wird, diese aber wiederum über das Handeln modifiziert werden. Geschlechterbeziehungen können demnach nur über ihre Einbindung in gesamtkulturelle Kontexte präziser erfaßt werden. In einigen der neueren Arbeiten ist deshalb die Untersuchung der geschlechtlichen Arbeitsteilung in eine umfassendere Analyse von Prozessen sozialer und ökonomischer Differenzierung bis hin zur Klassenbildung eingebettet (Gose 1994; Lagos 1994). Andere Arbeiten konzentrieren sich dagegen auf die Konstituierung geschlechtsspezifischer Handlungsräume. Ihr Erkenntnispotential liegt darin, daß sie aus dieser räumlichen akteurzentrierten Perspektive heraus die Verdichtungen ökonomischer, sozialer und religiöser Bedeutungen im Handeln der Akteure nachzeichnen können. Ein Anliegen der Arbeiten ist es zu zeigen, wie die ökonomische Komplementarität, die mit der Nutzung unterschiedlicher Höhenstufen durch Männer und Frauen einhergeht, mit den kulturellen Geschlechterkonzeptualisierungen und Kernkonzepten des andinen Weltbildes verknüpft ist (Harris 1986; Platt 1986; Skar 1993b). Ein weiteres Anliegen ist es, hierauf aufbauend darzulegen, wie sich die Geschlechterbeziehungen durch die Migration der Bergbewohner in die Städte und ins Tiefland verändert haben (Skar 1994).

Obwohl eines der Merkmale der angeführten Untersuchungen ist, daß sie die Dynamik der Interaktionen zwischen Männern und Frauen zu erfassen versuchen, berücksichtigen sie insgesamt die lokale Multiplizität und Mehrdeutigkeit von Geschlechteridentitäten nur am Rande. Dadurch stellen sie die Geschlechter als relativ homogene kulturelle Kategorien dar, ein Vorgehen, welches insbesondere von Henrietta Moore (1994) kritisiert wurde. Intrakulturelle Variationen in den Geschlechterrelationen, die Kontextabhängigkeit der Auslegungen von Geschlechterdefinitionen und ihre Fragmentierungen werden zugunsten einer größeren Bedeutungskohärenz ausgeblendet. Auch wird – im Gegensatz zu anderen Regionen (z. B. Leach 1992) – der aktuelle

Wandel geschlechtsspezifischer Handlungsräume innerhalb einer Gemeinschaft kaum behandelt.

Anhand eines Fallbeispieles aus dem Andenhochland in Nordwest-Argentinien möchte ich im folgenden die Notwendigkeit einer Einbeziehung der erwähnten Aspekte aufzeigen. Ich knüpfe hierbei insofern an die analytische Herangehensweise bisheriger Arbeiten zur Andenregion an, als daß ich die kulturelle Einbettung von Geschlechterbeziehungen auch aus einer räumlichen Perspektive heraus betone, sie jedoch stärker auf Elemente der Differenz fokussieren möchte. Ziel ist es aufzuzeigen, wie sich über ökonomisches Handeln Räume sozialer, insbesondere geschlechtlicher Differenz, konstituieren.

Die Analyse der kulturellen Topographie, in der sich ökonomische und soziale Handlungen entwickeln, ermöglicht es, die Verortung von Geschlechter-Ideologien und Geschlechter-Praxis präziser zu erfassen und so zu einem profunderen Verständnis der Dynamik der Geschlechterbeziehungen zu gelangen. Auf diese Weise kann zum einen aufgezeigt werden, wie sich in den einzelnen Akteuren unterschiedliche Bedeutungsdimensionen sozialer Interaktionen brechen. Zum anderen können aber auch die vielfältigen Ausprägungen von Geschlecht in ihrer Kontextabhängigkeit herausgearbeitet werden.

Ausgehend von einer allgemeinen Einführung in das Untersuchungsgebiet soll die kulturelle Einbettung von Geschlecht und Differenz in Huancar in vier Schritten rekonstruiert werden. Als erstes werden semantische Bestandteile der kollektiven Identität vorgestellt, durch die sich die Bewohner Huancars als Gruppe definieren, um sich von den „Anderen“ abzugrenzen. Darauf aufbauend soll dann in einem zweiten Schritt gezeigt werden, wie die nach außen vorgetragene Homogenität intern in divergente, teilweise sich überlappende Räume sozialer Differenz zerfällt. Die multiplen Bedeutungen dieser Räume und ihre Relevanz für die Konstituierung von Geschlechteridentitäten soll anhand ihrer Verdichtungen und Fragmentierungen in unterschiedlichen Haushaltskontexten dargelegt werden. Eine zentrale Analyseachse ist hierbei die räumliche Differenzierung zwischen dem „Leben im Dorf“ und dem „Leben in den Bergen“ und die Verknüpfung ersterer Kategorie mit Haushalten, die nicht mehr von der Tierhaltung leben, und letzterer mit pastoralen Haushalten. In einem dritten Schritt soll dann untersucht werden, wie sich in diesen viehzüchtenden Haushalten geschlechtsspezifische Handlungsräume und Geschlechteridentitäten konstituieren. Am Schluß des Beitrages sollen aktuelle Transformationsprozesse angesprochen werden.

Die folgende Analyse von Geschlecht und Differenz ist durch die thematische Orientierung meiner Feldstudien im Distrikt Huancar (Nordwest-Argentinien) geprägt. Ich kam im September 1991 zum ersten Mal nach Huancar mit dem Ziel, die Weidewirtschaft in einer risikoreichen Umwelt zu untersuchen, und hielt mich dort mit einigen kleineren Unterbrechungen bis Juli 1993 auf. Nach mehreren Kurzbesuchen in den darauffolgenden Jahren führte ich dann 1996/97 eine weitere, halbjährige Feldforschung in diesem Teil des Andenhochlandes durch, um die Zusammenhänge zwischen Weltbild, Umweltwahrnehmung und Ressourcennutzung genauer zu erfassen.[1] Entsprechend der Schwerpunkte dieser Feldaufenthalte ist die Analyse der Geschlechteridentitäten in Huancar durch eine ökonomische Perspektive beeinflußt. Auch liegt der Fokus auf den viehzüchtenden Haushalten, wobei hierbei besonders die Sichtweise der Frauen berücksichtigt wird.

Das Untersuchungsgebiet: der Distrikt Huancar

Der Distrikt Huancar, der ein Areal von etwa 25 km x 27 km umfaßt, ist Teil des Departamento Susques der nordwest-argentinischen Provinz Jujuy (Karte 1). Er liegt am östlichen Rand der Puna de Atacama, die den trockensten Abschnitt des Andenhochlandes darstellt. Die von Salaren und Vulkanen durchzogene Gebirgshalbwüste ist durch eine sehr spärliche Gras- und Strauchvegetation (*Tolare*) gekennzeichnet und weist nur äußerst geringe Wasservorkommen auf. Der einzige kleine Fluß, der den Distrikt von Süden nach Norden durchkreuzt (Karte 2), enthält stark salz- und arsenhaltiges Wasser.

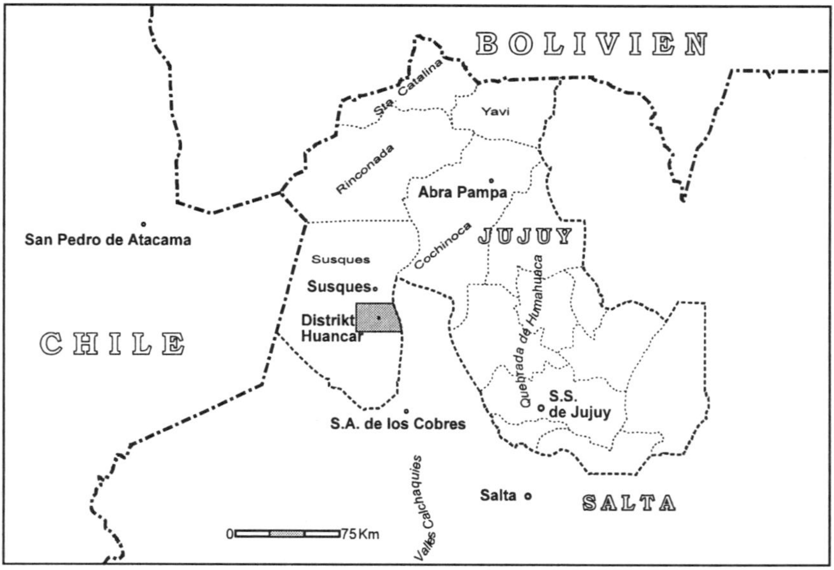

Karte 1: Lage des Untersuchungsgebietes im Departamento Susques der Provinz Jujuy

Im Untersuchungsgebiet leben um die 320 Personen, die sich Mitte 1993 auf 46 und 1996 auf 45 Haushalte (*familias*) verteilten. Für die meisten Familien ist die mobile Viehzucht von großer bis grundlegender Bedeutung (1993: 38 und 1996: 36 Haushalte). Jeder Haushalt verfügt über exklusive Nutzungsrechte an einem Weidegebiet, welche sich aber nur auf die Herdentiere beziehen und nicht auf das Sammeln von Feuerholz und das Grasen von Eseln und Maultieren, die unbeaufsichtigt herumlaufen. In dem Weidegebiet befinden sich das zentrale Gehöft und die Weidestationen eines Haushaltes. Etwa alle drei Wochen ziehen die Familien mit den Tieren von einer Weidestation zur anderen oder zurück zum Gehöft. Die Herden, die zu etwa gleichen Anteilen aus Lamas, Schafen und Ziegen zusammengesetzt sind, bestehen aus durchschnittlich 200 Tieren.[2] Zwar besitzen auch die restlichen Familien Herdentiere (um die 30 an der Zahl), doch lassen sie diese von den anderen, viehzüchtenden Haushalten hüten.

Im Durchschnitt besteht ein Haushalt aus sieben Personen und umfaßt drei Generationen (Vater und/oder Mutter, Kinder und Kinder der Töchter). Ein Merkmal der Sozialstruktur Huancars ist, daß in mehr als einem Drittel der Haushalte keine erwachsenen Männer leben, nur Männer, die älter als 60 Jahre sind, oder behinderte junge Männer. Berücksichtigt man lediglich die viehzüchtenden Haushalte, beträgt der Anteil sogar 42 Prozent (1993) bzw. 44 Prozent (1996). Ein weiteres, hiermit verknüpftes Spezifikum ist, daß ein großer Teil der Frauen mit Kindern unter 14 Jahren nicht mit einem Partner zusammenlebt (1993: 35 von 50 Frauen, 1996: 31 von 49 Frauen); wobei dies überwiegend Frauen in pastoralen Haushalten sind. Als wichtigste Ursache für diese Situation wird die starke Migration junger Männer angeführt.[3] Wie sich die Abwesenheit von Männern in den Geschlechterkonzeptualisierungen niederschlägt, soll im dritten Abschnitt des Beitrages dargestellt werden.

Im Zentrum des Distriktes liegt das kleine Dorf Huancar, welches 1937 nach dem Bau einer Schule gegründet wurde. Obwohl jede Familie im Dorf ein Haus hat, hält sich ein beträchtlicher Teil der Bevölkerung nur sporadisch in ihm auf. Anlässe für Dorfbesuche sind Einkäufe in den drei kleinen Geschäften oder bei den fahrenden Händlern, die monatlichen Gemeindetreffen und Schulversammlungen sowie Feste. Ein viehzüchtender Haushalt sieht nicht so sehr das Haus im Dorf als seinen Lebensmittelpunkt an, sondern vielmehr das zentrale Gehöft (*casa de campo*) in den Bergen. Die Gehöfte sind von einem halbstündigen bis zu einem ganztägigen Fußmarsch vom Dorf entfernt (vgl. Karte 2). Zentraler Referenzpunkt für diejenigen Personen, die sich permanent im Dorf Huancar aufhalten und deren Alltagsleben nicht mehr durch das Herdenmanagement geprägt ist, ist dagegen das Dorf. Sie bestreiten ihren Lebensunterhalt vor allem durch lokale Lohnarbeit (Schule, Straßenbau, Department-Verwaltung), erhalten Renten und/oder führen kleine Krämerläden.

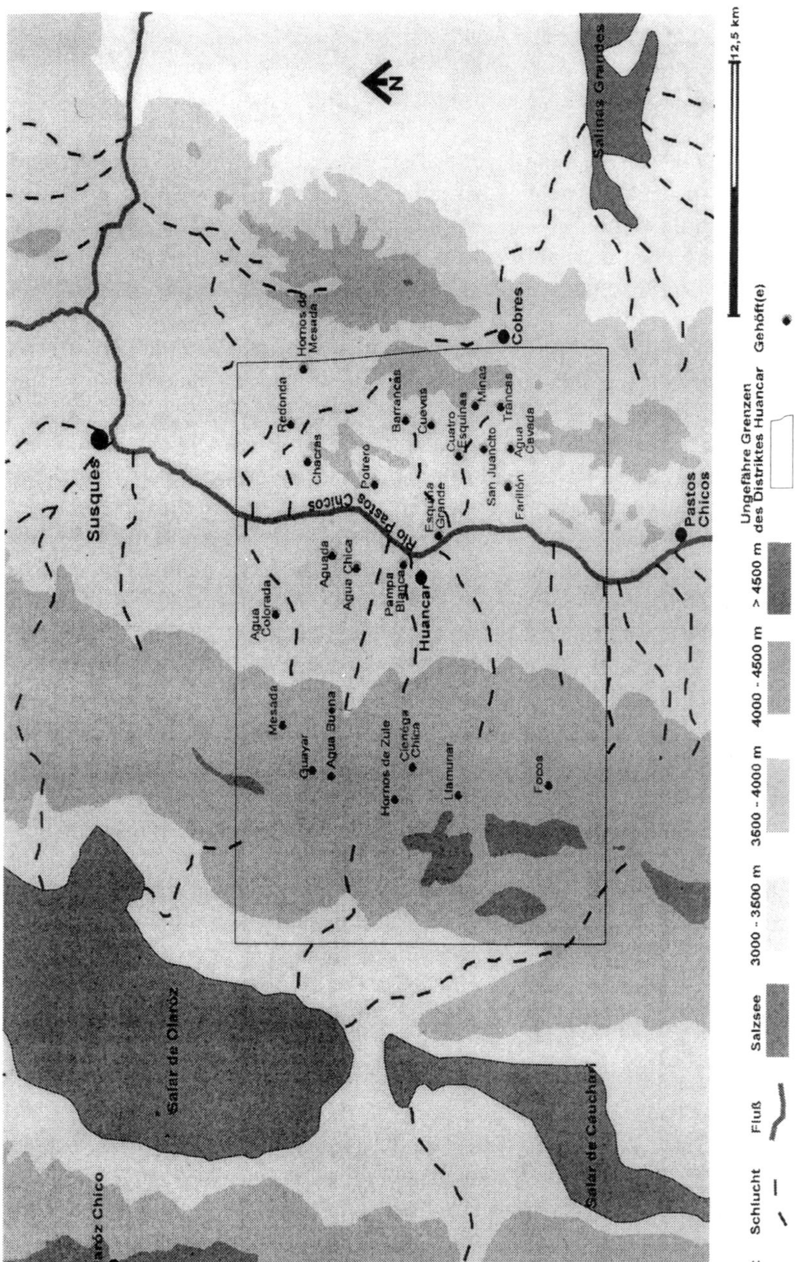

Karte 2: Verteilung der Gehöfte im Distrikt Huancar

Trotz einer jahrhundertelangen Einbettung in staatliche Kontexte hatte das Untersuchungsgebiet (wie auch die gesamte Region Susques) immer nur eine äußerst periphere Stellung innerhalb derselben inne (siehe auch Delgado und Göbel 1994; Göbel 1997b). Verstärkt wurde diese Situation durch häufige Wechsel der staatlichen und innerstaatlichen Zugehörigkeit. Wichtige Ursachen für die geringe staatliche und kirchliche Präsenz in der Region, die auch von historischen Quellen belegt wird, sind die mobile Lebensweise seiner Bewohner, das Fehlen bedeutender Bodenschätze, vor allem aber die risikoreichen Umweltbedingungen und die Unzugänglichkeit des Gebietes.

Erst mit der Eröffnung einer Paßstraße Ende 1991 wurde zum ersten Mal eine stabile Verkehrsanbindung zwischen dem Hauptort Susques und der Provinzhaupstadt Jujuy geschaffen (vgl. Karte 1). Ab 1994 verschoben sich darüber hinaus einige Schwerpunkte der provinziellen und nationalen Sozial- und Agrarpolitik, so daß umfassende Förderprogramme für die Landbevölkerung im Andenhochland aufgelegt wurden, in die sich auch kirchliche Institutionen involvierten. Außerdem wird in Argentinien seit 1994 eine Erziehungsreform durchgeführt, die den obligaten Vorschulunterricht ab dem fünften Lebensjahr eingeführt sowie die Schulzeit verlängert hat und den Ausbau der Landschulen vorantreibt. Als Folge dieser veränderten Rahmenbedingungen ist in den letzten beiden Jahren das bis dahin kaum beachtete Departamento Susques von staatlichen, politischen und kirchlichen Organisationen in Jujuy förmlich ‚entdeckt' worden. Das machtpolitische Zentrum stilisierte die periphere Region zum Symbol für Hilfsaktivitäten selbst in den abgelegensten Gegenden hoch. Merkmal der bisher im Distrikt Huancar umgesetzten Programme ist jedoch, daß sie sich auf das Dorf konzentrieren und die pastorale Produktion kaum berücksichtigen: So wurde im Dorf eine kommunale Küche für Kleinkinder bis fünf Jahre (seit 1994) und ein katholisches Unterstützungsprogramm für die Erziehung von Kleinkindern (ab 3/1996) eingerichtet. Auch vergab die Department-Verwaltung 1995, verstärkt aber im darauffolgenden Jahr, über staatliche Arbeitsprogramme dreimonatige Lohnverträge für öffentliche Infrastrukturmaßnahmen in Huancar.

Die Konstruktion von Gemeinsamkeiten: Wir, die hier im Hochland leben

Die Bewohner des Distriktes Huancar verwenden keine ethnische Eigenbezeichnung, sondern designieren sich als „die, die hier im Hochland leben". In historischen Quellen werden ihre Vorfahren zwar *atacamas* genannt, doch wird deren Sprache, das Kunza, seit den Anfängen dieses Jahrhunderts nicht mehr verwendet. Auch des Quechua sind als Folge des restriktiven Vorgehens der Lehrer nur noch alte Leute mächtig. Die Menschen in Huancar sprechen heute Spanisch; wobei dies aber zumeist ein Spanisch ist, welches sich in Wortschatz, Syntax und Intonation erheblich von dem der tiefergelegenen Regionen (Täler und Städte) unterscheidet. Bei der Konstituierung einer kollektiven Identität wird auf diese sprachlichen Eigenheiten zurückgegriffen. Andere Spezifika der Lebenswelt in Huancar werden jedoch bei der Definition eines ‚Wir-Gefühls' stärker betont: die Merkmale der ariden Gebirgslandschaft (Klima, Bodenbeschaffenheit, Vegetation und Tierwelt), die gemeinsam geteilte und erfahrene Geschichte und die pastoralnomadische Lebensweise. Mit ihr sind nicht nur ökonomische Praktiken wie das Hüten von Tieren und die Durchführung von Handelskarawanen gemeint. Auch die soziale Organisation der ökonomischen Aktivitäten sowie die mit der Tierhaltung und der Ressourcennutzung verbundenen Rituale werden in diesem Zusammenhang erwähnt. Als weitere spezifische Ausprägung der Weidewirtschaft in Huancar wird auf das Siedlungssystem verwiesen, d. h. auf die weit verstreut liegenden Gehöfte und die Weidestationen, in denen man zumeist unter freiem Himmel schläft. Der pastorale Kontext spielt also bei der Abgrenzung der Bewohner Huancars von „Anderen" – seien es die Bauern der Täler, die Städter oder die Bewohner anderer Teile des Hochlandes – eine zentrale Rolle. Interessant ist, daß sich auch diejenigen Personen bei der Konstruktion von Gemeinsamkeiten an der pastoralen Lebenswelt orientieren, deren Alltagspraktiken überhaupt nicht mehr vom Herdenmanagement geprägt sind, weil sie im Dorf leben und ihre Subsistenz über andere ökonomische Strategien sichern.

Die nach außen vorgetragene Homogenität zerbricht jedoch bei genauerer Betrachtung intern in unterschiedlich verschachtelte Räume sozialer Differenz, in die auch die Geschlechterbeziehungen eingebettet sind. Diese Räume sind mit multiplen kulturellen Bedeutungen besetzt, wobei aber auch hier der Rückgriff auf die Weidewirtschaft ein wichtiges Instrument der Differenzierung ist. Die im folgenden vorgestellte Kontrastierung vom „Leben im Dorf" und dem „Leben in den Bergen" sowie die Definition von männlichen und weiblichen Handlungsräumen werden dies verdeutlichen.

Räume differenter sozialer Identitäten: Leben im Dorf – Leben in den Bergen

Haushalte stellen in bäuerlichen Gesellschaften zentrale Arenen für die Konstituierung, Reproduktion und Transformation von Geschlechteridentitäten dar (Barlett 1989; Moore 1988, 1992). Doch sind sie, wie auch Moore (1992: 131, 1994:86–7) betont, keine isolierten, undurchlässigen Einheiten, sondern eingebunden in größere ökonomische und soziale Strukturen.

Haushalte – *familias* – gelten als autonome Einheiten, die relativ unabhängig voneinander wirtschaften und zentrale Einheiten der sozialen und kulturellen Reproduktion darstellen. Die Kooperation zwischen Haushalten beschränkt sich zumeist auf enge Verwandte (z. B. Geschwister) oder auf Familien, mit denen man über *compadrazgo*-Beziehungen (Arrangements zwischen Haushalten) verbunden ist.

Es wird zwischen Haushalten, die Tiere hüten (*pastorean hacienda*), und denen, die dies nicht mehr tun, unterschieden. Hierbei differenzieren die Bewohner nicht, ob es sich um Haushalte mit oder ohne jüngere Männer handelt. Die Konzeptualisierung von Haushalten, die keine Tiere mehr hüten (1993: 8, 1996: 9 Haushalte), betont das Zusammenleben ihrer Mitglieder in einem Haus im Dorf sowie deren konsanguine und affine Beziehungen. Dagegen greift man für die kulturelle Definition der Viehzüchter-Haushalte auf den pastoralen Kontext zurück. Es werden diejenigen Personen als zugehörig zu einer *familia* angesehen, die zusammen Tiere hüten, gemeinsam an einer Feuerstelle kochen, aus einem Topf essen und in einer Weidestation schlafen (= praktische Konzeptualisierung) oder all dies aufgrund von bilateraler Filiation und affinen Beziehungen tun dürften (= normative Konzeptualisierung). Über dieses zweite Kriterium werden auch solche Personen dauerhaft an einen Haushalt gebunden, die temporär abwesend sind. Dies betrifft traditionell Ehemänner oder Söhne, die aufgrund von saisonaler Lohnarbeit in Minen und auf Plantagen und wegen der Durchführung von Handelskarawanen immer wieder für einige Monate nicht anwesend sind. Es gilt darüber hinaus für drei Familienväter und eine ältere Frau, die nur am Wochenende zu den Gehöften kommen, weil sie seit einigen Jahren in der Schule in Huancar oder in Susques arbeiten. Über die normative Konzeptualisierung werden aber auch diejenigen jungen Frauen weiterhin zu einem Haushalt gerechnet, die sich neuerdings mit ihren Kleinkindern für längere Zeiträume im Dorf aufhalten. Die genannten Fälle verdeutlichen, wie über eine flexible Haushaltsdefinition, die sich nicht allein am effektiven Zusammenleben orientiert, trotz Fluktuationen in der Präsenz von Personen soziale Kohäsion garantiert werden kann.

Ein weiteres wichtiges Kriterium, um eine Person zu einem pastoralen Haushalt zu rechnen, ist ihre Identifikation und soziale Identifizierbarkeit mit einem Gehöft (*casa de campo*). Obwohl die in den Bergen weit verstreut liegenden Gehöfte wegen der häufigen Weidewechsel nur sporadisch bewohnt werden, weisen sie im Vergleich zu den Weidestationen und dem Haus im Dorf eine umfangreiche Infrastruktur auf (z. B. mehrere Häuser und Korrale, Kapelle mit den Schutzheiligen der Familie und der Herdentiere). In den Gehöften werden außergewöhnliche ökonomische (z. B. Schur, Kastration), soziale (z. B. Karneval) und rituelle Handlungen (z. B. Tiermarkierungsritual *señalada*, Heiligenfeste der Tiere, Tag der „Mutter Erde“) durchgeführt.

Aufgrund dieser Verdichtung kultureller Praktiken sind die Gehöfte geschichtsträchtige Orte und materielle Symbole der Identität eines Haushaltes. In Alltagsdiskursen wird auf sie als ‚Informationsspeicher' zurückgegriffen, da sie die verwandtschaftlichen Beziehungen eines Haushaltes, seine Weiderechte und deren Legitimation sowie seine sozialen und ökonomischen Kooperationsnetzwerke (z. B. *compadrazgo*-Beziehungen) verorten.

Die Gehöfte bilden somit zusammen mit dem Dorf zentrale Referenzpunkte, anhand derer die soziale und die ökonomische Karte des Distriktes entfaltet wird. Bei dieser räumlichen Anordnung kristallisieren sich zwei Achsen sozialer Differenz heraus. Auf der einen Seite wird zwischen Gehöften der *costa*, dem Gebiet westlich des kleinen Flusses, und Gehöften der *banda*, dem Gebiet östlich des Flusses, unterschieden (vgl. Karte 2). Duale Raumaufteilungen verschiedenster Ausprägungen sind in der gesamten Andenregion weit verbreitet (z. B. Cereceda 1978; Harris 1985; Platt 1986; Skar 1982). Leute von der *costa* besuchen nur äußerst selten Leute der *banda* und umgekehrt. Die geringen sozialen und ökonomischen Interakionen zwischen Haushalten der *costa* und der *banda* werden durch gegenseitige Vorurteile verbal unterstrichen. So wird z. B. behauptet, die *costa* sei gefährlich oder in der *banda* gäbe es kaum Weidegras und Lamas. Im Dorf, welches direkt am Fluß liegt, wird der Antagonismus wieder aufgehoben, denn es gilt in diesem Kontext als neutraler Ort. So liegen dort z. B. Häuser von Familien der *costa* neben denen der *banda*.

In einem anderen Bedeutungszusammenhang jedoch verliert das Dorf diesen neutralen Status und wird zu einem tragenden Differenzierungselement. Eine weitere Raumachse blendet nämlich die Kontrastierung von *costa* – *banda* aus, indem sie den Gegensatz zwischen dem „Leben im Dorf" (*vida en el pueblo*) und dem „Leben in den Bergen" (*vida en los cerros*) aufstellt. Mit der ersten Kategorie werden die Haushalte, die keine Tiere mehr hüten (*ya no pastorean hacienda*) identifiziert, mit der zweiten die große Mehrheit der viehzüchtenden Haushalte. Auch die beiden pastoralen Haushalte, deren Gehöfte im Dorf liegen, weil ihre Weidegebiete dasselbe umschließen, werden mit dem „Leben in den Bergen" in Verbindung gebracht. Als Begründung wird angeführt, ihre Mitglieder würden Tiere hüten und in Weidestationen, d. h. unter freiem Himmel, übernachten. Dies zeigt, daß die Unterscheidung nicht auf einem strikt lokalen Kriterium beruht, sondern die ökonomische und kulturelle Praxis von großer Relevanz ist.

Das „Leben in den Bergen" wird (durch eine 55jährige Frau) folgendermaßen charakterisiert:

> „Es ist ein hartes und schwieriges Leben, denn man muß früh aufstehen, um den gesamten Tag hinter den Tieren herzulaufen oder am Webstuhl zu arbeiten, man schläft häufig draußen und ist der Sonne, der Kälte und dem Staubwind ausge-

> setzt. In den Bergen begegnet man nur selten Menschen und wenn man jemanden trifft, dann hat man kaum Zeit, sich mit ihm zu unterhalten" [JC, 2/97].

Die Menschen in den Bergen beschreiben sich selbst als sehr schweigsam:

> „Wir trauen uns kaum in Öffentlichkeit zu sprechen, zu fragen und verstehen deshalb die Dinge, die von außen kommen, nicht. Wir sind einfach zu dumm, es fehlt uns im Kopf (*falta la cabeza*), es fehlen uns die Worte" [GL, 1/97, 60jähriger Mann].

Der Schüchternheit der Bergbewohner wird die Sprachfertigkeit und größere soziale Gewandtheit männlicher und weiblicher Dorfbewohner gegenübergestellt. Sie können geschickter mit staatlichen und kirchlichen Institutionen sowie politischen Klientelismusstrukturen umgehen. Die Kontrastierung von aktiver Artikulation und abwartender Passivität in öffentlichen Arenen weist Parallelen zu den Geschlechterrollen des pastoralen Kontextes auf, in denen Männern eher der aktive, Frauen eher der zurückhaltende Part zugeschrieben wird. Eine häufig gemachte Aussage von Hirtinnen ist: „Die im Dorf, die wissen einfach mehr, weil sie weiter herumkommen und mehr fremde Leute sehen." Hier existieren ebenfalls Analogien zu dem oft unterstrichenen größeren räumlichen und sozialen Erfahrungsbereich von Männern.

Andere Elemente der Abgrenzung des „Dorflebens" vom „Leben in den Bergen" offenbaren dagegen Bezüge zu kulturellen Kontexten des Tieflandes. So wie die Menschen in den größeren Siedlungen der Täler und in den Städten, so sind auch die Dorfbewohner gepflegter, besser gekleidet und in ihren Eßgewohnheiten delikater. Sie tragen z. B. Turnschuhe und Anoraks und essen kaum noch Lamafleisch. Die Familien, die permanent im Dorf leben, werden von Bergbewohnern als reicher angesehen; mit der Begründung, sie hätten im Gegensatz zu den viehzüchtenden Haushalten ein festes Geldeinkommen, sei es durch permanente Lohnarbeit, Renten oder durch das Betreiben eines Geschäftes. Es wird außerdem betont, daß mit diesen Tätigkeiten eine Haushaltsorganisation einhergeht, die in manchen Aspekten von der viehzüchtender Familien abweicht und mit anderen Subsistenzstrategien verknüpft ist. So sind Frauen in diesen Haushalten, ähnlich wie im Tiefland, allein für die Hausarbeit zuständig (Kochen, Waschen, Putzen). Auch sind sie zusammen mit den Männern für die Verwaltung und den Warenverkauf in den Krämerläden zuständig. Lohnarbeit wird normativ ebenfalls nicht auf ein bestimmtes Geschlecht begrenzt; doch gehen ihr in der Praxis vor allem Männer nach.

Geschlechtsspezifische Handlungsräume und Geschlechteridentitäten

Mit divergenter inhaltlicher Besetzung werden auch innerhalb der Weidewirtschaft eine Reihe von ökonomischen Tätigkeiten einem bestimmten Geschlecht zugeschrieben und andere als geschlechtsneutral aufgefaßt (für einen Überblick siehe Tab. 1). Es konstituieren sich auf diese Weise geschlechtsspezifische Handlungsräume, die die allgemeine Positionierung pastoraler Haushalte in den Bergen (*los que viven en los cerros*) differenzieren; sie hierbei aber zum Teil auch durchbrechen. So sind die Gehöfte zwar zentrale Identifikationspunkte, doch halten sich die erwachsenen Männer eines Haushaltes im Laufe eines Jahreszyklus praktisch immer nur für ein paar Monate dort, also „in den Bergen", auf.

Die Grenzen zwischen Handlungsräumen sind in der Praxis nicht immer so klar, wie dies normativ betont wird. Situationsbedingt können sie von einzelnen Personen aufgehoben werden. So können z. B. ausnahmsweise einmal Männer für ein paar Tage die Tiere hüten. Auch werden Aktivitäten in bestimmten Kontexten umdefiniert. Zum Beispiel wird die Essenszubereitung verbal als eine Tätigkeit definiert, die keinem spezifischen Geschlecht zuzuschreiben ist (vgl. Tab. 1). In der Praxis kochen Männer aber vor allem dann, wenn die Frauen eines Haushaltes abwesend sind, weil sie sich bei den Herden oder vorübergehend im Dorf aufhalten, oder weil sie sich selbst vom Gehöft entfernt haben (Handelskarawanen, Lohnarbeit, usw.). Im Gegensatz dazu stellen außergewöhnliche Tätigkeiten mit den Tieren, wie Schur oder Kastration, sowie Feste und Rituale Anlässe dar, in denen Kochen als Aufgabe der Frauen gilt. Trotz der Bedeutungsflexibilität ist aber ein Grundmuster geschlechtlicher Arbeitsteilung erkennbar, das ein zentrales Referenzschema für die Geschlechterkonzeptualisierungen ist.

In diesem Grundmuster werden Männer vor allem mit der ökonomischen Ergänzung der lokalen pastoralen Produktion in Verbindung gebracht (vgl. Tab. 1). Zum einen gehen sie temporärer Lohnarbeit nach. Sie arbeiten in Minen, insbesondere den kleinen Borax-Minen in einem Umkreis von 100 km, und auf Tabakpflanzungen und Obst-Plantagen des Tieflandes (Nähe der Städte Salta und Jujuy; siehe Karte 1). Nicht nur die Zahl der Arbeitsangebote, sondern auch die Dauer der Beschäftigung fluktuiert aufgrund der instabilen makro-ökonomischen Bedingungen in Nordwest-Argentinien stark, weshalb die Männer drei bis zehn Monate von ihren Familien entfernt sein können, ohne daß die Zeit ihrer jeweiligen Abwesenheit vorherzusehen ist.

Tab. 1: Als geschlechtsneutral und geschlechtsspezifisch angesehene Aktivitäten

Tätigkeiten, die keinem spezifischen Geschlecht zugeschrieben werden	Frauen zugeschriebene Tätigkeiten	Männern zugeschriebene Tätigkeiten
Schur (Oktober–November)	Alltägliches Herdenmanagement (Hüten, alltägliches Schlachten, Versorgung von Lämmern und Zicklein, Melken und Käsezubereitung)	Außergewöhnliche und kraftaufwendige Tätigkeiten mit den Herdentieren (Kastration, Parasitenbad, Ergreifen von Tieren bei der Schur)
Wasserholen Feuerholzholen Kochen und Brotbacken Waschen von Kleidung	Alltägliche Versorgung der Kleinkinder	Gartenarbeit (Aussaat, Pflege und Ernte)
Fellverarbeitung Spinnen Färben von Wolle Stricken (Strümpfe, Handschuhe, etc.) Endbearbeitung von Webwaren (Kardieren, Nähen) Herstellung von Seilen	Weben von Hüftgürteln (*fajas*) mit dem Rückengürtelwebgerät	Weben mit dem Trittwebstuhl
		Saisonale Lohnarbeit (Minen, Plantagen)
		Organisation und Durchführung von Handelskarawanen
		Bau und Reparatur von Häusern und Korralen
Zusammentreiben der Esel (*rodeo*) im März		Markierung der Esel mit Brandeisen (*rodeo*)
Ökonomische Arrangements mit anderen Haushalten (zeitweilige Weidenutzung und/oder Übernahme von Herdentieren, Mitnahme von Handelsprodukten)	Lokale Anheuerung als Hirtin (*ovejera*)	Lokale Anheuerung als Arbeiter (*peón*) (für als kraftaufwendig angesehene Tätigkeiten)
Durchführung von Tierritualen und Teilnahme an Tierritualen (Januar, Juni–August)	Herstellung von „Wollblumen“ für die Tierrituale	Rituelle Schlachtung von Tieren

Zum anderen organisieren die Männer mit Eseln und Maultieren Handelskarawanen (*salir de viaje con tropa*). In diesem extrem ariden Teil des Andenhochlandes ist Bodenbau nur in einem sehr begrenzten Umfang möglich (im Durchschnitt umfassen Anbauflächen 20 m²). Da aber kohlehydratreiche Pflanzen wie Mais, Kartoffeln und Bohnen die Grundlage der Ernährung bilden, müssen Agrarprodukte aus tiefergelegenen Regionen eingehandelt werden (vgl. Göbel 1997a). Sie werden für Hochlandprodukte wie Web- und Strickwaren, Seile, Fleisch und Salz aus den Salzseen eingetauscht oder über deren Verkauf erlangt. Die Handelsorte liegen 150 km bis 200 km von Huancar entfernt, in den östlichen und südlichen Tälern (Quebrada de Humahuaca, Valles Calchaquíes) und in den chilenischen Oasen um San Pedro de Atacama (vgl. Karte 1), so daß jede Karawane 2 bis 3 Wochen unterwegs ist. Frauen können ausnahmsweise einmal Handelskarawanen begleiten, wenn auch nur in untergeordneter Funktion. Auch hier sehen wir, daß in bestimmten Situationen von einzelnen Personen geschlechtsspezifische Handlungsräume durchbrochen werden können. Dies ändert aber nichts daran, daß Handelskarawanen mit Männern identifiziert werden. Nur Männer besitzen ein umfangreiches Wissen über die Karawanenwege mit ihren Rastplätzen, über Tauschrelationen vor Ort und die historisch verankerten Handelspartnerschaften. Dieses Wissen wird vom Vater auf die Söhne weitergegeben, wenn die Jungen ab einem Alter von 7 Jahren auf die Reisen mitgenommen werden. Die Durchführung von Handelskarawanen ist ein wichtiges Element männlicher Identität und ist mit Werten wie Mut und Ausdauer besetzt. Hiermit zusammenhängend stellen Esel und Maultiere männliche Prestigeobjekte dar, was vor allem beim *rodeo*, dem jährlichen Zusammentreiben der Esel zwecks ihrer Markierung, deutlich wird. Zu diesem Ereignis kommen sogar viele der migrierten jungen Männer zu Besuch. Männer sind die zentralen Akteure beim *rodeo* und den mit ihm zusammenhängenden rituellen Praktiken, während Frauen dort eher als Zuschauerinnen am Rande auftreten. Dies stellt einen Kontrast zu den Ritualen der Herdentiere, in denen Männer und Frauen gleichwertig präsent sind, dar.

Die lokal von Männern durchgeführten Arbeiten werden entweder als zu schwer für Frauen angesehen (z. B. Ergreifen von Tieren, Reparatur von Häusern und Korralen), oder es wird darauf hingewiesen, daß sie spezielle männliche Fähigkeiten (Kastration) erfordern oder Kenntnisse, die traditionell nur über die männliche Linie weitergegeben werden (Anbau von Pflanzen, Weben mit dem Trittwebstuhl). Die Betonung der Gartenarbeit und des Webens als männliche Tätigkeit wird nach außen dadurch unterstrichen, daß ein Garten (*rastrojo*) oder ein Trittwebstuhl (*telar*) immer mit dem Namen eines Mannes in Verbindung gebracht wird, und zwar mit dem Namen des männlichen Haushaltsvorstandes oder dem des alten Mannes eines Haushaltes, der den Garten pflegt bzw. webt.

Entsprechend dieser geschlechtsspezifischen Zuschreibung ökonomischer Aktivitäten fallen Entscheidungen bezüglich des Anbaus von Pflanzen, Lohnarbeit und der Durchführung von Handelskarawanen in den männlichen Kompetenzbereich. Ausschlaggebende Entscheidungsträger sind der männliche Haushaltsvorstand und im Falle seiner Abwesenheit der jeweils Älteste der anwesenden Söhne (über 14 Jahre). In Haushalten mit weiblichem Haushaltsvorstand, in denen alte Männer leben, kommt diesen bei Entscheidungen eine wichtige Rolle zu; ansonsten liegen sie in der Hand der Söhne.

In der Außenwahrnehmung gilt, vom Kontext der direkten pastoralen Produktion einmal abgesehen, der Ehemann als Haushaltsvorstand. In Haushalten ohne jüngere Männer ist diejenige Frau Haushaltsvorstand, die auch als zuständig für die Herden angesehen wird.

Das tägliche Hüten von Lamas, Schafen und Ziegen und die Routinearbeiten mit den Tieren fallen in den Zuständigkeitsbereich von Frauen (vgl. Tab.1). Sie werden beim Hüten von den Kindern, insbesondere ihren Töchtern und Enkelinnen unterstützt, sofern diese nicht zur Schule müssen (Vorschulalter und Ferien). Frauen besitzen genaue Kenntnisse über den aktuellen Zustand der Herden, Wasserstellen und Weiden sowie das Wissen über den angemessenen Umgang mit Tieren und Ressourcen, der die ambivalente Stellung und die vielfältigen Ausprägungen der „Mutter Erde" (*pachamama*), die als Lebensprinzip gilt, berücksichtigt. Alte Frauen werden wegen ihrer großen Erfahrung in dieser Hinsicht besonders respektiert. Nicht nur der allmorgendliche Entscheidungsprozeß, wohin man an diesem Tag mit den Herden zieht, auch die ausführlichen Diskussionen über Fragen wie Schlachtung, Kastration, Schur oder Krankheitsbehandlung eines Tieres werden von den Meinungsäußerungen der Frauen und Mädchen eines Haushaltes bestimmt. Die endgültige Entscheidung trifft dann aber immer diejenige Frau, die strukturell als „zuständig für die Herden" (*hecha cargo de los rebaños*) gilt. Dies ist entweder die Ehefrau des männlichen Haushaltsvorstandes oder – im Falle eines Haushaltes ohne jüngeren erwachsenen Mann – der weibliche Haushaltsvorstand. An Tierritualen, wie dem zentralen Markierungsritual, der *señalada*, nehmen zwar Männer und Frauen gleichermaßen teil (vgl. Tab.1), doch gelten die Ehefrau oder der weibliche Haushaltsvorstand als verläßlichere Referentinnen für einen korrekten Ablauf der komplexen Opferungen an die „Mutter-Erde". Führt ein Ehepaar das Ritual durch, ist aber bei der Umsetzung der rituellen Praktiken keine nach außen getragene Sonderrolle der Frau erkennbar.

Diese kurze Darstellung weist auf zwei Aspekte hin. Zum einen verdeutlicht sie die Identifikation der Frauen mit dem Management der Herden. Zum anderen zeigt sie, daß das Alter ein wichtiges Kriterium der Differenzierung von Frauen, insbesondere ihrer Machtposition, ist. Die Identifikation der Frauen mit dem Management von Lamas, Schafen und Ziegen wird in unterschiedlichen Kontextualisierungen deutlich. So bezeichnet man in Alltagsgesprächen Frauen, die vor allem „in den Bergen" wohnen, als Hirtinnen (*ovejeras*). Diese Frauen geben als ihre Haupttätigkeit generell das Hüten von Tieren an (*pastoreo las ovejas*). Bezieht man sich in Unterhaltungen allgemein auf die Herde (*hacienda*) oder auf einzelne Tiere eines Haushaltes, so werden diese immer einer Frau zugeordnet. Man spricht von „der Herde oder dem Schaf von Doña ..." und nennt in diesem Zusammenhang den Namen der Ehefrau eines männlichen Haushaltsvorstandes oder den des weiblichen Haushaltsvorstandes. In Diskursen innerhalb eines Haushaltes werden Tiere jedoch Einzelpersonen zugeschrieben, wobei neben den Haushaltsmitgliedern auch migrierte Familienmitglieder Tierbesitzer sein können. Dieser Bruch zwischen der haushaltsinternen Formulierung von Besitz und der externen Besitzzuschreibung verdeutlicht, wie sich je nach Situation andere Bedeutungszusammenhänge konstituieren können.

Auch die Weiden und die dazugehörigen Weidestationen werden mit der Ehefrau eines männlichen Haushaltsvorstandes oder mit einem weiblichen Haushaltsvorstand in Verbindung gebracht. Dies ist auch dann der Fall, wenn die Frau – der Norm entsprechend – nach der Eheschließung in das Weidegebiet des Mannes gezogen ist, das dieser von seinen Eltern oder seiner Mutter erhalten hatte. Obwohl das Weidegebiet nach einer Hochzeit rechtlich über die männliche Linie weitergegeben wird, sind der Name einer Weide, ihre praktische Nutzung, die Verfügung über sie sowie das Wissen über die Merkmale der Weide und die in ihr vorhandenen Wasserstellen und Weidestationen im ‚Besitz' der Ehefrau. Im Falle eines Haushaltes ohne erwachsene Männer werden die Weiden und ein Großteil der Herde an diejenige Tochter vererbt, die für die Versorgung der Mutter oder der Eltern verantwortlich gemacht wird, wenn diese ein Alter von circa 60 Jahren erreicht hat bzw. haben.

Weidegebiete und Weidestationen (und in gewissen Kontexten auch die Herden) stellen materielle Verdichtungen weiblicher Identität dar, die einen geschlechtspezifischen Handlungsraum abstecken und symbolisieren. Dagegen besitzen die Gehöfte, als Ganze betrachtet, einen eher geschlechtsneutralen Status. Spricht man allgemein von einem Gehöft, so wird entweder auf die Familie dort Bezug genommen („die Leute von Cuevas"; siehe Karte 2) oder der Ortsname des Gehöftes wird mit dem Namen des männlichen oder weiblichen Haushaltsvorstandes verknüpft („Cuevas, das Gehöft von Don Eloy" oder „Llamunar, das Gehöft von Doña Mercedes").

Wie diese Ausführungen verdeutlichen, spielen die tierzüchterische Praxis sowie die mit ihr verknüpften Herden, Weiden und Weidestationen bei der Konstituierung weiblicher Identitäten eine wichtige Rolle. Ein Leben als Hirtin und als Mutter – und nicht als Ehefrau – wird von Frauen und Männern weiterhin als typisch weibliche Biographie angesehen, trotz der aktuellen Brüche und Transformationen in den Geschlechterkonzeptualisierungen.

Dagegen wird bei der Selbstidentifikation und der Außenwahrnehmung von Männern auf die Elemente Geld (Lohnarbeit), Esel/Maultiere (Handelskarawanen) und Gärten zurückgegriffen. Die geschlechtsspezifischen Bezeichnungen für die lokalen Arbeitsarrangements spiegeln Aspekte dieser Kontrastierung wider (vgl. Tab. 1). Frauen werden traditionell als Hirtinnen (*ovejeras*) angeheuert, wohingegen Männer für kraftaufwendige Arbeiten wie den Hausbau herangezogen und im Rahmen dieser Kontrakte als *peones*, Lohnarbeiter, bezeichnet werden, d. h. mit Geld in Verbindung gebracht werden.

Esel/Maultiere und Geld symbolisieren außerdem die ökonomische Flexibilität und größere Mobilität der Männer. Lohnarbeit und Handelskarawanen führen die Männer in angrenzende Regionen des Andenhochlandes, zu den Ackerbauern in den Tälern und Oasen, auf die Plantagen des Tieflandes und in Städte wie Salta und Jujuy. Aus der Perspektive Huancars betrachtet, sind diese Gebiete männlich besetzt. Der großräumigen Erfahrung und Mobilität der Männer steht die lokale Fixierung der Frauen gegenüber. Ihr Erfahrungsraum ist zumeist auf das Weidegebiet begrenzt, auf die Weiden von Haushalten, zu denen soziale und ökonomische Kooperationsbeziehungen bestehen, und auf das Dorf Huancar.

Aufgrund ihrer traditionell größeren Außenorientierung besitzen Männer ein historisch gewachsenes Wissen im Umgang mit fremden ökonomischen, sozialen und kulturellen Kontexten. Dieser Erfahrungsvorsprung gegenüber den Frauen schlägt sich auch in einer aktiveren Rolle der Männer in öffentlichen Arenen nieder. Männer exponieren sich in den monatlichen Dorfversammlungen stärker als die Frauen aus den Bergen, die zumeist nur passiv abwartend im Hintergrund verharren; ein Auftreten, welches auch für andere Teile des Andenhochlandes belegt ist (vgl. Harris 1980). Ebenso artikulieren sie ihre Meinung gegenüber Politikern, Vertretern der staatlichen Administration und Repräsentanten der Kirche, wenn diese ins Dorf kommen. Eine 28jährige Hirtin begründete diese Unterschiede im Verhalten folgendermaßen:

> „Männer wissen einfach mehr. Sie sind rausgekommen, sind gereist und haben gesehen, wie die da unten leben. Sie verstehen die Art, wie die reden, können mit ihnen sprechen, auch wenn sie hier zu uns kommen, die Politiker und die von der Regierung. Wir dagegen verstehen deren Sprache nicht. Wir sind einfach zu dumm (*cortos de la cabeza*), weil wir immer nur bei den Tieren sind. Deswegen halten wir besser den Mund (*quedamos piola*)" [JS, 11/96].

Die Gegenüberstellung von männlichem Aktivismus und weiblicher Zurückhaltung, von Außenorientierung (*salir* – herauskommen) und lokaler Fixierung (*quedarse* – dableiben) weist Parallelen zu den kulturellen Ausdeutungen der Differenzen zwischen dem „Leben im Dorf" und dem „Leben in den Bergen" auf. Auch dort spielen ‚Wissen' und ‚Sprachfähigkeit' als Unterscheidungskriterien eine zentrale Rolle. Doch sind diese Elemente in divergente Bedeutungsgeflechte eingebettet. Männer viehzüchtender Haushalte sind Akteure der pastoralen Lebenswelt und fest in deren ökonomischen, sozialen und rituellen Praktiken verwurzelt. Die Personen, die permanent im Dorf leben, beziehen sich zwar in ihrer Außendarstellung auf den pastoralen Kontext und nehmen auch als Gäste an den zentralen Tierritualen teil. Doch basiert ihre Subsistenz nicht auf der Viehzucht, sondern auf Lohnarbeit, auf Renten aus vergangener permanenter Lohnarbeit, und dem Führen von kleinen Lebensmittelgeschäften, Strategien also, die eng mit staatlichen und kapitalistischen Strukturen verknüpft sind. Dementsprechend orientieren sich ihre Alltagspraktiken und ihre Sprache weitaus stärker an der dominanten urbanen Kultur, als dies bei Mitgliedern viehzüchtender Haushalte der Fall ist.

Der sprachliche Vorteil der Männer und ihre umfangreichere soziale Erfahrung stellen in den Institutionen der Selbstverwaltung des Distriktes (Dorfversammlungen, Schul-Komissionen, Verwaltungsrat der Kapelle) ein machtpolitisches Kapital dar. Dieses Wissen geht aber nicht mit einer größeren Machtposition der Männer innerhalb pastoraler Haushalte einher. Ein Grund hierfür ist die wichtige ökonomische Stellung von Frauen. Herdentiere werden als die ‚Sparbüchse' eines Haushaltes angesehen, die eine basale Nahrungsversorgung garantiert. Die Rationalität dieser Einschätzung wird deutlich, wenn man die instabilen makro-ökonomischen Bedingungen in Nordwest-Argentinien berücksichtigt, aufgrund derer die Höhe und die Dauer von Geldeinnahmen durch temporäre Lohnarbeit unvorhersehbar fluktuieren. Eine weitere Ursache für die Machtposition der Frauen ist die häufige Abwesenheit von Männern, während der die Frauen in weiten Bereichen die alltäglichen Abläufe innerhalb des Haushaltes bestimmen.

Beide hier erwähnten Faktoren lassen jedoch nicht einfach den Umkehrschluß zu, Frauen, speziell Ehefrauen, würden in viehzüchtenden Haushalten dominieren. Die einem spezifischen Geschlecht zugeschriebenen ökonomischen Handlungen werden nicht als gegenläufige, konkurrierende oder ungleichwertige Aktivitäten, sondern als sich ergänzende Aktivitäten verstanden. Die Geschlechterdifferenz schlägt sich also nicht in einer hierarchischen Anordnung von Mann und Frau nieder. Diese Vorstellung von zwei autonomen Teilen, die sich zu einem Ganzen ergänzen, weist Bezüge zu dem Geschlechterverständnis in anderen Regionen des Andenhochlandes auf (siehe z. B. Harris 1980; Platt 1986; Skar 1993a). Ein anderes Merkmal der Komplementarität ist ihre Dynamik. Während bestimmter Phasen des Jahreszyklus (z. B. Februar) wird die Subsistenz vor allem über Tierfleisch abgesichert, weil es nur wenige Arbeitsangebote oder keinen Absatz für Weberei und Salz in den Tälern gibt. Frauen, insbesondere Ehefrauen, haben in dieser Zeit eine bessere Verhandlungsposition in Machtauseinandersetzungen mit Männern. Zu einem anderen Zeitpunkt (September–Oktober), wenn Weidevorkommen besonders knapp sind und dementsprechend der Zustand der

Herden kritisch ist, gewinnen Lohnarbeit und Handelskarawanen an Bedeutung. Es kann also im Laufe eines Jahres innerhalb eines Haushaltes zu Verschiebungen in den Machtpositionen der Geschlechter kommen, die Neuverhandlungen der sozialen Beziehungen erfordern. Die ökonomischen Interdependenzen verhindern aber, daß der Ehemann oder die Ehefrau eine dauerhafte hegemoniale Stellung ausbauen und stabilisieren können.

Die hier skizzierte Logik einer ökonomischen Komplementarität bei gleichzeitiger Autonomie der Geschlechter ist auch in denjenigen viehzüchtenden Haushalten von Relevanz, in denen keine erwachsenen Männer leben, nur Männer, die älter als 60 Jahre sind, oder nur behinderte junge Männer. Doch ist dort die ökonomische Komplementarität anders ausgeprägt und wird in Kontexte außerhalb des Haushaltes verlagert.

Im Gegensatz zu Haushalten mit (jüngeren) Männern steht diesen Familien innerhalb des Haushaltes ein weitaus begrenzteres Spektrum ökonomischer Strategien zur Verfügung. Es fällt die temporäre Lohnarbeit in Minen oder auf Plantagen als zusätzliche Einnahmequelle weg, und Gärten werden nur dann angelegt, wenn alte, noch rüstige Männer im Haushalt leben. Wie sie selbst betonen, setzen deshalb diese Familien vor allem auf die Tierhaltung. Trotzdem stellen Haushalte, denen eine Frau vorsteht, nicht die ärmsten Haushalte des Distriktes dar; zumindest dann, wenn außer ihr noch weitere (weibliche) Arbeitskräfte vorhanden sind. Denn über eine Reihe von Instrumentarien können diese Haushalte ihre Herden und die Menge an Tierprodukten vergrößern und so die pastorale Produktion stärken. Diese Instrumentarien ermöglichen es außerdem, männliche Arbeitsbereiche in die Haushaltsökonomie einzubinden und auf diese Weise deren geschlechtliche Begrenzungen zu durchbrechen.

Zum einen können sich die Frauen als Hirtinnen (*ovejera*) anheuern lassen, was zumeist mit Fleisch, Wolle oder Tieren entschädigt wird. Zum anderen können die Haushalte durch die Übernahme fremder Herden Zugang zu anderen Weiden gewinnen und als zusätzliche Bezahlung Tiere und Tierprodukte erhalten. Mit diesen Überschüssen werben sie dann auch Männer für die Durchführung kraftaufwendiger und spezieller männlicher Tätigkeiten an (Kastration, Ergreifen von Tieren usw.). Andere Formen von Vereinbarungen erlauben es, sich in Handelskarawanen einzuklinken, um Wolle, Fleisch, Käse und Strickwaren aus eigener Produktion mitzugeben und gegen Agrarprodukte eintauschen zu lassen. Für alle erwähnten Arrangements sind *compadrazgo*-Bande, die die Verpflichtung gegenseitiger Hilfeleistungen beinhalten, von großer Bedeutung (vgl. Göbel 1997a). Dementsprechend investieren Haushalte ohne (jüngere) Männer in diese sozialen Kooperationsnetzwerke (Einladung zu Festen, Übernahme von Patenschaften). Darüber hinaus greifen sie in weitaus größerem Umfang als andere Haushalte auf die hier skizzierten Arrangements zurück.

Die Unterschiede in der sozialen Zusammensetzung und Organisation viehzüchtender Haushalte gehen nicht mit einer anderen Zuordnung geschlechtsspezifischer Tätigkeiten einher. Wie obige Darstellung andeutet, existieren jedoch Differenzen in der praktischen Umsetzung der geschlechtlichen Arbeitsteilung. Ebenso zeigen sich Abweichungen bei der Konkretisierung des Grundmusters der Sozialisation von Geschlechteridentitäten. Auf einer normativen Ebene ist das Grundmuster in beiden Haushaltstypen und darüber hinaus auch zwischen verheirateten und unverheirateten Frauen gleich. Wenn, zum Beispiel, eine Frau ohne festen Partner lebt, dann wird ihr Sohn von seinem Großvater oder Onkel mütterlicherseits oder dem Patenonkel, dem *compadre*, in den als männlich angesehenen Arbeiten unterwiesen. Im Falle von Ehepartnern übernimmt diese Rolle dagegen der Vater des Kindes.

Zwei weitere Aspekte, die Variationen innerhalb der Geschlechteridentitäten offenbaren, sind nicht so sehr mit den beiden Typen viehzüchtender Haushalte verknüpft, als mit den Differenzen zwischen verheirateten Frauen und Frauen ohne festen Partner. Denn letzere können als unverheiratete Töchter mit ihren Kindern auch in einem Haushalt mit männlichem Haushaltsvorstand leben. Ein Unterschied ist, daß partnerlose Frauen sich im Vergleich zu verheirateten Frauen als sozial autonomer einschätzen. Sie betonen, daß sie, wenn überhaupt, nur ihrer Mutter oder ihren Eltern Rechenschaft schuldig seien, weil sie mit ihnen zusammenlebten. Wegen dieser persönliche Freiheit empfinden sie es auch nicht als Nachteil, mit keinem festen Partner zusammenzuleben. Diese Frauen konzeptualisieren und erfahren die Mobilität von Männern nicht allein als ökonomische und soziale Beweglichkeit, sondern – in weitaus größerem Maße als verheiratete Frauen dies tun – auch als eine sexuelle Mobilität. Unverheiratete Frauen haben von mehreren Männern Kinder und unverheiratete Männer sexuelle Beziehungen zu einer Vielzahl an Frauen. Es sind dies zumeist junge Männer aus Haushalten des Distriktes oder migrierte Männer, die zu Besuch nach Huancar kommen. Außereheliche Beziehungen von Eheleuten sind weitaus seltener und beschränken sich zumeist auf die Karnevalszeit. Auch werden sie stärker sanktioniert. Der jeweilige Vater eines Kindes ist zwar immer sozial bekannt, doch werden Väter kaum zu ökonomischen Leistungen gezwungen. Auch Mütter, die selbst Töchter mit unehelichen Kindern haben, setzen ihre Söhne diesbezüglich nicht unter Druck. Wird etwas zum Unterhalt eines Kindes beigesteuert (Nahrungsmittel oder Kleider), dann geschieht dies häufig über die Großmutter väterlicherseits.

Während die Ideologie des Verhältnisses zwischen Ehepartnern mit dem Bild von der notwendigen Ergänzung autonomer Teile erfaßt werden kann, präsentieren sich die Beziehungen zwischen unverheirateten Männern und Frauen als komplexe Geflechte unterschiedlicher Interaktionsstränge und fluktuierender Interaktionsintensitäten, die nur schwer auf ein Grundprinzip zu reduzieren sind. In manchen Kontexten werden Männer zeitweilig über bestimmte Arrangements an die Haushaltsökonomie angebunden, in anderen, wie den der Erziehung ihrer Kinder, spielen sie so gut wie überhaupt keine Rolle. Auch gehen sexuelle Kontakte nicht notwendigerweise mit engen sozialen Beziehungen einher. In der weiblichen Perspektive kontrastiert diese Volatilität in den Interaktionen mit Männern mit der Stabilität der intergenerationellen Beziehungen zwischen Frauen. Trotz dieser Unterschiede zwischen verheirateten und unverheirateten Frauen ist aber die Abgrenzung geschlechtsspezifischer Räume eine zentrale Referenzachse der Geschlechterkonzeptualisierungen beider Gruppen.

In der Sozialisation der Kinder viehzüchtender Haushalte wird dieses Grundmuster geschlechtlicher Arbeitsteilung über verschiedene, sozial definierte Altersstufen hinweg immer stärker verdichtet. Bis zu einem Alter von vier Jahren wird ein Kind als Baby (*guagua*) bezeichnet. Seine Versorgung gilt als ausschließliche Aufgabe von Frauen (vgl. Tab. 1), wobei sich neben der Mutter auch Tanten, Schwestern und die Großmutter um das Kleinkind kümmern. Ab dem vierten Lebensjahr, wenn ein Kind klar sprechen kann und den ersten rituellen Haarschnitt (*ruti*) erhalten hat, wird es für kleinere Arbeiten im Haushalt herangezogen. Erst nach dem Schuleintritt, d. h. ab einem Alter von sechs bis sieben Jahren, findet eine stärker geschlechtsspezifische Arbeitszuweisung statt. Die Geschlechterdifferenz, die hierbei gegenüber den Kindern offengelegt wird, verfestigt sich im Laufe der Zeit dann über die Praxis. Zwar helfen von diesem Zeitpunkt an auch die Jungen beim Tierehüten mit, doch werden Mädchen in einem weitaus größeren Umfang in die Verantwortung für die Herdentiere miteinbezogen. Geht z. B. ein Tier verloren, schimpfen die Frauen nicht die Jungen, sondern die Mädchen aus. Darüber hinaus müssen Mädchen häufiger bei der Essenszubereitung und beim Wäschewaschen mitarbeiten, während die Mütter den Jungen insgesamt mehr Spielfreiheit zugestehen und nicht so streng mit ihnen umgehen. Väter oder Großväter nehmen Jungen ab dem siebten Lebensjahr zum ersten Mal bei Handelskarawanen mit und instruieren sie auch in der Gartenarbeit. Geschlechtsneutrale Aktivitäten werden ebenfalls in dieser Phase definiert. So wird beispielsweise Jungen und Mädchen nach dem Schuleintritt Spinnen und Stricken beigebracht.

Die nächste sozial markierte Lebensstufe stellt die Beendigung der Grundschule mit 14 Jahren dar, ab der die jungen Erwachsenen (*mozo* oder *moza*) als eigenständige, autonome Personen anerkannt werden. Traditionell gabeln sich an dieser Stelle die weiblichen und männlichen Lebenswege. Die jungen Frauen lassen sich nun vollständig in das alltägliche Herdenmanagement einbinden und gewinnen dadurch eine weitaus bedeutendere Stellung in der Haushaltsökonomie. Außerdem gehen sie mit anderen Haushalten verstärkt Arbeitsarrangements als Hirtinnen ein, um zusätzliches ökonomisches Kapital in Form von Tieren, Fleisch und Wolle zu akkumulieren. Jungen Männern wird, im Gegensatz zu den jungen Frauen, erst einmal ein Zeitraum von zwei bis drei Jahren eingeräumt, in dem sie sich noch nicht festlegen müssen. In dieser Zeit sollen sie flexibel verschiedene ökonomische Strategien ausprobieren, „etwas herumkommen und erst einmal darüber nachdenken, was sie sich zutrauen“ (*pensar, que se animan*). Die Notwendigkeit von Mobilität und Außenorientierung in der männlichen Biographie wird hierbei von Anfang an betont, insbesondere von den Müttern. Erst nach Ablauf der zwei- bis dreijährigen Frist wird von den Jugendlichen erwartet, daß sie sich endgültig entscheiden, ob sie definitiv migrieren wollen, um Arbeit in der Stadt zu suchen oder auf die Oberschule zu gehen, oder ob sie dableiben wollen. In diesem Fall versuchen sie dann, temporäre Lohnkontrakte zu ergattern und eigenständig Handelskarawanen durchzuführen. In diesem Zusammenhang erlernen sie dann auch von ihren Vätern oder Großvätern das Weben mit dem Trittwebstuhl.

Nicht allein in ökonomischer, auch in sozialer Hinsicht haben die jungen Frauen und Männer vom 14. Lebensjahr an eine andere Position inne. Dies gilt nicht nur innerhalb der Familie, sondern auch für soziale Interaktionen mit Personen aus anderen Haushalten und für die Aushandlung geschlechtlicher Identitäten. So dürfen sie nun an allen Festen in Huancar teilnehmen (Karneval und Heiligenfeste). Feste gehören zu den wenigen Ereignissen, zu denen sowohl die älteren als auch die jüngeren Bewohner der weit verstreuten Gehöfte zusammenkommen. Sie sind durch einen starken Alkoholkonsum gekennzeichnet und gelten als Arenen zur Anbahnung sexueller Beziehungen. Dementsprechend sind Feste für junge Männer geeignete öffentliche Bühnen, auf der sie ihre Virilität zur Schau stellen können, um so an männlicher Reputation zu gewinnen. Die jungen Frauen exponieren sich auf den Festen nicht so stark wie die Männer, doch ziehen sie sich auch nicht zurück. Zumeist bekommen sie zwischen 14 und 16 Jahren ihr erstes Kind. Eine frühe Mutterschaft ist einer der Hauptgründe, den Frauen dafür anführen, daß sie nicht wie die Männer in das Tiefland migrieren können.

Das hier skizzierte Grundschema geschlechtlicher Sozialisation im pastoralen Kontext weist seit kurzem einige Risse auf, die mit der Umdefinition zentraler Aspekte des Geschlechterverständnisses in einigen Haushalten verknüpft ist.

Aktuelle Brüche geschlechtlicher Identität

Der sprunghafte Anstieg staatlicher und kirchlicher Aktivitäten im Dorf Huancar schuf neue ökonomische Alternativen für Männer und Frauen, insbesondere junge Männer und Frauen. So werden seit zwei Jahren Lohnarbeitsprogramme aufgelegt, die immer wieder einige mehrmonatige Lohnkontrakte für dörfliche Infrastrukturmaßnahmen, Arbeit in der kommunalen Küche für Kleinkinder und für die Betreuung von Kleinkindern vergeben. Trotz ihrer zeitlichen Begrenzung ist für jüngere Männer die lokale Lohnarbeit attraktiv. Denn aufgrund der Verschärfung der makro-ökonomischen Krise in Nordwest-Argentinien ist es erheblich schwieriger für sie geworden, auf Minen und Plantagen Arbeit zu finden. Da sie zumeist noch keine stabilen Arbeitsverhältnisse aufbauen konnten und wegen der Entfernungen nicht über die aktuelle Angebotslage informiert sind, hat sich das Risiko, umsonst in eine Reise dorthin zu investieren, erheblich erhöht. Entsprechend dieser Entwicklung bleiben immer mehr junge Männer im Dorf (Ende 1996 etwa sechs). Für junge Frauen stellt das lokale Arbeitsprogramm die einzige Möglichkeit einer größeren Geldeinnahme dar, ohne definitv in die Städte migrieren zu müssen. Auf der anderen Seite werden Ernährungs- und Erziehungsprogramme im Dorf umgesetzt, die Serviceleistungen (Betreuung, Unterricht) und Materialspenden (Essen, Nahrungsmittel, Kleidung) für Kleinkinder und Vorschulkinder beinhalten. Um diese staatlichen und kirchlichen Programme effektiv nutzen zu können, ist es von Vorteil, sich häufig im Dorf aufzuhalten. Dies ermöglicht einem dann auch, sich in die von dörflichen Haushalten lokal manipulierten Klientelismusstrukturen der politischen Parteien und kirchlichen Organisationen einzuklinken, über die Jobs und Waren vergeben werden.

Für junge Frauen hängt die Möglichkeit ausgedehnterer Dorfaufenthalte jedoch entscheidend davon ab, ob in ihren Haushalten noch genügend andere Frauen leben, die während ihrer Abwesenheit das alltägliche Herdenmanagement übernehmen können. Dementsprechend ist nur eine relativ geringe Zahl an Frauen, seit 1995 etwa fünf unverheiratete Mütter mit ihren kleinen Kindern, für größere Zeitabschnitte (drei Wochen bis mehrere Monate) von den Bergen ins Dorf gezogen. Diese Frauen werden weiterhin als Mitglieder ihres Urprungshaushaltes angesehen und helfen auch beim Hüten der Herden mit, wenn sie nach etwa einem Monat für ein paar Tage oder mehrere Wochen zurück in die Berge kommen. Doch konstatieren ihre Familienangehörigen und andere Bewohner des Distriktes, daß ihr Lebensstil und ihr Verhalten immer deutlicher von dem „Leben in den Bergen" abzuweichen beginnt. Die Unterschiede faßt eine 50jährige Hirtin folgendermaßen zusammen:

> „Die jungen Frauen müssen im Dorf nicht so früh aufstehen wie wir in den Bergen, um Holz zu holen, die *tortillas* zu backen, zu kochen oder nach den Tieren zu sehen. Sie haben dort im Dorf zwar auch ihre Arbeiten, doch sind sie schon etwas bequemer geworden und müssen nicht mehr unter freiem Himmel schlafen. Die Frauen sind aber auch schlauer geworden. Dadurch, daß alle im Dorf nahe beieinander wohnen und am Nachmittag an der Plaza zusammensitzen, sprechen die jungen Frauen fast täglich miteinander und besuchen sich auch viel häufiger.

> Und weil sie öfter im Dorf sind, sehen sie auch mehr Menschen von außerhalb und beginnen sich zu trauen, Fragen zu stellen. Selbst bei ihren kleinen Kindern merkt man das schon. Sie sprechen klarer und mehr und sind gegenüber Erwachsenen zutraulicher als die Kinder in den Bergen. Nur, wie man Tiere hütet, wissen die nicht. Ihre Mütter haben das noch gelernt. Sie wissen, was sie zu tun haben, wenn sie wieder in den Bergen sind und haben deshalb auch immer etwas zu essen. Wovon die Mädchen aber leben sollen, wenn sie einmal groß sind, weiß ich nicht. Denn wenn sie nicht mehr mit Tieren umgehen können, ja dann haben sie hier auch nichts mehr zum Leben und dann müssen sie wegziehen“ [JL 10/96].

Die Situationsanalyse der Hirtin verdeutlicht, daß die jungen Frauen zwar noch mit der Tierhaltung in Verbindung gebracht werden, sich aber für sie im Dorf neue Handlungsräume konstituiert haben, die die geschlechtsspezifischen Zuordnungen des pastoralen Kontextes in Frage stellen. Sie durchbrechen dadurch die Kontrastierung zwischen dem „Leben im Dorf“ und dem „Leben in den Bergen“. Lohnarbeit, eine größere Dichte sozialer Interaktionen und eine aktive Rolle in öffentlichen Arenen sind Erfahrungen, die normalerweise den erwachsenen Mitgliedern dörflicher Haushalte oder den Männern in viehzüchtenden Haushalten zugeschrieben werden. Doch haben sich die jungen Frauen im Gegensatz zu den Haushalten im Dorf (noch) nicht vom Herdenmanagement distanziert. Wenn sie sich in den Bergen aufhalten, passen sie sich sofort in ihrer Kleidung, den Essensgewohnheiten und in ihrem Verhalten an die pastorale Lebenswelt an. Anstatt diese Lebenswelt auszugrenzen, bewegen sich diese Frauen also zwischen den Bergen und dem Dorf hin und her, um auf diese Weise die Vorteile beider Kontexte, die des pastoralen und die des dörflichen Kontextes, nutzen zu können.

Die fünf jungen Frauen, die sich jetzt längerfristig im Dorf Huancar aufhalten, führen mehrere Gründe für dieses Vorgehen an. Auf der einen Seite erscheinen ihnen die institutionellen Strukturen zu instabil, als daß sie ausschließlich auf die staatlichen und kirchlichen Hilfsprogramme setzen möchten. Sie greifen deshalb weiterhin auf die Tiere als Fleisch-, Woll- und Milch- bzw. Käselieferanten zurück. Dies impliziert aber, daß sie weiterhin in pastorale Haushalte eingebunden sein müssen und ihre Aktivitäten im Dorf auch in diese zurückwirken. Auf der anderen Seite betonen die Frauen aber, daß sie sich der Monotonie und Härte des Lebens in den Bergen entziehen wollen. Sie möchten in stärkerem Maße so leben wie diejenigen, die in die Städte migriert sind und an deren Verhalten und Äußerem sich auch die dörflichen Haushalte orientieren.

Bei der sich abzeichnenden Neudefinition der Geschlechteridentitäten spielt also nicht die Unterscheidung zwischen „dem Leben in den Bergen“ und „dem Leben im Dorf“ eine Rolle, sondern die Kombination beider Lebenswelten. Ein Aspekt der aktuellen Transformationen in den Beziehungen zwischen den jungen Frauen und Männern, die jetzt für längere Zeiträume im

Dorf sind, ist, daß erstere sozial mobiler und ökonomisch flexibler geworden sind, während sich die räumliche Mobilität der jungen Männer verringert hat. Die fünf unverheirateten Frauen ergänzen mehrere ökonomische Strategien, ohne hierfür, wie es traditionell der Fall ist, notwendigerweise auf Männer zurückzugreifen zu müssen. Die in dieser Hinsicht größere ökonomische Autonomie der Frauen kontrastiert mit einer deutlichen Zunahme ihrer sozialen Interaktionen mit jungen Männern im dörflichen Alltagsleben (Gespräche, gemeinsames Kartenspiel etc.), die die traditionell starke sexuelle Komponente in den Beziehungen zwischen unverheirateten Männern und Frauen relativieren.

Inwieweit sich diese aktuellen Trends zu einem alternativen Modell pastoraler Haushalte verstärken oder ob sie nur Übergangsphasen in einem Prozeß der sukzessiven Ablösung der pastoralen Produktion darstellen, wie es die Hirtin für die Nachfolgegeneration vorhersagt, ist noch nicht abzuschätzen.

Schlußfolgerung

Die Geschlechteridentitäten im Distrikt Huancar sind in multiple Bedeutungsdimensionen sozialer Differenz eingebettet. Die einzelnen Bedeutungsdimensionen, die sich in den Akteuren brechen, können je nach Kontext stärker in den Vordergrund treten, deutlicher ein- oder ausgeblendet werden. Interessant ist, daß bei der Definition dieser Dimensionen der pastoralen Lebenswelt eine herausragende Stellung zukommt. Dies offenbart die engen Wechselbeziehungen zwischen ökonomischem Handeln, kulturellen Bedeutungen und der Konstruktion von Identität. Die vorangegangenen Ausführungen zeigen jedoch auch, daß die pastorale Praxis auf vielfältige Weise als Referenzpunkt verwendet und mit jeweils unterschiedlichen semantischen Nuancen versehen wird. Stellt sie für die Konstituierung eines nach außen vorgetragenen ‚Wir-Gefühls' ein verbindenes Element dar, auf welches auch diejenigen Personen zurückgreifen, die nicht mehr von der Tierhaltung leben, so gilt sie innerhalb der Gemeinschaft als ein zentrales Differenzierungselement. Zum einen wird zwischen viehzüchtenden Haushalten und Haushalten, deren Subsistenz auf anderen ökonomischen Strategien basiert, unterschieden, wobei erstere mit dem „Leben in den Bergen" und zweitere mit dem „Leben im Dorf" in Verbindung gebracht werden. Das „Leben in den Bergen" bricht wiederum die Dualität *banda – costa* auf, was die Kontextabhängigkeit räumlicher Identitäten in Huancar verdeutlicht. Zum anderen wird innerhalb viehzüchtender Haushalte auf das alltägliche Herdenmanagement Bezug genommen, um weibliche von männlichen Handlungsräumen abzugrenzen. In diesem Bedeutungszusammenhang wird nicht so sehr die Tierhaltung, sondern vor allem die großräumige Mobilität und Außenorientierung der Männer betont. Bei der

Definition von Geschlechteridentitäten werden also andere semantische Komponenten der pastoralen Lebensweise in den Vordergrund gestellt, als dies bei der Abgrenzung des „Lebens in den Bergen" von dem „Leben im Dorf" der Fall ist.

Die Darstellung verdeutlichte darüber hinaus, daß die unterschiedlichen Bedeutungsdimensionen sozialer Differenz sich nicht allein in den Diskursen auf einer normativen Ebene niederschlagen oder über das praktische Handeln reproduziert werden. Die sozialen Identitäten sind auch materiell in der kulturellen Topographie des Untersuchungsgebietes verdichtet. Materielle Kondensatoren weiblicher Identität sind Weidegebiete, Weidestationen und eingeschränkt auch die Herden; wohingegen Esel, Maultiere, Gärten und Webstühle als Symbole männlicher Identität gelten. Doch auch hier sind die Interpretationen kontextabhängig. Während die Gehöfte bei der Gegenüberstellung vom „Leben in den Bergen" und dem „im Dorf" ein zentrales, materiell sichtbares Kontrastierungselement darstellen, gelten sie im Kontext der Geschlechterdifferenz als geschlechtsneutrale Orte.

Ein weiteres Ergebnis des Beitrages ist die Dekonstruktion von Geschlecht als homogener Kategorie. Neben den Gemeinsamkeiten in den Geschlechteridentitäten existieren ebenso trennende Elemente, die partiell unterschiedliche, teilweise sogar konkurrierende Konstrukte von Geschlecht mit sich bringen. Ein Element der Verschiedenheit von Frauen ist z. B. ihre Zugehörigkeit zu einem dörflichen oder einem viehzüchtenden Haushalt. Bei der Abgrenzung der Identitäten wird hierbei auf die ökonomische Praxis und auf Eigenschaften wie eine stärkere Außenorientierung und eine größere Sprachfertigkeit zurückgegriffen; auf Elemente also, die eng mit der Definition des „Lebens im Dorf" verbunden sind. Dies unterstreicht ebenfalls die Überlagerung und Hybridisierung von Metaphern sozialer Identität in Huancar, die eine kontextbezogene Interpretation unter Berücksichtigung des gesamtkulturellen Rahmens als notwendig erscheinen lassen. Zusätzliche Differenzierungskriterien von Frauen sind Alter, ihre strukturelle Stellung im Haushalt (z. B., ob sie als Entscheidungsträgerinnen für das Herdenmanagement gelten) und die Anzahl ihrer Kinder. Obwohl sich die Frauen im pastoralen Kontext an den gleichen Grundmustern geschlechtsspezifischer Arbeitszuweisungen orientieren, weicht deren praktische Umsetzung je nachdem, ob in einer Familie jüngere erwachsene Männer leben oder ob die Frau keinen festen Partner hat, voneinander ab. Die Vorstellung einer Komplementarität autonomer Teile, die den Geschlechterkonzeptualisierungen normativ zugrundeliegt, schlägt sich in den Beziehungen zwischen Ehepartnern weitaus eindeutiger nieder als in den Interaktionen zwischen unverheirateten Männern und Frauen.

Die Einbeziehung einiger aktueller Identitätsbrüche in die Untersuchung machte deutlich, daß die Zuordnung geschlechtsspezifischer Handlungsräume letztlich nur als ein analytischer Zwischenschritt statisch präsentiert werden kann. Sie zeigte aber auch, daß erst eine Auseinandersetzung mit der kulturellen Logik hinter den Mustern geschlechtlicher und allgemein sozialer Identität es ermöglicht, die Dynamik der Geschlechterrelationen und die Entstehung neuer Räume geschlechtlicher Differenz zu erfassen.

Anmerkungen

1 Während der erste Feldaufenthalt in Huancar über ein Postdoktoranden-Stipendium der DFG finanziert wurde, führte ich die zweite Feldstudie im Rahmen des Schwerpunktprogrammes „Mensch und globale Umweltveränderungen" der DFG durch.

2 Mitte 1993 besaßen fünf viehzüchtende Haushalte mehr als 350 Tiere, sechs dagegen nur zwischen 50 und 100 Tieren. Im Laufe des Jahres 1996, welches durch eine außergewöhnlich starke Dürre gekennzeichnet war, schrumpften die Herden fast aller Haushalte auf die Hälfte ihrer normalen Größe zusammen.

3 Orale und schriftliche historischer Quellen für die letzten einhundert Jahre belegen, daß ein hoher Anteil an männlichen Migranten und an unverheirateten Müttern zumindest in diesem Teil des Andenhochlandes keineswegs neue Entwicklungen sind.

Literatur

Barlett, Peggy (1989): Introduction: Dimensions and dilemmas of householding. In: Wilk, R. (ed.): *The household economy: reconsidering the domestic mode of production.* Boulder: Westview Press, S. 3–10

Cereceda, Verónica (1978): Sémiologie des tissues andins: les talegas de Isluga. In: *Annales: Economies, Sociétés, Civilisations* 33 (5–7), S. 1017–35

Delgado Fanny/ Barbara Göbel (1995): Departamento de Susques: la historia olvidada de la Puna de Atacama. In: Lagos, M (ed.): *Jujuy en su historia. Avances de investigación.* Jujuy: Universidad Nacional de Jujuy, S. 117–142

Göbel, Barbara (1997a): Risk, uncertainty and economic exchange in a pastoral community of the Andean highlands (NW-Argentine). In: Schweizer, Th./ D. White (eds.): *Kinship, networks and exchange.* Cambridge: Cambridge University Press, S. 158–177

Göbel, Barbara (1997b): Identidad y periferia: las caras de la identidad en Huancar (Puna de Atacama). In: García, J.C./ A. Isla. (eds.): *Identidad en los Andes.* Cuzco/Lima: Centro Bartolomé de Las Casas

Gose, Peter (1994): *Deathly waters and hungry mountains. Agrarian rituals and class formation in an Andean town.* Toronto: University of Toronto Press

Harris, Olivia (1980): The power of signs: gender, culture and the wild in the Bolivian Andes. In: MacCormack, C./ M. Strathern (eds.): *Nature, culture, and gender.* Cambridge: Cambridge University Press, S. 70–94

Harris, Olivia (1985): Ecological duality and the role of the center: Northern Potosí. In: Sh. Mazuda/ I. Shimada and C. Morris (eds.): *Andean ecology and civilization. An interdisciplinary perspective on Andean ecological complementary.* Tokyo: University of Tokyo Press, S. 311–335

Harris, Olivia (1986): From asymmetry to triangle: symbolic transformations in northern Potosí. In: Murra, J./ N. Wachtel and J. Revel (eds.): *Anthropological history of Andean Polities*. Cambridge: CUP, S. 260–279

Lagos, Maria. L. (1994): *Autonomy and power. The dynamic of class and culture in rural Bolivia*. Philadelphia: University of Pennsylvania Press

Leach, Melissa (1992): Women's crops in women's spaces: Gender relations in Mende rice farming. In: Croll, E./ D. Parkin (eds.): *Bush base: forest farm. Culture, environment and development.* London: Routledge, S. 76–96

Moore, Henrietta (1988): *Feminism and anthropology.* London: Polity Press

Moore, Henrietta (1992): Households and gender relations: the modelling of the economy. In: Ortiz, S./ S. Lees (eds.): *Understanding economic process.* (Monographs in Economic Anthropology 10). Lanham: University Press of America, S. 131–148

Moore, Henrietta (1994): *A passion for difference. Essays in anthropology and gender.* London: Polity Press

Platt, Tristan (1986): Mirrors and maize: the concept of yanantin among the Macha of Bolivia. In: Murra, J./ N. Wachtel and J. Revel (eds.): *Anthropological history of Andean Polities.* Cambridge: CUP, S. 228–259

Rosaldo, Michelle (1974): Woman, culture, and society: a theoretical overview. In: Rosaldo, M./ L. Lamphere (eds.): *Woman, culture, and society.* Stanford: Stanford University Press, S. 17–42

Skar, Harald (1982): *The warm valley people: Duality and land reform among the Quechua Indians of highland Peru.* New York. Columbia University Press

Skar, Sarah Lund (1993a): Marry the land, divorce the man: Quechua marriage and the problem of individual autonomy. In: Broch-Due, I./ I. Rudie and T. Bleie (eds.): *Carved flesh / cast selves. Gendered symbols and social practices.* Oxford: Berg, S. 129–146

Skar, Sarah Lund (1993b): Andean women and the concept of space/time. In: Ardener, S. (ed.): *Women and space. Ground rules and social maps.* Oxford: Berg, S. 31–45

Skar, Sarah Lund (1994): *Lives together – worlds apart. Quechua colonization in jungle and city.* Oslo: Scandinavian University Press

Elisabeth Tietmeyer

Geschlecht, Differenz und Gynaegamie

Zur Multiplikation von Geschlechterrollen in Afrika*

Vorbemerkung

Innerhalb der neueren ethnologischen Geschlechterforschung geht die Diskussion nicht mehr ausschließlich darum, die Differenz zwischen den Geschlechtern zu untersuchen, sondern auch die Unterschiede und die hierarchischen Verhältnisse innerhalb **einer** Geschlechtergruppe zu thematisieren (vgl. Barrett 1987; Moore 1993; Moore 1994). Machtverhältnisse zwischen Personen (-gruppen) sind von vielen unterschiedlichen, miteinander verbundenen Faktoren abhängig, wobei das Geschlecht einer der Faktoren sein kann (vgl. Lenz 1990:48).

In diesem Zusammenhang stellt sich die Frage, in welcher Beziehung Geschlecht und andere Formen sozialer Differenz in einer Gesellschaft zueinander stehen und welche hierarchischen Bezüge zwischen ihnen herrschen. Aus diesem Grunde erscheint es aufschlußreich, „the differences within rather than simply the differences between" (Moore 1993:204) zu untersuchen. Diese Forderung möchte ich aufgreifen, indem ich im folgenden anhand der Gynaegamie (‚Frauen/Frauen Heirat') die Konstruktion verschiedener Geschlechterrollen (*gender*) innerhalb der Gesellschaft der Gikuyu in Kenia darstellen werde. Ohne die vorherige Untersuchung der Unterschiede **zwischen** Frauen und **zwischen** Männern lassen sich aber die Gynaegamie und die mit ihr verbundenen *gender*-Konstruktionen schlecht verstehen. Aus diesem Grunde werde ich die verschiedenen Rollen und die damit verbundenen Identitäten, die Gikuyu-Männer und -Frauen während ihres Lebens einnehmen, wie auch die zwischengeschlechtlichen Beziehungen vorstellen. Vor diesem Hintergrund erfolgt die Darstellung der Gynaegamie und die damit im Zusammenhang stehende Bedeutung der Geschlechterrollen. Da die Gynaegamie in verschiedenen afrikanischen Gesellschaften unter ähnlichen Bedingungen praktiziert wird, bietet sich ein Kulturvergleich an. Mit dieser komparativen Sicht auf die Gynaegamie möchte ich zeigen, daß es neben unterschiedlichen *gender*-Konstruktionen innerhalb einer Gesellschaft auch gemeinsame ethnienübergreifende Geschlechtervorstellungen gibt, wenn sich die kulturellen Voraussetzungen ähneln.[1] Die Erkenntnis, daß hinsichtlich der mit der Gynaegamie verbundenen Geschlechtervorstellungen (kulturelle) Gleichheit bzw. Ähnlichkeit trotz (ethnischer) Differenz existiert, läßt auch allgemeine Aussagen über die soziopolitische Bedeutung von ‚Geschlecht' und ‚Individuum' in jenen Gesellschaften zu.

Definition der Gynaegamie

Die Gynaegamie ist eine sozial anerkannte, vertraglich geregelte Zweckgemeinschaft zwischen zwei oder mehreren Frauen, die mit dem Ziel eingegangen wird, eine Familie zu gründen und legale Nachkommen hervorzubringen. Homosexuelle Bedürfnisse spielen in solchen Lebensgemeinschaften keine Rolle. Die Institution findet sich bei über 40 Ethnien in Nordost-, Ost-, Südost-, Süd- und Westafrika (z. B. Shilluk, Sudan; Kamba, Kenia; Kuria, Tansania und Kenia; Lovedu und Zulu, Südafrika; Fon, Benin; Igbo, Nigeria).

In der Regel heiraten ältere, unfruchtbare Frauen, Frauen mit Töchtern oder kinderlose Frauen, die das gebärfähige Alter überschritten haben, jüngere Frauen, indem sie einen Brautpreis bezahlen.[2] Meistens sind erstere Witwen, manchmal sind sie noch mit einem Mann verheiratet, wenn sie mit Frauen weitere legale Verbindungen eingehen. Die Kinder, welche die jüngeren Frauen bereits haben oder während der Ehe bekommen, gelten als legale Nachkommen der älteren Frauen und werden sie beerben. Der Genitor der Kinder nimmt innerhalb der gynaegamen Familie meist keine anderen Aufgaben wahr außer der Funktion des Kinderzeugens.

Es gibt zwei Formen der Gynaegamie: Bei der sogenannten leviralen Form bezahlt die kinder- bzw. sohnlose Frau im Namen eines toten oder fiktiven, seltener eines lebenden Mannes einen Brautpreis für eine andere Frau. Mit der Heirat und der Nachkommenschaft sichert sie die Kontinuität der männlichen Linie bzw. der eigenen Familie. Diese Form der Gynaegamie gehört ebenso zu den sogenannten Stellvertreterehen wie die ‚Geistheirat‘, die ‚Heirat eines Toten‘ oder das Levirat (vgl. Tietmeyer 1985). Bei der zweiten Art der Gynaegamie handelt es sich um die autonome Form. Hier agiert die ältere Frau nicht stellvertretend, sondern in ihrem eigenen Namen. In der Regel gehört sie zu den wohlhabenden Frauen (z. B. als Beschneiderin, Händlerin) oder sie stammt aus einer hohen sozialen Schicht und hat eine wichtige politische Funktion (z. B. als Königin). In einigen Gesellschaften lehnen solche Frauen die Heirat mit einem Mann aus Prestigegründen ab mit dem Argument, daß Männer ihnen nicht ebenbürtig seien. Ihre ohnehin hohe gesellschaftliche Position wollen sie dadurch festigen bzw. verbessern, indem sie Nachkommen erhalten.

Diese Unterscheidung zwischen leviraler und autonomer Form der Gynaegamie ist das Ergebnis der Analyse verschiedener Gynaegamieformen in Afrika (vgl. Tietmeyer 1985). Es gibt allerdings moderne Entwicklungen der Gynaegamie, die nicht eindeutig zugeordnet werden können, indem sie *de jure* zur leviralen Form gehören, aber autonomen Charakter haben, wie es bei den heutigen Gikuyu der Fall ist.

Frauen, Männer und die Gynaegamie bei den Gikuyu[3]

Hintergründe

Die britische Kolonialherrschaft in Kenia hat einen massiven Wandel der damaligen autochthonen Kulturen verursacht. So wurde z. B. das traditionelle Landhaltungssystem als Basis des Sozialsystems zerstört; bestimmte soziale Institutionen verschwanden, einige paßten sich den neuen Verhältnissen an – so auch die Gynaegamie.[4]

Die traditionelle Gynaegamie ist nur vor dem Hintergrund des entsprechenden Sozialsystems und der Glaubensvorstellungen der präkolonialen Gikuyu zu verstehen. Basierend darauf, wird auch die moderne Form der Gynaegamie verständlich. Das heißt: Es sollen nicht nur die Unterschiede zwischen Männern und zwischen Frauen in einer bestimmten Zeit untersucht werden. Gerade am Beispiel des Wandels der Gynaegamie bei den Gikuyu läßt sich zeigen, daß wir bei dem Thema Differenz und Geschlecht auch die zeitliche Komponente berücksichtigen müssen (vgl. Yanagisako and Collier 1987:46–48).

In präkolonialer Zeit waren die Gikuyu patrilinear organisiert und folgten der patri-virilokalen Residenzregel. Daß die Matrilinie ebenfalls eine bedeutende Rolle spielte, spiegelte sich u. a. im System der Namengebung wider. Dieses symbolisierte den Glauben der Gikuyu an ihre Reinkarnation in den Enkelkindern: So erhielt der erste Sohn den Namen seines Großvaters väterlicherseits, der zweite Sohn den Namen seines Großvaters mütterlicherseits; die erste Tochter wurde nach der Mutter ihres Vaters benannt, die zweite Tochter nach der Mutter ihrer Mutter. Alle weiteren Kinder bekamen ebenfalls alternierend den Namen des seinem biologischen Geschlecht entsprechenden elterlichen Geschwisters. Hieraus wird ersichtlich, warum die Gikuyu alles erdenklich Mögliche unternahmen, um Kinderlosigkeit zu vermeiden. In der Regel war der Mann mit mindestens zwei Frauen verheiratet. Im Falle seiner Zeugungsunfähigkeit war es durchaus möglich, daß ein anderer Mann mit seiner Frau Kinder zeugte; denn die biologische Verwandtschaft spielte nur eine untergeordnete Rolle. So war ersterer zwar nicht der Genitor der Kinder seiner Frau, aber aufgrund seiner Brautpreiszahlung deren sozialer Vater (Pater). Das heißt, einem Mann waren mit Sicherheit Nachkommen vergönnt, die ihm seine ‚Wiedergeburt garantierten'. Eine kinderlose Frau hingegen hatte nur Nachteile: Sie wurde von der Gemeinschaft nicht als ‚vollwertige' Frau anerkannt.

Welch wichtigen Stellenwert die Gikuyu der Reproduktion zuwiesen, zeigt die Organisation des traditionellen Landhaltungs- und Rechtssystems. Jede Frau bildete zusammen mit ihren Kindern eine Kleinfamilie (*nyumba*). Im Falle der Polygynie wohnten alle Frauen mit ihren Kindern in getrennten Hütten ein und desselben Gehöfts. Mehrere dieser einzelnen Familien bildeten eine Lineage (*mbari*), die früher wichtigste soziale Einheit der Gikuyu, deren Ältestenrat alle familiären und wirtschaftlichen Angelegenheiten regelte, indem er z. B. den einzelnen Familien Land- bzw. Kultivierungsrechte zuteilte. Der Mann vererbte das Land seinen Söhnen über deren Mütter. Eine Frau bearbeitete das ihr zugewiesene Land, konnte ihre Kultivierungsrechte aber nicht an mögliche Schwiegertöchter weitervermitteln, wenn sie keine Söhne hatte.

Frauen ohne Kinder wurden also nach Vorstellung der Gikuyu nicht wiedergeboren; in der polygynen Familie hatten sie keinen Rückhalt, weil ihnen die Unterstützung ihrer Kinder fehlte. Kinderlose Frauen waren eindeutig benachteiligt. Frauen mit Nachkommen besaßen eine gewisse Macht innerhalb der erweiterten Familie.

Die heutige Position von kinderlosen Frauen hat sich verbessert, da das Erbrecht zugunsten der Frauen verändert wurde. Beim Tod des Ehemannes fällt das Land nicht automatisch an dessen kollaterale Verwandtschaft, sondern es gehört der Frau. Die Kinderlosigkeit bewirkt also keine rechtlichen Nachteile mehr, allerdings bleibt sie ein soziales Stigma.[5]

Die Rollen von Frauen

„Frauen (...) bilden keine homogene Kategorie, um so mehr als auch im Verlauf des individuellen Lebens eine Frau zu sein, ganz verschiedene Dinge bedeuten kann, mit entsprechend wechselndem Status und Rollen“ (Hauser-Schäublin 1991:315) – dies trifft natürlich auch für die Frauen der Gikuyu zu. Die Sozialisationsmaßnahmen, aus dem Kind ein Mädchen und aus dem Mädchen eine Frau zu machen, sind im Prinzip bei allen Gikuyu gleich. Schon früh weist die Mutter ihre Tochter in die typischen Frauenarbeiten ein: Feld- und Hausarbeit, Kochen, Einkaufen, Sorge um die Kinder, Herbeischaffen von Feuerholz und Wasser.

Der wichtigste Einschnitt im Leben der Mädchen (wie auch der Jungen, s. u.) war in präkolonialer Zeit die Markierung des Übergangs vom Kindes- ins Erwachsenenalter. Der entscheidende Ritus während dieser Initiation war die Klitoridektomie, die heute zwar offiziell verboten ist, aber immer noch praktiziert wird.

Die beschnittenen Mädchen (*airitu*) gehörten nun einer bestimmten Altersgruppe an und waren somit heiratsfähig. Diese Altersgruppe war wiederum unterteilt in Gruppen von älteren und jüngeren Mädchen, die in einem hierarchischen Verhältnis zueinander standen. Die älteren Mädchen wechselten die Altersgruppe nach ihrer Heirat und hießen fortan *ahiki*, solange sie noch keine Kinder hatten. Frauen, deren Kinder noch unbeschnitten waren, nannten sich *manyakangei*. Befanden sich die Kinder im heiratsfähigen Alter, wechselten die Frauen in die Altersgruppe der *manyakinyua*; sie genossen den höchsten gesellschaftlichen Status unter den Frauen und wurden entsprechend respektiert. Die Frauen einer Altersgruppe instruierten jene der ihnen nachgeordneten (jüngeren) Gruppe. Die unterschiedlichen Rangstufen wurden besonders bei Festen und Treffen offensichtlich, auf denen die jüngeren Frauen jeweils für die älteren kochten und sie bedienten. Letztere fällten alle Entscheidungen, welche die Frauen gemeinsam betrafen: Sie organisierten Feste, führten Frauentanzgruppen an oder entschieden, ob sie einer Frau gemeinsam bei der Feld- oder Hausarbeit (*ngwatio*) helfen sollten.

Wenn eine initiierte Frau heiratete, verließ sie nicht nur das Gehöft ihres Vaters und zog zu ihrem Ehemann bzw. dessen Vater, sondern ordnete sich auch einer anderen weiblichen Autoritätsperson unter – ihrer Schwiegermutter. Sie hielt zwar engen Kontakt zu ihrer Herkunftsfamilie und besonders zu ihrer Mutter, aber sie unterstand in gewisser Hinsicht der Autorität des Schwiegervaters, der Schwiegermutter, ihres Ehemannes und im Falle der Polygynie auch der ersten Frau ihres Mannes. Die alters- und geschlechtsbedingten Abhängigkeiten einer jung verheirateten Frau waren demnach sehr vielseitig.

Dennoch gab es Bereiche, die in ihrer Kompetenz lagen. So bekam sie von ihrer Schwiegermutter zu bewirtschaftendes Land zugeteilt; über den Verbleib der Erträge (Verteilung, Tausch) durfte nur sie entscheiden. Sie kontrollierte demnach die wirtschaftlichen Ressourcen. Als ‚vollwertig' wurde eine Frau aber erst betrachtet, wenn sie Kinder geboren hatte und somit einen eigenen Haushalt führen konnte. Sie erhielt eine andere Position in der Gemeinschaft, obwohl die oben erwähnten Abhängigkeiten insbesondere zwischen den Frauen weiterbestanden, während das Verhältnis zwischen Ehemann und Ehefrau einen eher geschlechtersymmetrischen Charakter hatte.

Aufgrund der Kolonialisierung und des fortschreitenden europäischen Einflusses hat sich u. a. das Verhältnis zwischen den Generationen verändert; besagte Altersgruppen existieren nicht mehr, die Mädchen werden nicht mehr initiiert; die Mädchenbeschneidung ist nur noch ein sinnentleerter Ritus ohne soziale Folgen. Mit dieser Entwicklung ging auch der Autoritätsverlust der älteren gegenüber der jüngeren Generation einher; dies wirkte sich natürlich auf das Verhältnis zwischen Schwiegermutter und Schwiegertochter aus. Wenn letztere bei ihrer Schwiegermutter oder in deren Nähe wohnt, erhält sie wie in präkolonialer Zeit einen Teil von dem Land, das ihre Schwiegermutter kultiviert. Heute bewirtschaften meistens beide Frauen gemeinsam das Land. Ihre Arbeitsbereiche unterscheiden sich ab dem Zeitpunkt, wenn die junge Frau Kinder gebärt, die sie versorgen muß. Entweder stellt ihr Ehemann Arbeiterinnen ein, die für sie Feldarbeit leisten, oder ihre Schwiegermutter hilft aus. Die junge Frau kümmert sich nun mehr um die Kinder und den Haushalt. Sie kocht für ihre Familie, während die Schwiegermutter ihr eigenes Essen zubereitet. Diese hat im Gegensatz zu früher kein ausdrückliches Recht mehr auf ihre Arbeitsleistungen.

Die Abhängigkeit der jüngeren von den älteren Frauen hat sich gelockert bzw. aufgelöst, da es keine formellen Altersgruppen mehr gibt. Dies erklärt auch den Verlust einer weiteren Kontrollinstanz hinsichtlich des Verhältnisses zwischen männlichen und weiblichen Jugendlichen. Die Zahl junger Frauen, die außereheliche Kinder bekommen, steigt in gleichem Maße wie die Polygynie abnimmt. Dies bedeutet, daß es zwar kaum noch Abhängigkeiten zwischen Mitfrauen gibt, aber daß sich Frauen mit außerehelichen Kindern neuen Abhängigkeiten unterwerfen, denn diese werden in der Regel nicht mehr von einem Mann geheiratet. Wenn sie nicht selbst für ihren Unterhalt sorgen können, stehen sie nach dem Tod ihres Vaters unter der Obhut ihres Bruders.

Das Verhältnis verheirateter Frauen zu ihren Männern hat sich unter den veränderten wirtschaftlichen Bedingungen ebenfalls gewandelt. Nicht alle Frauen werden von ihren Ehemännern finanziell unterstützt. Sie sind demnach auf den Verkauf ihrer Ernteerträge angewiesen. Es gibt auch Frauen, die den in Kenia weit verbreiteten Frauenselbsthilfegruppen angehören. Hier betreiben sie gemeinsam wirtschaftliche Projekte und teilen den Verdienst unter sich auf. Dies macht sie von den Männern unabhängiger (vgl. Wichterich 1992). Die Frauenselbsthilfegruppen ähneln zwar strukturell den ehemaligen weiblichen Altersgruppen; sie sind aber nicht aus ihnen entstanden und regeln auch nicht das soziale Verhalten zwischen unterschiedlich alten Frauen.

Die Änderungen im Eigentums- und Erbschaftsrecht der Frauen wirken sich ebenfalls auf das Verhältnis zwischen Eheleuten aus. Eine Frau kann mit dem von ihr erwirtschafteten Geld Land kaufen bzw. ihren Markthandel ausdehnen. Im Falle der Kinderlosigkeit kann sie sich besonders intensiv mit ihrem Beruf beschäftigen, da sie sich höchstens um ihren Mann kümmern muß. Das heißt, daß heutzutage kinderlose Gikuyu-Frauen in der Regel recht wohlhabend sind.

Schlußfolgernd ist zu sagen, daß die am Anfang des Artikels erwähnte Behauptung, Frauen bildeten keine homogene Kategorie, noch differenzierter betrachtet werden muß: ‚die' Gikuyu-Frau gibt es nicht, auch nicht in präkolonialer Zeit – hier unterschieden sich die Frauen allein schon durch die Zugehörigkeit zu unterschiedlichen Altersgruppen. Die Tatsache, ob sie die erste oder die zuletzt geheiratete Frau eines Mannes waren, oder welches biologische Geschlecht ihre Kinder hatten, unterschied sie ebenfalls. Ihre Positionen innerhalb der Gemeinschaft hingen auch von ihrem wirtschaftlichen Wohlstand ab. Darüber hinaus wurden jene Frauen, die sich als Freiheitskämpferinnen gegen die britische Kolonialregierung politisch engagiert hatten, besonders hoch geachtet.

Wie die gesamte Kultur der Gikuyu wandelten sich auch die sozialen Umstände der Frauen. Ihre gesellschaftliche Position hängt immer noch, allerdings in abgeschwächter Form, vom Alter ab, vor allem aber von ihrer wirtschaftlichen Situation und davon, ob sie eheliche oder außereheliche Kinder haben.

Neben den Unterschieden, die sich auf die Gruppe der Gikuyu-Frauen beziehen, gibt es individuelle Differenzierungen, die eine Frau in sich vereint: Sie kann gleichzeitig unterschiedliche Identitäten besitzen und sich dadurch wiederum verschiedenen Gruppen zugehörig fühlen.[6] In der Regel hat sie eine Identität als Tochter, Schwiegertochter, (klassifikatorische) Mutter, Schwiegermutter,

Ehefrau, manchmal als ‚Ehemann', Großmutter, als Mitglied einer Glaubensgemeinschaft und einer Frauenkooperative etc.

Die Unterschiede befinden sich also auf verschiedenen Ebenen: Sie bestehen zwischen Frauen und sie vereinen sich in einer Frau.

Die Rollen von Männern

Soziale Institutionen wie die der Gynaegamie sind ohne die Kenntnis der männlichen ‚Welten' nicht verstehbar, auch wenn in jener Beziehung nur Frauen die Hauptrollen spielen.

Alle männlichen Initiierten gehörten in der präkolonialen Zeit einer Art Militär an, dessen vorrangige Aufgabe in der Verteidigung des Landes gegen Angriffe der Nachbargruppen (Masai, Kamba) bestand. Die unverheirateten Krieger (*anake*) wurden altersbedingt nach Junior- und Seniorgruppen aufgeteilt. Die älteren Männer leiteten die jüngeren an und galten als deren Autorität. Wenn letztere ein gewisses Alter erreicht und entsprechende Kenntnisse erworben hatten, übernahmen sie die Funktionen der älteren Kriegergruppen, deren Mitglieder nun als heiratsfähig galten. Heirat und Kinder waren nicht nur für Frauen, sondern auch für Männer die unabdingbare Voraussetzung für das Erreichen einer anderen, höherwertigen Position in der Gesellschaft. Männer nahmen dadurch die Stellung eines Junioráltesten (*athuri*) ein. Sie urteilten über weniger wichtige Belange der Gemeinschaft. Die letzte und höchste Autorität bildete die Gruppe der Seniorältesten (*athuri*), deren Rat alle bedeutenden politischen und religiösen Angelegenheiten regelte. Dieselben Männer nahmen ähnliche Funktionen in der familiären Sphäre wahr.

Jede polygyne Familie stand unter der Autorität eines Mannes (Ehemann bzw. Vater), dem Frauen und Kinder Gehorsam entgegenbringen mußten. Er regelte familiäre Streitigkeiten, organisierte die Brautpreiszahlung und war für den Schutz der Familie zuständig. Beim Neuerwerb von Land vergab er nach seinem Gutdünken Kultivierungsrechte. Das galt aber nicht für das Lineage-Land, dessen Kultivierungsrechte vererbt wurden.

Wie bereits erwähnt, bildeten alle Familien, die über die männliche Linie miteinander verwandt waren, eine Lineage (*mbari*). Die übergeordneten Familienangelegenheiten und Landfragen wurden von einem Gremium geregelt, dem diejenigen Männer angehörten, die den Status des Ältesten erreicht hatten. Als *primus inter pares* nahm der Sprecher des Rates (*muramati*) die Funktion eines Vermittlers zwischen den Nachbar-*mbari* wahr. In der Regel stammte er als ältester Sohn aus der Hauptlinie der *mbari* (vgl. Muriuki 1974:155–116; Leakey 1977:7). Jeder initiierte Mann war darüber hinaus für den Schutz des von verschiedenen Familien bewohnten Dorfes verantwortlich; rodete zusammen mit den anderen Männern Waldgebiete, um Felder anzulegen, und half beim Hüttenbau. Die Ältesten eines Dorfes bildeten wiederum einen Rat, der die dörflichen Belange regelte. Der Sprecher dieses Rates (*muthamaki*) gehörte zusammen mit den Sprechern anderer Dorfräte einem übergeordneten Gremium an, welches das Leben in der territorialen Einheit regelte. Das höchste Gremium, aus Sprechern der Territorialräte bestehend, bestimmte das Schicksal des gesamten Gikuyu-Landes (vgl. Leakey 1977:12–13).

Das Altersklassensystem, das bei den Männern erheblich ausgeprägter war als bei den Frauen, erstreckte sich also auf der verwandtschaftlichen und der territorialen Ebene.[7] Die politische, wirtschaftliche und soziale Macht lag bei den Ältesten der Gikuyu-Gesellschaft – bei Frauen und Männern in verschiedenen Bereichen.

In dieser strukturierten Form existiert das Altersklassensystem heute nicht mehr. Selbst die Altersgruppen der männlichen Beschnittenen sind im Verschwinden begriffen, da die Beschneidung immer öfter individuell und meist im Krankenhaus durchgeführt wird. Sie hat die ursprüngliche Funktion der Initiation verloren. So gibt es zwar auf der dörflichen Ebene noch aus Männern bestehende Ältestenräte, die aber allenfalls Streitigkeiten zwischen Familien o. ä. regeln. Politische bzw. Verwaltungsfragen regeln (in ganz Kenia) die *assistant-chiefs*, die sich gegenüber den *chiefs* der nächst höheren territorialen Einheiten verantworten müssen. Diese unterstehen den *district-commissioners* und diese wiederum den *province-commissioners*. Jene Administratoren sind ausschließlich männlichen Geschlechts und in der Regel Mitglieder der Regierungspartei, welche ähnlich strukturiert ist.

Die Geschlechtertrennung ist heute immer noch vorhanden und beginnt bereits im Kindesalter. So werden Jungen grundsätzlich aus dem Haushaltsbereich ferngehalten. Sie erhalten eine Schulausbildung, während Mädchen auf dem Feld arbeiten müssen; gleiches gilt für die Berufswahl. So gilt der Mann als Ernährer der Familie, indem er einem Beruf nachgeht und mit seinem Lohn den Unterhalt seiner Familie sichert. Er zahlt z. B. das Schulgeld und die Schuluniformen seiner Kinder, während er seine Frau finanziell lediglich unterstützt. Aufgrund der zunehmenden Landknappheit und den geringen Arbeitsmöglichkeiten auf dem Land verdienen die meisten Männer ihr Geld als Wanderarbeiter in den größeren Städten, insbesondere in der Hauptstadt Nairobi, die nicht weit vom Gikuyu-Land entfernt liegt. Nur an den Wochenenden kehren sie zu ihrer Familie auf dem Land zurück. Den Rest der Woche ist die Frau mit ihren Kinder auf sich allein gestellt und muß alle die Familie betreffenden *ad hoc* Entscheidungen selbst fällen. Auch im Dorfleben ist der Mann aufgrund seiner Abwesenheit nicht mehr in dem Maße integriert wie in präkolonialer Zeit. Dies trifft natürlich nicht gleichermaßen für alle Männer zu, denn auch sie unterscheiden sich wie die Frauen aufgrund ihres Berufes, Alters und ihrer Persönlichkeit.

Zusammenfassend gesagt, differenzierten sich die Männer in präkolonialer Zeit durch ihre jeweilige Altersklassenzugehörigkeit, und diese richtete sich wiederum nach dem Alter ihrer Kinder und ihrem Lebensalter. Während der

Kolonialzeit erlangten daneben solche Männer Prestige, die sich als Widerstandskämpfer gegen die britischen Kolonialherren hervortaten.

Heute hängen die sozialen Positionen eines Mannes zunehmend auch von seiner beruflichen Ausbildung und/oder seiner (politischen) Macht, wie z. B. als Parteifunktionär, Leiter einer Verwaltungseinheit, Bürokrat, und weniger vom Geschlecht, Alter und der Zahl seiner Kinder ab.

Die Differenzierung zwischen den Männern entspricht der der Frauen. Gleiches gilt für die individuelle Unterscheidung nach verschiedenen Identitäten[8]: So kann sich ein Mann gleichzeitig als Vater, Schwiegervater, Großvater, Ehemann, Schwiegersohn, Sohn – Ältester, Funktionär der Partei oder einer Glaubensgemeinschaft etc. fühlen. Diese Identitäten müssen aber nicht unbedingt vom Geschlecht abhängen, denn auch Frauen können z. B. Parteimitglied sein und Aufgaben von Männern übernehmen, die diese aus irgendwelchen Gründen nicht erfüllen. Sie besitzen aber deswegen nicht notwendigerweise eine männliche Identität, wie ich im folgenden Abschnitt zeigen möchte.

Gynaegame Beziehungen

Aus den bisherigen Ausführungen wird ersichtlich, daß das biologische Geschlecht bei der Statuszuweisung einer Gikuyu-Person eine untergeordnete Rolle spielt, wie im folgenden am Beispiel der Gynaegamie dargelegt werden soll.

Im Falle der Kinderlosigkeit bot das präkoloniale Heiratssystem der Gikuyu einer unfruchtbaren Frau die Möglichkeit, im Namen ihres fiktiven Sohnes eine Frau zu heiraten, welche durch die Geburt von Kindern der älteren Frau zu Nachkommenschaft verhelfen sollte. Da Söhne in der Erbfolgeregelung eine vorrangige Rolle spielten, pflegte eine Frau mit Töchtern ebenfalls eine Frau zu heiraten. In den meisten Fällen war die ältere Frau Witwe, wenn sie eine jüngere heiratete; sie konnte aber auch noch mit einem Mann verheiratet sein, gegenüber dem sie die Rechte und Pflichten einer Ehefrau wahrnahm. Sein Verhältnis zu der jüngeren Frau war das eines Schwiegervaters bzw. Großvaters, wenn Kinder vorhanden waren. Die ältere Frau besaß hingegen im Verhältnis zu der jüngeren Frau eine doppelte Identität, und zwar die der Schwiegermutter und die des stellvertretenden ‚Ehemannes'. Dies zeigte sich wie folgt:

Wie bei einer intendierten Heirat zwischen Mann und Frau handelten beide involvierten Familien den Brautpreis aus, nur war seitens der Familie des ‚Bräutigams' die ältere Frau in den Verhandlungen federführend und nicht etwa deren Mann. Den Brautpreis bezahlte dann die ältere Frau in Raten – jede Zahlung war mit entsprechenden Riten verbunden, an denen die Mitglieder beider Familien beteiligt waren. Die ältere Frau übernahm zusammen mit einem Mann, der mit der jüngeren Frau die Kinder zeugen sollte, den Part des Ehemannes. Als stellvertretender ‚Ehemann' besaß die ältere Frau das Recht, einen Mann für die jüngere Frau, den Genitor der Kinder, auszusuchen. Ihr Ehemann durfte diese Funktion nicht wahrnehmen, aber der Genitor sollte zumindest aus seiner

Familie oder aus der ihres Vaters stammen. Letzteres kam vor, wenn die ältere Frau nicht mit einem Mann verheiratet (eventuell geschieden) war. Nach der letzten Hochzeitszeremonie zog die jüngere Frau ins Gehöft der älteren Frau, wo diese eine Hütte für sie fertigstellen ließ, was normalerweise die Aufgabe eines Ehemannes war. Wie eine Schwiegermutter überließ die ältere Frau der jüngeren einen Teil ihres Landes, für das sie Kultivierungsrechte besaß. Als stellvertretender ‚Ehemann' hatte sie Anspruch auf eheliche Pflichten ‚ihrer' Frau, die den Haushalt versorgen, Mahlzeiten zubereiten, Kinder gebären und großziehen mußte. Erfüllte die jüngere Frau diese Pflichten nicht, hatte die ältere das Recht, sich von ihr zu trennen bzw. scheiden zu lassen. Die jüngere Frau mußte der älteren nicht nur als Autoritätsperson der Kleinfamilie gehorchen; letztere war auch für sie aufgrund der Zugehörigkeit zu einer älteren Generation eine Respektsperson. Sie besaß aber nicht nur Pflichten der älteren Frau gegenüber, sondern auch Rechte: Über den Ernteertrag des ihr übergebenen Landes konnte sie frei verfügen. Die ältere Frau durfte sie nicht schlecht behandeln und hatte alle Zeremonien zu organisieren, welche die jüngere Frau und die Kinder betrafen; diese Aufgaben fielen normalerweise in den Kompetenzbereich des Ehemannes und nicht in den einer Schwiegermutter. Erfüllte die ältere Frau diese Pflichten nicht, hatte auch die jüngere Frau das Recht auf Trennung oder Scheidung.

Die die Gynaegamie betreffenden Verwandtschaftsverhältnisse spiegelten sich in den Verwandtschaftstermini und in dem Namenssystem der Gikuyu wider. Da die ältere Frau die jüngere im Namen ihres fiktiven Sohnes geheiratet hatte, nannten die Kinder die Frau entsprechend ‚Großmutter' und deren Gatten ‚Großvater'; die Kinder trugen auch ihre Namen. Die jüngere Frau bezeichnete sie als ‚Mutter' und ‚Vater'. Daß die ältere Frau einige Funktionen des Ehemannes und Vaters einnahm, konnte man an dem zweiten Namen der Ehefrau und der Kinder erkennen, welcher deren Zugehörigkeit zu einer bestimmten Familie bzw. Person ausdrückte. Diese trugen nicht den Namen des fiktiven Mannes, sondern den der älteren Frau (z. B. ‚Ngugi wa Wanjiru' = ‚Ngugi, Sohn von Wanjiru').[9] Dies zeigte an, daß die jüngere Frau und die Kinder zu einer gynaegamen Familien gehörten.[10] Die Position der älteren Frau als stellvertretender Ehemann spiegelte sich auch in dem Status der jüngeren Frau nach deren Tod wider: Nunmehr als Witwe betrachtet, erhielt sie alle Kultivierungsrechte der älteren Frau und galt als Treuhänderin des Landes ihrer (unverheirateten) Söhne. Hätte die ältere (kinderlose) Frau keine Frau geheiratet, wäre das Land nach ihrem Tode an die Brüder ihres Gatten bzw. an die Söhne ihrer Mitfrauen gefallen. Der Genitor, falls er ein Familienmitglied war, kümmerte sich gegebenenfalls um die jüngere Frau und die Kinder, was er zu Lebzeiten der älteren Frau nicht tat.

Die Ausführungen über die Gynaegamie in präkolonialer Zeit zeigen, daß die Institution in erster Linie der älteren Frau diente, indem sie eine Familie erhielt und deshalb als vollwertige Frau respektiert wurde; darüber hinaus war sie mit einer eigenen Familie ökonomisch von der Lineage ihres Gatten unabhängiger, und sie konnte sicher sein, daß sie nach ihrem Tod von ihrer Familie als Ahnin verehrt würde. Die jüngere Frau hatte allenfalls ökonomische Vorteile von der Heirat.

Missionierung, Kolonialisierung und der zunehmende europäische Einfluß haben die traditionelle Gikuyu-Kultur nachhaltig verändert, aber nicht vollends zerstört. So gilt heute noch für die meisten Gikuyu eine Heirat erst dann als legal, wenn eine Brautpreiszahlung erfolgt ist.[11] U. a. aus diesem Grunde hat sich die Gynaegamie bis heute, wenn auch in veränderter Form, gehalten.[12] Sie paßte sich den bereits beschriebenen veränderten Bedingungen hinsichtlich des Sozial-, Landhaltungs- und Erbschaftssystems an: Wenn heute eine kinderlose Frau eine Frau heiratet, dann ist sie in der Regel wohlhabend. Da sie verhindern möchte, daß ihr Besitz nach ihrem Tod an die Familie ihres Ehemannes fällt, gründet sie eine eigene Familie, indem sie einen Brautpreis für eine Frau bezahlt, die ihr Nachwuchs gewährleisten soll. Darüber hinaus wird sie im Alter versorgt sein, und sie erhält zusätzliche Hilfe im Haushalt, bei der Feldarbeit oder anderen wirtschaftlichen Aktivitäten. Der Glaube an die Reinkarnation als Grund für den Wunsch nach Nachwuchs spielt – wenn überhaupt – nur noch eine untergeodnete Rolle. Kinderlose Frauen entschließen sich aus ökonomischen, sozialen und persönlichen Gründen zu einer gynaegamen Heirat. Normalerweise findet sich auch jemand in der kollateralen Familie, der sich um sie kümmert, aber ihm/ihr unterstellen die Frauen oft Erbschleicherei als einzigen Beweggrund für dessen/deren Hilfe. Diese lehnen sie in der Regel ab; darum erfahren sie auch von jener Familie keine moralische, geschweige denn finanzielle Unterstützung bei ihrem Entschluß zur gynaegamen Heirat. Aber da kinderlose Frauen nicht mehr von den Familien ihres Ehemannes oder Bruders abhängig sind, lassen sie sich auch nicht von deren Wünschen oder Forderungen beeindrucken.

Die kinderlose Frau bezahlt den Brautpreis in der Regel mit Geld. Die Übergabe erfolgt einmalig und nicht mehr in Raten. Die Feier findet nicht mehr öffentlich, sondern privat mit den beiden Familien statt. Grund für dieses fast heimlich anmutende Verhalten ist die Ablehnung dieser Institution durch alle christlichen Glaubensgemeinschaften und der Wunsch der Frauen, wenn sie diesen Gemeinschaften angehören, etwaige Konflikte mit ihnen zu vermeiden.

Vornehmlich pragmatische Gründe bewegen jüngere Frauen, in solch eine Heirat einzuwilligen, denn die meisten von ihnen haben außereheliche Kinder und befinden sich darum in einer schlechten sozioökonomischen Situation. Eine gynaegame Heirat bedeutet für sie und die Kinder eine Lösung dieser Schwierigkeiten, weil die ältere Frau ihnen materielle und finanzielle Sicherheit bietet. Auch die Herkunftsfamilie der jüngeren Frauen begrüßt die gynaegame Verbindung, da sie sich damit der Sorgepflicht gegenüber der Tochter und deren

Kindern entledigt. Andere jüngere Frauen gehen bewußt die Ehe mit einer Frau ein, nachdem sie von Beziehungen mit Männern enttäuscht worden waren; wiederum andere ziehen die sexuelle Freiheit vor, die ihnen die ältere Frau im Gegensatz zu einem Ehemann gewährleistet; darüber hinaus bedingt sich letztere nicht mehr die Wahl des Genitors aus. Ihr ist es auch gleichgültig, ob der Genitor aus der Familie ihres Mannes stammt, denn sie fühlt sich nicht mehr verpflichtet, dessen Lineage zu vergrößern, sondern sie ist für sich allein verantwortlich und möchte eine eigene Familie, der sie vorsteht.

Die Autorität der älteren Frau gegenüber ihrer Familie ist heute allerdings etwas eingeschränkt. Es ist nicht immer leicht für eine kinderlose Frau, eine heiratswillige Frau zu finden, denn nicht alle Frauen mit außerehelichen Kindern möchten eine gynaegame Beziehung eingehen. Aus diesem Grunde bemüht sie sich während der Ehe, jeden Streit mit ihrer Partnerin zu vermeiden, denn sie weiß, daß sie besonders im Alter von ihr abhängig sein wird.

Die Verwendung von Verwandtschaftstermini in der gynaegamen Familie zeigt, daß eine kinderlose Frau nach wie vor im Namen ihres fiktiven Sohnes eine Frau heiratet. Allerdings kommt es mittlerweile des öfteren vor, daß die Kinder die ältere Frau nicht nur als Großmutter, sondern ebenso als Mutter oder Tante bezeichnen. Die beiden Frauen betrachten sich weniger als Schwiegermutter und Schwiegertochter, von denen letztere ersterer zu gehorchen hat, denn als zwei Frauen mit gegenseitiger ehelicher Verantwortung. Erfüllen beide Frauen diese Pflichten nicht, können sie heute vor einem staatlichen Gericht, das den Fall gemäß der traditionellen Rechtsauffassung der Gikuyu beurteilt, die Scheidung einreichen.

Für alle Zeremonien, welche die Kinder und die jüngere Frau betreffen und normalerweise von dem Vater bzw. Ehemann durchgeführt werden, ist die ältere Frau verantwortlich. Der Genitor hat nur noch die Funktion des Kinderzeugens; er soll im Gegensatz zu früher der Öffentlichkeit nicht mehr bekannt sein, da er und die jüngere Frau Gerede über dessen außereheliche Beziehung vermeiden wollen.

Die Bedeutung der Geschlechterrollen in der Gynaegamie

Aus diesen Ausführungen über die Gynaegamie wird u. a. ersichtlich, daß bei den Gikuyu die Differenzierung zwischen zwei Geschlechtern innerhalb einer Ehe von untergeordneter Bedeutung ist. Zwar übernimmt die ältere Frau Aufgaben eines Mannes, aber deswegen gilt sie nicht als Mann.[13] Ihre Geschlechterrolle ist vielmehr ambivalent, was besonders offensichtlich wird, wenn sie gleichzeitig mit einem Mann verheiratet ist. Während sie in der gynaegamen Familie Rechte und Pflichten eines Mannes wahrnimmt, verhält sie sich ihrem Gatten gegenüber immer noch wie eine Ehefrau. In dieser Situation vereint sie also mehrere Rollen in sich: die Rolle einer Ehefrau und (möglichen) Mutter (falls sie Töchter hat), die Rolle eines Ehemannes und Vaters, darüber hinaus die Rolle einer Schwiegermutter und Großmutter. Letztere bezieht sich auf die Kinder ihrer möglichen Töchter und auf jene der jüngeren Frau, als deren Vater sie gleichzeitig gilt, weil sie seine Aufgaben innerhalb der Familie übernimmt. Bezogen auf die Anredetermini und vor allem in emotionaler Hinsicht bleibt sie aber die Großmutter der Kinder.

Trotz der verschiedenen Rollen mit entsprechenden Identitäten ändert sich nichts an ihrem Status als Frau – so wäre sie z. B. in präkolonialer Zeit aufgrund der Heirat mit einer Frau nie Mitglied einer männlichen Altersklasse, geschweige denn eines Ältestenrates geworden. Bis heute ist es ebenfalls undenkbar, daß eine Gikuyu-Frau als *assistant-chief* o. ä. fungieren kann.

Die ältere Frau übernimmt also aus sozialen, pragmatischen und persönlichen Gründen zusätzlich zu ihren für eine Frau typischen Rollen einige für Männer typische Rechte und Pflichten; dabei ändert sie nicht ihr Sexualverhalten. Es handelt sich also hier um *gender*-Multiplikation, d. h. um die Kombination männlicher und weiblicher Rollen von einer Person. Zu den Identitäten, die Gikuyu-Frauen ohnehin schon in sich vereinen, erhält eine Frau, die eine jüngere Frau heiratet, noch eine weitere, die zumindest indirekt dazu beiträgt, ihren persönlichen Status zu erhöhen.[14]

Schlußfolgernd läßt sich feststellen, daß die Gikuyu eindeutig zwischen zwei biologischen Geschlechtern unterscheiden. Die entsprechenden *gender* richten sich aber nur bedingt nach dieser Differenzierung, denn im Falle der Gynaegamie ist es durchaus möglich, daß eine Gikuyu-Frau neben ihren weiblichen Rollen auch männliche übernehmen kann. Für den Mann besteht umgekehrt diese Notwendigkeit nicht, da er, wie schon für die präkoloniale Zeit beschrieben, auf unterschiedliche Art und Weise der Kinderlosigkeit entgehen kann; die Gikuyu-Frau hat ebenfalls eine Alternative zu ihrer Kinderlosigkeit, und zwar die Gynaegamie, die es für jene Frau aus rein pragmatischen Gründen erforderlich macht, männliche mit weiblichen Rollen zu kombinieren.

Die Gynaegamie ist also Ausdruck eines Konzeptes geschlechtersymmetrischer Gesellschaften, das „offen für Unterschiede zwischen Frauen und Männern, zwischen Frauen und Frauen oder Männern unter sich ist, ohne daß daraus Diskriminierung erfolgen muß" (Lenz 1990:59). In diesem Sinne schreiben die Gikuyu unterschiedliche *gender* sowohl zwei (biologisch verschiedenen) Personen als auch einer (biologisch weiblichen) Person zu. Diese Tatsache unterstützt die These, daß die Differenzierung zwischen zwei biologischen Geschlechtern keine universelle Grundlage für die *gender*-Kategorien „männlich" und „weiblich" sein kann (Moore 1994:14).

Gynaegamie im Kulturvergleich

Die Tatsache, daß in verschiedenen Gebieten Afrikas (biologische) Frauen (biologische) Frauen heiraten, reicht aus, um als Basis für einen Kulturvergleich zu dienen. Hierbei soll festgestellt werden, ob es Gesellschaften mit ähnlichen oder gleichen *gender*-Konstruktionen gibt.[15]

Alle afrikanischen Gesellschaften, welche die Gynaegamie praktizieren, sind mehr oder weniger durch die gleichen kulturellen Faktoren gekennzeichnet: die politische und rechtliche Bedeutung der Patrilinie, Geschlechtersymmetrie, die Legitimation der Heirat durch Brautpreiszahlungen, die herausragende Bedeutung von Kindern und deren Verwandtschaftszurechnung aufgrund der Brautpreiszahlungen, die geringe Bedeutung der biologischen Verwandtschaft und die Möglichkeit der Umwidmung von Geschlechterrollen aus pragmatischen Gründen. Dies sei an einigen signifikanten Beispielen aufgezeigt:

Die den Gikuyu benachbarten Nandi sind wie diese patrilinear organisiert, die traditionellen Ehen und die Zurechnung der Kinder zur väterlichen Verwandtschaft werden durch die Brautpreiszahlung legitimiert. Die außerehelichen Kinder gehören zur Patrilinie der Frau. Aus den gleichen Gründen wie bei den Gikuyu heiratet eine unfruchtbare Frau eine andere. Wenn eine Frau nur Töchter hat, kann eine von ihnen nach traditionellem Recht zum Mann erklärt werden, der/die dann eine Frau heiraten muß, im Gehöft des Vaters wohnen bleibt und somit erbberechtigt ist.

Das *gender*-System der Nandi ist so normiert, daß eine Frau, die für eine andere Frau einen Brautpreis bezahlt und diese damit heiratet, zum Mann werden **muß**. Als Konsequenz darf erstere Vieh und Land besitzen, was sonst nur einem Mann vorbehalten ist. *De jure* gehört sie darüber hinaus zu einer männlichen Altersklasse und hat das Recht, an allen Aktivitäten der Männer teilzunehmen, die entsprechenden männlichen Anrede- und Referenztermini mit ihrer Person zu verbinden und sich als Ehemann und Vater von ihrer Familie behandeln zu lassen; zu den entsprechenden Pflichten gehört das Verbot, weiterhin geschlechtlich mit einem Mann zu verkehren, andernfalls gelte sie als homosexuell. Der idealtypische Charakter dieser *gender*-Vorstellung zeigt sich darin, daß die Realität von der Norm abweicht, denn in Wirklichkeit legt die ältere Frau ihr sozialisiertes Geschlechterverhalten nicht völlig ab, was insbesondere dann offensichtlich wird, wenn sie gleichzeitig mit einem Mann verheiratet ist. Ihm gegenüber verhält sie sich normgemäß als Ehefrau, während sie in ihrer Beziehung zu der jüngeren Frau auch männliche Verhaltensweisen zeigt. *De jure* findet aber bei der älteren Frau ein vollständiger *gender*-Wechsel statt, der darüber hinaus einen Wechsel des Sexualverhaltens implizieren soll.[16]

Ähnliche *gender*-Konstruktionen kennen bzw. kannten die Shilluk und Nuer im Sudan (vgl. Farran 1963; Evans-Pritchard 1945, 1951) oder die Lovedu in Südafrika (vgl. Jensen Krige 1974; O'Brien 1982). In diesen Gesellschaften werden unfruchtbare Frauen und Frauen in einer hohen gesellschaftlichen Position zum Mann erklärt, der/die darum nur Frauen heiraten kann.[17] Bei jenen Gruppen ist demnach der *gender*-Wechsel der Frau Voraussetzung für die Gynaegamie, während bei den Nandi der *gender*-Wechsel **aufgrund** der Heirat einer Frau geschieht. Dies impliziert, daß die ältere Frau nicht stellvertretend für einen Mann eine Frau heiratet, wie z. B. bei den Gikuyu oder den Kuria in Kenia und Tanzania (vgl. Rwezaura 1985).[18] Es handelt sich also bei der o. g. Institution um die autonome Form der Gynaegamie.

Damit vergleichbar sind die *gender*-Konstruktionen bei den Igbo in Südnigeria.[19] Diese sind patrilinear organisiert, aber ähnlich wie bei den Gikuyu hat die Matrilinie eine wichtige Bedeutung. Die präkoloniale Gesellschaft der Igbo basierte auf einer Geschlechtersymmetrie, die eine Flexibilität der *gender*-Konstruktionen zuließ:

> „In the political system there was a flexibility in gender classification which allowed the incorporation of certain categories of women into the male category, giving [the women] positions of authority in the power structure“ (Amadiume 1987b:51).

Bei den Igbo hingen Wohlstand und Prestige einer Familie von deren Größe ab. Mann und Frau hatten gleichermaßen die Möglichkeit, ihr Prestige zu steigern, indem sie durch eine Brautpreiszahlung Frauen heirateten, die Kinder gebären sollten (ebd.:31, 42, 46–47). Der Status einer Person richtete sich nach deren Landbesitz, der nur in männlicher Linie vererbt wurde. Frauen waren nicht erbberechtigt. Aber aufgrund des flexiblen *gender*-Systems konnte eine Igbo-Familie, wenn sie nur Töchter hatte, die älteste zum Mann bzw. zum Sohn erklären, der/die somit das Land erbte und eine Frau heiraten mußte. Hiermit verhinderte er/sie das Aussterben der Familie.

Ähnlich wie bei den Nandi unterschied sich auch bei den Igbo das tatsächliche Verhalten der Frauen von der Norm. Jene Tochter wechselte nämlich nicht vollständig ihr *gender*, da sie weiterhin im Gehöftsbereich ihrer Mutter lebte, der von dem der Männer strikt getrennt war, und sie konnte auch nicht nach dem Tod ihres Vaters die (religiösen) Familienrituale durchführen, während dies einem (biologischen) Sohn erlaubt war (vgl. Amadiume 1987 b:32–33, 92–93). Da die Tochter nur einige Elemente des männlichen *genders* übernahm, handelte sich es dabei nicht um eine „*Gender*-Transformation“, wie es Jacobs und Cromwell behaupten (1992:53–54).

Die Voraussetzungen für die Praxis der Gynaegamie bei den Igbo waren verschieden: Einerseits konnten Frauen zu Männern erklärt werden, andererseits nahmen Männer und Frauen z. T. die gleichen Rechte und Pflichten wahr, die ihnen z. B. die Heirat von Frauen ermöglichten. In diesem Fall galten diese Frauen als ‚Ehemänner‘ (vgl. Amadiume 1987b:47).

Die Geschlechterkonstruktionen hinsichtlich der Rolle der älteren Frau bei den dargestellten Ethnien weisen folgende Gemeinsamkeiten auf: Erstens wird die Bedeutung der normalerweise Männern zugeschriebenen Rollen offensichtlich, und zweitens unterscheidet sich die *gender*-Ideologie vom tatsächlichen *gender*-Verhalten.

Schlußfolgerungen

Die Multiplikation von Geschlechterrollen

Die bisherigen Ausführungen zu Geschlechterrollen und zur Gynaegamie bei den Gikuyu sowie anderer afrikanischer Ethnien haben gezeigt, daß die Praxis der Gynaegamie eine Flexibilität der *gender*-Vorstellungen in den betreffenden Gesellschaften voraussetzt, die unabhängig vom biologischen Geschlecht gehandhabt werden können. Allerdings wird bei den Nandi und den Igbo besonders offensichtlich, daß es sich bei dem angeblichen *gender*-Wechsel der älteren Frau um eine idealtypische Vorstellung handelt, denn ihr reales Verhalten entspricht nicht vollends dieser Norm. In Wirklichkeit agiert sie in bestimmten Situationen wie ein Mann und in anderen wie eine Frau. Die Gikuyu kennen diese Art der Geschlechterkonstruktion nicht; die ältere Frau wird nicht als Mann deklariert, nur weil sie Aufgaben eines Mannes übernimmt.

In allen hier vorgestellten afrikanischen Gesellschaften, welche die Gynaegamie praktizier(t)en, vereint die ältere Frau Elemente beider Geschlechterrollen in sich. Sie übernimmt einige Rechte und Pflichten des Mannes, legt dabei ihre Sozialisation zur Frau und die damit verbundenen Rollen aber nicht vollständig ab.

Diese Art der *gender*-Multiplikation ist also ein Konglomerat zweier Geschlechterrollen, die in sich wiederum differenziert sind, aber auf der Unterscheidung von zwei biologischen Geschlechtern basieren.[20]

Nur warum findet diese *gender*-Multiplikation statt?

Geschlecht, Status und Macht

Differenzierungen innerhalb einer Gesellschaft entwickeln, regeln und manifestieren u. a. Machtverhältnisse. Bei den präkolonialen Gikuyu hingen diese in erster Linie mit dem Altersklassensystem zusammen. Die soziale und politische Organisation dieser segmentären Gesellschaft richtete sich nach den Prinzipien einer Gerontokratie, die u. a. vom Senioritätsprinzip bestimmt war. Diese Differenzierungen waren geschlechtsunabhängig. Gleiches gilt, wenn auch nicht mehr in dem Maße wie in präkolonialer Zeit, heute noch im Gikuyu-Land für die Tatsache, daß eine verheiratete Gikuyu-Person mit Kindern einen höheren Stellenwert in der Gemeinschaft hat, denn diese bedeuten auch (neben anderen Dingen) Macht und vor allem Prestige. Die Gynaegamie ermöglicht kinderlosen Frauen die Gründung einer Familie, deren Mitglieder sie beispielsweise als Arbeitskräfte in Unternehmen einsetzen können. Dadurch mehrt sich ihr Wohlstand, und sie werden als vollwertig anerkannt.

Die *gender*-Multiplikation der älteren Frau innerhalb der gynaegamen Beziehung impliziert darüber hinaus die Akkumulation zusätzlicher, normalerweise den Männern vorbehaltener Rechte und Pflichten, die andere Frauen, so auch die jüngere Frau, nicht wahrnehmen können. Hier wird wiederum die Differenz zwischen den Frauen, aber auch zwischen der älteren Frau und den Männern, offensichtlich.

Abschließend möchte ich als Ergebnis der Analyse zum Thema „Geschlechterrollen und Gynaegamie“ zwei Thesen aufstellen:

1. Die Praxis der Gynaegamie setzt eine Flexibilität der *gender*-Vorstellungen in den betreffenden Gesellschaften voraus.
2. Diese Flexibilität ermöglicht eine *gender*-Multiplikation und damit eine Erweiterung des Machtbereichs sowie eine Prestigeerhöhung derjenigen Frau, die die Heirat einer anderen Frau initiiert.

In diesem Sinne überschreitet die Gynaegamie die Grenze zwischen den Geschlechtergruppen und darüber hinaus auch die Grenze zwischen zwei Generationsgruppen innerhalb eines biologischen Geschlechts. Aber Hierarchien und Machtunterschiede sind nicht nur in der Beziehung zwischen Gruppen (Geschlechter-, Generations-, Berufsgruppen u. ä.) offensichtlich, sondern manifestieren sich vor allem auf der inividuellen Ebene in pluralen Identitäten und Zugehörigkeiten. Diese können wiederum mit entsprechenden Einflußsphären und möglichen Machtpositionen verbunden sein. Die Position der älteren Frau in einer gynaegamen Verbindung läßt deutlich werden, daß „[Macht eine] eigenständige Entscheidung über sich selbst [bedeutet] als die Möglichkeit, den eigenen Willen ‚auch gegen Widerstreben‘ gegen andere durchzusetzen“ (Lenz und Luig 1990:9). Die Gesellschaft schafft zwar die kulturellen Rahmenbedingungen für den Handlungsspielraum des Individuums, den dieses aber, den eigenen Interessen entsprechend, beispielsweise im Sinne gynaegamer Beziehungen ausgestalten kann.

Anmerkungen

* Margot Kahleyss und Gerhard M. Wolz danke ich für die kritische Durchsicht des Artikels.

1 Leider kann hier keine differenzierte Darstellung der Geschlechterrollen innerhalb der von den entsprechenden Gesellschaften praktizierten Gynaegamie erfolgen, da keine Feldforschung speziell zu diesem Thema durchgeführt wurde, auch wenn der Titel eines Buches zu Geschlechterrollen bei den Igbo „Male Daughters, Female Husbands“ (Amadiume 1987b) es vermuten läßt. Vgl. Anm. 19.

2 Dieser bestand in der präkolonialen Zeit u. a. aus Tieren verschiedener Art (Rinder, Schafe, Ziegen), Arbeitsgeräten für die Eltern der Braut und anderen Utensilien für weitere Verwandte. In heutigen traditionell orientierten Familien werden Zahlungen dieser Art genauso gehandhabt; andere Familien bevorzugen Geldzahlungen.

3 Falls nicht anders angegeben, beziehen sich alle folgenden Informationen hinsichtlich der Gikuyu und der Gynaegamie auf die in meiner Dissertation angegebenen Quellen (Tietmeyer 1991). Diese ist Ergebnis meiner Feldforschung, die ich von 1986 bis 1987 in Kenia durchführte. In dem Zusammenhang sei darauf hingewiesen, daß ich in jener Arbeit die betroffenen Frauen oft selbst habe zu Wort kommen lassen (s. Belege und InformantInnenverzeichnis). Zu verallgemeinernden Äußerungen (‚die Frauen', ‚die Gynaegamie bei den Gikuyu', ‚die Gikuyu') kam ich in der Analyse sowie den Schlußfolgerungen und wenn es sich um die Wiedergabe von historischem Quellenmaterial und Sekundärliteratur handelte. Dies gilt auch für den folgenden Artikel, denn er geht von theoretischen Fragestellungen aus. Aus diesem Grund ist die individuelle Kennzeichnung von Aussagen unwesentlich.

4 Der Begriff ‚traditionell' wird hier im Zusammenhang mit der präkolonialen Zeit verwendet. Seine Anwendung, bezogen auf den heutigen kulturellen Kontext, bedeutet, daß es sich hierbei um ein Kulturelement oder eine kulturelle Institution handelt, das bzw. die in Afrika vor dem Kulturkontakt mit den Europäern entwickelt und bis heute trotz des europäischen Einflusses (wenn auch in veränderter Form) bewahrt wurde. Die statische Konnotation des Begriffes ist allerdings irreführend, denn auch vor Ankunft von Missionaren und Kolonialherren hatten sich Kulturen in Afrika gewandelt.

5 Laut Staatsverfassung sind alle Kenianer (Gikuyu, Nandi etc.) gleichberechtigt. Demnach dürfen Frauen ebenso wie Männer Landtitel erwerben und Landbesitz erben; dieses Gesetz wird allerdings von den traditionell orientierten Kenianern nicht beachtet. Frauen können aber ihr Recht einklagen.

6 Dies gilt natürlich nicht nur für Gikuyu-Frauen, sondern für alle Menschen, die gleichzeitig unterschiedlichen Gruppen angehören, sich mit diesen identifizieren und dieser Identität auch Ausdruck verleihen können. Dabei ist es unwesentlich, ob sie bewußt einer Gruppe beigetreten sind (z. B. Glaubensgemeinschaften, Partei) oder ob sie aufgrund gesellschaftlicher Regeln Gruppen zugeordnet werden (Geschlechtergruppe, Altersgruppe). Diese Thematik ist in der Ethnologie allerdings nicht neu; schon in der „Status-Diskussion" der 1970er Jahre wurde die Tatsache, daß eine Person gleichzeitig unterschiedliche Statuspositionen einnehmen kann, erörtert. (vgl. u. a. Press und McKool 1972). In der *gender*-Forschung aber wurde diesem Aspekt bislang zu wenig Gewicht beigemessen.

7 Dieses Altersklassensystem war erheblich komplizierter aufgebaut als hier dargestellt; weitere Informationen vgl. Muriuki 1974.

8 Vgl. Anm. 6.

9 ‚Wanjiru' ist ein typischer Frauenname der Gikuyu.

10 Bis heute ist der fiktive Sohn im System der Gynaegamie nur Mittel zum Zweck, wodurch eine Heirat zwischen Frauen erst ermöglicht wird; theoretisch wäre er also der Ehemann der jüngeren Frau und der soziale Vater der Kinder, aber er spielt weder im Namenssystem noch im Familienleben eine Rolle. Dies weist auf die Ehe- und Familienvorstellungen der Gikuyu hin, die sich von den europäischen erheblich unterscheiden (vgl. Tietmeyer 1991:176–183). So bezeichnen die Gikuyu alle

Verbindungen (zwischen und Mann und Frau/en, zwischen Frauen), die durch eine Brautpreiszahlung legalisiert werden, als *uhiki*. Die Kuria in Kenia und Tanzania hingegen unterscheiden terminologisch zwischen den Heiratsformen. Die Gynaegamie nennen sie *mokamona* (Schwiegertochter), da eine Frau stellvertretend für ihren fiktiven Sohn ihre Schwiegertochter heiratet (vgl. Rwezaura 1985).

11 Es werden zwar immer öfter Ehen ausschließlich auf dem Standesamt und/oder in der Kirche geschlossen, aber dies ist eher ein städtisches Phänomen. Viele Gikuyu betrachten es als optimal, die bereits traditionell geschlossene Ehe mit kirchlichen Weihen versehen zu lassen. So habe ich es z. B. öfter miterlebt, daß Gikuyu-Paare 20 Jahre nach ihrer traditionellen Eheschließung kirchlich heirateten.

12 Die Erforschung des Wandels der Gynaegamie unter der Berücksichtigung der heutigen Situation der involvierten Frauen stellt das Hauptthema meiner Untersuchungen Mitte der 1980er Jahre dar. Die Kenntnis, daß sich bis heute am damaligen *status quo* nichts geändert hat, stammt von meinen InformantInnen aus dem Gikuyu-Land, mit denen ich noch in Briefkontakt stehe.

13 So antwortete mir z. B. ein Junge aus einer gynaegamen Familie auf meine Frage, wen er denn als seinen Vater betrachten würde: „Mein Vater ist meine Großmutter, da sie für uns sorgt."

14 Direkt erhöhen natürlich die Kinder der jüngeren Frau ihren Status. Mittlerweile besteht die Möglichkeit, Kinder nach westlichem Vorbild aus Kinderheimen zu adoptieren, was von den meisten Gikuyu-Frauen, die ich fragte, aus unterschiedlichen Gründen abgelehnt wurde (kulturelle Voreingenommenheit; zu hohes Alter der Frau; Gefühl, mit Kindererziehung ohne Hilfe überfordert zu sein; keine richtige Familie, keine zusätzliche Hilfe von Erwachsenen etc.).

15 Vgl. Anm. 1.

16 Belege zur Gynaegamie bei den Nandi finden sich in Tietmeyer (1994:111–114). Weitere Ausführungen dazu vgl. Smith Oboler 1980, Tietmeyer 1985. Auf die Frage, ob die Frau nach ihrem *gender*-Wechsel sexuell abstinent lebt, wird in der Literatur nicht eingegangen.

17 Inwieweit diese Gruppen heute noch die Gynaegamie praktizieren, entzieht sich meiner Kenntnis. Ebenfalls ist mir nicht bekannt, inwieweit sich das reale Verhalten dieser ‚Männer' bzw. Frauen von dem konstruierten *gender* unterscheiden, da dies aus den hier angegebenen Quellen nicht hervorgeht.

18 Vgl. Anm. 10.

19 Der Inhalt der folgenden Ausführungen beruht auf Forschungsergebnissen von Ifi Amadiume (1987 a, b), die das *Gender*-System der Igbo am Beispiel ihrer Heimatstadt Nnobi untersucht hat. Der Kulturwandel der Igbo betraf auch die Institution der Gynaegamie, die heute noch, beruhend auf dem traditionellen *gender*-System, existiert (1987b:129, 141, 185).

20 Zur Unterscheidung der Vergleichskriterien vgl. Gildemeister und Wetterer 1992.

Literatur

Amadiume, Ifi (1987a): *Afrikan Matriarchal Foundations: The Igbo Case*. London: Karnak House

Amadiume, Ifi (1987b): *Male Daughters, Female Husbands. Gender and Sex in an African Society*. London, New Jersey: Zed Books Ltd.

Barrett, Michèle (1987): The Concept of Difference. In: *Feminist Review* 26, S. 29–41

Evans-Pritchard, Edward E. (1945): *Some Aspects of Marriage and the Family Among the Nuer*. Livingstone: The Rhodes Livingstone Institute

Evans-Pritchard, Edward E. (1951): *Kinship and Marriage Among the Nuer*. Oxford: Oxford University Press

Farran, Charles (1963): *Matrimonial Laws of the Sudan*. London: Butterworths

Gildemeister, Regine/ Angelika Wetterer (1992): Wie Geschlechter gemacht werden. Die soziale Konstruktion der Zweigeschlechtlichkeit und ihre Reifizierung in der Frauenforschung. In: Knapp, Gudrun-Axeli/Angelika Wetterer (eds.): *Traditionen Brüche. Entwicklungen feministischer Theorie*. Freiburg: Kore, S. 201–254

Hauser-Schäublin, Brigitta (1991): „Verwandtschaft" und ihre „Reproduktion". Vaterschaft, die Entleiblichung der Frau und die Entseelung des Menschen. In: dies. (ed.): *Ethnologische Frauenforschung. Ansätze, Methoden, Resultate*. Berlin: Reimer, S. 307–331

Jacobs, Sue-Ellen/ Jason Cromwell (1992): Visions and Revisions of Reality: Reflections on Sex, Sexuality, Gender, and Gender Variance. In: *Journal of Homosexuality* 23, 4, S. 43–69

Jensen Krige, Eileen (1974): Woman-Marriage, With Special Reference to the Lovedu. – Its Significance for the Definition of Marriage. In: *Africa* 44, S. 11–37

Knapp, Gudrun-Axeli (1992): Macht und Geschlecht. Neuere Entwicklungen in der feministischen Macht- und Herrschaftsdiskussion. In: dies./Angelika Wetterer (eds.): *Traditionen Brüche. Entwicklungen feministischer Theorie*. Freiburg: Kore, S. 287–325

Leakey, Louis (1977): *The Southern Gikuyu Before 1903*. London, New York: Schenkmann

Lenz, Ilse (1990): Geschlechtssymmetrische Gesellschaften. Neue Ansätze nach der Matriarchatsdebatte. In: dies./ Ute Luig (eds.): *Frauenmacht ohne Herrschaft. Geschlechterverhältnisse in nichtpatriarchalischen Gesellschaften*. Berlin: Orlanda Frauenverlag, S. 17–74

Lenz, Ilse/ Ute Luig (1990): Jenseits von Patriarchat und Matriarchat. In: dies. (eds.): *Frauenmacht ohne Herrschaft. Geschlechterverhältnisse in nichtpatriarchalischen Gesellschaften*. Berlin: Orlanda Frauenverlag, S. 1–15

Moore, Henrietta (1993): The Differences Within and the Differences Between. In: del Valle, Teresa (ed.): *Gendered Anthropology*. London, New York: Routledge, S. 193–204

Moore, Henrietta (1994): *A Passion for Difference. Essays in Anthropology and Gender*. Cambridge: Polity Press

Muriuki, Godfrey (1974): *A History of the Kikuyu 1500–1900*. Nairobi, Oxford, New York: Oxford University Press

O'Brien, Denise (1982): Female Husbands in Southern Bantu Societies. In: Schlegel, Alice (ed.): *Sexual Stratification*. New York: Columbia University Press, S. 109–126

Press, Irwin/ Mike McKool, Jr. (1972): Social Structure and Status of the Aged: Toward some Valid Cross-Cultural Generalization. In: *Aging and Human Development* 3/4, S. 297–306

Rwezaura, Barthazar A. (1985): *Traditional Family Law and Change in Tanzania. A Study of the Kuria Social System*. Baden-Baden: Nomos

Smith Oboler, Regina (1980): Is the Female Husband a Man? Woman/Woman Marriage Among the Nandi of Kenya. In: *Ethnology* 19, S. 69–88

Tietmeyer, Elisabeth (1985): *Frauen heiraten Frauen. Studien zur Gynaegamie in Afrika*. Hohenschäftlarn: Klaus Renner

Tietmeyer, Elisabeth (1991): *Gynaegamie im Wandel. Die Agíkúyú zwischen Tradition und Anpassung*. Münster, Hamburg: Lit

Tietmeyer, Elisabeth (1994): Geschlechterrollenwechsel durch Heirat? Zur Gynaegamie in Afrika. In: *Kea. Zeitschrift für Kulturwissenschaften* 7, S. 109–118

Wichterich, Christa (1992): Moral, Markt und Macht. Frauengruppen in Kenia. In: *Peripherie. Zeitschrift für Politik und Ökonomie in der dritten Welt* 47/48, S. 7–21

Yanagisako, Sylvia Junko/ Jane Fishburne Collier (1987): Toward a Unified Analysis of Gender and Kinship. In: dies. (eds.): *Gender and Kinship. Essays Toward a Unified Analysis*. Stanford: Stanford University Press, S. 14–50

Rita Schäfer

„Frauen sind wie das Hinterrad eines Fahrrads – sie bestimmen die Richtung und Geschwindigkeit des Wandels“[1]

Wandel der Geschlechterbeziehungen bei den Shona in Zimbabwe

Mit diesem richtungsweisenden Ausspruch illustrieren die Shona-Frauen in Zimbabwe ihr heutiges Selbstverständnis. Dieses Sinnbild verweist nicht nur auf die Wandelbarkeit der reichen Symbolsprache, die mit Metaphern wie „Frauen sind die Wurzeln der Familie“ oder „diese Frau ist wie ein Mann“ Gleichheit und Differenz im Geschlechterverhältnis veranschaulicht. Vielmehr bringen die Frauen hier exemplarisch ihr Selbstbild und ihre Einstellung zu den Männern zum Ausdruck und nehmen gleichzeitig auf innergesellschaftliche Dynamiken und die steigende räumliche und soziale Mobilität bezug; denn die Männer werden mit einem Vorderrad verglichen, „das ziellos in alle Richtungen läuft, während das Hinterrad lenkt und die Lasten trägt.“ Die meisten Shona-Männer sind heute ‚auf Achse‘, auf der Suche nach Arbeit oder den Verheißungen des städtischen Lebens. Die Frauen übernehmen viele ihrer Aufgaben und erweitern somit ihre eigene Kompetenz – auch im technischen Bereich. Sie fassen derartige Veränderungsprozesse keineswegs nur als Bürde, sondern auch als Herausforderung auf, ihre Handlungsspielräume zu erweitern. Neue Entscheidungskompetenzen ermöglichen es, mehr oder weniger direkt das familiäre und gesellschaftliche Zusammenleben sowie ökonomische Orientierungen zu ‚lenken‘.

Mit dieser eigentlich ‚falschen‘ Metapher – ein Hinterrad ‚lenkt‘ schließlich nicht – bringen die Frauen ihre Wahrnehmung der Veränderungen im Geschlechterverhältnis zum Ausdruck. Denn für ihr Leben auf dem Land ist ein erheblicher Bedeutungsverlust ihrer Männer unübersehbar, so daß das ‚Hinterrad‘ auch die Lenkungsfunktion übernehmen muß. In der Komplementarität der Geschlechter ist, aus der Perspektive der Frauen, eine neuartige Asymmetrisierung festzustellen.

Fragt man nach *gender* als Strukturkategorie der Shona-Gesellschaft und danach, wie individuelle Handlungsmöglichkeiten durch *gender* geformt und wahrgenommen werden, so erweist sich die Analyse des Beziehungsgefüges von sozialen, ökonomischen, religiösen und politischen Faktoren und der damit verbundenen Machtphänomene als unerläßlich.[2] Die Identität der Shona-Frauen ist keineswegs nur durch familiär-verwandtschaftliche Rollendefinitionen determiniert; vielmehr läßt sich bereits auf dieser Ebene zeigen, wie Frauen patrilineare Bindungen strategisch nutzen, indem sie am Aufbau von

Allianzen mitwirken und gleichzeitig den Einfluß in ihrer Herkunftsfamilie zu bestimmten Anlässen mobilisieren. Das gesellschaftliche Organisationsprinzip der Patrilinearität führt also nicht zur strukturellen Statusunsicherheit oder zu permanenten Brüchen in der *gender*-Identität der Frauen.[3] Für ihren gesellschaftlichen Status und ihr Selbstbild sind vielmehr auch qualitativ andere Schlüsselfaktoren wichtig, wie die autonome Wirtschaftssphäre oder die Ausübung kulturell einflußreicher Ämter.

Im folgenden soll erörtert werden, wie Frauen gemäß ihrer Positionen in der Sozialstruktur und der damit verbundenen Autorität, also ihrem Alter und ihrer sozio-ökonomischen bzw. familiären Stellung entsprechend, Handlungsstrategien schaffen und mit welchen gesellschaftsinternen Begrenzungen sie dabei konfrontiert werden. Dabei muß das Verhältnis zwischen *gender* und Prestige, Autonomie, Ideologie und Körpersymbolik reflektiert werden.

Auch für das Verständnis des komplexen Zusammenwirkens von *gender*, Identität und Macht ist es notwendig, über die heute identitätsstiftenden Kriterien für Frauen und Männer in der Shona-Gesellschaft in Relation zu den sozio-ökonomischen Dynamiken zu reflektieren, d. h. ihren historischen Bedeutungswandel zu rekonstruieren.[4] Daher soll im folgenden der Blick zunächst auf die Geschlechterverhältnisse im traditionellen Kontext gerichtet werden. Anschließend gilt es, die gravierenden innergesellschaftlichen Machtverschiebungen während der Kolonialzeit in ihren Auswirkungen auf die konkurrierenden *gender*-Konzepte zu diskutieren. Die Frage nach Brüchen und graduellen Transformationsprozessen der *gender*-Identitäten erleichtert das Verständnis für die gegenwärtige Vielschichtigkeit und Widersprüchlichkeit der Geschlechterbeziehungen.

Die Leitlinie für den historischen Längsschnitt soll die Frage sein, wodurch die Geschlechterdifferenzen jeweils charakterisiert werden und inwieweit Frauen und Männer als Akteure die jeweiligen *gender*-Konzepte nutzen und mitgestalten. Die Divergenzverschiebungen zwischen Frauen und Männern lassen sich auf der Haushaltsebene und im Wandel der Stellung alter Frauen besonders deutlich nachzeichnen. Darüber hinaus gilt es, für die gegenwärtige Situation die Bedeutung der neugegründeten Frauenorganisationen näher zu analysieren. Die Frage, inwieweit diese gemeinsame Fraueninteressen vertreten und wie sie die *gender*-Konzepte prägen, ist vor allem dahingehend zu erörtern, wie sich im internen Machtgeflecht der Organisationen die multiplen Differenzen zwischen den beteiligten Frauen widerspiegeln und ob dies von einzelnen Frauen als Belastung empfunden oder zum Aufbau neuer Handlungsspielräume instrumentalisiert wird.[5]

Der Blick zurück

Wenn in diesem Text von der traditionellen Shona-Gesellschaft die Rede ist, so beziehen sich die Ausführungen auf die vorkoloniale Gesellschaftsstruktur des 19. Jahrhunderts, da erst diese Epoche durch orale Traditionen sowie Missionars- und Reiseberichte historisch rekonstruierbar ist.[6] Deshalb läßt sich für diese Zeit aus den in den Quellen zutage tretenden unterschiedlichen Perspektiven der Beteiligten ein facettenreiches Bild des Gesellschaftssystems und dessen *gender*-Konstruktionen herausarbeiten.

Beim ersten Blick erscheint die gesellschaftliche Stellung und das Selbstbild von Frauen in der durch Patrilinearität, das politische System des Häuptlingstums, Ahnenkult und Anbau bzw. Rinderhaltung gekennzeichneten Gesellschaft vorrangig über ihre Ehefrau- und Mutterrolle definiert. Eine Annäherung aus der Perspektive der Frauen verdeutlicht jedoch, wie sie die direkt an den familiären und verwandtschaftlichen Beziehungsnetzen orientierten Identitätszuschreibungen strategisch nutzen. So investieren Mütter in eigene Tiere für die Brautpreiszahlungen der Söhne, wodurch sie Beziehungen zur Herkunftslineage der Braut aufbauen und Dienste vom Sohn oder der Schwiegertochter fordern können. Des weiteren prägen die Schwestern der Väter durch die Aufklärung und Unterweisung der Mädchen in allen ehelichen Fragen die Geschlechtervorstellungen und Verhaltensstandards im familiären und verwandtschaftlichen Kontext. Darüber hinaus fungieren sie als Vermittlerinnen bei Lineagestreitigkeiten und helfen somit Konflikte in der durch vielschichtige interne Hierarchien und latente Spannungen geprägten Gesellschaft zu bewältigen.[7]

Multidimensionalität des Frauenstatus

Neben dem familiär-verwandtschaftlichen Einfluß ist die Multidimensionalität des traditionellen Frauenstatus durch die wirtschaftlich eigenständige Produktion auf sogenannten *tseu*-Feldern, durch das Goldwaschen in den Flüssen, durch die Töpferei und Korbflechterei, durch die Tätigkeit als Hebamme sowie durch den religiös-politischen Einfluß als *Spirit Mediums* (*svikiro*) gekennzeichnet. Zudem haben einige Frauen politische Führungsfunktionen inne. Das Zusammenwirken dieser Faktoren und die Mobilisierung der damit verbundenen individuellen Gestaltungmöglichkeiten müssen jedoch im Verhältnis zu den sozio-ökonomischen Differenzen und dem Alter von Frauen gesehen werden.

> „While a newly married wife had almost no authority in her husband's home, by the time she had aquired grandchildren, she had normally become a force to be reckoned with in most if not all matters affecting both her natal family (as tete) and her husband's family (as mother-in-law)" (Cheater 1986:67).

Zum Verständnis dieser Kontraste und implizierten Statusveränderungen in den Lebensphasen ist es notwendig, die Sozialisation und die Geschlechterideologie näher zu betrachten. Schon die Anredetermini, wie *mai* für Mutter, *vatete* für Schwester des Vaters oder *ambuya* für Großmutter, weisen auf die Differenzierung des Status nach Alter und familiärer Stellung hin. Die damit verbundenen Respektbekundungen liegen dem Geschlechter- und Generationenverhältnis zugrunde und müssen während der Sozialisation erlernt werden.

***Gender*-Konstruktion und Sozialisation**

In der Sozialisation der Töchter gestalten und tradieren Frauen in unterschiedlichen Kontexten die *gender*-Konzepte der Shona.[8] Neben den Müttern sind auch die Schwestern väterlicherseits und die Großmütter Vermittlerinnen von Normen und Werten. Die Mütter geben in der alltäglichen Arbeit ihre Anbaukenntnisse weiter und schaffen damit die Grundlage für ein positives Selbstbild der Töchter als eigenständige Produzentinnen. Da intime Gespräche zwischen Müttern und Töchtern den Respektvorschriften widersprechen, klären die *vatete* die Mädchen auf, prägen deren Einstellung gegenüber den Männern als Sexualpartnern und unterweisen sie in den ehelichen Rechten und Pflichten.[9] Diese Wissensvermittlung bildet eine wichtige Grundlage für die spätere Verhandlungsmacht der jungen Ehefrauen in mono- und polygamen Haushalten.

Die *vatete* haben auch in der gesellschaftlichen Formung von *sex* eine strategisch wichtige Position inne, indem sie in persönlichen Gesprächen die Körperwahrnehmung sowie das Selbstbild der Mädchen prägen. Sie erläutern die biologische Bedeutung von Menstruation und Schwangerschaft sowie alle damit verbundenen Riten. Die *vatete* motivieren ihre Nichten auch, eigene sexuelle Ansprüche zu stellen, da die Sexualität in der traditionellen Geschlechterideologie keineswegs auf die biologischen Reproduktionsaufgaben von Frauen reduziert ist, sondern einen eigenen Wert hat.[10]

Die Vermittlung dieser bedeutenden *gender*-Aspekte findet an Orten statt, die als ‚Frauenräume' positiv konnotiert sind, nämlich im Schlaf-Haus bzw. der Küche der *vatete*, auf ihren Feldern oder an einem Fluß.[11] Während die eigenständigen ökonomischen Entscheidungsmöglichkeiten im Haushalt und im Feld betont werden, manifestiert sich an den Ufern von Flüssen oder tiefen Gewässern die Nähe von Frauen zur Ahnenwelt. Tiefes Wasser gilt als Wohnsitz der Ahnen und als fruchtbarkeitsspendend; das Fruchtwasser einer schwangeren Frau wird mit diesen Gewässern verglichen. Schwangere, gebärende Frauen und junge Mütter werden als ‚naß' bezeichnet.[12] Zudem wird der Status von Mädchen zwischen Menarche und Eheschließung mit dem Überschreiten eines Flusses verglichen.

An Gewässern finden auch gemeinsame Gespräche zwischen Jungen und Mutterbrüdern, *sekuru nomuzukuru*, über die körperlichen Aspekte der

Männlichkeit, die Sicherung der Fruchtbarkeit und die Ehevorbereitung statt. Das kühle, tiefe Wasser soll sie an die Herleitung allen Lebens von den Ahnen erinnern und gleichzeitig ihre durch pflanzliche Aphrodisiaka gesteigerte Potenz ‚kühlen'.[13] Die Gespräche sind wichtig für den Aufbau einer eigenen Identität als Mann, *murum chaiye.* Während die Mutterbrüder für diese Gespräche zuständig sind, vermitteln die Väter aufgrund der Respektvorschriften in den Vater-Sohn-Beziehungen nur ihre ökonomischen Kenntnisse. Die Rollenverteilung der zentralen Akteure in der *gender*-Konstruktion läßt sich somit in vergleichbaren Aufgaben von Müttern und Vätern sowie im Pendant der Bedeutung der *vatete* und der *sekuru nomuzukuru* festmachen.

Auch die Großväter wirken aktiv an der Gestaltung der Geschlechterbeziehungen mit, indem sie durch rituelle Handlungen die Verantwortung des Lineageerhalts an die heranwachsende Generation delegieren. Diese Rituale finden am *dare*, dem Treffpunkt der Männer eines Hofes, statt und sind somit in die *gendered spaces* der Shona eingebunden. Männlichkeit und Potenz werden folglich rituell zugeschrieben und durch Interaktionen zwischen Männern und Frauen an bestimmten sozialen Orten kulturell geformt, sie gelten keineswegs als biologisch gegeben.[14]

Zur Frage, ob der *dare* der zentrale Ort ist, an dem sich die männliche Dominanz lokalisiert, gibt es differierende Einschätzungen: Während viele Männer den *dare* als ihren politischen Entscheidungsort bezeichnen, zu dem Frauen der Zugang verwehrt ist, nehmen andere die *gendered spaces* genau anders herum wahr, nämlich als Ausschluß der heranwachsenden Jungen und der Männer aus den von Frauen dominierten Räumen. Soziale Nähe prägt die Kindheitserinnerungen an das Zusammenleben mit Müttern, Tanten und Großmüttern in Koch- und Schlafhäusern. Besonders schmerzhaft empfinden die Jungen den Verlust von Nähe zu den Großmüttern, die ihre Enkel unabhängig vom Geschlecht an ihren bildreich ausgeschmückten Geschichten, *ngano*, teilhaben lassen. Während den Mädchen diese Erlebniswelt erhalten bleibt, wird den Jungen mit zunehmendem Alter der Zugang verwehrt.[15] Respekt und soziale Distanz kennzeichnen die Verhaltensvorschriften am *dare*, dem ‚Ersatzort'; eine neue emotionale Umwelt bauen die Jungen erst in der Interaktion mit Altersgenossen und Mutterbrüdern auf. Die Mädchen erleben die von den Frauen dominierten Räume jedoch nicht nur als Orte komplexer sozialer Interaktionen, sondern auch als Orte, an denen sich die Ressourcenkontrolle der Frauen konzentriert.

Eheschließung und Schwangerschaft

Die Ehen gelten als Verbindungen zwischen zwei Verwandtschaftsgruppen, die Ehepartner werden von den Eltern der Brautleute bestimmt, diese verfügen jedoch über ein Veto-Recht. Mit der sukzessiven Überreichung von Brautgaben werden die Ehen besiegelt; hierbei hat die Brautmutter Anspruch auf eine Kuh, *mombe jomai*. Damit wird die Achtung ihrer Leistungen, z. B. die Tradierung ihrer Anbaukenntnisse und Respektvorschriften, die dann dem Schwiegertochter-Schwiegermutter-Verhältnis zugrunde liegen, zum Ausdruck gebracht. Diese Anerkennung ist auch ein wichtiges Motiv bei der Überreichung zweier Ziegen, der *mapakuro*-Gaben, durch den Schwiegersohn, wenn die junge Frau erstmals schwanger ist. Das weibliche Tier geht in den persönlichen Besitz der Schwiegermutter über, das männliche wird den matrilinearen Ahninnen geopfert. Bei der Aufteilung des Opferfleisches erhält der Vater den vorderen Teil des Tieres, die Mutter den Rückenbereich, so wird ihre tragende Rolle in der Kinderversorgung symbolisch anerkannt.[16]

Zwar werden die Tiere der Mutter gemäß der geschlechtlichen Arbeitsteilung in der Familienherde von den jungen Männern mitversorgt, über ihre Nutzung entscheidet jedoch die Besitzerin allein. Durch diese im Verwandtschaftssystem eingebundenen Formen des Gütertransfers erhalten Frauen den Grundstock für eine eigene Herde, *danga ramai*. Diese Grundlegung einer autonomen Wirtschaftsbasis entzieht sich der Kontrolle der Ehemänner, da Übergriffe durch die matrilinearen Ahninnen bestraft würden.

Die matrilinearen Ahninnen, *vadzimu vekwamai,* sind die entscheidenden Instanzen für den Schutz der weiblichen Fruchtbarkeit und der Gesundheit der Kinder.[17] Dies ist für die *gender*-Konzeptionen um so bemerkenswerter, wenn man berücksichtigt, daß das grundlegende gesellschaftliche Organisationsprinzip die Patrilinearität, *rudzi*, ist und Kinder den Fortbestand einer Patrilineage sichern. Wenngleich das Wohl einer ganzen Lineage in Abhängigkeit von den patrilinearen Ahninnen und Ahnen, *vadzimu vekwababa*, steht, sind die matrilinearen Ahninnen für alle Aspekte der Mutterschaft zuständig.

Neben den matrilinearen Ahninnen hat der Mond auf religiös-symbolischer Ebene eine Bedeutung für die weibliche Fruchtbarkeit, denn die einzelnen Mondphasen werden mit dem weiblichen Zyklus in Verbindung gebracht. So wird die Menstruation in der Symbolsprache der Frauen als „*kuen da kumwedzi* – going to the moon" bezeichnet (Shire 1994:158). Blut gilt als lebensspendend, nur die Mischung des Blutes zweier Lineagegruppen, wie sie während einer Schwangerschaft im Körper einer Frau stattfindet, wird als ‚gefährlich' betrachtet. Verhaltensvorschriften für beide Ehepartner helfen der Schwangeren, diese ‚gefährliche' Situation zu bewältigen. Kennzeichnend für die Körpersymbolik und die *gender*-Ideologie ist darüber hinaus die Bezeichnung des Uterus als Feld, in der sich die existenzsichernde Rolle von Frauen als Produzentinnen widerspiegelt. Der ebenfalls mögliche Vergleich des Uterus mit einem Gefäß nimmt auf die schöpferische Arbeit von Frauen als Töpferinnen Bezug.

Wenn eine Frau schwanger ist, teilt sie ihrer *vatete* mit, daß sie den Mond nicht mehr sieht. Diese informiert die Eltern und den Ehemann, der dann seiner Schwiegermutter und seiner Frau Geschenke überreicht. Der vorrangig symbolische Gütertransfer trägt zur eigenen Wirtschaftsbasis beider Frauen bei.[18]

Haushalte: Ressourcenkontrolle und Geschlechterdifferenzen

Für die wirtschaftlichen Handlungsmöglichkeiten der jungen Frau ist die Geburt des ersten Kindes entscheidend, da sie mit ihrer Eheschließung dem Haushalt der Schwiegermutter zugewiesen wird und erst mit der Geburt eines Kindes den Bau eines eigenen Kochhauses, *imba yekubikira,* und eines eigenen Speichers, *dura*, von ihrem Mann fordern kann. Beides symbolisiert den eigenen Haushalt und bildet zusammen mit den eigenen Anbauflächen, *tseu*, die Grundlage ökonomischer Eigenständigkeit. Die produktiven Leistungen der Frau konzentrieren sich jedoch nach wie vor auf die Familienfelder, hierzu ist sie durch die Brautpreisgaben verpflichtet. Diese legitimieren auch die Kontrolle des Ehemanns über die Erträge, wodurch die strukturelle Differenz der Ehepartner zum Ausdruck kommt. Wenngleich die Männer die tragende Rolle der Frauen als Produzentinnen achten,[19] sind viele ältere Männer an der Erweiterung ihres Verfügungsrechts über die weibliche Arbeitskraft durch polygame Eheschließungen interessiert.

So konzentrieren sich in den Haushalten als Zentren der Ressourcen- und Arbeitskraftkontrolle die Beziehungsdynamiken zwischen Ehepartnern und zwischen den beteiligten Frauen.[20] Zwar verschieben sich mit der Leitung eines eigenen Haushalts die Differenzen zwischen Schwiegermutter und Schwiegertochter, aufgrund des Senioritätsprinzips bleibt das Machtgefälle aber eine latente Konfliktursache.

Statusdifferenzen zwischen Frauen in polygamen Ehen bedingen darüber hinaus alltägliche Konfrontationen. Die strukturellen Unterschiede äußern sich bereits in den Anredetermini: Die erste Frau, die meist als *senior wife* die Entscheidungsträgerin ist, wird mit *yahosi* oder *maiguru*, große Mutter, angeredet, die zweite und dritte Frau mit *mukaranga* bzw. *vakaranga.* Polygame Ehen sind vor allem bei reichen Lineages verbreitet, da ausreichender Landbesitz für die Eheschließung nachgewiesen werden muß. Trotz des Gebots der Gleichbehandlung durch den Ehemann bietet die Ressourcenverteilung oft Anlaß zu Streit und Mißtrauen. Die Konflikte eskalieren bei ungleicher Aufteilung der *tseu*-Felder sowie bei Bevorzugung einer Frau. Da direkte Kritik gegenüber ranghöheren Frauen nicht erlaubt ist, nutzt eine zweite oder dritte Frau Liedtexte oder die Namensgebung von Kindern als intra- und interfamiliäre Medien der Kritik: Wenn eine Mutter ihren Sohn *Dsingai*, „schick mich fort" nennt, klagt sie für alle ersichtlich das Fehlverhalten des Ehemannes an. Wenn eine Tochter *Muchaneta,* „du wirst ermüden" gerufen wird, bezieht sich diese Mahnung auf den Ehemann, der keine weitere Frau heiraten soll.[21]

Die latenten Spannungen zwischen den Frauen eines polygamen Haushalts schlagen sich auch im Hexereiverdacht nieder. Zwar sind unfruchtbare und junge, kinderlose Frauen besonders gefährdet, als Hexen, *varoyi*, verdächtigt zu werden, für Fehlgeburten oder den Tod von Kindern verantwortlich zu sein. Bei derartigen Unglücksfällen beschuldigen sich aber auch Frauen in einer polygamen Ehe gegenseitig. Wenngleich alle Frauen mit der Fruchtbarkeitsforderung konfrontiert sind, kann eine Frau z. B. im Fall wiederholter Fehlgeburten die Differenzen in einer polygamen Ehe zur sozialen Ausgrenzung einer anderen Frau mobilisieren.[22]

Alte Frauen

Im Gegensatz zur Furcht vor den negativen religiös-rituellen Kräften junger, kinderloser Frauen wird alten Frauen als zentralen Akteurinnen in religiösen Zeremonien große Achtung zuteil. Sie gelten als Vermittlerinnen zur Ahnenwelt und tragen bei den jährlichen Regenzeremonien zur Sicherung einer guten Ernte bei, da ihnen das Bierbrauen für die Opferhandlungen obliegt.

> „Rain is, of course critical to dryland agriculture, and rain-making is therefore of significant power in society. Where female spirits control rain, (...) they provide alternative models of female capabilities“ (Cheater 1986:70).

Oft sind es auch ältere Frauen, die als Geister-Medien, *svikiro*, auftreten. In beiden Fällen sind religöse und politische Aspekte miteinander verbunden, da sie die Regenzeremonien mit den Häuptlingen durchführen, die das Land im Auftrag der Ahnen verwalten. Als Geister-Medien sind Frauen häufig von überregional bedeutenden Geistern besessen, ihre Macht zeigt sich in der Übermittlung verbindlicher Anweisungen an die Häuptlinge. Der symbolträchtige Ausdruck: „Alte Frauen sind der Speicher des Volkes“ bezieht sich nicht nur auf ihren Kenntnisreichtum als Produzentinnen, sondern auf ihre gesellschaftliche Bedeutung als Vermittlerinnen der oft sehr komplexen oralen Traditionen. Die Überlieferung der Lineagegeschichte bzw. der mythischen Herleitung einzelner Häuptlingstümer gilt als Kunst, die alten Frauen Prestige verleiht. Ihre Macht als Gestalterinnen der Gruppenidentität wird auch in der Tradierung von Preisliedern offensichtlich, die das Verhältnis der Klane thematisieren.

> „Women, as custodians of the praise poetry which marks the particular masculinities of each totemistic group, celebrate and affirm men in the language of mutopo (totems) in public places and between lovers in private“ (Shire 1994:149).

Darüber hinaus erwerben und nutzen alte Frauen auch Kenntnisse über die Geschlechterbeziehungen als Hebammen, indem sie im Fall von Komplikationen bei der Geburt das Geständnis aller außerehelichen Beziehungen verlangen. Während einer Niederkunft steigern die durch Wissensdifferenzen und die Vermittlerinnenrolle zur Ahnenwelt bedingten existentiellen Abhängigkeiten die Macht der alten Frauen über die jungen. Die Hebammen fordern auch vom Ehemann das Eingeständnis von Untreue. Er kann nur mit Opfern an die Ahninnen der Frau den Schutz für die Gebärende wieder erwirken.

Der Anspruch einer Hebamme auf Entlohnung bringt die Achtung ihrer Fähigkeiten zum Ausdruck und erhöht gleichzeitig ihre Ressourcenkontrolle. Nur Frauen nach der Menopause können Hebammen werden, da sie im Unterschied zu den jungen, gebärenden Frauen als ‚trocken' und der Ahnenwelt nah gelten. Zudem mischt sich in ihnen nicht mehr das Blut zweier Lineages.[23] So ist es ihnen vorbehalten, Ton zum Töpfern abzubauen, einem „Geschenk der Ahnen". Die Töpferei impliziert neben symbolischen und kreativen auch ökonomische Aspekte.[24] Denn der Verkauf bzw. Tausch von Handwerksprodukten und Anbauüberschüssen trägt ebenso wie der Verdienst als Heilerin und Hebamme zur Erweiterung der wirtschaftlich autonomen Sphäre älterer Frauen bei. Den durch die eigenen Hände erarbeiteten Besitz, *dzamavoko,* können sie ihren Töchtern vererben oder als strategische Ressource mit entsprechenden Forderungen zum Brautpreis ihrer Söhne beisteuern.

Während sich ihre gesellschaftlichen Entscheidungsspielräume in der Verfügung über eigenen Besitz und in der Delegierung familiärer Aufgaben an jüngere Frauen manifestieren, resultiert die religiös-politische Macht alter Frauen vorrangig aus ihrer Nähe zu der Geisterwelt.[25]

Inwieweit sie dadurch als ‚honorary male' gelten, d. h. daß sie durch die Ausübung aller damit verbundenen ehrenvollen Ämter von Ältesten auch sozial eher der ‚Männerwelt' zugeordnet werden, oder sich vielmehr über alternative Aspekte der weiblichen Identität definieren, ist in der Diskussion über die traditionelle Shona-Gesellschaft strittig.[26] Die verschiedenartigen Einschätzungen sind Ausdruck der unterschiedlichen Betonung und Gewichtung der vielfältigen identitätsstiftenden Faktoren in der *gender*-Konstruktion. Wenn von der Mutterschaft als wesentlicher Identitätskategorie ausgegangen wird, dann erscheinen alle anderen Faktoren als potentiell unweiblich oder ‚männlich'. Wenn hingegen ein komplexes Zusammenwirken von Identitätsaspekten und die Möglichkeit multipler Identitäten bzw. des Identitätswandels als Betrachtungsgrundlage dient, dann ist die Betonung von Alternativen möglich, ohne daß damit die Gegenüberstellung bzw. Anlehnung an männliche Identitätskriterien notwendig wird.[27]

Sozio-ökonomische Differenzen zwischen Frauen

Die Zugehörigkeit zu einer einflußreichen Lineage prägt nicht nur den Status der Töchter und Ehefrauen, sondern wird auch von den Schwestern einflußreicher Männer strategisch genutzt. So ist die *vatete* eines Häuptlings Schlichtungsinstanz bei Lineagestreitigkeiten, Hüterin seiner Amtsinsignien und kann nach seinem Tod einen Nachfolger mitbestimmen. In manchen Häuptlingstümern haben auch die *maiguru*, die Hauptfrauen, wirtschaftspolitische Macht, indem sie ein eigenes Gebiet des Häuptlingstums verwalten und über einen eigenen Hof mit Bediensteten verfügen, oft verschuldeten, verarmten oder neuzugewanderten Frauen und Männern. Es gibt sogar Mythen, in denen die Gründung eines Häuptlingstums durch weibliche Vorfahren überliefert wird. Dies verdeutlicht, daß *gender* interdependent mit anderen Differenzen in der traditionellen Shona-Gesellschaft verbunden ist und die Identität sowie die Handlungsspielräume von Frauen und Männern mitbeeinflußt.[28]

Exemplarisch läßt sich dies auch im politischen Bereich ablesen: Im Unterschied zu Frauen einflußreicher Lineages und alten Frauen als religiös-politisch wichtigen Funktionsträgerinnen sind die meisten Frauen nicht direkt an der politischen Macht beteiligt. Sie verfügen jedoch über zahlreiche Strategien, die Entscheidungsprozesse der Männer in ihrem Sinne zu lenken. Das Spektrum erstreckt sich von Verweigerung alltäglicher Pflichterfüllung bis hin zum Einsatz brennender Holzscheite als Waffe. „Their public show of deference to men is not only polite behaviour, but also a way of getting things done" (Mararike 1995:31).

Gender und Identität

Die *gender*-Konstruktion in der traditionellen Shona-Gesellschaft ist also ein komplexes Zusammenwirken vielfältiger, teils gegensätzlicher Kriterien, in denen Frauen und Männer als Akteure auftreten. Unterschiede im Wirkungsgrad ihrer Einflußmöglichkeiten sind in den Machtdifferenzen begründet – in der strategischen Nutzung von Alter, Geschlecht und sozio-ökonomischen Unterschieden als gesellschaftsstrukturierenden Potentialen.

Die Verschiebungen der identitätsstiftenden Kriterien im Lebenszyklus äußern sich dergestalt, daß die Rolle als Mutter und Ehefrau vor allem für junge Frauen statusbestimmend ist. Im wesentlichen müssen sie Anweisungen ausführen, wobei sie diese Rollenzuweisung in Forderungen an ihre Ehemänner umzumünzen versuchen. Ihre konkreten Einflußmöglichkeiten sind aber vom Alter und der Zahl der Kinder abhängig, von ihrer Stellung im polygamen Haushalt und von der sozio-ökonomischen Situation der Lineage.

Mit zunehmendem Alter verschieben sich die identitätsstiftenden Kriterien und Orientierungen vom familiären Bezugsrahmen auf eigene ökonomische Aktivitäten bzw. die gesamtgesellschaftliche Ebene. Der Einfluß der Frauen als konstruierende Akteurinnen der Geschlechterbeziehungen steigt; ihre Macht gegenüber jüngeren, rangniederen Frauen, Ehemännern und Söhnen bzw. den gesamten Lineages zeigt sich in der strategischen Nutzung von Differenz und Gleichheit. Als Verhandlungsbasis dafür dienen eigenverantwortliche ökonomische und gesellschaftlich wichtige Tätigkeiten, z. B. als etablierte Produzentin, Töpferin und Hebamme. Kennzeichnend für das Selbstbild alter Frauen ist die Definition als Hüterinnen der Traditionen und

Vermittlerinnen gegenüber den Ahnen und der Geisterwelt, wodurch ihnen weitreichende gesellschaftliche Anerkennung und politischer Einfluß zuteil werden.

Neue Formen von Macht und Differenz durch kolonialen Einfluß

Im ausgehenden 19. Jahrhundert etabliert sich die koloniale Herrschaft im Gebiet der Shona, das als Süd-Rhodesien der britischen Verwaltung unterstellt wird. Während seit dem 15. Jahrhundert sporadische Kontakte mit portugiesischen Händlern bestehen und einzelne Missionare sich Anfang des 19. Jahrhunderts nördlich des Limpopo niederlassen, beginnt erst Ende des 19. Jahrhunderts eine kontinuierliche Invasion von Goldsuchern, Glücksrittern und Landhungrigen. Konflikte mit den Shona sind vorprogrammiert. So kommt es 1896–1897 zum Aufstand, dem ersten *Chimurenga*, bei dem *Spirit Mediums* eine erhebliche Rolle spielen, da sie im Auftrag der Geister den Widerstand gegen die British South African Company mobilisieren. Die bekannteste Frau, deren Macht als *Spirit Medium* auch die Briten fürchten, ist Ambuya Nehanda, Medium des weiblichen supra-ethnischen Geistes *Nehanda.*

> „Among the Korekore, the original Nehanda was believed to be the first female ancestor, whose spirit had great rain- and war-making powers. Among the Zezuru, Nehanda was an important supra-ethnic spirit whose powers extended over a vast territory. The Nehanda spirit frequently possessed female mediums" (Schmidt 1992:xiv).

Der Widerstand der Korekore, Zezuru und anderer Untergruppen der Shona wird jedoch blutig niedergeschlagen, Ambuya Nehanda öffentlich hingerichtet. Die Erinnerung an ihre historische Bedeutung bleibt aber tief im kollektiven Gedächtnis verankert. Während des Unabhängigkeitskampfes Ende der 70er Jahre, dem zweiten *Chimurenga*, wird sie zur Identifikationsfigur für die Guerilla-Kämpferinnen.[29]

Die kolonialen Einflüsse zwischen dem ersten und zweiten *Chimurenga* verändern die traditionelle Shona-Gesellschaft radikal. Die Einschränkung politischer, ökonomischer und religiöser Eigenständigkeit hat weitreichende Konsequenzen für innergesellschaftliche Umbrüche und Verschiebungen der *gender*-Konzeptionen. Diese sollen im folgenden skizziert werden.

Die Landansprüche der weißen Siedler führen zur Zurückdrängung der Shona in ‚Reservate', welche meist in unfruchtbaren Gebieten liegen. Gleichzeitig werden Hütten-, später Kopfsteuern, erhoben, die viele Männer zur Abwanderung in die neu entstehenden Städte zwingen. In deren Einzugsbereich profitieren die Frauen zunächst von der Monetarisierung der Wirtschaft, indem sie Hirse, Gemüse und selbstgebrautes Bier an die Migranten verkaufen.[30] Auch junge Frauen aus entfernteren Regionen fliehen aus unerträglichen Ehen in die Städte. Neue Beziehungen mit dort lebenden Arbeitern bieten zumindest temporär eine Alternative. Als Fluchtziel bieten auch neu errichtete Missionsstationen im Landesinneren Aufnahme für Frauen und Mädchen, die gegen ihren Willen polygam verheiratet werden sollen. Hier unterstehen sie jedoch der Autorität der weißen Missionare.

Christliche Werte und Differenzen zwischen Frauen

Die Missionare lehnen vehement den Brautpreis und die Polygamie ab und erziehen die jungen Frauen im Sinn des viktorianischen Frauenbildes und christlicher Moralvorstellungen. Als Ehefrauen der neuen afrikanischen Prediger sollen sie christliche Familienvorstellungen in den Dörfern verbreiten. So differenziert auch die an den Missionsschulen vermittelte Schulbildung zwischen Mädchen und Jungen. Während erstgenannte nur eine Grundbildung erhalten und in europäischer Haushaltsführung unterwiesen werden, zielt die Ausbildung der Jungen auf ihre Mittlerrolle zwischen Missionsstationen, Kolonialverwaltung und afrikanischer Bevölkerung ab. Die Vorbildfunktion einer europäisch orientierten Hausfrau ist jedoch nur einer kleinen Elite vorbehalten. In den an den Missionstationen gegründeten *Ruwadzano*-Gruppen zelebrieren sie die neue Identität. „In the Christian fellowship groups they sought a new source of status, self-esteem, and gender solidarity" (Schmidt 1992:148).

Kennzeichnend für die gruppeninternen Strukturen sind ihre Exklusivität und die Umkehrungen der traditionellen Hierarchien zwischen Frauen auf der Basis von Alter und familiärem Status, denn junge, bibelkundige und den neuen Hausfrauenidealen nacheifernde Frauen werden zu Gruppenleiterinnen ernannt und erteilen den älteren Frauen Instruktionen. Trotz dieser Führungsfunktionen sind die autonomen Dimensionen, die den religiösen Einfluß der alten Frauen und der Geistermedien prägen, den *Ruwadzano*-Leiterinnen aufgrund der an den Missionsstationen herrschenden Normen verwehrt. Als Differenzierungskriterien legitimieren *gender* und Rasse die dortige weibliche Unterordnung, zudem beschränkt die puritanische Moral die Bewahrung der selbstbewußten Einstellung zum eigenen Körper und zur Sexualität.

Die von den Missionaren vertretenen *gender*-Konzepte werden zunächst nur von wenigen Frauen übernommen. Die meisten Frauen auf dem Land können die neue Selbstdefinition über die Hausarbeit und die Zuweisung in die Privatsphäre in ihrem eigenen Leben gar nicht umsetzen, da ihre Familien existentiell von ihrer Arbeit in der ‚öffentlichen' Sphäre abhängig sind, insbesondere, wenn die Männer abwandern und aufgrund der geringen Löhne kaum Geld schicken, also auch nicht den europäischen Vorstellungen des ‚bread winners' entsprechen.

Entlang des unterschiedlichen Christianisierungsgrades und der Intensität der Einbindung in den monetären Sektor intensivieren sich die innergesellschaftlichen Differenzen, wobei kennzeichnend ist, daß sozio-ökonomisch einflußreiche Personen und Lineages rascher als andere zur Übernahme der neuen Wertesysteme und religiösen Orientierungen bereit sind. Abgrenzungstendenzen von den Ansprüchen anderer Gesellschaftsmitglieder, im Sinne der lebenden und verstorbenen Verwandten, spielen dabei eine soziale und psychologische Rolle. Angesichts der großen Bedeutung der Ahnen für die eigene und die gesellschaftliche Identität sowie die Fruchtbarkeit des Landes bleiben die christianisierten Personen während der Kolonialzeit nur eine Minderheit in der ländlichen Gesellschaft.

Gender und Ökonomie

Während die Missionare den Einfluß der traditionellen männlichen Autoritäten durch Verbot des Ahnenkultes, der Geisterbessenheit und Fruchtbarkeitszeremonien zu untergraben versuchen, um ihre eigenen Wertvorstellungen zu verankern, bilden die Kolonialherren mit lokalen Führern pragmatische Interessenallianzen. So sehen die weißen, wirtschaftspolitischen Machthaber – entgegen den eigenen Wertvorstellungen – in der Polygamie eine eher nützliche Institution, die hilft, die Löhne der Männer niedrig zu halten und die Mobilität der Frauen zu kontrollieren. Frauen sollen auf dem Land bleiben und die Felder des Mannes während seiner Abwesenheit bestellen. Ihre Arbeit bildet die einzige Sozial- und Altersversicherung der Migranten, denn nur durch eine auf dem Land lebende Ehefrau können die neugeregelten Landnutzungsrechte beansprucht werden.

Das Interesse der lokalen Autoritäten und alten Männer an einer Duldung der neuen Strukturen bezieht sich auf die monetarisierten und erhöhten Brautpreisforderungen. Diese neue Form der Ressourcenkontrolle verschärft die sozio-ökonomische Differenzierung der ländlichen Gesellschaft, was bei gleichzeitig konkurrierenden religiösen Werten für ein enormes Konfliktpotential sorgt. Zudem werden die Machtdifferenzen zwischen alten und jungen Männern intensiviert. Angesichts der geringen Löhne können die jungen Männer kaum eine eigene Wirtschaftsbasis aufbauen oder den Ausfall ihrer Arbeitskraft ausgleichen. So steigt die Arbeitsbelastung und Verantwortung der Frauen und die geschlechtliche Arbeitsteilung verschiebt sich. Die Übernahme vieler zuvor als Männerdomäne deklarierten Aufgaben stärkt jedoch die Verhandlungsmacht der Frauen in eskalierenden innerehelichen Ressourcenkonflikten.

Oft ist die Benachteiligung der Frauen konkret durch kolonialpolitische Entscheidungen verursacht, so verbieten diverse Vorschriften ab 1910 den Verkauf von Lebensmitteln und selbstgebrautem Bier in den Städten. Die Verdrängung der Frauen aus der Ökonomie ist auch ein Ziel des Maize

Control Act von 1931, der 80% der Marktanteile für die mittlerweile weitgehend etablierten weißen Farmer sichert und Landenteignungen legitimiert.[31] Die Ernährung der städtischen Bevölkerung wird drastisch umgestellt, denn Handelsverfügungen erschweren systematisch den Hirsehandel. Auf dem Land bleibt dessenungeachtet die trockenresistente und nährstoffreiche Hirse das Grundnahrungsmittel. Die Frauen weigern sich, Mais anzubauen, da die Verarbeitung mit unvergleichbar hohen zeitlichen und körperlichen Belastungen verbunden ist. In den stadtnahen Gebieten, wo Männer die Umstellung auf den Maisanbau fordern, verlangen die Frauen im Gegenzug erst die Anschaffung von Maismühlen.

Zudem scheitern die Versuche reicher Männer, durch den Einsatz von Pflügen die Anbauflächen zu erweitern, an der Weigerung ihrer Frauen, denn neues Gerät zur Erleichterung der arbeitsintensiven Jät- und Hackarbeiten wird ihnen vorenthalten. Auch sind erst neue Verordnungen notwendig, um Erosionsschutzmaßnahmen durchzusetzen und den Einsatz von Dünger zu motivieren, da beides an Frauen delegiert wird. Auch wenn ihnen die kolonialpolitischen Implikationen, wie das Ziel, die Selbstversorgungspotentiale als nationalökonomisch wichtige Ressourcen zu erhalten, nicht bekannt sind, so ist ihnen doch klar, daß die Verordnungen auf ihre Kosten durchgesetzt werden. Der Protest der Frauen findet auf der Haushaltsebene und im lokalen Kontext statt, da der Aufbau verbindender politischer Organisationsstrukturen ihnen gesetzlich verwehrt ist. Da die Shona-Frauen auch traditionell nicht in Zusammenschlüssen organisiert sind, können sie auf keine vereinenden Institutionen zur Interessenvertretung zurückgreifen.[32] Die sozio-ökonomische, innergesellschaftliche Differenzierung verschärft sich latent und spiegelt sich auch im Verhältnis zwischen den Frauen wider, indem reiche Frauen, die zum Einsatz von agrartechnischen Neuerungen bereit sind, die zusätzlichen Arbeiten in Form von Lohnarbeit an arme Frauen delegieren.

Differenzen auf Haushaltsebene

Für die meisten Menschen auf dem Land begrenzen die wirtschaftlichen Veränderungen ihre ökonomischen Handlungsspielräume. Die damit verbundenen Spannungen verschärfen die Geschlechterkonflikte, wobei der zentrale Streitpunkt die oft unzureichende Versorgungsleistung der Männer ist. Nur unter Berufung auf die Sanktionsmacht der matrilinearen Ahninnen können Mütter bei den Eheschließungen der Töchter ihr Recht auf ein Rind einfordern.

Angesichts der radikalen Begrenzungen der Ressourcenverfügung prägen ökonomische Kriterien auch die Differenzverschiebungen und -intensivierungen zwischen Frauen. Mit der Reduzierung der Polygamie und dem Bedeutungsverlust der Seniorität verschiebt sich die Binnendifferenzierung der Haushaltsmitglieder auf die Ebene von Unterschieden zwischen einzelnen

Haushaltsformen. So unterscheidet sich der Handlungsspielraum von *de facto* Leiterinnen der Migrantenhaushalte vom Ressourcenzugang derjenigen Frauen, deren Männer nicht abgewandert sind. Erstmals gibt es auch *de jure* Haushaltsleiterinnen – meist Witwen, die nicht wieder heiraten, oder geschiedene Frauen, denen die Rückkehr zur Natalfamilie verwehrt ist. Die wirtschaftlichen Handlungsmöglichkeiten dieser Frauen sind beschränkt und ihr gesellschaftlicher Status sehr gering. Die sozio-ökonomische innergesellschaftliche Differenzierung birgt gleichzeitig die latente Gefahr ihrer Marginalisierung.

Alte Frauen

Neben der grundsätzlichen Beschränkung der ökonomisch bedeutenden und identitätsprägenden Tätigkeiten der Frauen im Anbau und im Handwerk wird auch der gesellschaftliche Einfluß von Hebammen, Heilerinnen und Geistermedien durch die Einrichtung von Missionskrankenhäusern und die offizielle Verurteilung traditioneller religiöser Praktiken gemindert.[33] Die von den Kolonialbehörden geförderte Zentralisierung der politischen Herrschaft in den Händen weniger alter Männer untergräbt den religiös fundierten politischen Einfluß alter Frauen. Ihre Bedeutung als Vermittlerinnen traditioneller Werte und lineageverbindender Identitätsdefinitionen wird jedoch nur sukzessive reduziert, da während der Kolonialzeit erst wenige Schulen auf dem Land eingerichtet werden. Dieser regionale Aspekt ist auch beim Bedeutungswandel der *gender*-Prägung durch die *vatete* zu beachten.

Differenzverschiebungen zwischen Frauen und Männern

Grundsätzlich ist für Veränderungen der *gender*-Konstruktionen während der Kolonialzeit entscheidend, daß die Machtkonzentration in den Händen der weißen Herren und der neuen religiösen Missionselite die Möglichkeiten der traditionellen Akteure, ihre Geschlechterbeziehungen selbst zu gestalten, drastisch reduziert. Hierbei sind jedoch qualitative Unterschiede in der Einschränkung der Autorität von Frauen und Männern festzustellen: Während alte Männer strategische Allianzen mit den britischen Machthabern eingehen, wird alten Frauen aufgrund der Mobilisierung von rassischen und geschlechtlichen Differenzen ihre weitreichende Autorität entzogen.[34] Die relative Gewißheit junger Frauen auf Einfluß im Alter schwindet.

Zudem begrenzt die Durchsetzung des *Customary Law* als ‚traditionelles Recht‘ die Variationsmöglichkeiten in der Gestaltung des Ehe- und Familienlebens. In diesem Recht, das selbst nach der Unabhängigkeit Zimbabwes noch mit in die Gesetzgebung eingeflossen ist und bis heute die Geschlechterbeziehungen beeinflußt, werden bestimmte patriarchale Formen der Verwandtschaftsorganisation als traditionelle Leitlinien definiert. So wird die Scheidung erschwert und die Wiederverheiratung von Witwen zum Prinzip erklärt.[35]

Gender und Rasse

Im Wandel der Geschlechterbeziehungen durch gezielte koloniale Einflüsse spielt auch die Differenzierung auf der Grundlage der Hautfarbe eine wichtige Rolle. Neben den Missionsstationen als zentralen Orten zur Verbreitung der viktorianischen Frauenbilder sind auch die Haushalte der Weißen Austragungsorte der Machtdifferenzen. Im Unterschied zu den Farmarbeitern, die die gemeinsame Arbeitslast verbindet, sind die Hausangestellten direkt und persönlich von den weißen Vorgesetzten abhängig. Für die Hausarbeit werden jedoch vorrangig afrikanische Männer eingestellt, die weißen ‚Herrinnen' versuchen hierdurch Liebschaften zwischen ihren Ehemännern und afrikanischen Frauen zu verhindern. Beziehungen zwischen weißen Frauen und den afrikanischen Hausangestellten sind selten und werden aufs härteste bestraft. Dennoch empfinden die weißen Männer die Sexualität des schwarzen Personals als potentielle Bedrohung. Entsprechend rigide ist das Machtverhältnis zwischen den europäischen ‚Herren' und den afrikanischen Angestellten. Es zeigt sich beispielsweise in der Zuweisung ‚typisch weiblicher Arbeiten', wie dem Wäschewaschen, an afrikanische Männer sowie in ihrer Anrede als ‚boys', auch wenn sie selbst längst Familienväter sind. Der Arbeitsplatzmangel zwingt sie jedoch, diese permanenten Entwürdigungen als Mann und Mensch schwarzer Hautfarbe zu ertragen.[36]

Handlungsstrategien im Wandel

Wenn man aus akteursorientierter Perspektive fragt, wie Shona-Frauen die kolonialen Veränderungen bewältigen, sind unterschiedliche Strategien festzustellen: Verweigerung, Ignorieren von Vorschriften und Nutzung bzw. Erweiterung der vorhandenen Handlungsspielräume. Mit Verweigerung reagieren Frauen vor allem auf koloniale Anbauvorschriften, die ihre Arbeitslast erhöht und ihre Ressourcenkontrolle reduziert hätten. Im Handel und beim Bierbrauen ignorieren Frauen koloniale Vorschriften. Sie riskieren Strafen, weil sie ihre ökonomische Eigenständigkeit bewahren wollen und in vielen Fällen auch durch ihre familiäre Versorgungspflicht hierzu gezwungen sind. Im Einfordern eines Anteils des Brautpreises wird deutlich, wie Frauen ihre Rechte als Mütter und die damit verbundenen traditionellen Möglichkeiten der Ressourcenkontrolle zu bewahren versuchen. Mit der Erweiterung ihrer Mobilität nutzen Frauen neue Handlungsspielräume. Die Städte bieten neue Existenzmöglichkeiten; die Missionsstationen versprechen Zuflucht bei unerträglichen Ehen und sozialen Aufstieg durch Übernahme europäischer Werte. Diese Alternativen sind jedoch begrenzt und können nur von wenigen Frauen genutzt werden. Zwar bringen die wirtschaftspolitischen und religiösen Veränderungen während der Kolonialzeit den Frauen ungleich mehr Nachteile als den Männern, auch bleiben ihnen neue Einfluß- und Aufstiegsmöglichkeiten vorenthalten,[37] doch ist das Verhalten der Frauen keineswegs als passives

Reagieren zu bezeichnen, sondern als situationsbedingte, aktive Auseinandersetzung mit den jeweiligen Gegebenheiten.

Differenz und Identität seit den 1980er Jahren

Die während der Kolonialzeit begonnenen Verschiebungen der Geschlechterbeziehungen und die Differenzierung zwischen Frauen setzen sich nach der Unabhängigkeit fort. Zwar waren am militanten Unabhängigkeitskampf Ende der 70er Jahre viele junge Frauen als Guerilla-Kämpferinnen aktiv beteiligt, dennoch können sie die in den Militärlagern erprobten neuen Formen der geschlechtlichen Arbeitsteilung und der Partizipation an Entscheidungsprozessen nicht in den Alltag übernehmen. Zur Diffamierung der Kämpferinnen als leichtfertige Liebhaberinnen tragen vor allem die von Männern dominierten Medien bei, welche die an den Missionsschulen propagierten Geschlechtervorstellungen verbreiten und die Furcht der Männer vor zu eigenständigen Ehefrauen schüren. Nur einige bekannte militärische Führerinnen bekommen politische Ämter zugewiesen, doch ihre Entscheidungsbefugnisse bleiben begrenzt.[38]

Politische Partizipation

Zwar steht Frauen die öffentliche Mitwirkung im politischen Leben rechtlich offen, doch wird sie ihnen in der Praxis von den Männern verwehrt. Frauen sind als Wahlhelferinnen geschätzt, aber politische Entscheidungsfunktionen werden ihnen vorenthalten. Auch der Zugang zu Informationen über politische Prozesse wird Frauen aufgrund ihrer Benachteiligung im Bildungsbereich erschwert. Die politische Rhetorik der Regierungspartei ZANU, die trotz offizieller Bekenntnisse zur Demokratie das politische Leben autokratisch beherrscht, schwankt zwischen der Integration von Frauen in die Ökonomie, wobei es vorrangig um die Nutzung der weiblichen Arbeitskraft geht, und patriarchalen, kolonial geprägten Geschlechtervorstellungen. Emanzipationsforderungen gelten als europäische bzw. amerikanische ‚Überfremdung' und selbst die Women's League der Partei propagiert harmonische Familienideale, anstatt Fraueninteressen zu vertreten.[39]

Exemplarisch für die vorrangig repräsentative Bedeutung von Frauen im politischen Leben ist die Einrichtung des Frauenministeriums im Jahr 1981. Offiziell soll es zur Förderung des Frauenstatus beitragen, die durchgeführten Programme erschöpfen sich aber in begrenzter materieller Hilfe. Nur die angebotenen Alphabetisierungskurse für erwachsene Frauen tragen zu deren Stärkung und Interessenvertretung bei. 1993 wird das Haushaltsbudget des Ministeriums jedoch radikal gekürzt, daher sind sogar diese Maßnahmen nicht mehr durchführbar.[40]

Frauenzusammenschlüsse und *Gender*-Konstruktionen

Die gesetzliche Verankerung von Frauenrechten z. B. im Arbeits- und Familienrecht werden nur durch die in den 80er Jahren an Einfluß gewinnenden Frauenorganisationen erwirkt.[41] Mit der Betonung der strategischen *gender*-Interessen streben sie die Stärkung von Frauen auf gesamtgesellschaftlicher Ebene an. In den Zusammenschlüssen, wie dem *Zimbabwe Women's Resource Centre and Network* (ZWRCN) oder dem *Women in Law and Development in Africa* (WiLDAF), sind gebildete Frauen der städtischen Mittelschicht und junge Frauen, die während des Unabhängigkeitskampfes im Ausland studierten, vertreten. Sie verstehen sich als Vermittlerinnen zwischen politischen Entscheidungsträgern und den Frauen auf dem Land bzw. in den städtischen Ballungsgebieten. Der Einfluß dieser Frauenorganisationen auf die *gender*-Konstruktionen zeigt sich aber nicht nur im Makro- sondern auch im Mikro-Bereich, denn weitere Arbeitsschwerpunkte sind ihre Beratungen und Fortbildungen der seit den 80er Jahren überall entstandenen lokalen Frauengruppen. Informationen über rechtliche und finanzielle Fragen sowie die Bildungsverbesserung der Frauen sollen zur Erweiterung ihrer ökonomischen Möglichkeiten, Stärkung ihres Selbstbewußtseins und ihrer Interessenvertretung beitragen.[42] Da die meisten Shona-Frauen in den lokalen Gruppen organisiert sind, konzentriert sich die folgende Analyse auf diese Ebene, wenngleich ihre Verbindungen mit den Dachverbänden hierbei nicht außer acht gelassen werden sollen.

Die Gruppen auf dem Land zielen vor allem auf ökonomische Zusammenarbeit und die Erweiterung wirtschaftlicher Handlungsspielräume ab. Aufgrund der nach der Unabhängigkeit fortdauernden Geschlechterungleichheit im Bildungsbereich und Arbeitsleben sind Frauen nur wenige Berufe im formellen Sektor wie Lehrerin, Krankenschwester oder Sekretärin zugänglich. Da es auf dem Land auch kaum Arbeitsplatzangebote gibt, greifen sie auf Tätigkeiten im „informellen Sektor“ zurück.[43] Ihre traditionellen ökonomischen Handlungsspielräume im Anbau und Handwerk versuchen sie strategisch geschickt zu erweitern, z. B. im Einfordern gemeinsamer Landnutzungsrechte sowie im Aufbau gemeinsamer Vermarktungsstrukturen und Sparkonten. Letztere sind besonders wichtig für die eigenständige Finanzverwaltung und eine gemeinsame Sicherung gegen Ansprüche der Männer. Die Verfügung über eigenes Einkommen ist angesichts der Verschiebung familiärer Aufgaben notwendig. Denn die sinkenden Löhne und die steigende Arbeitslosigkeit reduzieren die Möglichkeiten der Männer, ihren familiären Versorgungspflichten nachzukommen. Auch die mikroökonomischen Folgen der Strukturanpassungsmaßnahmen (ESAP) und der Dürre im Jahr 1991/92 haben die Probleme der Existenzsicherung verschärft. Der gleichzeitige Funktionsverlust verwandtschaftlicher Unterstützungsformen vergrößert die Unterschiede im Ressourcenzugang und verursacht einen Individualisierungsschub. Bedingt durch den fortschreitenden Wertewandel und die Konsumgüterorientierung fühlen sich viele Männer zudem nicht mehr zur familiären Versorgung verpflichtet. Männlichkeit wird heute kaum noch durch Interaktion von jungen und alten Männern am *dare* im Familiengehöft geprägt, sondern durch Trinkgelage mit Gleichgesinnten in den städtischen Bierhallen.[44] Identitätsstiftende Kriterien, die sich an den Differenzen von Frauen und Männern orientieren, verlieren allmählich an Bedeutung.

So sind Frauen als Mütter neben der ökonomischen Versorgung oft auch allein für die Sozialisation und Ausbildung der Kinder verantwortlich. In der Identitätsprägung und Gestaltung der *gender*-Konzepte der Söhne ist ihr Vorbild und ihre Wertevermittlung angesichts des Sogs städtischer Vergnügungen jedoch oft chancenlos. Dies trifft auch auf den Autoritätsverlust der Großväter zu, daher erweisen sich viele Söhne als ebenso unzuverlässig wie die Ehemänner. Als strategische Zukunftsinvestition setzen die Frauen heute auf die ‚*gender*-Solidarität' ihrer Töchter und versuchen, soweit das ihre finanziellen Mittel erlauben, ihnen eine gute Ausbildung zu ermöglichen.

Differenzen zwischen Frauen auf Haushaltsebene

Gegenwärtig rückt die Identitätsgestaltung durch Interaktion und Kommunikation mit anderen Frauen noch stärker als zuvor in den Mittelpunkt, wodurch Kooperation und Konkurrenz zwischen Frauen eine neue Qualität erhalten. Denn die seit einigen Jahrzehnten herausgebildeten, neuen gesellschaftlichen Konstellationen, schlagen sich in erweiterten Differenzen **zwischen** Frauen nieder. Die zunehmende Differenzierung zeigt sich vor allem auf der Haushaltsebene, d. h. in den zentralen Institutionen der Ressourcenkontrolle. Zwar spielen aufgrund des Rückgangs der Polygamie, der sich nach der Kolonialzeit weiter intensivierte, die Differenzen zwischen Mitfrauen kaum noch eine Rolle, die latenten Konfliktpotentiale zwischen Schwiegertöchtern und Schwiegermüttern bleiben hingegen erhalten und verschärfen sich in ökonomischen Krisen. Zudem wird wegen der weiter fortgeschrittenen Migration der Männer die Differenzierung zwischen *de facto* und *de jure* Haushaltsleiterinnen und Frauen in männlich geleiteten Haushalten immer wichtiger für das Selbstverständnis der Frauen.[45] Folglich treten neben familiären und altersbezogenen Faktoren die sozio-ökonomischen Differenzen in den Mittelpunkt der *gender*-Konstruktionen und des Status der Frauen.

Unterschiede im Zugang zu monetärem Einkommen, strukturelle Machtverschiebungen der Entscheidungsbereiche von Frauen und Männern sowie die alleinige Zuständigkeit für die Kinderversorgung bestimmen die verschiedenartigen Handlungsspielräume der Frauen in den unterschiedlichen Haushaltsformen. Zur Erweiterung ihrer eigenen Ressourcenkontrolle, aber auch zur sozialen Beziehungspflege treten Frauen aller drei Haushaltsformen lokalen Zusammenschlüssen bei.[46] Die Divergenzen zwischen den Frauen spiegeln sich im multiplen Machtgefüge in den Organisationen wider und beeinflussen Konsens und Konflikte bei der Formulierung gemeinsamer Interessen. Dies ist für die *gender*-Debatte von Interesse, denn es sind vor allem *de jure* Haushaltsleiterinnen, z. B. Witwen und geschiedene Frauen, die auf die ökonomischen Möglichkeiten in den Frauenorganisationen angewiesen sind, da ihr Landzugang sonst sehr begrenzt ist. Der Einfluß von *de jure* Haushaltsleiterinnen in den Gruppen ist jedoch oft marginal. Leitungsfunktionen sind ihnen wegen ihrer mangelnden Ausbildung und geringen gesellschaftlichen Anerkennung meist verwehrt. Hierbei ist aber zwischen dem Status alter und junger Frauen zu differenzieren.

Für ältere Frauen sind die lokalen Gruppen vielfach der einzige Ort sozialer Interaktion, da ihre religiös-politische Macht durch die kolonialen Veränderungen unwiederbringbar zerstört ist. Auch ist ihr Einfluß als zentrale Akteurinnen in der Mädchensozialisation und als Vermittlerinnen der oralen Traditionen durch die schulische Ausbildung der Kinder drastisch reduziert und in vielen Fällen können sie keine familiären Sicherungssysteme mehr beanspruchen. Oft bieten die Gruppen die einzige Form der Alterssicherung. So helfen die angebotenen Schulungen über das Witwenerbrecht, das Wohnrecht auf dem Hof des Mannes zu bewahren und darüber hinaus das Selbstwertgefühl trotz des gering geschätzten Witwenstatus zu sichern.

Trotz der inzwischen in der ganzen Gesellschaft Zimbabwes verbreiteten puritanischen Einstellungen zum Körper und zur Sexualität gelingt es den alten Frauen, ein positives Bild vom weiblichen Körper zu bewahren, was in ihrer Symbolsprache am Beispiel der Menstruation zum Ausdruck kommt. So kommentiert eine alte Frau die Radiomeldung von der ersten Mondlandung ganz gelassen: „I heard that Americans have gone to the moon. If they are men, how could they? And, if they have gone to the moon – so what? Women have gone to the moon every month – so it is nothing new“ (Shire 1994:158). Diese positiven Einstellungen können sie jedoch wegen der Rollenverschiebungen in der Sozialisation kaum noch an die Mädchen vermitteln. Durch die über die Schulen verbreitete Moral werden nur vage Zerrbilder über die Sexualität weitergegeben, so sind ungewollte Schwangerschaften von Schülerinnen ein häufiges Problem.

Zu den Motiven der jungen alleinerziehenden Mütter und der verlassenen oder geschiedenen Frauen, an lokalen Frauengruppen zu partizipieren, zählt der in den Gruppen intensivierte Austausch mit Frauen in einer ähnlichen Situation. Ihre Bereitschaft sich zu informellen Arbeitsgruppen auf der Basis von Altersgleichheit zusammenschließen, ist ein weiterer Grund. Diese neue Kooperationsform bringt die heutigen Gestaltungsmöglichkeiten in den Beziehungen zwischen Frauen zum Ausdruck, welche weit über traditionelle, familiär orientierte Möglichkeiten weiblicher Arbeitsorganisation hinausreichen und die *gende*r-Konstruktionen um eine neue Dimension erweitern.

Die Motivation der *de facto* Haushaltsleiterinnen zur Partizipation an den Gruppenaktivitäten orientiert sich an der Reduzierung ihrer Abhängigkeit von der finanziellen Unterstützung durch die Ehemänner und der Möglichkeit, eigene Interessen zu verwirklichen. Die Erweiterung ihrer ökonomischen Eigenständigkeit erachten viele *de facto* Haushaltsleiterinnnen für notwendig, da ihre Ehen latent durch eine Freundin oder Zweitfrau des Mannes in der Stadt gefährdet sind, mit der sie die Unterhaltsleistungen dann teilen müssen. Scheidungen sind den *de facto* Haushaltsleiterinnen häufig verwehrt, insbesondere, wenn ein hoher Brautpreis bei ihrer Eheschließung gezahlt wurde. Die *de facto* Haushaltsleiterinnen sind vergleichsweise besser gestellte Frauen, daher werden sie in gruppeninternen Konflikten oft zur Zielscheibe des Unmuts.

Frauen, die in männlich geleiteten Haushalten leben, sehen in den Gruppen einen nicht von ihren Ehemännern kontrollierten Freiraum, wenngleich die Gruppenarbeit ihre Arbeitsbelastungen intensiviert und sie ihre Gruppenmitgliedschaft vielfach erst in zähen Verhandlungen mit ihren Männern durchsetzen müssen. Jedoch werden einige Frauen der von Männern geleiteten Haushalte in den Gruppen auch mit ihrer latenten Furcht konfrontiert, daß eine *de jure* Haushaltsleiterin Interesse an ihrem Ehemann finden und eine mögliche Mitfrau werden könnte. Mit ihr wären dann die meist nur begrenzten Ressourcen zu teilen. Nachteile für die eigene Verhandlungmacht sind aber auch absehbar, wenn der Ehemann vom vergleichsweise umfangreichen Besitz einer *de facto* Haushaltsleiterin angezogen wird und sich Vorteile aus einem Verhältnis mit ihr verspricht.

Differenz und Gleichheit in den Frauengruppen

Die Differenzen, die aus der unterschiedlichen sozio-ökonomischen Herkunft und den Interessenunterschieden resultieren, erweisen sich in der Regelung der Gruppenleitung häufig als Problem. Mangelnde Führungsqualitäten oder ungleiche Behandlung der Gruppenmitglieder werden in vielen Gruppen beklagt und können, insbesondere wenn der Leiterin Korruption vorgeworfen wird, zum Aufbrechen der Gruppen führen. Es sind also vorrangig sozioökonomische Probleme, die den Gruppenzusammenhalt belasten. Religiöse Differenzen spielen aufgrund der inzwischen überall verbreiteten afrikanischen, christlichen Kirchen keine Rolle. Dennoch versuchen die beteiligten Frauen vieler Gruppen das Differenzproblem konstruktiv zu handhaben, indem sie eine Gruppenleiterin wählen, die sich durch eine starke Persönlichkeit auszeichnet, als Vermittlerin zwischen verschiedenen Interessengruppen, z. B. auf Verwandtschaftsebene, bekannt ist und auch fordernd gegenüber Männern auftreten kann. Da jedoch auch Kenntnisse über den monetären Sektor und eine Grundbildung für die Vertretung der Gruppen nach außen notwendig sind, teilt sich in manchen Gruppen eine Frau mittleren Alters die

Leitungsaufgaben mit einer jungen, die über Schulbildung verfügt. So müssen die Gruppenmitglieder das jeweilige komplexe Geflecht von Macht und Differenz immer wieder neu so gestalten, daß dieses zum gemeinsamen Aufbau ökonomischer Handlungspielräume genutzt werden kann und nicht die Kooperation erdrückt. Hierbei spielen die von den nationalen Frauenorganisationen angebotenen Kurse zur Schulung der Gruppenleiterinnen eine wichtige Rolle, denn die Bewußtseinsbildung über den konstruktiven Umgang mit Differenzen ist dabei ein zentrales Thema.

Neben den zentrifugalen Kräften sind die gleichzeitige gemeinsame Orientierung an wirtschaftlichen Zielen, die dazu zweckorientiert genutzten Alphabetisierungskurse, die Rechtsberatungen und Fortbildungen über Gruppendynamiken Elemente, die den Zusammenhalt fördern. Zu den vereinenden Faktoren, die auf eine gemeinsame Identitätsstiftung abzielen, zählt vor allem die gemeinsame Auseinandersetzung mit innergesellschaftlichen Veränderungsprozessen. Mit den lokalen Zusammenschlüssen versuchen die Frauen neue Solidarsysteme aufzubauen, die die überkommenen Strukturen sukzessive ablösen.

Stärkung der gemeinsamen Verhandlungsmacht

Die Bedeutung der Organisationen für die Konstruktion der Geschlechterverhältnisse zeigt sich nicht nur in der immer wieder neuen Aufarbeitung der Differenzprobleme, sondern in der Erweiterung ökonomischer Handlungsspielräume und der gesellschaftlichen Verhandlungsmacht.[47] So ermöglichen der Gruppenzusammenschluß und die Informationsangebote der nationalen Frauenorganisationen die Beantragung von Außenförderung zur Realisierung gemeinsamer, oft prestigereicher Entwicklungsprojekte wie einer Hühnerfarm oder einer Ölpresse, die dann von einer lokalen Frauengruppe verwaltet wird. Derartige gemeinsame Projekte tragen zur Einkommensverbesserung und zum Gruppenzusammenhalt bei. Damit alle Frauen in möglichst gleicher Weise an den Innovationen teilhaben, muß die spezifische Gestaltung der Förderung mit den Entwicklungsorganisationen im Detail ausgehandelt werden. Das dazu erforderliche Bewußtsein der meist männlichen Mitarbeiter für die Stärkung der Frauen als Produzentinnen und der gleichzeitigen Beachtung der gruppeninternen Bedürfnis- und Interessendifferenzen versuchen die nationalen Frauenzusammenschlüsse in Kursen zum *gender-training* zu schulen.[48]

Die neuerworbenen Kenntnisse im Projektmanagement fördern vergleichbar mit der Verbesserung im Bildungszugang auch das Selbstbewußtsein aller beteiligten Frauen, insbesondere wenn sie eigene Ideen realisieren können, die in die dörfliche Lebenswelt eingebunden sind, aber ihre Handlungsspielräume und Kompetenz erweitern. Hierbei ist die Kontrolle über die eigenen Kenntnisse ein zentraler Faktor. Neben dem Stolz auf das eigene Wissen ist auch das in den Gruppen bekräftigte Selbstverständnis, eigenständige Produzentin zu sein, für die heutige Identität der Frauen auf dem Land wichtig. So nutzen sie diese Akzentuierung der eigenen Wahrnehmung zur Übernahme vieler zuvor als Männerdomäne definierten Aufgaben und als Zeichen ihrer Stärke, denn auch nach der Kolonialzeit hat sich die Verschiebung in der geschlechtlichen Arbeitsteilung weiter intensiviert.

Darüber hinaus versuchen Frauen aller Haushaltsformen, soweit das die Grenzen ihrer unterschiedlichen Handlungspielräume zulassen, ihre Ressourcenkontrolle auszudehnen, indem sie strategisch geschickt ihre tragende Rolle als familiäre Versorgerinnen betonen. So fordern *de jure* Haushaltsleiterinnen Landnutzungsrechte ein, während die *de facto* Haushaltsleiterinnen und Frauen in männlich geleiteten Haushalten ihre in den Gruppen geförderte Wirtschaftskraft in von ihnen persönlich für wichtig erachtete familiäre Prioritäten investieren, wie in die Ausbildung der Töchter zur Sicherung ihrer Altersversorgung.

Schlußbemerkungen

Insgesamt verstehen sich die Frauen nach wie vor als Kräfte, die das Überleben auf dem Land sichern und die Kultur wahren, wobei sie diese als dynamisch begreifen. Sie setzen sich aktiv mit den Veränderungsprozessen auseinander und versuchen trotz fortschreitender makro-ökonomischer und politischer Beschränkungen auf der Mikroebene gemeinsam neue Handlungsspielräume zu erschließen und neue Formen der Differenz im Geschlechterverhältnis in ökonomisch verbindende Aktivitäten umzugestalten. Hiermit bieten sie auch ihren Töchtern neue Identifikationsangebote. Der Erwerb neuer Kenntnisse und Handlungskompetenzen durch Interaktion und Kommunikation mit anderen Frauen spielt eine große Rolle in der heutigen Identität der Frauen, denn viele Frauen versuchen neben der familiären Orientierung auch persönliche Entwicklungsziele zu verwirklichen. Dies stärkt ihre Verhandlungsmacht, worauf viele Männer in einer ‚ideologischen' Form reagieren, indem sie patriarchale Rollenzuweisungen beschwören. Dieses Verhalten zeugt aus der Sicht der Frauen vom Macht- und Bedeutungsverlust der Männer, wobei der eingangs erwähnte symbolträchtige Vergleich mit Frauen und Männern als Hinterrad bzw. Vorderrad eines Fahrrades richtungsweisend ist für das heutige Selbstbewußtsein vieler Frauen.

Anmerkungen

1 Die hier vorliegende Analyse der Geschlechterbeziehungen der Shona basiert auf einer einjährigen Feldforschung (1995/96) in Zimbabwe.

2 Moore (1988:9f)

3 Siehe Mararike (1995:29). Zur Rolle von Frauen als agierende Subjekte in patrilinearen Ehen und als Vermittlerinnnen zwischen unterschiedlichen Verwandtschaftsgruppen s. auch Strathern 1972. Hier möchte ich vor allem der These von Reh und Ludwar-Ene widersprechen, Identitätsbrüche von Frauen in patrilinearen Gesellschaften seien das wesentliche Analysekriterium zur Erfassung der *gender*-Dimensionen in der Identitätskonstruktion afrikanischer Gesellschaften. Zur Veranschaulichung stellen sie patri- und matrilineare Gesellschaften einander gegenüber, indem sie Identitätskontinuität nur in Matrilinearität und Matrilokalität verorten (Reh und Ludwar-Ene 1995:9f). Richtungsweisend für die Debatte halte ich vielmehr die Frage, wie Frauen in patrilinearen Gesellschaften unterschiedliche Aspekte ihrer Identität als Ehefrauen oder Schwestern nutzen und welche strukturellen Möglichkeiten bzw. Grenzen ihr Handeln beeinflussen (Sacks 1979:7ff).

4 Moore (1994:31f)

5 Moore (1988:194ff); Moore (1994:1f); Jirira (1995:77f)

6 Soweit interne Dynamiken und Variationen nachweisbar sind, werden sie hier mit berücksichtigt, um der Vorstellung von einer statischen traditionellen Gesellschaft entgegenzuwirken. Interne Migration und Handelsbeziehungen mit Arabern und Portugiesen sorgten schon seit dem 15. Jahrhundert für regionale und innergesellschaftliche Differenzierungen (Bourdillon 1987:14).

7 Mararike (1995:29)

8 Siehe Moore (1994:41ff). Zur Bedeutung von Frauen in der kulturellen Zuschreibung von Geschlechterrollen im Rahmen von Sozialisation und Initiation s. a. MacCormack (1980:95ff)

9 Gelfand (1992:25)

10 Kleine Skarifizierungen um den Bauchnabel sowie die manuelle Streckung der *labia minora* sollen das positive Körpergefühl der Mädchen betonen und die Lust beider Partner beim Geschlechtsverkehr steigern.

11 Zur gesellschaftlichen Bedeutung von Frauenräumen als Teil einer „Kultur der Frauen“ s. Nadig (1991:243).

12 Junge, unverheiratete Mädchen treffen sich zum Austausch über die eigenen Körper auch an Gewässern (Aschwanden 1982:77).

13 Die Mutterbrüder testen dort auch rituell die Zeugungsfähigkeit der Jungen. ‚Schwacher‘ Samen gilt als eine Ursache für Fehlgeburten (Folta and Deck 1988: 437).

14 Die Konstruktion der Geschlechterbeziehungen findet sowohl für Jungen als auch für Mädchen eher sukzessiv statt und konzentiert sich nicht in einem fest strukturierten Initiationsritus. Während des vorehelichen, temporär begrenzten Zusammenwohnens der Heranwachsenden, *mahumbwe*, geht es um das spielerische Erproben von Alltagsaufgaben und Beziehungsmustern. Ob dabei sexuelle Kontakte erlaubt sind und wie wichtig die Jungfräulichkeit der Mädchen im traditionellen Kontext ist, wird controvers diskutiert (Gelfand 1992:32).

15 Shire (1994:147)

16 Der Bezug des eingangs erwähnten Vergleiches von Frauen und Männern mit dem Hinter- bzw. Vorderrad eines Fahrrades auf diese traditionelle Symbolik ist naheliegend.

17 Hansson (1990:5). Die weibliche Fruchtbarkeit wird mit der gesellschaftstragenden Ahnenwelt in Verbindung gebracht und keineswegs negativ betrachtet oder zur Abwertung der Frauen instrumentalisiert, wie dies von Ortner in ihrem theoretischen Konzept der Natur-Kultur-Dichotomie vertreten wird (Ortner 1993). Für Informationen über Schwangerschaft und Geburt bei den Shona danke ich auch Susanne Wille, Ärztin in Chiredzi, Zimbabwe.

18 Bereits in der Hochzeitsnacht schenkt der Bräutigam seiner Frau Perlenschnüre für den Körperschmuck, die auf beide erotisierend wirken und gleichzeitig den Status als Ehefrau symbolisieren. Mit Verhandlungsgeschick versucht die Braut, möglichst viele Perlen zu erhalten (Aschwanden 1982:182).

19 Zur Bedeutung der Achtung der Produktionsleistungen der Frauen für ihren Status s. Sanday (1990:12).

20 Cheater (1986:67). Vgl. Moore (1988:54ff). Zur Bedeutung der Haushalte als „zentrale Institutionen" der Ressourcen- und Machtverteilung einer Gesellschaft sowie in der Gestaltung der Geschlechterverhältnisse s. a. Schlegel (1995:223).

21 Mangelnde Versorgung und Mißachtung durch den Ehemann sind legitime Scheidungsgründe. Frauen können dann zur Natallineage zurückkehren.

22 Folta and Deck (1988:442). Es gibt auch männliche Hexen, die ihre zerstörerischen Kräfte vor allem zum Schaden von Feldern und Vieh anderer Männer einsetzen.

23 Das Symbol einer Hebamme ist ein Korb: Im Korb wird das Neugeborene aufgefangen, im Korb hat der Schöpfergott *mbari* die Welt geschaffen (Hannson 1990: 45).

24 Die elaborierten Tongefäße der Shona-Frauen werden nicht nur im Land selbst getauscht, sondern über den Handel mit Arabern an die mozambikanische Küste gehandelt. Ein entsprechend guter Verdienst ist den Frauen sicher.

25 Der Witwenstatus wird durch das Levirat geprägt, wobei eine Witwe selbst einen der Brüder des Mannes als neuen Ehepartner wählen kann. Oft gehen mit dem Levirat Statusverschlechterungen der Frau einher, deshalb versuchen viele Witwen als Verwalterinnen des Erbes der noch nicht erwachsenen Söhne das Levirat zu umgehen und mit den Söhnen zusammenzuwohnen. Hierüber entscheiden jedoch letztlich die Brüder des verstorbenen Mannes (Armstrong and Himonga 1993: 37f).

26 Mararike (1995:29); Cheater (1986:70)

27 Auch die männliche Identität weist als gesellschaftliches Konstrukt Dynamiken auf. So verfügen junge Männer keineswegs über die Ressourcen oder Entscheidungskompetenzen, die alte Männer mobilisieren können. Teils leben arme junge Männer entgegen der virilokalen Residenzregeln auch erst einige Jahre beim Schwiegervater. Für das Prestige und die Selbstdefinition eines Mannes ist seine Lineagezugehörigkeit sowie die Zahl seiner Frauen und Kinder wichtig.

28 Schmidt (1992:26)

29 Jirira (1995:22)

30 Barnes and Everjoice 1992

31 Schmidt (1988:56)

32 Wie Frauen ihre unterschiedlichen traditionellen Organisationsformen als Mobilisierungsinstanzen für den gemeinsamen Widerstand gegen kolonialpolitische Entscheidungen nutzen, ist hingegen aus anderen afrikanischen Ländern, wie Nigeria, Kamerun und Kenia, belegt (Schäfer 1995:207ff).

33 Schmidt (1988:77). Die Marktüberflutung mit europäischen Billigwaren und die gleichzeitige Reglementierung der für den Handel notwendigen Mobilität der Frauen verdrängt ihre handgefertigen Tongefäße und Körbe aus dem Gütertransfer. Auch das Goldschürfen wird offiziell verboten (Schmidt 1992:76f).

34 Zur Begründung wird hierbei auf die wenig formalisierte Autorität der alten Frauen verwiesen. Ihre Macht resultiert im tradionellen Kontext vor allem aus der strategischen Nutzung der sozialen Beziehungen und aus individuellen religiösen, gesellschaftlichen und ökomischen Einflußmöglichkeiten. Die Komplexität des traditionellen Machtgefüges auf der Basis von Alter und Geschlecht wird von den Kolonialherren völlig verkannt und durch die Zentralisierung der politischen Herrschaft in den Händen weniger alter Männer unterminiert (Schmidt 1992:99).

35 Grundlage für die Konzeption des *Customary Law* sind die Interviews des Ethnologen J.F. Hollemann mit ausgewählten *chiefs*, eine Auftragsarbeit des Rhodes-Livingstone-Institutes aus dem Jahr 1940. Er konstruiert aus partikularen Meinungen, die zudem aus den Machtinteressen der alten und neuen männlichen Elite resultieren, einen so nie vorhanden gewesenen „Konsens", der jeglicher Verankerung entbehrt (Schmidt 1992:107f).

36 Shire (1994:147)

37 Zur Bedeutung des Kolonialismus in der Verdrängung der Frauen aus der Ökonomie und Politik sowie der Zerstörung ihrer Autonomie s. a. Leacock (1981:43ff).

38 Bourdillon (1993:73). Neue politische Mythen werden geschaffen, wenn sich Präsident Mugabe bei der Rückkehr von einer Auslandsreise von im Spalier knienden Frauen der ZANU (PF) Women's League „wie ein chief" empfangen läßt (Jirira 1995:81).

39 Chitsike (1994:7f)

40 Jirira (1995:82f)

41 Armstrong and Himonga 1993

42 Chigundu 1992. Zur Bedeutung von Frauenorganisationen für den Status von Frauen s. a. Sanday (1990:12)

43 Batezat and Mwalo (1985:24)

44 Shire (1994:147)

45 Zu den komplexen Verbindungen von häuslicher Sphäre und Öffentlichkeit sowie den haushaltsinternen Dynamiken s. Moore (1988:21f) und Moore (1994:86f).

46 Zur Erörterung der Bedeutung von haushaltsübergreifenden Frauenzusammenschlüssen für die gesellschaftliche Stellung von Frauen s. a. Rosaldo (1974:39).

47 Auch wenn man bei den Shona nicht von einer geschlechtssymmetrischen Gesellschaft sprechen kann, so ist das von Lenz entwickelte Konzept multifokaler Machtprozesse und dem „lebendigen Spiel von Differenzen" hilfreich für die Analyse (Lenz 1995:69). Hier geht es weniger um das immer wieder neue Aushandeln der Balance in den Machtprozessen, sondern um ein strategisches Agieren zwischen den einzelnen Machtfeldern bzw. -faktoren.

48 Chigundu (1992:3); Meena (1992:14ff)

Literatur

Armstrong, Alice/ Chuma Himonga (1993): *Uncovering reality, excarvating women's rights in African family law.* WLSA Working Paper, No. 7. Harare: Benaby Printing

Aschwanden, Herbert (1982): *Symbols of life, an analysis of the consciousness of the Karanga.* Gweru: Mambo Press

Barnes, Terri/ Win Everjoice (1992): *To live a better life, an oral history of women in the city of Harare.* Harare: Baobab Books

Batezat, Elinor/ Margaret Mwalo (1985): *Women in Zimbabwe.* Southern African Political Economy Series, 2. Harare: Sapes Trust

Bourdillon, Michael (1987): *The Shona peoples, an ethnography of the contemporary Shona with special reference to religion.* Gweru: Mambo Press

Bourdillon, Michael (1993): *The changing culture in Zimbabwe.* Harare: University of Zimbabwe Publications

Cheater, Angela (1986): The role and position of women in pre-colonial Zimbabwe. In: *Zambezia* xiii (ii), S. 65–79

Chigundu, Hope Bagyendera (1992): *Strategies for empowering women. Zimbabwe Women's Resource Centre and Network, Discussion Paper,* No. 4. Harare: ZWRCN

Chitsike, Coletta (1994): Political participation of women, a case study of Zimbabwe. In: *WiLDAF News* 7, S. 7–9

Folta, Jeanette/ Edith Deck (1988): The impact of children's death on Shona mothers and families. In: *Journal of Comparative Family Studies* xix (3), S. 433–451

Gelfand, Michael (1992): *Growing up in Shona society, from birth to marriage.* Gweru: Mambo Press

Hannson, Gurli (1990): *African women and religion, religious rites and beliefs in connection with childbirth in Mberengwa District.* Unpublished report, Swedish Mission, Uppsala

Jirira, Kwanele (1995): Our struggle ourselves. Shaping feminist theory in our context. The Zimbabwe scenario. In: *Southern African Feminist Review* 1 (1), S. 77–86

Leacock, Eleanor (1981): *Myths of male dominance, collected articles on women cross-culturally.* New York: Monthly Review Press

Lenz, Ilse (1995): Geschlechtssymmetrische Gesellschaften: Neue Ansätze nach der Matriarchatsdebatte. In: Lenz, Ilse/ Ute Luig (eds.): *Frauenmacht ohne Herrschaft. Geschlechterverhältnisse in nichtpatriarchalischen Gesellschaften.* Frankfurt a.M.: Fischer Verlag, S. 26–87

MacCormack, Carol (1980): Proto-social to adult: a Sherbro transformation. In: MacCormack, Carol/ Marilyn Strathern (eds.): *Nature, culture and gender.* Cambridge: Cambridge University Press, S. 95–118

Mararike, Claude (1995): *Grassroots leadership, the process of rural development in Zimbabwe.* Harare: University of Zimbabwe Publications

Meena, Ruth (1992): Gender research / Studies in Southern Africa An overview. In: Meena, Ruth (ed.): *Gender in Southern Africa, conceptual and empirical issues.* Harare: SAPPHO, S. 1–30

Moore, Henrietta (1988): *Feminism and Anthropology.* Cambridge: Polity Press

Moore, Henrietta (1993): The differences within and the differences between. In: del Valle, Teresa (ed.): *Gendered Anthropology*. London: Routledge, S. 193–204

Moore, Henrietta (1994): *A passion for difference*. Bloomington: Polity Press

Nadig, Maya (1991): Formen von Frauenkulutr aus ethnopsychoanalytischer Sicht. In: Hauser-Schäublin, Brigitta (ed.): *Ethnologische Frauenforschung*. Berlin: Reimer, S. 212–248

Ortner, Sherry (1993):Verhält sich weiblich zu männlich wie Natur zu Kultur? In: Rippl, Gabriele (ed.): *Unbeschreiblich weiblich.Texte zur feministischen Anthropologie*. Frankfurt a. M.: Fischer Verlag, S. 27–54

Reh, Mechthild/ Gudrun Ludwar-Ene (1995): Introduction. In: Reh, Mechthild/ Gudrun Ludwar-Ene, (eds.): *Gender and identity in Africa*. Münster: Lit-Verlag, S. 9–13

Rosaldo, Michelle (1974): Women, culture and society: a theoretical overview. In: Rosaldo, Michelle/ Louise Lamphere (eds.): *Women, culture and society*. Stanford: Stanford University Press, S. 17–42

Sacks, Karen (1979): *Sisters and wives, the past and future of sexual equality*. Westport, Conn: Greenwood Press

Sanday; Peggy (1990): Introduction. In: Sandy, Peggy/ Ruth Goodenough (eds.): *Beyond the second sex. New directions in the anthropology of gender*. Philadelphia: University of Pennsylvania Press, S. 1–20

Schäfer, Rita (1995): *Frauenorganisationen und Entwicklungszusammenarbeit. Traditionelle und moderne afrikanische Frauenzusammenschlüsse im interethnischen Vergleich*. Pfaffenweiler: Centaurus Verlag

Schlegel, Alice (1995): Geschlechterantagonismus bei den geschlechtsegalitären Hopi. In: Lenz, Ilse/ Ute Luig (eds.): *Frauenmacht ohne Herrschaft. Geschlechterverhältnisse in nichtpatriarchalischen Gesellschaften*. Frankfurt a. M: Fischer Verlag, S. 220–246

Schmidt, Elizabeth (1988): Farmers, hunters, and gold washers. A re-evaluation of women's roles in pre-colonial Zimbabwe. In: *African Economic History* 17, S. 45–80

Schmidt, Elizabeth (1992): *Peasants, traders and wives. Shona women in the history of Zimbabwe, 1870–1939*. London: James Currey

Shire, Chenjerai (1994): Men don't go to the moon. Language, space and masculinities in Zimbabwe. In: Cornwall, Andrea/ Nancy Lindisfarne (eds.): *Dislocating masculinity. Comparative ethnographies*. London: Routledge, S. 147–158

Strathern, Marilyn (1972): *Women in between, female roles in a male world: Mount Hagen, New Guinea*. New York: Seminar Press

Elisabeth Grohs

„Als Witwe steht man am Rande der Gesellschaft...“

Zur Situation von Witwen und anderen alleinstehenden Frauen und ihren Selbsthilfemaßnahmen in Burkina Faso

Einleitung

In vielen traditionalen Gesellschaften – so auch in Afrika – besteht das kulturelle Idealbild der Frau darin, daß eine Frau heiraten und Kinder haben soll. Darauf ist auch die Erziehung der Mädchen ausgerichtet. Mit diesen Idealvorstellungen sind Werte und Normen verbunden, die gesellschaftlich breit abgesichert sind. Dies hat zur Folge, daß diejenigen Frauen, die diesen Normvorstellungen nicht entsprechen, am Rande der Gesellschaft angesiedelt und Diskriminierungen verschiedenster Art ausgesetzt werden. Durch kulturellen Wandel und Modernisierungsprozesse verschiedenster Art sind noch neue Formen der Ausgrenzung dazugekommen.

Zu allen Zeiten gab es Frauen, die zwar heirateten, eines Tages aber Witwen wurden, was sie plötzlich in eine völlig neue Beziehung zu ihrer sozialen Umgebung (und umgekehrt) setzte. Auch gab es immer Frauen, die sich von ihren Männern trennten und sich deshalb ebenfalls in einer neuen Situation innerhalb der Gesellschaft wiederfanden. Im weiteren wären unverheiratete Frauen, v. a. auch solche, die schwanger wurden und Kinder gebaren, zu erwähnen, die unter nochmals anderen gesellschaftlichen Bedingungen leben, als die verwitweten und die geschiedenen Frauen.

Wenn im folgenden von Mossi-Frauen in Burkina Faso die Rede sein wird[1], so steht in einem ersten Teil des Beitrags die Frage der Differenz im Vordergrund. Diese bezieht sich auf verschiedene Kategorien alleinstehender Frauen, die nicht dem kulturellen Idealbild der verheirateten Frauen mit Kindern entsprechen. Damit ist die Differenz **zwischen** Frauen angesprochen, weniger aus der Sicht und dem Handeln der Männer, sondern vor allem aus der Perspektive der Frauen untereinander. Darüber hinaus ist damit auch Verschiedenheit im Beziehungsnetz von Verwandtschaft gemeint, denn die alleinstehenden Frauen, von denen die Rede sein wird, haben sich davon insofern gelöst, als sie selbst zu weiblichen Haushaltsvorständen geworden sind. Dies ist ein Phänomen, das weltweit zunimmt. Griffin und Sharma (1995:37) gehen davon aus, daß in den Entwicklungsländern 30 Prozent der Haushalte von Frauen geleitet werden, in Lateinamerika und in einigen afrikanischen Ländern sogar bis zu 50 Prozent.

Neben Differenz wird das Thema der *sameness* angesprochen. Hier steht sowohl das Ideal der Gleichheit der Geschlechter, wie es moderne städtische

Paare zu verwirklichen versuchen, im Vordergrund als auch die Frage, inwieweit traditionelle Vorstellungen von Differenz zwischen den Geschlechtern dennoch eine Rolle spielen.

In der pluralistischen Gesellschaft, in der vor allen Dingen urbane Mossi leben, werden weitere, neue Differenzen sichtbar: Beispielsweise Unterschiede in der Bildung, auch mit sozioökonomischen Konsequenzen, und Differenzen in der Religionszugehörigkeit selbst von Ehepartnern.

Im zweiten Teil möchte ich aufzeigen, wie gerade Frauen, die traditionellerweise durch ihr soziales Anderssein gesellschaftlich marginalisiert wurden, in dieser pluralistischen Gesellschaft, die durch Unterschiede der verschiedensten Art gekennzeichnet ist, auch neue Handlungsspielräume erhalten bzw. sich erobert haben. Statt sich individuell mit Ausgrenzung und Diskriminierung abzufinden, haben alleinstehende Frauen begonnen, sich zusammenzuschließen und sich zu organisieren, mit dem Resultat, daß sie sich nicht nur gegenseitig unterstützen, sondern auch ein entsprechendes Selbstbewußtsein und eine eigene Identität erschaffen.

In einem letzten Teil werde ich die Unterschiede zwischen Frauenvereinigungen, die sozusagen ‚von oben‘ initiiert wurden, und solchen, die marginalisierte Frauen als Selbsthilfegruppen gegründet haben, aufzeigen.

Der Beitrag basiert im wesentlichen auf Interviews, die ich 1996 mit 26 Mossi-Frauen in der Stadt Ouagadougou geführt habe.[2]

I Alleinstehende Frauen

Die Ethnie der Mossi bildet mit 52 Prozent den größten Teil der Bevölkerung von Burkina Faso. Ihr traditionelles Siedlungsgebiet umfaßt die Hauptstadt Ouagadougou und die daran anschließenden Hochplateaus von Yatenga und Sanmatenga. Ouagadougou selbst war das Zentrum des gleichnamigen Königreichs der Mossi und ist trotz Zuwanderung anderer Volksgruppen auch heute noch weitgehend von Mossi bewohnt. Der Frauenanteil an der Bevölkerung ist hoch. Wie fast überall in afrikanischen Städten haben Frauen besonders im informellen Sektor Fuß gefaßt.

Ursprünglich war geplant, städtische und ländliche alleinstehende Frauen zu befragen. Es zeigte sich jedoch sehr schnell, daß auf dem Lande nur Witwen befragt werden konnten, und geschiedene und unverheiratete Frauen nicht anzutreffen waren. Die befragten Witwen schienen in die Familie des verstorbenen Mannes oder anderer Verwandter integriert und somit Teil eines männlich geleiteten Gesamthaushalts zu sein.[3] Die angesprochenen ländlichen Mossi-Witwen verstanden sich als Teil einer größeren von Männern geleiteten Familieneinheit.

Wie in vielen traditionellen Gesellschaften ist es für die Mossi undenkbar, daß eine Frau über ihr Leben und das ihrer Kinder allein entscheidet. Bis zu ihrer Verheiratung untersteht sie ihrer elterlichen Familie, und mit der Heirat wird diese Verantwortung dem Ehemann, vor allem aber der Familie des Ehemanns übertragen. Patrilinearität, Patrilokalität und die Entscheidungsgewalt des Familienältesten bestimmen den Handlungsspielraum der Mitglieder eines Gehöfts. Nicht nur Frauen, sondern auch die jüngeren Männer haben sich unterzuordnen. Die wichtigsten Merkmale der Familienstruktur lassen sich wie folgt zusammenfassen:[4]

- Kinder gehören der patrilinearen Abstammungsgruppe an. Stirbt ein Mann, wird versucht, die Mutter der Kinder mit einem Mitglied der Großfamilie, vorzugsweise einem Bruder des Ehemanns, zu verheiraten (Leviratsehe). Alle Regeln sind darauf ausgerichtet, den Kinderreichtum der Patrilinie zu vermehren. Die Leviratsehe erfüllt mehrere Funktionen: Sie bietet den Frauen, die in ihrer Herkunftsfamilie keinen Anspruch auf Land besitzen, Landnutzungsrechte und ihren Kindern Anspruch auf Familienland. Der Mann ist für Kleidung und Ausbildung der Kinder verantwortlich und sollte überall dort, wo Versorgungsschwierigkeiten auftreten, diesen abhelfen. Der neue männliche Familienvorstand kann aber auch z. B. ein Neffe des Mannes sein, der von der Familie des Mannes oder nach den Wünschen der Witwe ausgewählt wird. Gleichwohl bleibt die Frau der unmittelbaren Kontrolle ihrer Schwiegerfamilie untergeordnet und unterliegt einem starken Anpassungszwang.
- Frühe Witwenschaft ist häufig. Dies liegt vor allem daran, daß sehr junge Frauen häufig mit einem alten Mann verheiratet werden, der bereits mehrere Frauen hat. Beim Tod des Ehemannes werden dann viele auch junge Frauen zu Witwen. Gerade in diesen Fällen ist die Großfamilie sehr daran interessiert, ihr Monopol auf die Frauen nicht zu verlieren. In der Stadt ist es für Frauen leichter, sich von diesen Verpflichtungen zu befreien und einen eigenen Haushalt zu führen.
- Eine Scheidung ist für die Frau auf dem Land praktisch nicht möglich, während sie in der Stadt, wenn auch mit großen Schwierigkeiten, eher durchgesetzt werden kann.
- Seit Jahrzehnten hat sich die Forschung auf die Migration der Männer in die Stadt konzentriert; übersehen wurde, daß seit mindestens einem Jahrzehnt die Zahl der Frauen in afrikanischen Städten hoch, häufig sogar höher als die der Männer ist (Gugler 1989:347–352). Viele Frauen, die nach der Abwanderung der Männer schlecht versorgt auf dem Lande zurückblieben, wo sie Funktionen des Familienvorstandes übernommen hatten, drängen heute in die Stadt. Die Eingliederung in die Stadt vollzieht sich nicht problemlos, doch zahlreiche Frauen behaupten sich durch ihre erstaunlich große Flexibilität.
- Auch in den Städten sind soziale Kontrollmechanismen wirksam, doch ist es leichter, sich ihnen zu entziehen und in einer gewissen Anonymität unterzutauchen, denn alleinstehende Frauen in der Stadt sind freier in ihren Entscheidungen. Gleichzeitig sind sie in einem hohen Maß verletzlich und

häufig sogar in stärkerem Maße Unterdrückung in den zwischenmenschlichen Beziehungen ausgesetzt, da bei Verlust familiärer Kontrolle neue rechtliche Instanzen häufig noch nicht wirksam sind.

Witwen und Witwenschaft

Mit wenigen Ausnahmen leiden die Frauen unter ihrer schlechten wirtschaftlichen Lage, wobei die größte Sorge den Kindern und deren unzureichender Ernährung und Ausbildung gilt. Unabhängig von ihrer wirtschaftlichen Situation beklagen sich alle Witwen über die Diskriminierung, die sie nach dem Tod ihres Mannes erfahren haben. Auch wenn die Schwiegerfamilie sofort Anspruch auf die Witwe und ihre Kinder erhebt, überhäuft sie gleichzeitig die Frau mit Vorwürfen und versucht ihr die Schuld am Tod ihres Mannes anzulasten. Die Witwe wird häufig als Unheilbringerin abgestempelt, mitunter sogar als Hexe eingestuft. Gleichzeitig wird sie gemieden und zwar auch von ihren früheren Freunden und der Nachbarschaft. Fast alle Witwen klagen über die große Isolation, die sie ertragen müssen. In polygamen Haushalten treten Konflikte zwischen den einzelnen Witwen auf, besonders dann, wenn eine der Frauen als einzige etwas geerbt hat. Auch die eigene Familie sieht nicht gerne, daß eine Frau alleine lebt, und drängt sie, einen neuen Mann zu suchen.

Folgende Aussagen illustrieren die Probleme, mit denen sich Mossi-Frauen nach dem Tod ihres Mannes konfrontiert sahen:

> „Nach den Beerdigungsriten, die im Heimatdorf des Mannes stattfanden, sollten ich und mein Kind im Gehöft der Schwiegereltern bleiben. Es war mir nicht möglich, es dort auszuhalten. Man behandelte mich, als ob ich die Mörderin meines Mannes wäre. Niemand kümmerte sich um mich und das Kind. Es gab nichts zu essen, und wir lebten im Schmutz. Ich flüchtete mich zu meiner Schwester nach Ouagadougou.“ (30 Jahre alt)

Auch Witwen in der Stadt sollen einer Leviratsehe zustimmen:

> „Gleich nach der Beerdigung kam ein Bruder meines Mannes und schlug mir die [Levirats]-Ehe vor. Obwohl meine materielle Grundlage in der Stadt außerordentlich schlecht war, wählte ich einen jungen Neffen, der selbst Unterstützung braucht, als Familienvorstand aus. Ich bin deshalb der eigentliche Familienvorstand. Aber es reicht nirgendwo. Die Kinder können nur wenig mithelfen, da sie ja in der Schule sind. Ich muß jetzt meinen Sohn aus der Schule nehmen und in eine Koranschule schicken, wo man keine Bücher bezahlen muß. Das größte Problem seit dem Tod meines Mannes ist die Bezahlung der Arzt- und Arzneikosten.“ (42 Jahre alt)

Frau N. schildert ihre Erfahrungen, nachdem ihr Mann bei einem Autounfall getötet wurde:

> „Das Leben als Witwe ist nur schwer zu ertragen. Die Schwiegerfamilie stützt mich nicht, im Gegenteil, sie verleumdet mich noch immer, vier Jahre nach dem Tod meines Mannes. Meine eigene Familie bedrängt mich immer wieder, daß ich

mich verheiraten soll. Eine neue Ehe aber bedeutet eine polygame Familie. Ich bin jetzt 40 und würde nie einen Mann finden, der nicht schon mit anderen Frauen verheiratet ist. Nach der glücklichen Zeit mit meinem Mann kann ich mir eine polygame Familie nicht vorstellen. Witwen haben immer Schwierigkeiten, es gibt keinen Unterschied, ob man reich oder arm ist. Die Witwe steht am Rande der Gesellschaft, und auf sie wird aller Schutt geladen. Ich helfe mir, indem ich mich in die Arbeit stürze, und da mein politisches Amt sehr fordernd ist, muß ich das sowieso tun." (40 Jahre alt)

Eine andere Witwe, die ebenfalls eine gute Ausbildung hatte, schildert folgende Erlebnisse:

„Ich war 31 Jahre alt und hatte sechs Kinder, als mein Mann starb. Wir hatten beide ein Studium absolviert und beruflich gute Positionen erreicht. Meine Schwiegereltern profitierten von dem Gehalt meines Mannes, und nach seinem Tod warfen sie mir vor, ihn absichtlich getötet zu haben. Ich sollte eine Leviratsehe eingehen, die ich ablehnte." (51 Jahre alt)

Meist sind die Frauen finanziell ungesichert. In polygamen Ehen treten zusätzliche Schwierigkeiten dadurch auf, daß die Mitfrauen aufeinander eifersüchtig sind, besonders dann, wenn ihre Ansprüche auf ein mögliches Erbe nicht berücksichtigt wurden. Frau M., die mit ihren fünf Kindern in einer sehr armseligen Unterkunft in der Stadt lebt, leidet noch heute unter der ungerechten Verteilung der Erbschaft:

„Die erste Frau bekam die Pension. Wenn man sie aufgeteilt hätte, hätte jede von uns einen kleinen, aber regelmäßigen Zuschuß gehabt. Aber die erste Frau beanspruchte die Pension für sich, und wir beiden anderen mußten sehen, wie wir uns durchbringen konnten. Die Kinder sind größtenteils in der Ausbildung und können mir auch nicht helfen. So quäle ich mich täglich mit meinem kleinen Handel, der auch immer schlechter geht. Würde ich aus der Stadt weggehen, wo auch meine Schwiegereltern wohnen, würden sie mir die Kinder wegnehmen. Ich fühle mich doppelt gefesselt." (42 Jahre alt)

Ähnliche Erfahrungen machte auch diese Frau:

„Ich bin 36 Jahre alt und habe mit 34 Jahren meinen Mann verloren. Ich versorge nun alleine meine fünf Kinder. Mein Leben ist hart. Die Verwandten meines Mannes kümmern sich nicht um mich, und die Mitfrauen unseres Haushalts machen sich lustig über mich, weil ich die jüngste der Frauen war. Ich versuche, sie dazu zu überreden, daß wir Frauen zusammenhalten. Ich wollte, daß sie mir helfen, ein kleines Haus für mich und die Kinder zu bauen, aber sie hören nicht auf mich. Aus diesem Grunde würde ich gerne einen anderen Mann finden und bei ihm wohnen, um diese Probleme zu beenden." (36 Jahre alt)

Auch Frau S., die zweimal Witwe wurde, ist von ihren Mitfrauen enttäuscht und würde sich gerne wiederverheiraten, um ihrem jetzigen Dilemma zu entgehen:

„Ich bin 37 Jahre alt und habe zwei Männer verloren. Meine Kinder aus erster Ehe sind 13, 15, 17 und 19 Jahre alt. Von meinem zweiten Mann habe ich einen

> kleinen Sohn. Meine Schwiegereltern wollten mich nicht in ihrem Gehöft aufnehmen. Ich hatte zu lange in der Stadt gelebt, und sie fanden, daß ich nicht zu ihnen passe. Da beide Familien sich mir gegenüber abweisend verhielten, habe ich mich entschlossen, alleine zu bleiben und meine Kräfte nicht von meinen früheren Mitfrauen zerstören zu lassen. Man hält uns Witwen für Personen, die Unheil bringen, wir sollten lieber zusammenhalten. Mein jetziges Leben ist trostlos. Nach dem Tod meines ersten Mannes mußte ich viele Verleumdungen ertragen, und ich war froh, mich wieder verheiraten zu können. Ich bedaure unendlich seinen Tod, denn er war mir eine wirklich Stütze. Ich glaube nicht, daß ich jemals wieder einen Mann wie ihn finden kann.“ (37 Jahre alt)

Aber gelegentlich schließen sich verbitterte Mitfrauen zusammen: Frau W. wurde mit 14 Jahren als vierte Frau mit einem alten Mann verheiratet. Um die Heiratserlaubnis zu erhalten, wurde ihr Alter mit 19 Jahren angegeben. Die Mutter versuchte, die Heirat zu verhindern, hatte aber kein Einspruchsrecht. Die Kinder der Nebenfrauen waren teilweise genauso alt wie sie; sie wurde verspottet und als jüngste Frau von allen ausgenutzt. Als Witwe wurde sie mit Verachtung gestraft, und man warf ihr vor, daß sie ihren Mann verhext hatte. Selbst die Mitfrauen stimmen in diese Verleumdungen ein. Als die Mitfrauen nach einiger Zeit die Aussichtslosigkeit ihrer Lage erkannten, schlossen sie sich zusammen und bauten auf dem kleinen Grundstück, das sie geerbt hatten, ein Haus. Eine Frau spezialisierte sich auf die Herstellung von Karité-Butter[5], die beiden anderen Frauen trieben Handel, und sie selbst suchte in Mülltonnen nach Plastikschuhen, die sie reparierte und wieder verkaufte. Zusätzlich kehrte sie auf Wegen und Grundstücken Sand zusammen, den sie ebenfalls verkaufte. Diese beiden Tätigkeiten übt sie weiterhin aus. Inzwischen wurde sie (38jährig) Mitglied einer Selbsthilfegruppe, die gemeinschaftlich Seife herstellt und vermarktet.

Die zunehmende Zahl von alleinstehenden Frauen, zu denen unverheiratete, geschiedene und verwitwete Frauen gehören, führt zu einer zunehmenden Differenzierung der Gesellschaft in Burkina Faso. In vielen Gesellschaften in Afrika besteht das kulturelle Frauenidealbild darin, daß jede Frau verheiratet sein sollte. Es gibt nach dieser Auffassung nur verheiratete Frauen, die möglichst Mütter sind, und junge Mädchen, die auf die Ehe vorbereitet werden müssen. Witwen stehen außerhalb von diesem Schema und werden häufig mit Unheil und Hexerei in Verbindung gebracht. Sie müssen möglichst schnell in ein neues soziales Umfeld eingeordnet werden. Dies gewährleistet in der traditionellen Mossi-Gesellschaft die Leviratsehe. Wenn Witwen sich der Leviratsehe verweigern und sich auch nicht anderweitig verheiraten, stellen sie die traditionelle Definition von Frauen in Frage. Ihre Abweichung vom überlieferten Frauenbild als Ehefrau und Mutter wird infolgedessen negativ beurteilt.

Geschiedene Frauen

Die gesellschaftliche Situation von geschiedenen Frauen ähnelt in vieler Hinsicht den Schicksalen der Witwen. Erschwerend kommt allerdings hinzu, daß geschiedene Frauen fast immer durch eine alptraumhafte Ehekrise gegangen sind. Die Frauen wußten, daß geschiedene Frauen gesellschaftlich noch stärker diskriminiert werden als Witwen und versuchten deshalb, sich nur von ihrem Mann zu trennen und nicht scheiden zu lassen, zumal bis vor kurzem bei einer Scheidung die Kinder überwiegend dem Mann zugesprochen wurden. Durch die neue Familiengesetzgebung (*Code des Personnes et de la Famille 1989*) können Frauen auf dem Recht bestehen, ihre Kinder zu behalten. Allerdings ist es nicht leicht, die neuen Rechte durchzusetzen, wenn sich die ganze Schwiegerfamilie einer Verhandlung widersetzt, oder wenn der Mann sich weigert, vor Gericht zu erscheinen.

Diese Erfahrung machte Frau I., die bis zu ihrer Pensionierung vor wenigen Jahren einen gehobenen Posten im Gesundheitssektor innehatte.

> Ihr Mann ging 1968 als internationaler Beamter in die USA. Er verlangte die Scheidung und wollte die Kinder mitnehmen. Frau I. gelang es, dies zu verhindern, und sie lebte mit den vier Kindern von ihrem damalig kleinen Gehalt als Krankenschwester. 1974 ging sie mit einem Staatsstipendium nach Dakar, um eine Qualifikation für den höheren Gesundheitsdienst zu erlangen. Ihre Kinder hatte sie zur Versorgung an Verwandte gegeben, zwei von ihnen an die Schwiegereltern, die nach ihrer Rückkehr aus Dakar die Kinder nicht mehr herausgeben wollten. Sie war machtlos und mußte zusehen, wie die Kinder zur Arbeit ausgenutzt wurden und kaum Nahrung erhielten. Es gelang dann dem neunjährigen Sohn, das Gehöft zu verlassen und sich 80 Kilometer weit bis zu seiner Mutter durchzuschlagen. Durch die Aussage des Sohnes vor Gericht wurde ihr später auch das zweite Kind zugesprochen. Obwohl Frau I. mit ihrem Diplom sofort eine gute Stelle bekam, war für sie die Rolle als Familienvorstand nur schwer zu bewältigen, so daß sie sich später doch entschloß, drei ihrer Kinder nach Amerika zu schicken. Dort allerdings hielt sich der Vater nicht an seine Versprechungen. (60 Jahre alt)

Frau O. arbeitete als Krankenschwester in demselben Krankenhaus, in dem ihr Mann als Krankenpfleger arbeitete.

> Sie wurden 1976 geschieden, und ihr Mann holte alle Kinder zu sich, was heute mit der neuen Familiengesetzgebung nicht mehr ohne weiteres möglich ist. Sie waren nicht glücklich bei ihm, denn seine zweite Frau behandelte sie schlecht. Nach und nach kamen die Kinder zu ihrer Mutter zurück. Von ihren 10 Kindern leben heute noch acht, und sie hat es geschafft, allen Kindern eine Ausbildung zu ermöglichen. Fünf ihrer Kinder erhielten ein Stipendium, das nach dem Abschluß des Studiums mit einem Jahr „*Service National*“ zum Teil abgegolten werden konnte. Drei der Kinder befinden sich noch in der Ausbildung, die anderen haben das Studium abgeschlossen, haben aber bei der derzeitigen Arbeitsmarktlage keine großen Aussichten. So versorgt Frau O. noch immer einen großen Haushalt selbständig. (56 Jahre alt)

Das folgende Beispiel ist sicher typisch für viele Ehen innerhalb der städtischen Elite, die den Anspruch haben, als gleichberechtigte Partner zusammenzuleben.

> Wie viele Paare, deren Eltern bereits der modernen Bildungselite angehörten, hatten Herr und Frau S. eine sehr gute Ausbildung genossen und lebten zum Teil in Frankreich, wo auch die ersten Kinder geboren wurden. Sie hatten sich für eine monogame Ehe entschieden, mit gleichen Rechten für beide Partner. Der Mann beendete sein Medizinstudium in Paris; sie vervollständigte dort ebenfalls ihr Studium. Gleich nach der Rückkehr aus Paris begann für beide eine erfolgreiche berufliche Laufbahn in Ouagadougou. Bald trübten Probleme ihr Leben. Das Haus, das der Mann vom Staat erhalten hatte, wurde in der Sankara-Zeit[6] beschlagnahmt, die Arztpraxis lief schlecht, und trinkfreudige Freunde zogen ihn in ihren Bann. Im Hause herrschte eine Männerwirtschaft: Die Freunde kamen und gingen, wann sie wollten, die Ehefrau existierte gar nicht mehr, ausgenommen zum Kochen und zu anderen Hausfrauenarbeiten. Niemand half ihr dabei. Sie fühlte sich von den vielen dicht aufeinanderfolgenden Geburten ihrer fünf Kinder sehr geschwächt. Zwischen ihr und ihrem Mann nahmen die Streitigkeiten zu, und ab 1980 begann die schweigende Trennung. Die Praxis litt unter verschiedenen Unregelmäßigkeiten, so daß ihr Mann sich entschloß, eine Praxis in einer anderen Stadt zu eröffnen, wohin er selbstverständlich seine Kinder mitnehmen wollte. Sie forderte einen Termin vor Gericht, zu dem ihr Mann nicht erschien, ihr wurden jedoch die Kinder zugesprochen. Sie finanzierte das Studium der Kinder und ist die einzige Bezugsperson für sie.
>
> „Nach der Trennung litt ich sehr unter der Diskriminierung durch meine Freunde und Bekannten. Viele Frauen verhielten sich heuchlerisch mir gegenüber, und ich beschloß, nichts mehr zu erzählen, da sowieso alles verdreht wurde. Meine wirkliche Aufgabe fand ich in den kommenden Jahren, als ich begann, über die Probleme alleinstehender Frauen Artikel zu schreiben. Ich erhielt viele Leserbriefe, die mir zeigten, daß mein Problem nur ein winziger Teil der täglichen Diskriminierung von Frauen ist.“ (ca. 50 Jahre alt)

Frauen in der Stadt, und vor allem Frauen, die selbst eine Ausbildung genossen haben, heiraten meist einen Mann unter der Voraussetzung, daß ihre Ehe monogam bleiben wird. Diese Vereinbarung vergessen die Männer häufig nach einer gewissen Zeit, und sie erwarten, daß sich die Frauen den traditionellen Gewohnheiten unterordnen. In den Lebensläufen wird besonders oft erwähnt, daß die Eltern dem Sohn suggerieren, weitere Frauen zu heiraten.

Frau C. schildert diese Situation so:

> „Meine Eheprobleme zeigten sich nach und nach. Mein Mann war Moslem und ich katholisch.[7] Ich hatte vier Kinder zur Welt gebracht, und meine Geburten waren besonders schwer gewesen. Meine Schwiegermutter bedrängte ihren Sohn, daß ich wahrscheinlich keine Kinder mehr bekommen würde und daß er sich deshalb eine zweite Frau nehmen sollte. Bald kamen verleumderische Briefe ins Haus, denen zufolge er nicht der Vater meiner Kinder sei. Dies glaubte mein Mann schließlich. Als Moslem fiel es ihm nicht weiter schwer, eine zweite Frau zu heiraten. Für mich als Katholikin gab es jedoch große Probleme, einer

Scheidung zuzustimmen. Meine Kinder wurden in den Haushalt meines Mannes geholt, wo sie sehr schlecht versorgt wurden. Ich selbst nahm ein Stipendium in Oxford wahr, doch die Sorgen um meine Kinder belasteten mich sehr. Nachdem ich in England mein Diplom erhalten hatte und zurückkam, reichte ich die Scheidung ein. Ich konnte nun nicht mehr in das Haus zurück, in dem wir früher gemeinsam gewohnt hatten. Aber ich bekam vom Gericht die Kinder zugesprochen, die zu mir zogen, obwohl meine materiellen Bedingungen alles andere als gut waren. Ich unterrichte in einer Schule, mein Gehalt ist also besser als das vieler anderer geschiedener Frauen." (47 Jahre alt)

Auch Frau T. mußte sich der Autorität der Schwiegermutter beugen, da sie keine Kinder bekam. Erschwert wurde ihre Lage noch dadurch, daß sie als Katholikin mit einem Moslem verheiratet war.

Ihr Vater war ein hoher Verwaltungsbeamter und finanzierte ihre dreijährige Ausbildung zum höheren Sekretariatswesen. Nach dem Studium starb ihre Mutter, und sie kam nach Hause, um ihren Vater und ihre Geschwister zu versorgen. 1986 heiratete sie einen Moslem. Sie empfand die Macht der moslemischen Mütter als überwältigend. Vor ihrer Ehe hatte sie zwei Kinder von einem anderen Mann bekommen, auch ihr Mann hatte zwei Söhne, die nun in ihrem gemeinsamen Heim aufwuchsen. Da sie keine gemeinsamen Kinder bekamen, begann die Schwiegermutter ihr sehr bald vorzuwerfen, daß sie unfruchtbar sei. Schließlich unterzogen sich beide einer ärztlichen Untersuchung. Die Unfruchtbarkeit wurde bei ihrem Mann diagnostiziert, und er bekam ein sehr teures Medikament verordnet, das er fünf Jahre lang nehmen sollte. Kurz nach der Untersuchung wandte er sich von ihr ab und heiratete die junge Frau, die von seiner Mutter schon lange ausgesucht worden war. 1990 fand die Scheidung statt. Aufgrund ihrer beruflichen Qualifikation gelang es Frau T., von einer internationalen Behörde angestellt zu werden, so daß sie für sich und ihre beiden Kinder ein eigenes Heim schaffen konnte. (39 Jahre alt)

„Ein Mossi kann nicht unfruchtbar sein, es ist immer die Schuld der Frau", sagte Frau J. „Mein Mann und ich verstanden uns gut. Er war in der Marketing Branche, und ich war in der Verwaltung der Post tätig. Ich konnte kein Kind bekommen und unterzog mich 1982 einer Unterleibsoperation, die aber nicht half. Auf Druck seiner Familie heiratete mein Mann eine zweite Frau, von der er im Laufe der Jahre vier Kinder bekam. Ich war zu eifersüchtig und konnte es nicht ertragen, ihn mit einer zweiten Frau zu teilen. 1984 kam die Scheidung, und ich zog aus dem Haus aus. Mein Mann und ich verstanden uns sehr gut, ich schätzte ihn sehr, und er fehlt mir noch heute als Gefährte. Es ist sehr schwer für mich, allein zu leben. Meine Familie lachte mich wegen meiner Sterilität nicht aus und kümmerte sich um mich. Man gab mir ein junges Mädchen zur Hilfe. Nach und nach konnte ich mir etwas Geld zur Seite legen, mir eine Parzelle kaufen und das Haus bauen, in dem ich jetzt lebe. Ich holte meine sieben kleinen Brüder zu mir, denn meine Mutter war schon lange Witwe und hatte es schwer, ihre eigenen zehn Kinder zu versorgen. Dann gründete ich eine Selbsthilfegruppe von Frauen, die sich gegenseitig unterstützen, wenn ein Mitglied in einer Notlage ist." (44 Jahre alt)

Häufig verstricken sich nicht nur die Schwiegermütter und die Schwiegerfamilie, sondern auch der bisherige Bekanntenkreis in ein Netz von Verleumdungen:

> „Am meisten traf mich, daß die Frauengruppe, in deren Vorstand ich war, nichts mehr von mir wissen wollte. Die Frauen diffamieren mich noch heute und verbreiten Lügengeschichten über mich. In der Stadt gibt es keinen Zusammenhalt. Ich bin in einem Dorf aufgewachsen; mein Vater war ein traditioneller Chef und sehr angesehen. Er war einer der ersten Katholiken. In unserem Dorf gab es keine Waisenkinder und keine geschiedenen und verwitweten Frauen. Die Frauen wußten, daß sie beim Tod des Mannes Schutz in seiner Familie finden würden. Aber das Levirat bleibt eine Zwangslösung für die Witwe, die sich den Mann nicht aussuchen kann und ihre Kinder verliert, wenn sie aus dem Gehöft fortgeht. Auf dem Land ist zwar die ökonomische Abhängigkeit einer Frau nicht so stark wie in der Stadt, aber letztlich bleibt die Frau ein Gut, das dem Mann und dessen Familie zum Gebären von Kindern zusteht.“ (47 Jahre alt)

Frau T. berichtet über das Leben als geschiedenen Frau:

> „Man muß lernen, sich als geschiedene Frau von den Vorurteilen der anderen zu befreien. Ich bin Lehrerin, und in meiner Arbeit fühle ich mich nicht ausgegrenzt. Aber im täglichen Leben stößt man immer wieder an Grenzen. Ich hatte zum Beispiel einen Kredit beantragt, der abgelehnt wurde, weil ich als alleinstehende Frau keine ausreichenden Sicherheiten stellen konnte. Auch wenn die Schuld der Scheidung nicht bei der Frau liegt, wird sie im öffentlichen und privaten Leben diskriminiert, sie erfährt alle Arten von Aggression. Von der Familie des Mannes kommt keine Unterstützung, aber es wird erwartet, daß sich die Kinder regelmäßig beim Vater zeigen. Erst wenn sie 21 Jahre alt sind, können sie selbst entscheiden. Meine Tochter wollte nicht beim Vater und dessen Frau bleiben, aber sie hält den Kontakt zu ihm aufrecht. Das ist wichtig, weil sie bei ihrer Heirat die Zustimmung der Familie braucht. Das Dorf und die Familie erwarten auch, daß meine Tochter mich dazu bringt, wieder zu meinem Mann zurückzukehren. Ich habe im Glauben Trost gefunden. In der Gemeinschaft mit gleichgesinnten Schwestern ist es leichter, die Bedrohungen des täglichen Lebens auszuhalten.“ (46 Jahre alt)

Unverheiratete Frauen mit Kindern

Seltener trifft man Frauen, die ohne jemals verheiratet gewesen zu sein, sich dazu entschließen, alleine zu bleiben und ihre Kinder selbst zu erziehen. Eine junge 26jährige Frau hatte den Vater ihrer zwei Kinder, mit dem sie nicht verheiratet war, verlassen und begründete ihre Entscheidung so:

> „Ich glaube, daß es viel besser ist, allein zu bleiben, denn die Männer ändern sich von Tag zu Tag. Die Vorteile des Alleinseins sind folgende: Man ist nicht mehr der Bedrohung seines Heims ausgesetzt, man kann nicht mehr gezwungen werden, seinen Ehepartner zu ernähren. Vor allem werden die Kinder nicht so geprägt, denn wenn ich völlig enttäuscht bin, werde ich meinen Kindern gegenüber aggressiv. Wenn ich allein bin, kann ich mich ihnen ganz widmen. Allerdings ist mir die öffentliche Meinung nicht gewogen, denn eine Frau, die allein lebt, gilt

> als leichtfertig. Auch die Eltern schämen sich und fühlen, daß sie schlecht angesehen sind. Das kann bei manchen Eltern dazu führen, daß sie sich von einem lossagen. Zur Zeit bin ich sehr glücklich mit meinen Kindern. Ich widme ihnen so viel Zeit wie möglich. Dieses Leben ist besser, als verheiratet zu sein."

Nur eine 25 Jahre alte Studentin begründet ihren Wunsch, als alleinstehende Frau zu leben, nicht mit der Bitterkeit eines enttäuschten Lebensplans:

> „Ich bin Studentin und bereite mein Lizenziat in Geographie in diesem Jahr vor. Ich will unabhängig sein. Zur Zeit bekomme ich ein Stipendium und zusätzliche Hilfe von einigen Freunden. Ich ziehe dieses Leben vor, denn die Männer sind viel zu kompliziert. Unverheiratet zu sein hat Vorteile, denn ich kann das machen, was ich will. Dies kann auch ein Ehemann, aber die Frau hat sich ihm unterzuordnen. Die Leute finden, daß dies von mir leichtfertig gesagt wird. In ihren Augen muß eine Frau zwangsläufig verheiratet sein, vor allem, wenn man 25 Jahre alt ist. Andererseits habe ich bei meinen Schwestern und Kusinen nur zu oft gesehen, was bei der Ehe herauskommt. Auch meine Freunde sind dieser Meinung. Es gibt Augenblicke, in denen ich fühle, daß ich einen Mann finden muß, der mich liebt. Ich habe dann die Neigung, mit irgend jemandem auszugehen. Wenn ich wieder aus dem Tunnel hervorkomme, weiß ich, daß es nicht darauf ankommt, verheiratet zu sein, sondern einen Partner zu finden, mit dem man sich versteht. Dann bin ich mit meinem Leben als alleinstehende Frau sehr zufrieden."

II Gemeinsames Marginalisiertsein als Anlaß für Zusammenschluß

Wie die Interviews zeigen, haben die alleinstehenden Frauen unterschiedlicher Prägung ihr soziales Anderssein als Marginalisierung und Ausgrenzung hautnah erlebt. Diese Erfahrung, die auch als Isolierung und individueller Ausschluß der normgerecht lebenden verheirateten Frau mit Kindern von der Gemeinschaft erlebt wurde, hat jedoch dazu geführt, daß diese Frauen begonnen haben, ihre Differenz als Ausgangspunkt und Grund für einen Zusammenschluß Betroffener zu verstehen und entsprechende Organisationen aufzubauen. Sie alle begannen als kleine Selbsthilfegruppen, sind jedoch in der Zwischenzeit zum Teil zu einer beachtlichen Größe angewachsen. Die älteste Vereinigung ist diejenige der Witwen und Weisen (*Association des Veuves et Orphelins*), die bereits seit 1977 besteht; alle übrigen entstanden erst nach 1990.

1) Association des Veuves et Orphelins (AVO)

Diese Vereinigung wurde 1977 von der Witwe Lucie Kaboré gegründet. Mit inzwischen 15 000 Mitgliedern ist sie nicht nur der größte, sondern auch der regional am breitesten gestreute Verein. Die Gründerin war in der Zeit von 1981–1988 die Vorsitzende der *Fédération des Femmes de Burkina* und brachte in die neue Vereinigung große Erfahrungen aus der Frauenbewegung ein. Ihre soziale und wirtschaftliche Stellung ermöglichte es ihr, den Verein in der Öffentlichkeit bekannt zu machen.

In den meisten Vereinigungen ist das persönliche Schicksal der Initiatorin maßgebend für die Zielsetzungen des von ihr gegründeten Vereins. Witwe zu sein, impliziert für Lucie Kaboré, die vielschichtigen Diskriminierungen durch die Gesellschaft am eigenen Leib erfahren zu haben. Es war noch in den 70er Jahren unüblich, von dieser Diskriminierung in der Öffentlichkeit zu sprechen oder sich gar dagegen aufzulehnen und Veränderungen zu fordern, da dies den Kern einer patriarchalischen Gesellschaft trifft. Eine Frau, die das wagte, brauchte wie Lucie Kaboré Mut, Unerschütterlichkeit, Autorität, die Fähigkeit, Kontroversen zu bestehen, und Beharrlichkeit. Es ist nicht leicht, an den Grundfesten sozialer Normen, wie zum Beispiel dem Levirat, zu rütteln. Lucie Kaboré wandte sich auch gegen andere Tabus wie die Beschneidung oder die Verheiratung der Mädchen unmittelbar nach der Pubertät. Der Kampf um die Rechte der Frauen steht heute im Vordergrund der Aktivitäten der AVO. Das zweite Ziel der Vereinigung ist die Verbesserung der wirtschaftlichen Lage der Frau durch bessere Ausbildungsmöglichkeiten. Alle Mitglieder profitieren von zahlreichen Ausbildungsangeboten, sei es im Gesundheitsbereich, in der Herstellung von Kleidung und Stoffen oder in der Vermarktung ihrer Produkte. Es gelang der charismatischen Lucie Kaboré, landesweit Frauen über ihre Rechte in Kenntnis zu setzen und sie zu motivieren, für diese Rechte zu kämpfen. Sie bemüht sich um die Übersetzung der neuen Familiengesetzgebung in die drei wichtigsten Sprachen des Landes, denn nur wenn Frauen ihre Rechte kennen, können sie diese auch einfordern. Keine der übrigen Vereinigungen ist in ihrer Breitenwirksamkeit mit der *Association des Veuves et Orphelins* zu vergleichen. In der Art ihrer Wirkungsweise sind sie einander allerdings sehr ähnlich.

2) Die Association des Femmes Responsables de Famille

Diese Vereinigung wurde 1992 von Frau Bondé gegründet. Frau Bondé hat sechs Kinder und wurde mit 31 Jahren Witwe. Sie besitzt ein großes Vermögen und hat eine hochstehende Stellung im Sekretariat der Nationalversammlung inne. Ihre eigene Erfahrung machte ihr bewußt, daß Witwen von der Gesellschaft völlig ausgegrenzt werden und nur Kontakte zu anderen Witwen haben. Sie beschloß daher, eine Vereinigung zu gründen, in der alle alleinstehenden Frauen die Möglichkeit haben sollten, miteinander ihre Erfahrungen auszutauschen und sich gegenseitig zu helfen. Die Vereinigung versucht vor allem Frauen zu helfen, die im öffentlichen Leben stehen und die bei Beförderungen und Vergabe von Zuschüssen benachteiligt oder übersehen werden.

3) Die Association Bureau d'Intervention S.O.S. Femmes

Diese Vereinigung wurde ebenfalls 1992 gegründet und entstand als Reaktion auf die bitteren Erfahrungen von Frau Salembère. Frau Salembère wurde durch ihre politisch orientierten Eltern, vor allem ihre emanzipatorische Mutter geprägt. Sie selbst ist durch ihr Studium im In- und Ausland hochqualifiziert und arbeitete in einer einflußreichen beruflichen Position. Ihre monogame Ehe, die von dem Ideal der Gleichberechtigung von Mann und Frau ausging, zerbrach, nachdem das Zusammenleben mit ihrem Mann unerträglich geworden war. Für sie begann nach der Scheidung eine Zeit der Diffamierung und Einsamkeit. Finanziell konnte sie sich und ihre fünf Kinder durchbringen, in ihrem Privatleben blieb sie trotz ihrer beruflichen Erfolge weitgehend ausgegrenzt.

Von 1982 an begann Frau Salembère in einer Zeitung Artikel zu den Problemen alleinstehender Frauen zu veröffentlichen, auf die sie nach und nach Zuschriften der Frauen erhielt, die ihr bewiesen, daß viele alleine mit ihrem Schicksal als geschiedene Frau kämpften. Sie beschloß, ein Frauennetzwerk aufzubauen. Ihre Vereinigung wurde 1992 offiziell anerkannt; aus den 20 Gründungsmitgliedern wurden in wenigen Jahren 160. Bisher hat Frau Salembère noch kein Zentrum, in dem sie arbeiten kann. Ihre Aktionen sind flexibel; sie versteht es, Kompetenzen zu verteilen und andere Frauen von der Wichtigkeit ihrer Arbeit zu überzeugen. Es bildeten sich Netzwerke, die ursprünglich an die Nachbarschaft gebunden waren, aber nach und nach größere Kreise zogen. In den verschiedenen Wohnvierteln gibt es verantwortliche Frauen, die jeweils für eine überschaubare Zahl von Problemfällen zuständig sind. Sieben Arbeitsgruppen befassen sich mit übergeordneten Problembereichen. Im letzten Jahr wurden 87 Einzelfälle aufgegriffen und soweit wie möglich einer Lösung zugeführt.

> „Es kommt darauf an, den Frauen Hilfe zu geben, aber noch wichtiger ist es, ihre Persönlichkeit zu stärken. Ich versuche die Frauen zu überreden, Spargruppen zu bilden. Ich kontaktiere auch Ämter und Banken, Firmen und Verwaltungsbehörden, um administrative und finanzielle Hilfe für unsere Notfälle zu bekommen. In der letzten Woche kamen 92 Frauen zu uns mit der Bitte um konkrete Hilfe für unterschiedliche Probleme. Ich suche auch gezielt Hilfe bei Juristen, bei der Vereinigung der Hebammen, beim Verband der Krankenschwestern und vielen anderen Institutionen. Alle meine Mitarbeiter und ich arbeiten ehrenamtlich. Wir greifen nicht nur Problemfälle auf, sondern wir widmen uns auch der Ausbildung von Frauen und Mädchen. Die wirtschaftliche Lage ist schwierig, jedoch gibt es überall Marktlücken; man muß sie nur finden. Wir halfen z. B. einer jungen Frau, der in Frankreich in einem Frisiersalon ein Ausbildungsplatz angeboten worden war. Ich fand für sie einen billigen Flug in einer Militärmaschine. Als sie zurückkam, eröffnete sie einen kleinen Friseurladen, der bei unseren Frauen sehr erfolgreich ist. Ich rate allen jungen Frauen und Mädchen, eine selbständige Arbeit zu suchen und sich nicht in ein unsicheres Arbeitsverhältnis zu begeben. Mein großer Wunsch ist es, ein Grundstück zu bekommen, um ein Frauenhaus zu bauen, in dem auch gleichzeitig ein Restaurant sein sollte. Dazu brauche ich Hilfe, denn unsere Mitgliedsbeiträge sind nur ein Tropfen auf den heißen Stein.“

4) Club Burkina S.O.S.

Frau Lamousson, die Initiatorin des *Clubs Burkina S.O.S.*, war seit ihrer Jugend auf sich gestellt.

> Mit 15 Jahren bekam sie ihr erstes Kind und mußte die Schule unterbrechen, als sie gerade die Qualifikation zum Eintritt ins Lyzeum geschafft hatte. Mit 17 Jahren wurde sie wieder schwanger und mußte die Schule endgültig verlassen. Sie und der Vater des Kindes wollten heiraten, aber dazu mußte sie 18 Jahre alt sein. Die Aufmerksamkeit des jungen Mannes wandte sich auch sehr schnell einer anderen Frau zu, die er ins Haus brachte. Frau Lamousson verließ ihren Mann und sorgte allein für ihre Kinder und zwei weitere, die sie in der Folgezeit bekam. Sie finanzierte ihre Familie aus ihrer Tätigkeit als Stoffhändlerin und konnte jedem der Kinder eine Ausbildung ermöglichen. Sie schwärmt von der Zeit der großen Handelsreisen nach Lomé, Abidjan oder Accra, wo sie die dortigen Händler traf und sich über die neueste Mode informierte. Es war erstaunlich, wie schnell die Frauen aus Burkina Faso die modischen und begehrten Stoffe, Schuhwerk und Schmuck kauften. Dann wurde jedoch der Zoll so hoch, daß es sich nicht mehr lohnte, die Reisen zu unternehmen. Ihr Kapital schmolz, und sie errichtete einen kleinen Stand in der Nähe des Hauses.
>
> In dieser Zeit, als es ihr schlecht ging, gründete sie 1993 in ihrem Stadtviertel eine Frauengruppe, die sich hauptsächlich aus alleinstehenden Frauen zusammensetzte und die bis heute besteht. Sie hatte mehrere Jahre als Schatzmeisterin bei *S.O.S. Femmes* (B.I.S.O.S.) mitgearbeitet und brachte Organisationstalent und viel praktisches Wissen in ihre Vereinigung ein: „Viele alleinstehende Frauen benötigen dringend Geld für die Ausbildung ihrer Kinder. Sie haben große Angst, daß ihre Kinder straffällig werden.“

Die Gruppe hat kein gemeinsames Zentrum. Man trifft sich innerhalb der Nachbarschaft in einem Hof. Alle Frauen sind in kleine Projekte zur Herstellung von Seife, Erdnußkuchen, Karité-Butter eingebunden. Sie haben einen Sparverein aufgebaut, mit dem sie sich gegenseitig unterstützen, sie haben auch Zugang zu einer privaten Bank bekommen. Bis jetzt erhalten sie keine Hilfe von staatlichen oder von Nichtregierungsorganisationen. Sie unterstützen sich gegenseitig, wenn eine Frau aus der Gruppe ein Kind bekommt oder eine Beerdigung ausrichten muß. Es fehlt ihnen nicht an Plänen für größere einkommensschaffende Projekte. Bisher sind sie jedoch eher vorsichtig mit der Beantragung von Krediten und wollen in kleinem Rahmen weitermachen.

Frau Lamousson wird von vielen Frauen bewundert. Sie ist erfolgreich; in ihrem *groupement* sind bisher 85 Mitglieder. Sie hat bei *S.O.S Femmes* gesehen, wie mit wenigen Mitteln vielen Sozialfällen geholfen werden und wie effektiv gegenseitige Hilfe sein kann. Sie versucht die Frauen davon zu überzeugen, daß das Leben ohne Streitigkeiten und mit gegenseitigem Beistand viel leichter zu bewältigen ist. „Wir sind alle auf uns gestellt und ohne große Ressourcen. Aber wir haben erkannt, daß auch alleinstehende arme Frauen, die die Probleme anderer mittragen, Ansehen erringen können.“

Ebenso wie *S.O.S. Femmes* wendet sich ihre Vereinigung auch an andere junge Mädchen. Schon einige Male wurden für etwa 50 Mädchen Freizeiten, die 14 Tage dauern können, arrangiert. Neben Spiel und Sport diskutieren sie miteinander über Berufschancen oder auch über soziale Fragen. Wo immer es möglich ist, plaziert Frau Lamousson Mädchen in geeignete Berufe. Frau Lamousson ist von nimmer ermüdender Aktivität. Sie sieht wie eine kräftige Händlerin aus. Auf die Frage, wie sie es durchhält, ständig von allen gebraucht zu werden und für andere einzustehen, antwortete sie:

> „Ich habe eine gute Lösung gefunden. Der Vater meiner ersten beiden Kinder hat inzwischen seine Frau verloren und hat sich mir wieder angeschlossen. Er wohnt in einer anderen Stadt. Wenn ich merke, daß meine Kräfte nachlassen, dann fahre ich für 8 bis 10 Tage zu ihm. Ich kann mich dort richtig erholen und habe keinerlei Arbeit, denn die erwachsenen Töchter machen den Haushalt. Wenn meine Kräfte wieder da sind, fahre ich nach Ouagadougou zurück."

5) Association Lagme Yensg

Diese Vereinigung wurde 1993 von Frau Josephine Ouedraogo als Selbsthilfegruppe gegründet mit der Absicht, sich gegenseitig bei Hochzeitsfeiern, Beerdigungen oder anderen Ereignissen zu helfen. Die Gruppe hat 72 Mitglieder, die einen kleinen Monatsbeitrag zahlen. Dieser bildet eine stille Reserve. Frau Ouedraogo möchte die zur Zeit günstigsten Absatzbedingungen für bestimmte Produkte wie Karité-Butter, Erdnußkuchen und gegorene Hirse ausnutzen. Die Hirse wird getrocknet und an die Bierbrauereien weiterverkauft. Das ursprüngliche Ziel, sich gegenseitig zu unterstützen, wird heute auf einkommensschaffende Projekte ausgedehnt, mit der Absicht, die Nöte der Frauen zu mildern.

> „Frauen sollen aus ihrem Alltag heraustreten", erklärt Frau Ouadreago. „Sie sollen sich untereinander weiterhelfen, sich über Themen wie bessere Ernährung, Kleidung, Kindererziehung oder Gesundheit informieren. Es gibt zu viele arme Frauen. Wir wenden uns an alle alleinstehenden Frauen. Hier können wir eine große Stütze sein. Ich habe das Trauma durchlebt, keine Kinder bekommen zu können und mit einer zweiten Ehefrau konfrontiert zu werden. Ich hatte das Glück, daß mir meine eigene Familie half. Nun sehe ich es als meine Aufgabe an, Frauen, die ein ähnliches Schicksal haben, beizustehen."

6) Association Fidelitas

Diese Vereinigung wendet sich an katholische Frauen, die geschieden oder getrennt sind und unter der gesellschaftlichen oder auch religiösen Ausgrenzung leiden. Die Vereinigung wurde 1991 von einer Gruppe von Frauen, die von einer Nonne und einem Pfarrer betreut wurde, gegründet. 1996 gehörten ihr 40 Frauen an. Ein besonderes Anliegen der Gruppe ist es, sich gegenseitig in dem Entschluß zu stützen, keine neue Bindung mit einem Mann einzugehen. Die Frauen befürchten, daß eine Vereinigung von geschiedenen Frauen in der Öffentlichkeit schlecht angesehen werden könnte und vermeiden deshalb, öffentlich für ihre Assoziation zu werben. Die Aufnahme geschieht nur nach einem persönlichen Gespräch. Sie wurden von der kanadischen Ordensstiftung *Solitude Miriam*, in die nur geschiedene Frauen aufgenommen werden, beraten. Die Gründerin der Vereinigung beschreibt ihre Konzeption folgendermaßen:

> „Da wir alle die gleiche Prüfung durchmachen, verstehen wir uns. Wir helfen uns gegenseitig, die Einsamkeit besser zu ertragen. Vor allem setzen wir uns dafür ein, daß die Gesellschaft uns Alleinstehende akzeptiert und uns hilft, unsere Einsamkeit zu überwinden. Auf diesem Weg hoffen wir auch, daß unsere Erfahrung über unseren Kreis hinaus in die Gesellschaft hineinwirkt und hilft, die wachsende Instabilität aufzuhalten. Wichtig sind für uns Meditation, die jährliche Wallfahrt nach Yagma und die regelmäßigen Tage der Einkehr, die wir mit unserem Pfarrer und den Nonnen durchführen. Später, wenn wir als Gruppe gefestigt sind und die Zeit dafür reif ist, wollen wir auch Kleinprojekte durchführen."

Ich konnte verschiedene Mitglieder während einer Gruppenzusammenkunft einzeln befragen und zitiere statt einer Zusammenfassung die Antwort eines Mitglieds:

> „Die Vereinigung hat mich angesprochen, als ich noch Präsidentin einer anderen Frauengruppe war. Ich habe die Probleme der alleinstehenden Frauen am eigenen Leibe erfahren. Heute fühle ich mich ausgeglichen. Man kann alles ertragen, aber man muß sich sinnvoll und pausenlos beschäftigen. Trotz aller Schwierigkeiten darf man sich nicht daran hindern lassen, seinen Weg zu gehen. Ich empfinde noch immer unterschwellig Formen der Diskriminierung, obwohl ich von ihnen nicht mehr so wie früher berührt werde. Nach wie vor bleibt die Einstellung der Gesellschaft gegenüber einer Frau, die unabhängig lebt, ambivalent. Einige Mitglieder von *Fidelitas* haben so viel durchgemacht, daß sie beinahe verrückt geworden sind. Bei *Fidelitas* lernt man, die eigenen sexuellen Wünsche zu überwinden und ein Leben ohne Mann zu meistern. Bei kürzeren Liebesbeziehungen kann die Beichte helfen. Aber gegenüber einer längeren Beziehung ist die Kirche nicht gewillt, Verständnis aufzubringen."

7) Religiös gebundene Vereinigungen

Es ist aus der Literatur hinreichend bekannt, daß viele Frauen religiösen Vereinigungen unterschiedlicher Prägung angehören, um ihren Nöten und ihrer sozialen Isolierung zu entgehen. Es ist hier nicht möglich, die zahlreichen Gruppierungen zu schildern, die sich in Ouagadougou innerhalb einzelner kirchlicher oder freikirchlicher Denominationen gebildet haben. Einige dieser Vereinigungen versuchen die Frauen in Projekte einzubinden, die ihnen ein eigenes Einkommen sichern, andere bewegen sich im Bereich der Meditation, andere wiederum sind charismatisch orientiert. Manche Gruppierungen sind relativ frei in ihren Ausdrucksformen, werden aber von den Kirchen ermahnt, wenn sie sich zu weit vom Dogma entfernen, andere werden von Priestern geleitet und unterstützt.

„Ich nahm an Gebetsgruppen der katholischen Kirche teil, die sich in der Kirche oder privat trafen. Diese wurden dann verboten. Die Kirche war anfangs sehr strikt, viele Mitglieder fielen ab und fanden sich in charismatischen Gruppen wieder. Die Kirche versuchte, die Gruppen innerhalb der Gemeinde zu halten. Man wechselte sich in verschiedenen Aufgaben ab, sang im Chor und machte Krankenbesuche bei alten Frauen, die als Hexen diffamiert wurden. Das war sehr hilfreich für alle von uns.“ (Witwe, 34 Jahre alt)

III Differenz zwischen Frauenvereinigungen ‚von oben‘ und Selbsthilfegruppen

Diese Selbsthilfegruppen von Frauen, die aufgrund patriarchaler traditionaler Gesellschaftsmuster marginalisiert und diskriminiert waren, unterscheiden sich deutlich von Frauenvereinigungen, die bereits vor und nach der Unabhängigkeit Burkina Fasos gegründet wurden. Diese Frauenvereinigungen, die weitgehend nach westlichem Modell geschaffen wurden, gingen von einer globalen Unterdrückung der Frauen durch Männer aus, also Differenz in erster Linie zwischen den Geschlechtern, dann aber auch zwischen Frauen in ländlichen und in städtischen Bedingungen.

Am Ende der Kolonialzeit und in der unabhängigen Republik hatten Frauen noch keine eigenen Verbände, doch eröffnete sich für einige Ehefrauen der Politiker die Möglichkeit, Frauensektionen innerhalb der Parteien zu gründen. Damit bereiteten sie den Weg der politischen Einflußnahme von Frauen in den kommenden Jahren, in denen dann die Gründung der ersten großen Frauenvereinigungen stattfand (Ruppert 1995:66). Sie setzten Maßstäbe für die Bewußtseinsbildung von Frauen und ihre politische Partizipation. Die meist hervorragend ausgebildeten Gründungspräsidentinnen wollten die Frauen des Landes darüber aufklären, daß sie ein Recht auf Bildung, Aufklärung und Verbesserung ihres Lebensstandards hatten. Sie wollten ihre ‚armen Schwestern‘ auf dem Lande aus dem Zustand der Unterdrückung, Unwissenheit und Armut befreien. Gleichzeitig knüpften sie erste internationale Kontakte zu Frauenbewegungen innerhalb und außerhalb von Afrika. Sie waren die Pionierinnen einer neuen Generation von Frauen, denen es gelang, auf nationaler und internationaler Ebene Anerkennung zu finden und auf diesem Wege auch Geld für ihre Projekte zu beschaffen.

In Deutschland förderte solche Vorhaben zum Beispiel der Deutsche Frauenring, der prestigeträchtige Projekte wie das große Frauenzentrum, das *Maison de la Femme*, ein Studentinnenheim, sowie zahlreiche andere kleinere Projekte finanzierte. Ebenso wie in Deutschland sollten Frauen in Burkina Faso in der Öffentlichkeit präsent sein, sie sollten ihre rechtlichen Ansprüche und ihre Stellung innerhalb der Gesellschaft kennen und auf der politischen Bühne vertreten. Neue Impulse setzte die revolutionäre Regierung von Präsident Sankara, der es in den Jahren 1983–1987 gelang, die Frauenbewegung auf das Land zu tragen und ihr so eine breite Basis zu geben. Sankara erkannte die Unterdrückung der Frauen nicht nur als Ergebnis ungleicher sozioökonomischer und politischer Strukturen, sondern darüber hinausgehend als Ausdruck der ungleichen Beziehungen zwischen den Geschlechtern. Er versuchte, im Sinne seiner zentralistischen Politik alle bisherigen Frauenverbände in die von ihm neu gegründete *Union des Femmes Burkinabé* einzugliedern, um damit eine einheitliche Bewußtseinsbildung der Frauen auf allen Ebenen des sozialen und politischen Lebens zu erreichen. Dieser Forderung entzogen sich allerdings die bisher etablierten Vereinigungen, die unter der Dachorganisation der *Fédération des Femmes du Burkina* zusammengeschlossen waren, so daß zwei nationale Frauenorganisationen nebeneinander bestanden (Ruppert 1995:175f.). In der Ära, die Sankara folgte, nahm die *Fédération des Femmes du Burkina* wieder ihren früheren Anspruch, alle Frauengruppen zu repräsentieren, wahr, was ihr jedoch nicht restlos gelang.

Präsident Sankara hatte die bereits bestehenden ländlichen Selbsthilfegruppen mit großem Elan in kooperative Arbeits- und Vermarktungsstrukturen zusammengefaßt, um die gemeinschaftliche Basis des Zusammenlebens in den ländlichen Regionen in Einklang mit traditionellen und modernen Prinzipien zu bringen (Bruchhaus 1979, 1988). Großen Einfluß auf diese Bewegung hatte die im Anschluß an die Saheldürre von 1967 entstandene Naam-Bewegung, die auf den traditionellen Initiations- und Arbeitsgruppen männlicher und weiblicher Jugendlicher aufbaute, und die Organisation „6S“, *Se Servir de la Saison Sèche en Savanne et en Sahel* (Ruppert 1995:201). In beiden Gruppen spielten Frauen von Anfang an eine große Rolle und kämpften dafür, ohne männliche Bevormundung ihre Arbeitsprogramme und Zielvorstellungen verwirklichen zu können. Inga Nagel (1992:XXI) spricht von einer explosionsartigen Ausbreitung weiblicher Dorfgruppen, die nach den Schätzungen des *Ministère de l'Action Coopérative Paysanne* im Jahre 1990 8.535 Gruppen umfaßten.

Diese landesweit große Begeisterung für die Zusammenarbeit und Selbsthilfe unter den Frauen ist sicher nicht ohne Einfluß auf das Entstehen jener Frauenvereinigungen geblieben, über die hier berichtet wird. Burkina Faso quillt gewissermaßen über von Initiativen der Frauen.

Die in diesem Beitrag beschriebenen Frauenvereinigungen unterscheiden sich grundlegend von bisherigen Selbsthilfegruppen dadurch, daß sie von der persönlichen Erfahrung der Ausgrenzung ausgehen und direkt die Verletzungen ansprechen, die alleinstehende Frauen ertragen müssen. Die Initiatorinnen dieser Gruppen haben aus ihren Kränkungen Widerstandskräfte entwikkelt, die sie nun weitergeben, um zu erreichen, daß sich damit auch andere Frauen aus ihrer Isolierung befreien können. Das von allen erfahrene Leid wird somit zum Ausgangspunkt einer neuen, sehr persönlichen Gruppenerfahrung, wobei, wie in der *Association Fidelitas*, eine große Scheu bestehen kann, die Kränkung nach außen zu bekennen. Für alle Frauen bleibt das gemeinsame Ziel, ihr Stigma zu überwinden und ihre gesellschaftliche Isolierung zu beenden. Dies geschieht durch die gegenseitige Unterstützung von Frauen, die ein gemeinsames Schicksal vereint.

Die Wahl der Strategie, wie den Frauen am besten zu helfen ist, hängt sicher auch davon ab, ob die Vereinigung 15.000 oder nur 40 Mitglieder zählt, ob einkommensschaffende Projekte angestrebt werden oder ob Meditation und Aussprache vorrangig sind. Aber immer steht ein Ziel im Vordergrund: Leidenserfahrungen zu verarbeiten und ein neues Bewußtsein zu schaffen. Die Frauen, die solche Vereinigungen ins Leben riefen, haben einen sehr unterschiedlichen Hintergrund. Ihr Bildungsstand reicht von der verpaßten Lyzeumsbildung bis zum hochqualifizierten Universitätsabschluß, von der Frau, die ein hohes politisches Amt wahrnimmt, zur Händlerin oder Schneiderin, die unter ganz einfachen Bedingungen lebt. Entscheidend ist in jedem Fall die Bereitschaft, sich voll und ganz der Aufgabe zu widmen.

Auf dem Weg zu neuen Frauenidentitäten

Es fällt auf, daß zahlreiche Vereinigungen erst in den letzten sechs Jahren gegründet wurden. Offensichtlich entspricht dies einem neuen Bewußtsein von Frauen, die es nicht mehr ertragen können, die gesellschaftlichen Herabsetzungen auf sich zu nehmen. Im Jahre 1977, als Lucie Kaboré ihre Vereinigung der Witwen und Waisen gründete, war es noch ein Tabu, die sehr persönlichen Nöte in die Öffentlichkeit zu tragen. Frauen wurden heftig angegriffen, wenn sie die Vorwürfe öffentlich zurückweisen wollten, den eigenen Mann getötet zu haben oder unfruchtbar zu sein. Die *Association des Veuves et Orphelins* nahm diese Herausforderung zu einer Zeit auf, als es noch gelang, inländische und internationale Geldgeber zu motivieren. Mit finanzieller Hilfe können die jungen Vereinigungen heute kaum rechnen, und auch die Absatzbedingungen für die hergestellten Produkte sind außerordentlich schwierig. Jetzt steht die starke Motivierung der Mitglieder im Vordergrund und der Wille, in einem engen Netzwerk zusammenzuarbeiten.

Die Selbsthilfegruppen belegen auch, daß sich die Frauen im urbanen Milieu nicht nur zurechtfinden, sondern es auch verstehen, dieses positiv zu nutzen. Die größere Urbanität von Frauen im Vergleich zu Männern, wie sie Ludwar-Ene (1991, 1993) sowie Wurster und Ludwar-Ene (1995) beschreiben, scheint auch auf die hier befragten Frauen zuzutreffen. Diese Frauen rechnen nicht damit, ein Heim in einer ländlichen Großfamilie zu finden. Die patrilinearen Vererbungsregeln geben ihnen keinen Anspruch auf Land, und die auf dem Lande noch gültige Leviratsehe ist für sie unakzeptierbar.

Für die Männer hat das Leben auf dem Land größere Vorteile, insbesondere für die Sicherung ihres Alters. Sie reisen deshalb, auch wenn sie in der Stadt wohnen, häufiger zu ihrer Familie, pflegen die Kontakte und sind bereits in jungen Jahren bestrebt, ihr späteres Leben zu sichern, indem sie Land bebauen und ein Haus einrichten. Für Frauen ist die Zukunft in der Stadt stärker vorgegeben, und sie versuchen alles, um ihre Existenz in der

Stadt zu verbessern. Ludwar-Ene (1991:138f.) begründet ihre These der grösseren Urbanität der Frauen damit, daß in ihren Augen gerade die schlechte sozioökonomische Lage der Frauen ihr Erfahrungspotential ständig erweitert und eine differenzierte Auseinandersetzung mit den vorhandenen Lebensbedingungen erfordert. Auch die Interviews aus Ouagadougou zeigen, daß die Frauen daran gewöhnt sind, sich mit zahlreichen Rückschlägen auseinanderzusetzen und sich an neue Lebensbedingungen anzupassen. Sie lernen nicht nur für sich selbst, sondern sind auch bestrebt, ihre Einsichten weiterzugeben. Dies wird vor allem an ihrer beruflichen Förderung von Mädchen deutlich, die sie auf einen möglichst praktischen und krisensicheren Beruf vorzubereiten versuchen.

Nur eine Frau verklärte das Leben auf dem Lande, wußte aber gleichzeitig, daß auch diese Welt nicht mehr besteht und es darauf ankommt, sich in der Stadt zu behaupten. Die Vielzahl der einander widersprechenden Normen und Lebenswelten führt, wie die Lebensberichte zeigen, zu neuen Identitäten, die diese Widersprüchlichkeiten verarbeiten und harmonisieren. Die alleinstehenden Frauen distanzieren sich zwar von ihrer Rolle als Ehefrau, nicht aber von ihrer Rolle als Mutter. Die städtische Umgebung bietet ihnen neue Möglichkeiten und erlaubt auch in sozialer Hinsicht alternative Lebensentwürfe. Die Gründung von Selbsthilfegruppen, die ihnen Halt geben und dafür sorgen, daß sie die einmal erlangten Rechte nicht wieder aufgeben, ist nur auf dem Hintergrund des städtischen Milieus denkbar. Der Zusammenschluß ehemals marginalisierter und diskriminierter Frauen aber vermittelt noch mehr; er ermöglicht sowohl die Schaffung eines neuen, positiven Bewußtseins als auch die Bildung von Identitäten durch Frauen, die sich bislang in der Differenz zu den verheirateten Frauen mit Kindern nur in deren negativer Umkehrung wiedererkennen konnten.

Anmerkungen

1 Ich danke Eva-Maria Bruchhaus, Constanze Eisenbart und Gerhard Grohs für kritische Durchsicht und Kommentare.

2 Die Interviews in Ouagadougou wurden in Form von offenen Leitfadeninterviews in Französisch geführt. Die Interviews wurden zum Teil mit Tonband protokolliert, zum Teil durch Gedächtnisprotokolle festgehalten. Die Interviews auf dem Land wurden von Clémence Bila Kyelem in Form von strukturierten Interviews auf Moré geführt und von ihr ins Französische transkribiert.

3 Es ist jedoch anzunehmen, daß die für andere afrikanische Länder vorhandenen Daten über Frauen als selbständige Haushaltsvorstände (Vgl. u. a. Guyer u. Peters 1987:197–214; Brydon 1987:251–269; Chipande 1987:315–327) auch bei den Mossi zutreffen.

4 Vgl. dazu Skinner 1964; Lallemand 1977; Béré Lompo 1995; Roost Vischer 1996

5 Karité-Butter wird aus den Kernen der Früchte des Karité-Baumes (Butyrospermum parkii) gewonnen.

6 Hauptmann Thomas Sankara war von 1983 bis zu seiner Ermordung 1987 Präsident von Burkina Faso.

7 Die überwiegende Anzahl der interviewten Mossi-Frauen waren christlich, wobei sich auf dem Land die Zugehörigkeit zur protestantischen und katholischen Kirche gleich verteilte. Eine Minderheit waren Moslems. In der Stadt waren die meisten der interviewten Frauen katholisch.

Literatur

Béré Lompo, Célestine (1955) 1995: *Le Mariage forcé au Burkina Faso. Une Forme de Violence contre les Femmes*. Ouagadougou 1955

Bruchhaus, Eva-Maria (1979): *Frauen in Obervolta, Situationsanalyse und entwicklungspolitische Ansatzpunkte unter besonderer Berücksichtigung Nicht-Staatlicher-Organisationen.* Freiburg i. Breisgau

Bruchhaus, Eva-Maria (1988): Frauenselbsthilfegruppen: Schlüssel zur Entwicklung aus eigener Kraft oder Mobilisierung der letzten Reserve? In: *Peripherie* 30/31, S. 49–61

Brydon, Lynne (1987): Women in the Family: Cultural Change in Avatime, Ghana 1900–1980. In: *Development and Change* Vol. 18, No. 2, S. 251–269

Chipande, G.H.R. (1987): Innovation Adoption among Female-headed Households: The Case of Malawi. In: *Development and Change* Vol. 18, No. 2, S. 315–327

Griffin, Lisa/ Ritu Sharma (1995): The Capital Area: Women's Local-Global Forum. In: *Alternative Economic Frameworks from a Gender Perspective, Journal of the Society for International Development*, S. 37–40

Gugler, Josef (1989): Women Stay on the Farm No More: Changing Patterns of Rural-Urban Migration in Sub-Saharan Africa. In: *Journal of modern Africa Studies* 27(2) S. 347–352

Guyer, Jane I./ Pauline E. Peters (eds.) (1987): Conceptualizing the Household: Issues of Theory and Policy in Africa. In: *Development and Change* Vol. 18, No. 2, S. 197–213

Lallemand, Suzanne (1977): *Une Famille Mossi.* Recherches voltaiques 17. Paris/ Ouagadougou: C.N.R.S.-C.V.R.S.

Ludwar-Ene, Gudrun (1991): Sind Frauen urbaner als Männer? Eine These zum Urbanisierungsprozeß im subsaharischen Afrika. In: Kokot, Waltraut/ Bettina C. Bommer (eds.): *Ethnologische Stadtforschung. Eine Einführung*. Berlin: Reimer, S. 123–144

Ludwar-Ene, Gudrun (1993): The Social Relationships of Female and Male Migrants in Calabar, Nigeria: Rural Versus Urban Connection. In: Ludwar-Ene, Gudrun/ Mechthild Reh (eds.) *Afrikanische Frauen im Blick.* Bayreuth: Breitinger

Nagel, Ina (1992): *Guide pratique pour l'action des femmes au Burkina Faso.* Ouagadougou

Roost Vischer, Lilo (1996): *Mütter zwischen Herd und Markt.* Basler Beiträge zur Ethnologie, Bd. 39 Basel: Wepf

Ruppert, Uta (1995): *Gegenwarten verbinden. Frauenarbeit und Frauenpolitik im Entwicklungsprozeß Burkina Fasos*. Münster

Skinner, Elliot P. (1964): *The Mossi of the Upper Volta. The Political Development of a Sudanese People*. Stanford: Stanford University Press

Wurster, Gabriele/ Gudrun Ludwar-Ene (1995): Commitment to urban versus rural life among professional women in African towns. In: Reh, Mechthild/ Gudrun Ludwar-Ene (eds.): *Gender and Identity in Africa*. Münster: Lit, S. 153–167

Youssef, Nadia/ Carol Hetler (1983): Establishing the Economic Condition for Women-Headed Households in the Third World: A New Approach. In: Buvinic, M. et al. (eds.): *Women and Poverty in the Third World*. Baltimore: Johns Hopkins University Press, S. 216–243

Susanne Schröter

Liebe, Heirat, Hierarchie

Rang, Geschlecht und Ethnizität in einer matrilinearen Gesellschaft Indonesiens

Der vorliegende Beitrag entstand während einer Feldstudie bei den Ngada in Flores (Ostindonesien) und behandelt einige der lokalen Modi, Differenzen zwischen Individuen herzustellen. Neben der Kategorie des Alters, die nicht im Mittelpunkt dieser Untersuchung steht, bilden Rang und Geschlecht die wichtigsten Zuschreibungen, um Menschen in unterschiedliche Statusgruppen einzuordnen. Beide Begriffe markieren exklusive, hierarchisch gegliederte Bereiche, deren Zugehörigkeit durch Geburt erworben wird. Ihre Verflechtung erschafft vielfältige soziale Polaritäten, von denen die weitestgehende diejenige zwischen Frauen von hohem und Männern von niedrigem Rang ist. Um diese Trennung aufrechtzuerhalten, werden hochrangige Frauen einem rigiden Verhaltenskodex unterworfen, der seine Begründung vor allem in der matrilinearen und uxorilokalen Sozialstruktur findet.

Eine andere Form der Differenzierung basiert auf dem Kriterium der Ethnizität. Interethnische Heiraten, die durch steigende lokale Mobilität zunehmend an Bedeutung gewinnen, produzieren ein Feld mit neuen, noch wenig standardisierten Differenzierungsmustern.

Ich möchte im folgenden versuchen, die Interdependenzen der Kategorien Rang, Geschlecht und Ethnizität aufzuzeigen und dabei der Frage nachzugehen, in welcher Weise Unterschiede zwischen den Geschlechtern, aber auch zwischen Frauen hergestellt und gelebt werden. Dabei soll ein besonderes Augenmerk auf die Strategien gerichtet sein, mit denen Individuen persönliche Wünsche zu realisieren und gegebene Handlungsspielräume zu erweitern suchen.

Da die gesamte Thematik einen sehr persönlichen Bereich der betroffenen Menschen berührt, verzichte ich in meinem Beitrag auf genaue Ortsangaben und verwende Pseudonyme statt der wirklichen Namen.

Der lokale Kontext

Die Ngada bewohnen eine zum Teil sehr unzugängliche Bergregion in Zentralflores, die im Westen von der Manggarai[1], im Osten von der Bevölkerungsgruppe der Nage/Keo und im Norden von den So'a begrenzt wird. Im Süden schließt sie mit dem *Savu*-Meer bzw. der Meerenge von Sumba ab. Als

Schwendbauern und -bäuerinnen kultivieren sie Yams, Süßkartoffeln, Mais, Trockenreis (*ladang*), Bohnen und Soja sowie verschiedene Gemüse und Fruchtbäume. In den hoch gelegenen Gebieten um die Distrikthauptstadt Bajawa wird außerdem Bambus gepflanzt, der für den Hausbau, die Herstellung von Alltagsgegenständen und den Handel von großer Bedeutung ist. Die Ngada halten Hunde und Ziegen als Fleischlieferanten für profane Gelegenheiten sowie Schweine, Hühner und Wasserbüffel für vorwiegend rituelle Zwecke (Büffel sind ausnahmslos Opfertiere). Außerdem züchten sie Pferde, mit denen sie Lasten transportieren und turnusmäßig Rennen veranstalten.

Frauen und Männer arbeiten gemeinsam auf den Feldern, hacken den Boden, pflanzen, jäten und ernten. Wird neues Land urbar gemacht, übernehmen die Männer die Tätigkeiten, die den größeren Krafteinsatz erfordern. Feuerholz wird von beiden Geschlechtern, häufig aber auch von Kindern, beschafft, während das Wasser für den täglichen Gebrauch fast ausschließlich von Frauen geholt wird. Selbst Hochschwangere klettern noch mit Zwanzig- oder Dreißig-Liter-Kanistern die steilen Pfade von oft weit entfernt liegenden Quellen zu den höher gelegenen Dörfern hinauf. Auch die Verarbeitung der Nahrungsmittel, das Stampfen von Mais und Kaffee, das Säubern von Reis und das Kochen, ist ausschließlich Aufgabe der Frauen und nimmt täglich viele Stunden in Anspruch. Außerdem fällt die Betreuung der kleineren Kinder zum Großteil in den weiblichen Zuständigkeitsbereich, obgleich Männer gelegentlich mit Babys im Tragetuch umherlaufen und keine Ideologie existiert, die diese Tätigkeitsverteilung aus geschlechtsspezifischen Zuschreibungen abzuleiten sucht. Männer arbeiten meist bis zum Sonnenuntergang, Frauen einige Stunden länger.

Während die alltäglichen Arbeiten nicht grundsätzlich als geschlechtlich polarisierte Felder erscheinen, existiert im spezialisierten handwerklichen Bereich eine mythologisch begründete Separation der Geschlechter: Männer bearbeiten Holz, Frauen Pflanzenfasern. Männer bauen Häuser, Möbel und die verschiedenen hölzernen Manifestationen der Ahnen oder sind als Schnitzer tätig, eine Fertigkeit, die besondere rituelle Fähigkeiten voraussetzt. In Ansiedlungen mit Straßenanschluß, in denen eine Tendenz zum Bau von Stein- oder Bambushäusern besteht, werden sie in letzter Zeit zunehmend überflüssig; in abgelegeneren Dörfern oder solchen, in denen der Tourismus für eine Rückkehr zur Tradition sorgte, bauen sie nach wie vor die imposanten, auf Pfählen stehenden *sa'o* mit spitzen Giebeldächern und reicher Schnitzerei.

Frauen stellen *ikat*-Stoffe her, die vor allem in der Vergangenheit große Bedeutung für Tauschbeziehungen im Rahmen von Heiratsallianzen besaßen. Als Weberinnen verfügten sie über geheime Muster, die in weiblicher Linie weitergegeben wurden, und bewegten sich in einem spezifischen Komplex ritueller Handlungen.[2] Durch die Einführung chemisch gefärbter Garne, die im *toko* oder *kios*[3] erworben werden können, wurde der Prozeß der Stoffherstellung in letzter Zeit vereinfacht, und neue, moderne Muster erfreuen sich zunehmender Beliebtheit. Diese Entwicklung ist mit einer Profanisierung der Weberei und einer materiellen Entwertung der Stoffe verbunden.

An die Stelle dieser traditionellen Tätigkeitsbereiche treten in letzter Zeit moderne Arbeitsfelder, von denen einige geschlechtsunspezifisch sind, wie die Berufe des Lehrers und der Lehrerin oder der Bediensteten in kommunalen Institutionen; andere begünstigen in erster Linie Männer. Männer arbeiten als Fahrer von Lastwagen und Bussen, im Straßenbau und als Mechaniker. Sie besitzen damit eine Möglichkeit des Bargelderwerbs, die weitaus größer ist als die der Frauen, die sich meist lediglich durch den Verkauf von Obst oder Gemüse auf den lokalen Märkten ein bescheidenes Einkommen sichern. Allerdings arbeitet die Mehrheit der Frauen und Männer nach wie vor fast ausschließlich im Subsistenzbereich.

Die politische Organisation der Ngada ist durch die große Bedeutung von Klans (*woé*) und ‚Häusern' (*sa'o*)[4] sowie durch ein dreigliedriges Rangsystem gekennzeichnet.

Der Begriff *sa'o* oder auch *one sa'o* bezeichnet eine unilineare Deszendenzgruppe, die mit einem namentlich benannten Haus verbunden ist. Dieses Stammhaus (*sa'o méze*) ist das räumliche und spirituelle Zentrum der *one sa'o*, die sich bei wichtigen Entscheidungen und allen bedeutenden rituellen Anlässen dort versammelt.

Die *woé* ist – einmal abgesehen von den modernen Verwaltungseinrichtungen des indonesischen Staates – die übergreifendste Institution der Gesellschaft. Alle Mitglieder einer *woé* verfügen über eine gemeinsame Genealogie und Geschichte, ein gemeinsames Ahnenpaar und einen eigenen rituellen Zyklus. Bei bestimmten Anlässen, wie dem Bau eines neuen *sa'o*, sind sie zu kooperativen Arbeitsleistungen oder dem Einbringen von Gütern (Schweine, Reis etc.) verpflichtet, wodurch sie aber im Gegenzug bei größeren Unternehmungen auch auf die Unterstützung der *woé* zurückgreifen können.

Die *woé* sind diejenigen Organisationen, die als Landbesitzer auftreten. Jedem Mitglied einer *woé* stehen festgelegte Landnutzungsrechte bezüglich des kollektiven Landes zu. Diese Rechte sind variabel und können bei Bedarf verändert werden.

In der Vergangenheit waren die *woé* in eine fluktuierende Interaktion von Kriegs- und Allianzbeziehungen verstrickt. Allianzen waren oft gleichbedeutend mit Heiratsbeziehungen, daher gab es eine gewisse Präferenz für Heiraten zwischen alliierten *woé*. Auch heute werden Heiraten zwischen Angehörigen von *woé*, zwischen denen schon Heiratsbeziehungen existieren, bevorzugt.

Jede *woé* führt ihre Existenz auf ein namentlich benanntes Ahnenpaar zurück, dessen hölzerne Manifestationen den Mittelpunkt der Dörfer bilden. Der männliche Ahn wird in Gestalt einer anthropomorphen Kriegerfigur (*ngadhu*) verehrt, die Ahnin in Form eines kleinen Hauses (*bhaga*). Dieser polaren Geschlechtersymbolik entspricht eine duale Mythologie, bei der einem männlichen Himmelsgott (*dewa*) eine Erdgöttin (*nitu*) gegenübersteht. Im Zuge der christlichen Überlagerung religiöser Vorstellungen entsteht derzeit ein zweites komplementäres Paar, das aus *tuhan* (Gott), respektive Jesus, und Maria besteht.[5]

Innerhalb der *woé* existiert ein rigides hierarchisches System. Die Ngada unterscheiden drei Titelgruppen, die sie selbst mit dem Begriff *rang*[6] bezeichnen:

1. Die *ga'é méze*, die höchste Statusgruppe, deren Mitglieder wichtige Funktionen im Rahmen der Vergabe von Landnutzungsrechten besitzen und für viele Rituale unverzichtbar sind.
2. Die *ga'é kisa*, eine Gruppe von rituell und sozial weniger bedeutenden Personen, die die *ga'é méze* bei diversen Funktionen unterstützen muß.
3. Die *zo'o* oder *ho'o*, die Gruppe der ehemaligen Unfreien, denen, vor allem in der Vergangenheit, verschiedene Gesten der Unterwerfung und Respektsbezeugung abverlangt wurden.

Die beiden letzten Gruppen werden von den *ga'é méze* als *rang bawah* (B I: ‚Niedrigrangige') oder *riwu azi* (‚jüngere Menschen') bezeichnet. Sie selbst gehören dem *rang atas* (B I: ‚hoher Rang') an.

In der Vergangenheit beruhte die Macht der oberen Ranggruppe maßgeblich auf ihrer wirtschaftlichen und wohl auch militärischen Dominanz. Heute, im Zuge der Ausweitung der Geldökonomie, sind viele *riwu azi* längst reicher als manche *ga'é méze*. Auch durch einen freien Zugang zu Schulen und Universitäten hat sich der soziale Abstand zwischen *ga'é méze* und *ga'é kisa* deutlich verringert oder ist vereinzelt auch ganz aufgehoben – eine Entwicklung, die von den *ga'é kisa* gern betont, von den *ga'é méze* aber bestritten wird. Ideologisch projizieren die *ga'é méze* die Rangunterschiede in mythische Zeiten:

> In einer Zeit, als noch keine Ränge existierten, entstand in den Menschen der Wunsch, sich eine Struktur zu geben. Sie beschlossen, drei Gruppen zu bilden: Diejenigen, die ‚tadellosen Charakters' waren, diejenigen, die gelegentlich vom rechten Weg abwichen, und diejenigen, die schwach und ohne besondere Qualitäten waren. Um zu prüfen, wer welcher Gruppe angehören sollte, wurde die Aufgabe gestellt, barfuß eine siebenstufige Leiter zu erklimmen, deren Stufen aus scharfgeschliffenen Säbelklingen bestanden. Diejenigen, die unversehrt bis an die Spitze kamen, wurden die *ga'é méze*. Die, die später *ga'é kisa* genannt wurden, verletzten sich meist nach wenigen Stufen, und die Vertreter der letzten Gruppe bluteten schon, sobald sie die erste Klinge betraten. Die Gruppen wurden gebil-

det, und da man der Ansicht war, daß sich charakterliche Merkmale auch bei den nachfolgenden Generationen bemerkbar machen würden, wurde festgelegt, daß Kinder den Status ihrer Mütter erben sollten. Um zu verhindern, daß ein niedrigrangiger Mann zum Vater hochrangiger Kinder werden könne, wurde außerdem verfügt, daß es Frauen der *ga'é méze* unter keinen Umständen erlaubt sein sollte, sexuelle Beziehungen außerhalb ihrer Gruppe zu pflegen. So sollte gesichert werden, daß der oberste Rang ausschließlich aus Individuen von ‚einwandfreiem Charakter' bestand. Die niedrigen Ränge konnten tun, wie ihnen beliebte.

Es versteht sich von selbst, daß diese Geschichte nur von Mitgliedern der *ga'é méze* erzählt wird. Bei keiner dieser Erzählungen waren Personen anderer Ranggruppen anwesend. Ohnehin ist die Teilung der Gesellschaft in Ränge ein tabuisiertes Thema. Nie wird offen darüber gesprochen, wer welcher Gruppe angehört, und in der Regel haben nur die Vertreter der *ga'é méze* ein Interesse daran, Fremde über die Existenz der Ränge aufzuklären. Geschichten über den Verlust von Rangzugehörigkeiten werden als zutiefst kompromittierendes Wissen behandelt und niemals in Gegenwart der beteiligten Personen erörtert.

Für die Zugehörigkeit zu einer Ranggruppe sind zwei Faktoren wichtig: die Deszendenzregelung und das ‚richtige' Verhalten der Frauen. Jedes Kind übernimmt bei seiner Geburt die Rangzugehörigkeit der Mutter. Ist das Kind ein Junge, wird er bis zu seinem Tode ein Angehöriger dieser Gruppe sein – es ist ihm weder möglich aufzusteigen, noch abzusteigen. Wenn er Wert darauf legt, daß seine Kinder Mitglieder seiner Rangstufe sind, muß er eine Frau seiner Gruppe ehelichen. Ein Mann der *ga'é méze*, der eine *zo'o* heiratet, begründet eine neue *zo'o*-Linie. Allerdings kann auch eine Frau der *ga'é méze* ihren Rang nicht weitergeben, wenn sie einen Mann aus einer niederen Gruppe heiratet. Im Gegenteil, bei einer Verbindung mit einem Mann der *ga'é kisa* oder *zo'o* verliert sie selbst ihren Titel und nimmt einen niederen Rang an. Das geschieht auch dann, wenn sie nicht mit dem Mann verheiratet ist, von dem ihr Kind stammt. Frauen können also ihre Ranggruppenzugehörigkeit verlieren. Durch dieses ‚falsche' Verhalten (*la'a sala*) entziehen sie ihrer Deszendenzgruppe potentielle Nachkommen. Die Linie wird gebrochen.

Angehörige der *ga'é méze* geben ihren Rang dementsprechend nur dann weiter, wenn beide Partner *ga'é méze* sind. Da sie eine Gruppe mit ausgeprägtem Titelbewußtsein darstellen, wird bei Heiratsentscheidungen beträchtlicher Druck auf Männer und Frauen ausgeübt. Der Begriff *la'a sala* wird jedoch nur dann angewendet, wenn eine Frau die vorgeschriebene Heiratsregel bricht. Er impliziert nicht nur ein unmoralisches Verhalten, sondern gilt als rituelles Vergehen an den wichtigsten Prinzipien der *adat*[7] (B I: Gewohnheitsrecht; Brauchtum) und wird mit Inzest gleichgesetzt.

In der Vergangenheit waren Eheschließungen dieser Art unter keinen Umständen möglich. Sexuelle Beziehungen zwischen Mädchen oder unverheirateten Frauen der *ga'é méze* und Männern der *ga'é kisa, zo'o* oder einer anderen Ethnie, die grundsätzlich als niedrigrangig galten, wurden mit Titelverlusten für die betroffene Abstammungsgruppe und dem Tod der beiden Rechtsbrecher geahndet. Auf der Spitze eines Berges wurde ein Bambus heruntergebogen, der Mann daran festgebunden und danach in die Höhe schnellen gelassen. Dort oben blieb er hängen, bis er verwest war – ein Zeichen für alle, die Gesetze einzuhalten. Der Frau wurde im Gegenzug ein Hühnerkäfig auf den Rücken gebunden, danach wurde sie mit Stockschlägen und unter Beschimpfungen aus dem Dorf gejagt, während Dorfbewohner und Klanverwandte sie mit Dreck bewarfen. Gewöhnlich wurde sie im Wald totgeschlagen oder von einem Felsen gestürzt.[8]

Seit Mitte der 40er Jahre, so wurde mir berichtet, sei diese Sitte nicht mehr praktiziert worden. Allerdings sei ein betroffenes Paar auch nach dem Verbot der Todesstrafe aus der Gemeinschaft verbannt worden und mußte im Wald leben. Anstelle des Mannes wurde ein Hund gehängt[9], und statt der Frau ein mit Wasser gefüllter Bambusbehälter zerschlagen. Nur nach umfangreichen Reinigungsritualen und dem Opfer mehrerer Wasserbüffel konnte eine Rehabilitierung erfolgen. War das Paar nicht in der Lage, einen Büffel zu bezahlen, war es unmöglich, das Exil zu beenden. Während der Zeit der Verbannung war es Freunden und Angehörigen verboten, den Verstoßenen Hilfe irgendeiner Art zukommen zu lassen.

Das Vertreiben in den Wald ist mittlerweile einem Umzug auf die Felder gewichen. Noch immer werden diejenigen, die die *adat* mißachten, nicht im Dorf geduldet und verlieren alle Ansprüche auf ein Wohnrecht im Haus der Mutter. Bei einem Besuch dürfen sie das Haus nicht betreten. Und noch immer müssen Opfer gebracht und Spezialisten bemüht werden, um das Vergehen rituell zu entkräften. Diese Form der sozialen Repression hat sich, im Zuge des gesellschaftlichen Wandels, auf den spirituellen Bereich verlagert. *Ebu nusi*, die Ahnen, wachen über die Einhaltung der *adat* und bedrohen diejenigen, die es mißachten, nach wie vor mit dem Tod. Tödliche Krankheiten, Mißernten und plötzliches Sterben des Viehs sind die Zeichen ihres Wirkens. Selbst diejenigen, die in die Stadt ziehen und auf ihre ‚ungebildeten' dörflichen Verwandten hinabblicken, erinnern sich, wenn ein Unglück sie trifft und kehren reumütig in ihr *sa'o méze* zurück, um sich den alten Gesetzen zu unterwerfen.

Angesichts der drastischen Strafe wurden sexuelle Verfehlungen in der Vergangenheit geheimgehalten und nur durch unglückliche Umstände bekannt. Dies konnte geschehen, wenn jemand ein Paar bei eindeutig zu interpretierenden Vertraulichkeiten beobachtete, wenn die Frau schwanger wurde oder im Rahmen der Zeremonie des *kiki ngi'i*, des rituellen Zahnfeilens, mit der heranwachsende Mädchen vor ihrer Heirat von den alten Männern auf ihre

Jungfräulichkeit geprüft wurden. Blutete das Zahnfleisch während der Prozedur, galt dies als Beweis, daß die junge Frau schon sexuelle Beziehungen hatte. Sie wurde daraufhin gezwungen, den Namen des Geliebten preiszugeben.

Heute wird das *kiki ngi'i* nur noch dann durchgeführt, wenn ein sehr traditionsbewußter Mann die Jungfräulichkeit seiner zukünftigen Frau überprüfen möchte. Die moderne Variante dieser Probe ist die Bestätigung durch einen Arzt.

Konsequenzen von Matrilinearität und Uxorilokalität

Die Sozialstruktur der Ngada erhält ihre entscheidende Prägung durch die matrilineare Deszendenzregelung und die uxorilokale Residenz.[10] Land, Häuser, Titel und die Zugehörigkeit zu einem *sa'o* und einer *woé* werden in matrilinearer Richtung weitergegeben, und Landnutzungs- sowie Wohnrechte können für Männer nur über eine eheliche Verbindung zu einer Frau erworben werden. Unverheiratete Männer leben im Haus der Mutter und bearbeiten das mütterliche Land – nach ihrer Heirat ziehen sie ins Haus der Frau und bewirtschaften deren Ländereien. Eigenständige Nutzungsrechte besitzen sie in der Regel nicht.

Diese strukturell recht dominante Position von Frauen ist im dörflichen Alltag deutlich sichtbar. Das Geschehen im Dorf wird von den Frauen bestimmt. Sie sitzen gemeinsam vor ihren Häusern, lösen Maiskörner vom Kolben, kauen Betel, lausen sich gegenseitig und tauschen die neuesten Ereignisse aus. Die kleineren Kinder krabbeln zwischen ihnen umher, die etwas größeren spielen in Sichtweite. Männer sind nahezu unsichtbar. Die Frauen strahlen eine Vertrautheit miteinander aus, die bei Personen entsteht, die sich sehr lange kennen und keine großen Verunsicherungen zu befürchten haben. Sie verlassen ihren sozialen Bezugsrahmen selten, können ihre Kinder nicht verlieren und haben ein unveräußerliches Anrecht auf Land und Haus. Planen sie größere Unternehmungen, wie z. B. den Neubau eines Hauses, können sie mit der Unterstützung ihrer *woé* rechnen und auf nachbarschaftliche Hilfe vertrauen.

Männer dagegen sind, sofern es sich nicht um eine innerdörfliche Heirat handelt, Fremde, die sich ihren Platz erst schaffen müssen. Im Dorfalltag wirken sie vereinzelter als die Frauen. Sie verbringen viel Zeit außerhalb des Dorfes, treffen sich mit Freunden oder Verwandten zum *moke*[11]-Trinken auf eigens dafür geschaffenen Plätzen (*loka tua*), gehen morgens in den Wald, um erst abends zurückzukehren, oder halten sich – wenn sie aus der Gegend um Bajawa kommen – gern in der Stadt auf.

Vor allem junge Männer wirken oft passiv gegenüber den täglich anfallenden Arbeiten. Sie sitzen nicht selten in den Häusern herum, gehen spazieren (*la'a loza loza*) oder spielen Karten. Ihre Haltung scheint Verweigerung auszudrücken, eine offensichtliche Nicht-Zuständigkeit für die häuslichen Belange. Ihre mangelnde Mitarbeit wird zwar mißbilligend zur Kenntnis genommen – vor allem, wenn sie spielen – aber nicht offensiv kritisiert. Da die Frauen ohnehin den größten Teil der täglich anfallenden Arbeiten verrichten und grundsätzlich auch alleine wirtschaften können, hat ihr Rückzug niemals existentielle Konsequenzen.[12] Er erschwert lediglich das Leben.

Einige Männer bringen ihre geringe Integration durch Verweigerung einer Beteiligung am familiären Einkommen oder den häuslichen Arbeiten zum Ausdruck und provozieren dadurch offene Konflikte mit ihren Schwiegereltern, andere entziehen sich vollständig. Sie verlassen ihre Frauen temporär oder für immer und gehen eine neue Beziehung ein.[13] Diese Tendenz zu sexueller Unbeständigkeit empfinden die Ngada als männliche Eigenschaft. Wenn ich verheiratete Frauen darauf ansprach, ob sie es denkbar fänden, ihre Männer aus Gründen wie Untreue, Gewalttätigkeit oder chronischer Faulheit zu verlassen und sich einen anderen Mann zu suchen, erntete ich stets Empörung ob meiner so gänzlich abwegigen Gedanken. Bei einer endgültigen Trennung bleibt die Frau gewöhnlich allein.

Die Untreue der Männer bringt diese in Widerspruch zu den Lehrsätzen der katholischen Kirche. Seit Anfang des Jahrhunderts stehen die Ngada unter dem Einfluß katholischer Patres der Steyler Mission. Sie sind heute nominell Katholiken, versuchen aber eine schwierige Integration der Prinzipien ihrer *adat* mit denen der Kirche. Ehen werden, nach Beendigung aller Zeremonien der *adat*, kirchlich geschlossen. Da der Katholizismus, wie er in Ngada praktiziert wird, keine zweite kirchliche Ehe möglich macht, ist so eine formale Monogamie entstanden. Vor dem Gesetz der Kirche und des Staates sind somit alle Frauen, außer derjenigen, die vor dem Altar geheiratet wurde, lediglich Geliebte.

Nicht alle festen Beziehungen enden in einer formalen Ehe. In der Regel lebt das Paar erst eine Weile zusammen im Haus der Frau, bevor die offiziellen Schritte (Brautpreiszahlung, Heirat nach den Regeln der *adat* und kirchliche Ehe) vollzogen werden. In vielen Fällen ist eine Schwangerschaft für diesen Prozeß auslösend, und oft ist das gemeinsame Kind schon mehrere Monate alt, wenn beide den kirchlichen Segen erhalten. Die nicht-formale Ehe wird ‚Dorfehe' (B I *kawin kampung*) genannt. Trennt sich ein Paar, das in dieser Art zusammenlebt[14], gehen beide Partner neue Verbindungen ein. Auch hier geht die Initiative zur Trennung fast ausschließlich von Männern aus.

Trennt ein Mann sich von einer Frau, mit der er ein gemeinsames Kind besitzt, oder der er ein öffentliches Eheversprechen gegeben hat, muß er eine Ablösesumme (*waja*) zahlen. In der Regel ist es ein Pferd oder der entsprechende Geldbetrag.[15] *Waja* schafft eine gewisse ökonomische Absicherung für die Frau, die möglicherweise auf eine andere vielversprechendere Verbindung verzichtet hat und in der Zeit, in der sie ein Baby betreuen muß, weniger arbeiten kann.

Trotz der nicht unbeträchtlichen Aufwendungen, die *waja* für einen Mann bedeutet, kommt es recht häufig vor. Einige Frauen, mit denen ich näheren Kontakt hatte, haben bereits zwei, drei oder vier Mal *waja*, zum Teil vom gleichen Mann, bekommen. Manche Männer haben Kinder von mehreren Frauen – ein Umstand, der im Gespräch unter Männern als Beleg für sexuelle und ökonomische Potenz angeführt wird.[16]

Männer gleichen ihre schwächere Position in der matrilinearen und uxorilokalen Struktur durch eine größere Mobilität aus. Sie haben einen weiteren alltäglichen Bewegungsradius und nehmen das Recht auf eine geringere soziale Verbindlichkeit für sich in Anspruch. Frauen sind in Beziehungen oft in der Situation von Wartenden: Sie warten auf die Rückkehr ihrer Männer aus der Stadt, vom *loka tua* und von einer anderen Frau.

Während Frauen in ernsthaften Gesprächen unermüdlich und mit großem Eifer ihre monogame Überzeugung bekunden, zeigen sie sich im Rahmen scherzhafter Kommunikation von einer ganz anderen Seite. Immer wieder konnte ich beobachten, wie verheiratete Frauen junge Männer mit derben Anspielungen in Verlegenheit brachten und sich prustend auf die Schenkel schlugen, während sie sich ausmalten, mit dem potentiellen Geliebten im Maisfeld zu verschwinden. Provozierend legten sie den Arm um die Schultern des Auserwählten und redeten ihn – im Beisein ihrer Ehemänner – mit „*pacar saya*“ (‚mein Geliebter‘) an. War ein Mann alleine in eine Gruppe von Frauen geraten, kannte die Ausgelassenheit kaum noch Grenzen. Eine jede suchte die Scherze der anderen noch zu übertreffen, und alle weideten sich augenscheinlich an der Verunsicherung, die sie bei ihrem ‚Opfer‘ auslösten. Der Mann war jetzt meist sichtlich bemüht, einen Ausweg zu finden, der die Gesetze der Höflichkeit nicht allzu sehr verletzte. Wenn sich schließlich alle wieder beruhigt hatten und nur noch vereinzeltes Kichern zu hören war, bedeuteten die Frauen dem Mann (und der Ethnologin), lediglich gescherzt zu haben – jeder falsche Schluß sei fehl am Platze, sie seien ihren Männern selbstverständlich vollkommen treu und keinesfalls an außerehelichen Abenteuern interessiert.

Es scheint, als ob die rigiden moralischen Regelsätze, die den Frauen durch *adat* und die katholische Kirche auferlegt werden, in diesen verbalisierten Phantasien für einen kurzen Moment kollektiv durchbrochen werden. Es sind insbesondere die älteren Frauen, gestandene Mütter zwischen dreißig und fünfzig Jahren, die hier aktiv werden. Mädchen und unverheiratete Frauen, die als mögliche Heiratskandidatinnen der betreffenden Männer in Frage kämen, beteiligten sich in meinem Beisein nie an diesen sexuellen Anspielungen. Sie waren im Gegenteil oft selbst peinlich berührt und blickten verschämt zu Boden.

Auch Männer durchbrechen die Grundsätze christlicher Monogamie. Allerdings beschränken sie sich nicht auf verbale Äußerungen. Im Gegensatz zu den Scherzen der Frauen, die eine von der Gruppe getragene Dynamik besitzen, sind die Ausführungen der Männer individuell und dienen der Abgrenzung zu anderen Männern. So fallen einige stets dadurch auf, daß sie, wenn ein ausreichend großes Publikum beisammen ist, mit ihrem lockeren Lebenswandel prahlen. Insbesondere alte Männer zwischen sechzig und siebzig Jahren betonten in meiner Gegenwart häufig, sie seien noch stark und durchaus im Stande, eine weitere Frau für sich zu begeistern. Die Prahlereien mit vergangenen und beabsichtigten sexuellen Abenteuern geschehen auch in Anwesenheit der Ehefrauen.

Rang, Geschlecht, Ethnizität: Zur Interdependenz der Differenzen am Beispiel interethnischer Ehen

Die Ngada favorisieren Heiraten innerhalb übersichtlicher Strukturen. Sie bevorzugen Verbindungen zwischen Personen, die sich schon kennen und deren Familienverhältnisse bekannt sind. Nur so können enge Kontakte, auf die viel Wert gelegt wird, aufrecht erhalten werden, und all die rituellen Verpflichtungen erfüllt werden, die durch eine Heiratsallianz zwischen zwei *sa'o* entstehen. Deshalb werden die meisten Ehen zwischen Bewohnern und Bewohnerinnen unmittelbar benachbarter Dörfern geschlossen, zwischen denen bereits feste Heiratsbeziehungen bestehen oder innerhalb des gleichen Dorfes. Nur eine kleine Minderheit heiratet außerhalb dieses engen Kreises.

Bei dieser Präferenz für Heiratsbeziehungen zwischen Nachbarn gilt es, die Exogamiegebote genau einzuhalten. Außer bei sehr großen Klans, die in mehrere Sektionen zerfallen, werden Ehen in der Regel nicht innerhalb desselben Klans geschlossen. Vor jeder Eheschließung muß grundsätzlich überprüft werden, ob nahe verwandtschaftliche Beziehungen bestehen, die eine Heirat verunmöglichen. In der Matrilinie gerechnet bedeutet dies, daß gemeinsame Vorfahren mindestens fünf Generationen zurück liegen müssen. In bezug auf die Patrilinie wird etwas weniger streng verfahren. Im Gegensatz zur Mehrheit der Gesellschaften Ostindonesiens[17] fallen Kreuzkusinen-Heiraten unter das Inzest-Tabu.

Trotz dieser eindeutigen Präferenzen für eine intraethnische Heirat gehen immer einige Personen Verbindungen mit Angehörigen anderer Ethnien ein. In der Regel handelt es sich um Gruppen, deren Gebiet an die Ngada-Region angrenzt, also um So'a, Riung[18], Nage-Keo und die Manggarai. Männer, die längere Zeit auf entfernteren Inseln arbeiten, bringen in Einzelfällen auch

Ehefrauen aus diesen Gegenden in ihr Dorf mit, oder kehren nicht mehr zurück.

Wenn eine Frau ihrem Mann nach Ngada folgt, sehen sich beide mit großen Schwierigkeiten konfrontiert, die dadurch entstehen, daß dem Mann in seinem Dorf von Rechts wegen weder Land noch Haus zusteht. Das Paar muß im Haus der Schwester oder der Mutter des Mannes leben und hat keine Möglichkeit, seinen Lebensunterhalt in einer von der Deszendenzgruppe des Mannes unabhängigen Weise zu führen, wenn nicht eine der beiden Personen einer bezahlten Arbeit in der Stadt nachgeht. Zu diesen Problemen kommt die latente Fremdenfeindlichkeit der Dorfbevölkerung, der sich die Frau besonders schlecht entziehen kann, wenn sie als Gast in der Hausgemeinschaft ihres Mannes wohnt.

Ich möchte diese Problematik anhand von drei Fallbeispielen interethnischer Ehen illustrieren, die ich während meines Feldaufenthaltes beobachten konnte. Die ersten beiden Fälle betreffen Beziehungen zwischen Ngada-Männern und Frauen aus anderen Ethnien, wobei die betroffenen Frauen jeweils sehr individuelle Strategien anwendeten, um die Probleme zu bewältigen, die aus ihrem Nicht-Identisch-Sein mit den Ngada Frauen entstanden. In dem dritten Beispiel interethnischer Heirat, das ich schildern möchte, war der Mann ein Fremder und die Frau eine *ga'é méze*.

Fall A: Maria[19], die aus Riung kommt, arbeitet im Haus des ortsansässigen Pfarrers. Hier lernt sie eines Tages Hubertus kennen, der gerade von einem mehrjährigen Aufenthalt in Jakarta zurückgekehrt ist und seitdem im Haus der älteren Schwester wohnt. Beide beginnen eine Liebesbeziehung, und Maria wird schwanger. Sie kündigt die Stellung und zieht mit Hubertus zu ihren Eltern. Hier wird auch die gemeinsame Tochter geboren. Hubertus kann in der patrilinearen Gesellschaft von Riung keine Perspektive für sich entwikkeln und drängt darauf, nach Ngada zurückkehren. Neun Monate nach der Geburt des Kindes gehen sie gemeinsam in das Dorf, in dem seine Familie wohnt und beziehen ein Zimmer im Haus der Schwester. Außer ihnen leben dort zwei Kinder der Schwester, ein Bruder und der schon betagte Vater. Maria und Hubertus beschließen, im Verlauf der nächsten zwei Monate zu heiraten.

Schon bald kommt es zu Konflikten zwischen Maria und der Familie. Maria möchte nach der Heirat ein eigenes Haus bauen und der ungewollten Enge entfliehen. Doch das Vorhaben scheitert an der Planung der Hochzeitsfeier. Sie möchte eine Kuh für das Festmahl kaufen, da sie und ihre Familie kein Schweinefleisch essen. Hubertus ist nicht willens, extra für eine teure Kuh zu arbeiten, insbesondere da Schweinefleisch bei den Ngada als Festspeise gilt. Er versucht, sich der ganzen Situation durch Abwesenheit zu entziehen und verbringt seine Zeit jetzt mit Kartenspielen und Spazierengehen in Bajawa. Maria bleibt mit seiner Familie alleine zu Hause und übernimmt, ein wenig unwillig, die häusliche Versorgung, da ihre Schwägerin als Händlerin arbeitet und sich nicht um die Verpflegung kümmert. Sie ist unzufrieden. Ihre Familie ist zu weit weg, um Eheverhandlungen zu führen, und so hat sie keine Lobby, um ihre Interessen durchzusetzen. Sie beginnt zu zweifeln, ob die Ehe wirklich zustande kommt und auch, ob die Wahl des zukünftigen Gatten so glücklich war. Als die Tochter an einer Infektion schwer erkrankt, eskaliert die Situation. Weder Hubertus noch ein anderes Mitglied des Haushaltes unterstützt sie bei der Betreuung des Kindes, das mit hohem Fieber im Bett liegt. Niemand wacht nachts bei ihm, begleitet Maria bei den strapaziösen Arztbesuchen in die Stadt oder spricht ihr Trost zu. Es ist eine Demonstration der Nicht-Zuständigkeit, mit der sie unmißverständlich über ihren Status innerhalb der Hausgemeinschaft informiert wird. Maria versteht und antwortet ihrerseits mit einem demonstrativen Akt: Sie packt ein paar Kleidungsstücke zusammen und zieht zu Freunden. Die Frauen des Dorfes diskutieren den Fall. Diejenigen, die sie mögen, äußern sich voller Mitleid über die Unglückliche, andere verurteilen ihren Schritt, einen familiären Konflikt nach außen zu tragen. Nachdem sie von einer Freundin gebeten wird, alles noch einmal zu überdenken, und sich auch der Gesundheitszustand des Kindes weiter verschlechtert hat, kehrt sie in das Haus ihres Mannes zurück.

Ihre Situation hat sich aber keinesfalls verbessert. Der vorübergehende Auszug wird kommentarlos zur Kenntnis genommen. Nichts hat sich verändert. Maria fühlt sich nach wie vor als Fremde in einer geschlossenen Gruppe und mit den gesundheitlichen Problemen ihrer Tochter alleine gelassen.

Nach drei Wochen beschließt sie, eine Reise nach Riung zu unternehmen. Im Vorfeld streut sie Gerüchte, die Zweifel an einer Rückkehr nach Ngada entstehen lassen. Ein erneutes Signal an Hubertus. Sie scheint auf seine Begleitung und damit auf ein Zeichen öffentlich bekundeter Zuwendung zu hoffen. Unter verschiedenen Vorwänden verschiebt sie die Reise. Hubertus verhält sich desinteressiert. Am ersten Geburtstag des Kindes erfolgt eine letzte bedeutungsvolle Handlung. Maria kauft ihrer Tochter ein teures, auffallendes Kleid – Hubertus und seine Hausgemeinschaft schenken dem Geburtstag keine Beachtung – verabschiedet sich lange von allen NachbarInnen und fährt, in Begleitung einer Freundin aus dem Dorf, nach Riung. Die Tatsache, daß sie sich begleiten läßt, werten die DorfbewohnerInnen als Zeichen dafür, daß sie wieder zurückkommen wird.

Fall B.: Dominikus, der in einem Straßenbauprojekt in Surabaya arbeitet, lernt die islamische Fabrikarbeiterin Fatima kennen. Als das Projekt beendet ist, kehrt Dominikus in sein Dorf zurück. Fatima und er haben beschlossen, zusammen zu bleiben, und Fatima folgt ihm. Beide ziehen in das Haus der verheirateten älteren Schwester Marta ein. Schon bald kommt es zu einem Autoritätskonflikt zwischen Fatima und Marta. Fatima äußert, daß sie sich nicht akzeptiert fühlt, hat Heimweh und entzieht sich einer Kooperation mit der Schwägerin (*ipa*). Ihre Situation im Dorf ist schwierig, da die anderen Bewohner im Konflikt eindeutig Position für Marta beziehen. Der Streit ist für sie Bestätigung, daß die Menschen auf Java nicht zu den Florinesen passen, insbesondere dann, wenn sie dem Islam angehören.

Dominikus und Fatima wollen heiraten, und Fatima konvertiert zum Katholizismus. Die Hochzeit wird von Marta ausgerichtet, findet aber im kleinen Rahmen statt, da Fatima nicht auf eine ansässige Familie zurückgreifen kann, die in der Lage wäre, sich an den Festvorbereitungen zu beteiligen, wie dies in Ngada üblich ist. Marta schlachtet ihr einziges Schwein für das Festessen und bedient die Gäste. Fatima hat keine Mittel, sich zu revanchieren. Die Ungleichheit der beiden Frauen wird im Dorf erörtert: Marta gilt als großherzig und sozial – eben als echte Ngada – Fatima dagegen als kleinliche Schmarotzerin und als Angehörige einer Kultur, der ohnehin Mißtrauen entgegengebracht wird.

Trotz Konvertierung und Ehe kann Fatima sich auch in den folgenden Wochen nicht integrieren. Sie beginnt jetzt, ihr Anderssein zu betonen, läuft mit schulterfreien Kleidern und kurzen Hosen durch das Dorf und verbringt viel Zeit in Bajawa. Ihr bewußt städtisches Auftreten verfehlt seine Wirkung nicht – die Ablehnung durch die Dorfbewohner verstärkt sich. Als ihr Mann eine zweiwöchige Fortbildung in der Stadt beginnt, ist sie vollkommen isoliert. Nach eineinhalb Wochen packt sie ihre Sachen und folgt ihm. Beide beschließen, nach Java zurückzukehren und dort zu leben. Für die Zeit, in der sie versuchen, das nötige Reisegeld zu sammeln, mieten sie ein Zimmer in Bajawa. Den Dorfbewohnern gilt die ganze Affäre als Beweis, daß eine Frau aus Java nicht in ihre Gemeinschaft paßt.

Die Geschichten von Fatima und Maria ereignen sich in einer strukturell ähnlichen Situation, führen aber durch die individuellen Handlungen der beteiligten Personen zu sehr verschiedenen Lösungswegen. Beide Frauen sind Fremde in einer stark nach innen gerichteten Dorfgemeinschaft, beide gehören anderen Ethnien an. Die Herkunftsgesellschaft ist in beiden Fällen patrilinear und virilokal, was bedeutet, daß dem Paar weder im Dorf des Mannes noch im Dorf der Frau Land und Haus zustehen. Die Wohnsituation ist prekär und führt in beiden Fällen zu großen Spannungen. Diese Belastungen werden durch die grundsätzliche Skepsis der Dorfbevölkerung gegenüber interethnischen Verbindungen noch verschärft. Im Fall von Fatima machte sich außerdem die Zugehörigkeit zum Islam negativ bemerkbar. Die Ngada sind stolz darauf, Christen zu sein und grenzen sich vom Islam ab, den sie tendentiell als bedrohlich empfinden. Der Konflikt zwischen Fatima und Marta wurde als

Respektlosigkeit der jungen Zugezogenen gegenüber der älteren Schwägerin und damit als ‚islamisches Verhalten' interpretiert.

Die Stellung von Fatima im Dorf ist auch aus anderen Gründen weitaus schlechter als die von Maria. Fatima kann mit den Dorfbewohnern nur in *Bahasa Indonesia* kommunizieren, Maria spricht, aufgrund gewisser Sprachverwandtheiten zwischen Ngada und Riung sowie ihres langjährigen Aufenthaltes im Haus des Pfarrers, die örtliche Sprache. Ihre Fremdheit wird damit weniger manifest.

Außerdem ist Maria Mutter und kann sich bei Problemen der mitfühlenden Sorge anderer Mütter gewiß sein. Ihre Tochter ist sehr beliebt und wird von verschiedenen Nachbarinnen und deren älteren Kindern mitbetreut. Dieser Umstand verschafft ihr eine akzeptable Basis im Dorf.

Marias Probleme wurzeln in erster Linie in ihrer Beziehung zu Hubertus und der engeren Familienstruktur. Ihr Mann zeigt kaum Interesse an ihr, und sie äußert, daß die Liebe vorbei sei. Im Gegensatz dazu ist das Verhältnis zwischen Fatima und Dominikus von gegenseitiger Anteilnahme und Fürsorge geprägt. Fatima möchte mit ihrem Mann zusammen leben – die Dorfgemeinschaft ist nur ein untergeordneter Faktor für sie. Dominikus nimmt seiner Frau zuliebe einen Wohnortwechsel nach Java in Kauf und bemüht sich, seiner Frau eine alternative Wohnmöglichkeit zu beschaffen, bis das Geld für die Reise zusammengekommen ist.

In der Ehe zwischen Fatima und Dominikus steht die Paarbeziehung im Vordergrund, die Familie oder weitere Verwandtschaftsgruppen sind von nebensächlicher Bedeutung. Prioritäten dieser Art sind den DorfbewohnerInnen fremd. Sie kritisieren, daß Fatima keine Bemühungen unternimmt, sich in die Gruppe ihres Mannes zu integrieren und mit der Schwester auszukommen. Auch die Beziehung von Dominikus zu seiner Frau wird als wenig vorbildhaft empfunden. Männern und Frauen werden geschlechtsspezifisch unterschiedliche Interessen zugeschrieben, und es wird erwartet, daß diesen Neigungen in nach Geschlechtern getrennten Gruppen nachgegangen wird. Eine enge Beziehung, wie Dominikus und Fatima sie leben, assoziieren sie mit Unfreiheit und zwar mehrheitlich mit der Vorstellung, Fatima beschneide die Freiheit ihres Mannes.

Fatima kann und will die Schwierigkeit ihres Andersseins nicht konstruktiv innerhalb der Dorfgemeinschaft bewältigen. Ihre eigenen Fremdheitsgefühle, die sie auch gegenüber den DorfbewohnerInnen äußert, verhindern den Wunsch nach Integration, und so besteht die Lösung des Problems in einem Ortswechsel. Dominikus und Fatima entziehen sich den dörflichen Strukturen der Ngada mit ihren engen Vorstellungen von ‚richtigen' Heiraten und erhoffen, im städtischen Kontext von Surabaya eine ‚moderne' Ehe leben zu können.

Maria dagegen versucht, innerhalb der dörflichen Strukturen, zusammen mit den anderen BewohnerInnen, eine Basis für ihre persönlichen Ziele zu finden. Unterstützung erhält sie in erster Linie von den Frauen des Dorfes, die ihr aufrichtige Sympathiebekundungen zukommen lassen. Ihre persönlichen Streitigkeiten mit Hubertus, die aus seiner Faulheit und seiner Spielerleidenschaft resultieren, ist manch anderer Frau als eigenes Problem nicht unbekannt, so daß ein gewisser Solidarisierungsprozeß einsetzt. Maria kann ihre Differenz als Angehörige einer anderen Ethnie durch ein Moment der Gleichheit auflösen, das sie als Frau mit anderen Frauen verbindet. Dadurch erhält schließlich sogar die ethnische Komponente einen positiven Aspekt. Wenn Maria nicht zurückkommt – so beschließen die Freundinnen – so wollen sie selbst nach Riung fahren und sie besuchen. Dies wäre zudem eine gute Gelegenheit, einmal ans Meer zu fahren und frischen Fisch zu essen.

Fall C: In Ngada wird Tradition mit *adat* gleichgesetzt und die Gegenwart mit einem Verschwinden desselben assoziiert. Als modern gilt ein Verhalten, das die strengen Regeln der Ranggruppenendogamie mißachtet und sich an Vorstellungen romantischer Liebe orientiert. Vor allem Männer der *ga'é méze*, so wurde mir wiederholt erklärt, stellten ihre persönlichen Neigungen zunehmend über die Prinzipien der *adat*. Damit hätten sie mittlerweile einen erheblichen Mangel an Heiratskandidaten für Frauen ihrer Gruppe ausgelöst. Diese Entwicklung führte in den vergangenen Jahren zu einem Anstieg der Zahl allein lebender Frauen[20], aber auch zu einem gewissen Aufweichen der strengen Gesetze der *adat* von seiten der Frauen. Eine steigende Zahl von Frauen nimmt eher die Restriktionen einer ‚falschen' Heirat in Kauf als ein eheloses Schicksal und geht Beziehungen mit nicht-standesgemäßen Männern ein. In den meisten Fällen kommen die potentiellen Heiratskandidaten aus benachbarten Ethnien und sind über die Heiratsregeln der Ngada nicht informiert.[21] Da die Frauen nicht erwarten können, daß ihre *sa'o* einer solchen Verbindung zustimmt, so lange noch Möglichkeiten der Intervention vorhanden sind, wählen sie in der Regel den Weg der vollendeten Tatsachen und präsentieren sich so bald als möglich schwanger. Meist geben die nächsten Angehörigen dann ihre Zustimmung, und die Verhandlungen über Brautgeld und Hochzeitstermin beginnen. Die zukünftigen Ehemänner, die fast ausnahmslos aus patrilinearen und virilokalen Gesellschaften kommen, werden spätestens jetzt mit einem System konfrontiert, das ihren Vorstellungen von Männlichkeit weitgehend widerspricht. Konflikte sind geradezu vorprogrammiert.

Anhand der Geschichte von Sesilia und Pius möchte ich erzählen, was der Bruch der *adat* für das Leben der Betroffenen bedeuten kann, und in welcher Weise Differenzen zwischen den Geschlechtern und zwischen den Rängen gelebt werden.

Sesilia, eine *ga'é méze* aus angesehenem Haus, ist dreißig Jahre alt und noch unverheiratet. Sie lebt im Haus ihrer Eltern, versorgt den Haushalt, bewirtschaftet zusammen mit ihrer jüngeren Schwester die Felder und verkauft gelegentlich Gemüse auf dem Markt von Bajawa. Hier lernt sie Pius, einen Mann aus der Manggarai, kennen, der vorübergehend in einem Straßenbau-Projekt beschäftigt ist. Sie beginnen eine Liebesbeziehung. Die Eltern äußern ihr Mißfallen und geben zu verstehen, daß sie mögliche Eheabsichten zu verhindern gedenken. Als das Projekt beendet ist und Pius in sein Dorf zurückkehrt, folgt ihm Sesilia. Ihre Reaktion löst große Betroffenheit aus, nicht nur aufgrund der Unbotmäßigkeit ihrer Handlung, sondern auch, weil sie für die Führung des Haushaltes ihrer betagten Eltern unverzichtbar ist. Die Schwester, durch die neue Arbeitsbelastung überfordert, schreibt einen Brief an Klemens, den jüngeren Bruder von Sesilia, der in Surabaya arbeitet. Klemens fordert die Schwester auf, nach Hause zurückzukehren und kündigt einen Besuch in der Manggarai an. Er läßt sich von seiner Arbeitsstelle beurlauben und fährt zu seinen Eltern, um sich genau über die Umstände des Fehltritts seiner Schwester zu informieren und Maßnahmen für ihre Rückholung zu treffen. Als er zu Hause ankommt, ist seine Schwester schon da. Sie ist in Begleitung ihres Mannes, und sie ist schwanger. Froh, die Tochter wieder bei sich zu haben, und angesichts ihrer Schwangerschaft, sind die Eltern bereit, einer Ehe zuzustimmen und beiden eine Bleibe im Haus anzubieten. Für Sesilia ist es eine Rückkehr in gewohnte Bahnen und vertraute Bereiche. Sie nimmt ihre häuslichen Aufgaben wahr, pflegt Kontakte mit Nachbarinnen und Verwandten und genießt die Sicherheiten, die ihr die matrilinearen Strukturen bieten. Pius dagegen strahlt große Verunsicherung aus. Er verbringt seine Tage damit, im Haus auf und ab zu gehen und gelegentlich kleinere Handlangertätigkeiten für den Schwiegervater zu verrichten. Die Anwesenheit von mir und meinen Kindern erleichtert ihn sichtlich, weil er doch nicht der einzige Fremde ist und er sich mit uns, die wir auch keine festumrissene Tätigkeit ausüben, zu kleineren Gesprächen auf der Veranda niederlassen kann. Die Familie unternimmt keine Anstrengungen, ihm die Integration einfacher zu machen. Niemand fordert etwas von ihm, niemand hält ihn in irgendeiner Angelegenheit für kompetent, niemand legt Wert auf sein Urteil. Seine einzige Verpflichtung besteht darin, zweimal in der Woche mit Sesilia zu einem von der Kirche organisierten Ehepaar-Kurs zu gehen, einer Einrichtung, die der christlichen Monogamie zur mentalen Durchsetzung verhelfen soll. Das Bild, das Sesilia und Pius auf dem Weg zur Kirche abgeben, kann als Symbol für das ungleiche Verhältnis zwischen den beiden gesehen werden. Gewöhnlich schreitet Sesilia aufrecht mit langen Schritten voran, während Pius in einem Abstand von mehreren Metern hinterherschlendert. Er verläßt das Haus immer nach Sesilia und und fällt während des Laufens gewöhnlich zunehmend zurück. Sesilia, die ihn jedesmal vor dem Aufbruch an ihre gemeinsame

Verpflichtung erinnert und ihn zur Eile mahnt, sieht sich nach ihm um – er aber wendet den Kopf ab. Bei anderen Anlässen, einem gemeinsamen Festbesuch, einem Gang zum Feld etc., geht er dagegen stets als erster, ist forsch und zielstrebig. Trotz dieser unübersehbaren Demonstration der Unlust, verweigert er sich nicht wirklich. Sein stummer Protest wird weder von Sesilia noch von von anderen Mitgliedern des Hauses angesprochen.

Nach einigen Wochen fährt er zu seiner Mutter in die Manggarai, um die Hochzeitsmodalitäten zu besprechen. Als er in der verabredeten Zeit nicht zurückkehrt, wird Sesilia unruhig. Sie befürchtet, er wolle sich der Heirat entziehen oder sie durch sein Fortbleiben nötigen, ihm zu folgen. Eltern und Geschwister diskutieren den Fall. Während Sesilia durchaus ernsthaft erwägt, ihrem Mann zu folgen und mit ihm in der Manggarai zu leben, wenn dies die Bedingung für das Zustandekommen ihrer Ehe sein sollte, fordert Klemens die Einhaltung der Rechte der *adat*. Er überlegt, Pius mit einer wahrhaft utopisch anmutenden Brautpreisforderung zu konfrontieren, falls Sesilia von der uxorilokalen Regelung der Ngada abweichen sollte[22]. Die Situation bleibt weiter ungelöst, als wir nach Deutschland zurückkehren.

Ein halbes Jahr später, als wir erneut im Dorf eintreffen, ist Pius wieder im Haus. Klemens hat ihn in der Manggarai aufgesucht und ihn vor die Wahl gestellt, entweder der *adat* der Ngada zu folgen oder eine sehr hohe Ablösesumme (*waja*) zu zahlen. Er entscheidet sich für die Rückkehr. Das gemeinsame Kind ist mittlerweile vier Monate alt. Pius scheint durch die Geburt seines Sohnes an Selbstbewußtsein gewonnen zu haben. Er ist ein zärtlicher und stolzer Vater, der oft viele Stunden am Tag mit seinem Kind verbringt, es im Tragetuch herumträgt oder ihm wehmütige Lieder vorsingt. Auch seine Eingliederung in die Familie seiner Frau hat an Gestalt gewonnen. Zusammen mit der jüngeren Schwester hat er sich der unbestellten Felder angenommen und leistet damit einen anerkannten Beitrag für die Versorgung der Hausgemeinschaft. In Gesprächen kommt allerdings nach wie vor eine große Unzufriedenheit zum Ausdruck. Er vermißt seine Mutter und artikuliert deutlich, daß er es vorziehen würde, in der Manggarai zu leben. Die Gesellschaft der Ngada lehnt er im stillen ab. Bei Vergleichen bezeichnet er sie als unzivilisiert und von unverständlichen Sitten beherrscht.[23] Er empfindet sich jedoch als zu schwach, um seine *adat* durchzusetzen. Diese Schwäche ist wohl nicht zuletzt darauf zurückzuführen, daß sein Vater tot und seine Verwandtschaftsgruppe zahlenmäßig der Gruppe von Sesilia unterlegen ist. So unterwirft er sich und versucht, sich mit den Verhältnissen zu arrangieren. Sein einziger Protest ist das heimliche Kartenspiel, bei dem er schon manches Mal größere Summen verspielt hat. Da Sesilias Vater jedoch wohlhabend ist, verursacht dies zwar Ärger und Mißstimmung, aber keine existentielle Bedrohung.

Als ein Vetter von Pius eine Frau aus dem Nachbardorf heiratet, verändert sich seine Position. Er wird offensiver und entzieht sich der Familie stärker.

Tagsüber arbeitet er jetzt als bezahlter Landarbeiter, und abends kommt er oft spät oder betrunken nach Hause. Manchmal schläft er bei Freunden. Eventuellen Vorwürfen kommt er zuvor, indem er seine Frau krankhafter Eifersucht beschuldigt und gleichzeitig auf seine Freiheit als Mann pocht. Er sei ohnehin ein Herumtreiber, verkündet er eines Abends, nachdem er zwei Tage nicht nach Hause gekommen ist. Sesilia schweigt dazu.

Obwohl Pius Geld verdient, trägt er nicht zum Familieneinkommen bei, erzählt aber, er benötige eine größere Summe für eine Beerdigung in der Manggarai, an der er mit seiner Frau und seinem Sohn teilnehmen will. Die Gerüchte über heimliches Spielen nehmen zu.

Im Beisein von Klemens, der sein Verhalten am deutlichsten mißbilligt, trägt mir Pius eines Tages längere Ausführungen über Unterschiede zwischen den Ngada und den Menschen in der Manggarai vor. In seiner Heimat gehöre das Kartenspiel zum guten Ton, erklärt er. Es sei eine legitime Art, Geld zu verdienen und dürfe bei keiner festlichen Gelegenheit fehlen. Ich bin erstaunt darüber, wie er Klemens, dem gegenüber er sich bisher eher unterwürfig verhalten hat, die Stirn bietet.

Einige Zeit später kommt es zu einer weiteren Offensive. Pius erhält Besuch von seinem Vetter und einem weiteren Mann. Sie trinken im Haus von Sesilia und beginnen zu spielen. Jetzt ist alle Heimlichkeit vorbei. Eine Matte wird mitten in dem Raum ausgebreitet, der für Gäste und größere Treffen vorbehalten ist und durch den man hindurchgehen muß, wenn man die Zimmer betreten will. Die Männer versperren damit alle Zimmerzugänge. Die Provokation ist nicht zu übersehen. Entgegen aller Gebote der Höflichkeit ignorieren sie hereinkommende Personen. Der Raum ist im wahrsten Sinn des Wortes von ihnen besetzt. Ihre Haltung hat etwas Verbissenes und Gereiztes, und niemand stellt sie zur Rede.

Sesilia sitzt mit ihrem Sohn allein auf einer anderen Matte und ist sichtlich hilflos. Die Männer würdigen sie keines Blickes. Am frühen Abend brechen alle zusammen auf. Pius kehrt erst am nächsten Morgen betrunken zurück. Am nächsten Abend – Pius ist wieder nicht nach Hause gekommen – hält Klemens vor der versammelten Hausgemeinschaft einen Vortrag über den schlechten Charakter von Männern, die spielen und ihre Familien ins Unglück stürzen. Niemand widerspricht ihm – Sesilia lacht verlegen. Als ich Klemens frage, ob die Eltern böse auf Pius sind, antwortet er, sie seien böse auf Sesilia.

Sesilia ist von mehreren Seiten einem starken Druck ausgesetzt. Pius entzieht ihr seine Zuneigung und Unterstützung und behandelt sie wie ein lästiges Anhängsel. Eltern und Bruder machen ihr Vorwürfe, eine so schlechte Entscheidung bei der Wahl des Ehemannes getroffen zu haben. Ihre Vorurteile einem Fremden gegenüber werden zunehmend bestätigt. Verschiedene Unglücksfälle, die die Familie getroffen haben, seit Sesilia die Beziehung mit

Pius eingegangen ist (ein Bruder ist verschwunden, zwei Schweine sind gestorben, der Vater hat einige Fehlkalkulationen im Bambusgeschäft gemacht), rufen böse Ahnungen wach: Die Rituale, die nach einem *la'a sala* notwendig wären, sind versäumt worden, und Sesilia lebt unrechtmäßig im Haus. Die Ahnen zürnen.

Als Pius eine Reise in die Manggarai ankündigt, wird beschlossen, seine Abwesenheit zu nutzen, um die versäumten Rituale durchzuführen. Es gilt, die Ahnen zu versöhnen und schlimmeres Unglück zu verhindern. Die Planung der Zeremonien vollzieht sich unter strengster Geheimhaltung – nicht nur, weil Pius nichts davon erfahren darf, sondern auch, um alle im Dorf wohnenden *riwu azi* auszuschließen. Früher, so wird mir bedeutet, als die Stellung der *ga'é méze* noch unangefochten durch staatliche Demokratievorstellungen akzeptiert wurde, seien die Rituale öffentlich durchgeführt worden. Heute, da die Hierarchie der Ränge von Niedrigrangigen kritisiert wird, entwickelt sich ein Geheimkult, der das Elitebewußtsein der *ga'é méze* stärkt, weil nur sie im Besitz dieses rituellen Wissens sind.

Am selben Tag, an dem Pius in die Manggarai aufbricht, versammeln sich abends die Mitglieder des *one sa'o* in der Küche, um die notwendigen Vorbereitungen für die Rituale durchzuführen. Sesilia muß mit ihrem Sohn das Haus verlassen. Es handelt sich um eine symbolische Verstoßung, während der sie Aufnahme bei einer alleinstehenden befreundeten *ata ga'é* findet.

Als das Ritual beginnen soll, erscheint ein angeheiratetes Mitglied der Familie, das einer niedrigeren Ranggruppe angehört. Niemand hat ihn eingeladen, und er merkt nicht, daß seine Anwesenheit unerwünscht ist. Die Stimmung wird eisig, niemand redet mit ihm, alle wenden sich ab, wenn er sie anspricht. Ungerührt bleibt er, nimmt sich vom Essen, schenkt sich *moke* ein. Das Ritual wird verschoben.

Am nächsten Tag findet ein zweiter Versuch statt. Diesmal sind die *ga'é méze* unter ihresgleichen. Mit dem Opfer einiger Tiere wird der Abend eingeleitet. Den durch die Heirat beleidigten Ahnen werden Blutopfer dargebracht, und bei einem anschließenden Orakel werden sie nach ihrer Zustimmung zum Ablauf des Ritus befragt. Sie sind einverstanden, und die Männer des *one sa'o* bereiten sich, gestärkt durch Fleisch und *moke*, auf die eigentliche Zeremonie vor.

Während die Frauen mit Essensvorbereitungen beschäftigt sind und sich ausschließlich in der Küche aufhalten, bewaffnen sich die Männer im Hof mit Speeren und Haumessern. Mit Tanz und Gesängen versetzen sie sich in eine kampfbereite Stimmung. Dann ziehen sie, beladen mit einem Hühnerkäfig, dem Symbol für die ‚gefallene' Sesilia, sowie einem kleinen Hund, dem Symbol für Pius, in den Wald. An einer Stelle, die die Ahnen zuvor bezeichnet haben, wird der Hund an einen heruntergebogenen Bambus gebunden und mit Speeren und Messern getötet. Dabei wird der Name von Pius gerufen. Der

Körper wird anschließend, zusammen mit dem Hühnerkäfig, mit Herdasche und Hühnerdreck in den Wald geworfen. Die Männer kehren zurück.

Auf dem Dorfplatz, im Angesicht von *ngadhu* und *bhaga*, steht jetzt Sesilia im Mittelpunkt: Zu den Klängen eines Bambusrohrs, das bezeichnenderweise *laba polo* (‚Hexentrommel') *oder laba zé'é* (‚dreckige Trommel') genannt wird, tanzt sie im Dunkeln allein vor den Ahnen. Ihr Tanz bewegt sich nicht, wie die Tänze der Ngada es erfordern, gegen den Uhrzeigersinn, sondern mit ihm. Sie tanzt falsch herum, wie sie auch den falschen Weg gegangen ist. Nach dieser öffentlichen Bloßstellung darf sie das Haus der Eltern wieder betreten und nimmt in der Küche Platz.

Hier findet eine erneute Demütigung statt: Der Vergleich der Schwestern. Sesilia hockt mit aufgelösten Haaren, einem alten Kleid und Ohrringen aus den Blättern der Lontarpalme auf dem Boden, während Erna, ihre Schwester, verheiratet mit einem *ga'é*, rechter Hand auf einem erhöhten Platz neben dem Herd sitzt. Sie trägt goldene Ohrringe. Zwischen beiden liegt ein Bambusstab. Er markiert die Grenze zwischen der guten und der bösen Schwester. Erna wird mir als leuchtendes Vorbild für alle Frauen der *ga'é* dargestellt. Passend zu ihrer Position im Ritual ist auch ihr Lebenslauf: Ihr Mann bekleidet eine gute Stellung bei der Regierung, sie selbst ist Grundschullehrerin, die vier gemeinsamen Kinder sind sauber, intelligent und in jeder Beziehung wohlgeraten. Selbstverständlich trinkt und spielt Ernas Ehemann nicht – statt dessen bekleidet er Ehrenämter in der örtlichen Gemeinde. Sesilia verkörpert das Gegenteil: Dreckig, weinend und in miserablem Zustand bietet sie ein Bild der Schande. Doch diese öffentliche Demütigung ist zugleich die Wiederaufnahme in das Dorf ihrer Geburt: Sie ist zurückgekehrt (*nuka nua*). Als Zeichen ihrer Reintegration darf sie Betel im Haus der Mutter kauen. Ihren Status als *ga'é* hat sie jedoch unwiederbringlich verloren, und über kurz oder lang wird sie mit Mann und Kind auch das elterliche Haus räumen und sich eine Hütte auf dem Feld bauen müssen.

Die unglückliche Geschichte von Sesilia macht deutlich, welches Gewicht der Kategorie Geschlecht bei einer konkreten Ausdifferenzierung von Rang und Ethnizität zukommt. Ein Mann hätte seinen Rang behalten, und die Konflikte in seinem *sa'o* wären über eine temporäre Verstimmung der nächsten Angehörigen nicht hinausgegangen. Da er für die genealogische Fortführung der Gruppe ohnehin bedeutungslos ist, hätte die Tatsache, daß seine Kinder den niedrigen Rang ihrer Mutter erben würden, zwar Bedauern ausgelöst, wäre aber kein Grund für tiefen Groll, wie ihn die Verwandten von Sesilia hegen. Sesilias *sa'o* hingegen fühlt sich von ihr betrogen und im Ansehen verletzt. Sie läßt die Linie abbrechen und nötigt ihren Eltern und Geschwistern die permanente Anwesenheit eines nicht-standesgemäßen Ehemannes auf. Der gesamte Konflikt basiert also letztlich auf der matrilinearen und uxorilokalen Struktur der Ngada.

Innerhalb der geschilderten Konstellation fällt außerdem eine andere hierarchische Struktur auf: Die Beziehung zwischen Bruder und Schwester. Alle wichtigen Entscheidungen werden von Klemens initiiert oder maßgeblich getragen. Klemens' Ankündigung, in die Manggarai zu fahren, läßt Sesilia zu ihren Eltern zurückkehren und der Druck, den er ausübt, verhindert, daß sich Pius der Ehe entzieht. Klemens sorgt dafür, daß die Verfehlungen Pius' Sesilia zur Last gelegt werden und der Unmut, den ihre Ehe ausgelöst hat, auch weiterhin schwelt und ständig neue Nahrung erhält. Auch das Abhalten der Rituale wird von Klemens forciert. Während des gesamten Konfliktes wird er nicht müde, seine Autorität gegenüber Sesilia und auch seinen anderen, noch unverheirateten Schwestern zu betonen. Er interpretiert die Ehe von Sesilia als persönliches Versagen, verursacht durch seine lange Abwesenheit. In seinem Anspruch, das Leben der älteren Schwester zu dirigieren, setzt sich Klemens über die bestehende Altershierarchie hinweg. In der Geschwisterbeziehung erweist sich hier das Geschlecht als dominante Kategorie. Allerdings wiegt das Urteil des Bruders schwerer, wenn die Schwestern jünger sind. Als ich eine der jüngeren Schwestern, die gerade einen Flirt mit einem niedrigrangigen Mann begonnen hatte, fragte, ob sie sich vorstellen könne, ihn zu heiraten, antwortete sie, sie fürchte ihren Bruder zu sehr, um diese Möglichkeit weiterzudenken.

Auch zwischen Erna und Sesilia besteht eine durch Alter definierte Hierarchie. Erna ist die Erstgeborene. Der Altersunterschied zwischen Schwestern bedingt bei den Ngada aber nicht zwangsläufig sichtbare Autoritätsstrukturen – in vielen Beziehungen, die ich beobachten konnte, war dieser Faktor nur von untergeordneter Bedeutung. Anders zwischen Erna und Sesilia: Die Differenz, die im Ritual so drastisch inszeniert wurde, setzt sich auch im Alltag fort. Erna verhält sich wie eine befehlsgewohnte ‚Herrin', Sesilia wie ihre Dienerin. Der im Ritual symbolisierte Rangunterschied entspricht in diesem Fall sowohl dem durch Alter strukturierten Autoritätsverhältnis, als auch einer sich durch Bildung und Lebensführung im Alltag manifestierenden Differenz.

Schlußbemerkungen

Die Ngada kennen, wie anfangs bereits erwähnt, außer dem Alter, drei weitere Klassifikationssysteme, die zu Differenzen zwischen Individuen führen. Eines dieser Systeme basiert auf der Kategorie Geschlecht, das heißt, auf den sichtbaren Zeichen des Körpers, die ein Neugeborenes als Jungen und Mädchen definieren. Diese Definition impliziert eine Fülle von sozialen, mentalen und rituellen Zuschreibungen, die das Leben der betreffenden Person einerseits zu einem gewissen Grad in vorgezeichnete Bahnen leitet, andererseits aber auch individuell angenommen, verworfen oder verändert werden kann.

Geschlecht wird allgemein als komplementäre Kategorie begriffen. Strukturell existiert eine Dominanz des weiblichen Faktors, der jedoch durch die oben geschilderten Strategien der Männer, sich Freiräume zu verschaffen und lästige Arbeiten zu verweigern, stark relativiert wird. Zudem dominieren Männer im rituellen Sektor und in der öffentlichen Repräsentation. Dies alles sind jedoch nur Rahmenbedingungen, die letztlich lediglich begrenzte Aussagekraft für das tatsächliche Zusammenleben von Männern und Frauen besitzen. Da eine dezidierte Ideologie der Geschlechterungleichheit fehlt, obliegt es in starkem Maß den handelnden Personen, Positionen von Macht und Ohnmacht auszuhandeln. Ich habe Haushalte gesehen, in denen die Männer ohne Einfluß zu sein schienen und solche, in denen sie eindeutig dominierten. Viele Beziehungen erschienen mir indes harmonisch und von gegenseitigem Respekt getragen. Männer wie Frauen agierten als selbstbewußte Persönlichkeiten und waren fähig, eigene Interessen durchzusetzen.

Während die Unterschiede, die durch Geschlecht markiert werden, sichtbar und allgegenwärtig sind, produziert Rang eine *ad hoc* unsichtbare Differenz, die, im Zuge des gesellschaftlichen Wandels, zunehmend verschleiert wird. Im dörflichen Alltag deutet zunächst nichts auf die Existenz von Rängen hin. Aus einem hohen Rang leiten sich heute weder Privilegen ab, noch ist er mit materiellen Vorteilen verbunden. Viele Angehörige der *riwu azi* sind heute gebildeter als ihre Nachbarn der *ga'é méze*, bekleiden hohe öffentliche Ämter und machen sich über den Standesdünkel jener lustig. Sie beschreiben die Struktur der Ranggruppen als rückschrittlich, einem modernen Staat nicht mehr angemessen und sind von einem baldigen Verschwinden derselben fest überzeugt. Für sie hat das Vorhandensein der Ränge jetzt, da das tödliche Ritual des Hängens bei verbotenen sexuellen Beziehungen nicht mehr durchgeführt wird, nur noch dann eine Bedeutung, wenn sie als Begründung der Aufkündigung von Liebesbeziehungen dienen.[24] Die *ga'é méze* hingegen unterwerfen sich mehrheitlich weiterhin den strengen Regeln ihrer Gruppe in der Überzeugung, die Elite der Gesellschaft darzustellen.

Eine weitere Form der Herstellung von Differenz basiert auf einem ethnisierten Bewußtsein. Individuelles Handeln gestaltet sich hier vor dem Hintergrund der jeweils spezifischen Verschränkungen von Geschlecht und Rang mit Ethnizität. Heiratet eine niedrigrangige Ngada einen Mann außerhalb von Ngada, besitzt das Paar denkbar gute Möglichkeiten einer Integration in ihr Dorf. Der Mann kann auf dem Land seiner Frau arbeiten, wie dies allgemein üblich ist und sich, wenn er den Wunsch nach Assimilierung besitzt, recht problemlos in die Gruppe seiner Schwiegerverwandten integrieren. Ist die

Frau hochrangig, gilt die Verbindung als Verstoß gegen die Rangendogamie, und das Paar wird, wie die Geschichte von Sesilia und Pius verdeutlicht, vor einer Reihe schwer lösbarer Probleme stehen. Wenn dagegen der männliche Partner aus Ngada kommt, die Frau aber von einer anderen Region, sind keine Integrationshindernisse zu erwarten, dafür viele praktische Schwierigkeiten zu bewältigen. In welcher Weise und mit welchem Ergebnis bei dieser Konstellation Beziehungen geführt werden, ist stark von den idiosynkratischen Besonderheiten der beteiligten Personen abhängig.

Geschlecht und bis zu einem gewissen Grad auch Ethnizität bilden einen Rahmen, der sowohl für die Entwicklung einer individuellen Lebenskonzeption als auch für die Spielräume, in denen Liebesbeziehungen scheitern oder bestehen können, von entscheidender Bedeutung ist. Trotzdem sind beides relativ offene Kategorien mit einem großen Autonomieraum für persönliches Handeln.

Dieser strukturelle Rahmen, in dem sich die Geschichten der Menschen ereignen, verengt sich für Frauen allerdings beträchtlich, wenn er mit der Komponente Rang verknüpft wird. Durch die Kombination von Rang und Geschlecht entstehen Machtbeziehungen, welche eine bestimmte soziale Gruppe, nämlich die hochrangigen Frauen, einem repressiven Regelsystem unterwerfen. Im Vergleich zu den Männern der *ga'é méze* als auch im Vergleich zu den Frauen der *riwu azi* sind die hochrangigen *ga'é méze*-Frauen deutlich in ihrer Freiheit eingeschränkt. Die Überschneidung dieser beiden Differenzsysteme führt zu deutlichen Unterschieden in den Autonomiespielräumen der Einzelnen, je nachdem welchem Geschlecht und welcher sozialen Ranggruppe sie angehören.

Anmerkungen

1 Sie siedeln im gleichnamigen Verwaltungsbezirk (*kabupaten*) Ngada, der von den Gruppen der Ngada, der So'a, der Nage/Keo und der Leute von Riung bewohnt wird. Der Begriff Manggarai bezeichnet sowohl einen *Kabupaten* als auch eine Bevölkerungsgruppe. Im Gegensatz zum östlich anschließenden Kabupaten Ngada zeichnet sich die Manggarai durch größere ethnische Homogenität aus. So'a werden die BewohnerInnen der Dörfer in der Umgebung des Marktortes So'a genannt. Kulturell besitzen sie viele Gemeinsamkeiten mit den Nage/Keo.

2 Die *ikat*-Herstellung markiert im gesamten ostindonesischen Archipel einen autonomen weiblichen Raum mit spezifischer Symbolik und eigenständiger Mythologie. Vgl. dazu auch: Barnes 1992; Hoskin 1989; de Jong 1994.

3 *Toko* sind Gemischtwarengeschäfte in Bajawa, die meist von indonesischen Chinesen geführt werden. Unter dem Begriff *kios* werden kleine Läden in den Dörfern verstanden, die von DorfbewohnerInnen geführt werden und ihre Kundschaft aus der Nachbarschaft beziehen.

4 Der Komplex *sa'o* beinhaltet eine Vielzahl politischer, sozialer, spiritueller, handwerklicher und symbolischer Komponenten, die im Zentrum der Forschungen von Olaf Smedal (1994) stehen.

5 Im Bestreben, christliche Vorstellungen mit traditionellen Glaubensbildern kompatibel zu machen, wird *tuhan* gewöhnlich mit *dewa* gleichgesetzt. *Nitu* bezeichnet heute eine Vielzahl weiblicher Wasser- und Erdgeister mit meist recht ambivalentem Charakter. Vgl. dazu auch: Arndt (1929:825f).

6 *Rang* ist ein Lehnwort aus dem Holländischen, das mittlerweile Eingang in das Indonesische gefunden hat.
Im folgenden Text werde ich alle aus der Bahasa Indonesia stammenden Begriffe durch den Zusatz (B I) kennzeichnen. Alle anderen, nicht gekennzeichneten Termini entstammen der Lokalsprache, der Bahasa Ngada.

7 Der Begriff *adat* bezeichnet in Indonesien einen Komplex von Normen und festgelegten Handlungsabläufen, die durch eine lokale, regionale oder ethnische Tradition begründet sind.

8 Der deutsche Steyler Missionar Paul Arndt, der ein gutes Dutzend Aufsätze, sowie zwei größere monographische Werke über die Ngada verfaßte, berichtete ausführlich von einer derartigen Hinrichtung (Arndt 1954:23–25). Allerdings basierten seine Schilderungen nicht auf eigener Beobachtung, sondern lediglich auf Erzählungen. Auch mir gegenüber wurden die Ereignisse so beschrieben, wie sie Arndt publizierte. Die Alten erinnerten sich in meinem Beisein noch daran, wie das letzte Opfer, dessen Name mir genannt wurde, auf einem nahe gelegenen Berg an einen Bambus gebunden und gespeert wurde.

9 Das Ritual heißt dementsprechend *bedhi lako*, einen Hund aufhängen.

10 Dies betrifft die überwiegende Mehrheit der von Ngada bewohnten Regionen. Daneben existieren einige kleinere Gruppen, die auf patrilinearer und virilokaler Struktur basieren.

11 Ein aus dem Saft der Tuak – oder der Lontarpalme gewonnener Alkohol, der entweder in leicht gegorenem Zustand als *moke bhara* (weißer *moke*) getrunken oder zu *moke arak* gebrannt wird. *Moke* besitzt große Bedeutung als Opfer für die Ahnen und als Mittel zur Divination. In Ngada ist kein ritueller Anlaß ohne *moke* vorstellbar.

12 Ich habe viele Frauen getroffen, die alleine leben oder ihre Kinder ohne Mann mit Unterstützung matrilinearer Verwandter großziehen.

13 Dieses Verhalten wird unter Männern durchaus kontrovers diskutiert und von einigen als unmoralisch abgelehnt.

14 Das geschieht häufig, wenn das gemeinsame Kind stirbt.

15 *Waja* entspricht damit in etwa dem regulären Brautpreis, der bei einer Heirat heute entrichtet werden muß.

16 Ein ähnliches Umgehen kirchlicher Moralvorstellungen durch Männer beschreibt auch Maribeth Erb für die Rembong der Manggarai (Erb 1991:66). Mehr noch als in Ngada scheint dort der Besitz mehrerer Frauen zur Statuserhöhung von Männern beizutragen, so daß selbst religiöse Lehrer (*guru agamas*) und Angehörige von Regierungsinstitutionen polygyn leben.

17 Ein auf matrilateraler Kreuzkusinenheirat basierendes Allianzsystem (präskriptive asymmetrische Allianz) gilt als besonderes Charakteristikum ostindonesischer Gesellschaften. Vgl. dazu: Forth 1990; Kohl 1989; Needham 1963. Das Fehlen

dieses Musters hat Smedal in seiner Dissertation als besonderes Charakteristikum der Ngada herausgehoben (Smedal 1994:20).

18 Riung ist der nördlichste Unterbezirk (*kecamatan*) des Kabupaten Ngada.

19 Die Namen der Ngada setzen sich aus einem christlichen und einem oder mehreren traditionellen Namen zusammen, die in Erinnerung an die Vorfahren vergeben werden. Als Rufname dient heute meist der christliche Name.

20 Ich habe in meinem Umkreis sehr viele Frauen der *ga'é méze* im Alter zwischen dreißig und vierzig Jahren angetroffen, die sich bereits mit einem ehelosen Schicksal abgefunden haben. Vor allem aufgrund der damit verbundenen Kinderlosigkeit wird ein solches Leben als trauriges Los empfunden.

21 Ich vermute, daß niedrigrangige Männer der Ngada derartige Verbindungen wegen möglicher Zurückweisungen seitens der Gruppe der Frau ablehnen.

22 Eine derartige Heiratsform wird *pasa* genannt. Sie ist eine Ausnahmeregelung, die gewöhnlich dann stattfindet, wenn ein Haus keine Tochter besitzt, die die Linie weiterführen sowie Haus und Land bewirtschaften kann. Es wird dann das Gesuch an ein anderes *sa'o* gestellt, eine Frau patrilinear und virilokal zu verheiraten. *Pasa* ist immer mit der Zahlung einer großen Ablösesumme verbunden.

23 Dieser negativen Haltung anderen Ethnien gegenüber bin ich auf Flores häufig begegnet. So wie Pius die Ngada als barbarisch beschreibt, schildern diese wiederum die Menschen in der Manggarai als unzivilisiert. Sesilias Eltern äußerten mir gegenüber mehrfach, daß in der Manggarai die Dörfer dreckig seien, und das Gras bis zum Wohnhaus wachse – ein Umstand, der den Ngada als Inbegriff der Wildheit gilt.

24 Männer der *ga'é méze*, die Liebesbeziehungen mit niedrigrangigen Frauen eingehen, benutzen das Argument des Rangunterschieds häufig, um die Beziehung wieder abzubrechen.

Literatur

Arndt, Paul (1929): Die Religion der Nad'a (West-Flores, Kleine Sunda-Inseln). In: *Anthropos* 24, S. 817–861

Arndt, Paul (1954): *Gesellschaftliche Verhältnisse der Ngadha.* Wien: Missionsdr. St. Gabriel

Arndt, Paul (1956): Die Rangschichten in der Gesellschaft der Ngadha (Mittelflores). In: *Anthropos* 51, S. 417–446

Arndt, Paul (1958): Hinduismus der Ngadha. In: *Asian Folklore Studies* (Tokyo) 17, S. 99–136

Barnes, Ruth (1992): Women as headhunters: the making and meaning of textiles in a Southeast Asian context. In: Barnes, Ruth/ Joanne B. Eichler (eds.): *Dress and gender. Making and meaning.* New York: St. Martin's Press, S. 29–43

Erb, Maribeth (1991): Stealing women and living in sin. Adaption and conflict in morals and customary law in Rembong: Northeastern Manggarai. In: *Anthropos* 86, S. 59–73

Errington, Shelly (1990): Recasting sex, gender, and power. A theoretical and regional overview. In: Atkinson, Jane Monnig/ Shelly Errington (eds.): *Power and difference. Gender in island Southeast Asia.* Stanford: Stanford University Press, S. 1–58

Forth, Gregory (1990): From symmetry to asymmetry. An evolutionary interpretation of the eastern Sumbanese relationship terminology. In: *Anthropos* 85, S. 373–392

Geirnaert-Martin, Danielle C. (1992): *The woven land of Laboya. Socio-cosmic ideas and values in West Sumba, eastern Indonesia.* Leiden: Centre of Non-Western Studies, Leiden University

Hoskin, Janet Alison (1989): Why do ladies sing the blues? Indigo dyeing, cloth production, and gender identity in Kodi. In: Weiner, Anette B./ Jane Schneider (eds.): *Cloth and human experience.* Washington DC: Smithsonian Institution Press, S. 141–173

Hoskin, Janet Alison (1993): Violence, sacrifice and divination: giving and taking life in eastern Indonesia. In: *American Ethnologist* 20(1), S. 159–178

De Jong, Willemijn (1994): Cloth production and change in a Lio village. In: Hamilton, Roy (ed.): *Gift of the cotton maiden: textiles in Flores and the Solor islands.* Los Angeles: UCLA Museum of Cultural History, S. 210–227

Kohl, Karl-Heinz (1989): Der Elefant mit den sieben Stoßzähnen. Heiratsregeln im Lewolema-Gebiet und ihre Begründung im Mythos. In: Zinser, Hartmut/ Karl-Heinz Kohl und F. Stentzler (eds.): *Feodora naturai.* Würzburg: Königshausen und Neumann, S. 157–168

Kohl, Karl-Heinz (1990): Der Mythos von Tonu Wujo. Religiöse Weltsicht in Ost-Flores. In: Mensen, Bernhard (ed.): *Die Schöpfung der Religionen.* Nettetal: Steyler, S. 79–90

Lewis, Douglas E. (1988): *People of the source. The social and ceremonial order of the Tana Wai Brama on Flores.* Dordrecht/ Providence

Needham, Rodney (1963): Symmetry and asymmetry in prescriptive alliance: further comments on an alleged fallacy. In: *Bijdragen tot de Taal-, Land- en Volkenkunde* 119, S. 267–283

Smedal, Olaf (1994): *Making place. Houses, lands, and relationships among Ngadha, central Flores.* Unveröffentlichte Dissertation. Oslo

Willemijn de Jong

Rang, Reichtum und Geschlecht

Hierarchische und komplementäre soziale Differenzen auf Flores (Indonesien)

Errington (1989, 1990) unterscheidet zwei Formen von Differenz in den Gesellschaften des südostasiatischen Archipels: die hierarchische Kategorie Alter oder Seniorität, verknüpft mit Generation und Geburtsfolge, und die komplementäre Kategorie Geschlecht, verknüpft mit dem Bruder-Schwester-Paar. Sie sagt dazu:

> „One is the difference in seniority. Senior generational layers are supposed to be superior in authority to junior ones. Within generational layers, the birth order of the children in a sibling set is important (...). The other is the difference in sex, which, paradigmatically, is the complementary difference between brother and sister. Throughout the area, brothers and sisters are allies and are supposed to be mutually helpful and have long-lasting bonds of affection. So strong is this bond that it is a paradigm and model for the husband-wife bond“ (Errington 1990:48).

In ihrer symbolisch orientierten Monographie über Macht im südostasiatischen Kontext thematisiert Errington (1989) am Beispiel einer Lokalgesellschaft auf der indonesischen Insel Sulawesi die Problematik der Alters- oder Senioritätshierarchie. Sie legt dar, daß auch in den egalitären Gesellschaften des insulären Südostasiens eine Autoritätsstruktur zwischen den Generationen besteht. In nichtegalitären Gesellschaften versetzen zudem spirituelle Potenz oder kosmische Energie sowie eine vererbte Rangzugehörigkeit bestimmte Gruppen in eine ältere, das heißt überlegene Position gegenüber anderen Gruppen.

In ihrem Artikel über Geschlechterverhältnisse im insulären Südostasien attestiert Errington (1990) Frauen und Männern eine weitgehende Ebenbürtigkeit in der symbolischen Ordnung und eine geringere in der sozialen Praxis. Frauen hätten wohl ökonomische Autonomie, Verfügung über ihre Arbeitsprodukte und Macht im Sinne von Sichdurchsetzen. Hohes Prestige sei ihnen allerdings verwehrt. Dies könne nur durch Macht im Sinne von spiritueller Potenz erreicht werden, was den Männern in bestimmten Positionen wie Vorstehern und Heilern vorbehalten sei.

Zur These „Frauen besitzen eine prestigelose Macht des Sichdurchsetzens, Männer eine prestigeträchtige Macht der spirituellen Potenz“ möchte ich zwei Dinge bemerken. Erstens scheint Errington die Macht der spirituellen Potenz als emisches Machtkonzept *per se* zu betrachten. Dabei ist dies in den geschichteten südostasiatischen Inselgesellschaften vermutlich in erster Linie ein Machtkonzept der Elite. Nach meinen Beobachtungen in einer Lokalgesellschaft auf der ostindonesischen Insel Flores[1] besitzen sowohl Elite- wie Nicht-Eliteangehörige in realen soziopolitischen Kontexten jedoch durchaus auch Vorstellungen von Macht als Sichdurchsetzen. Diese Vorstellungen entsprechen nicht unbedingt der offiziellen Ideologie und mögen westlichen Forschenden deshalb weniger leicht zugänglich sein. Erringtons Sichtweise blendet zudem aus, daß Macht nicht nur auf symbolischen Ressourcen, sondern auch auf ökonomischen Ressourcen wie Besitz an Land und anderen Reichtümern sowie auf der Verfügung über Arbeitskraft basiert.

Zweitens klammert Errington aus, daß Frauen aufgrund besonderer handwerklicher und heilender Fähigkeiten, die eine spirituelle Komponente enthalten, ebenfalls Prestige erwerben können. Ein solches Prestige kann die Macht des Sichdurchsetzens im Sinne der Fähigkeit, andere zu beeinflussen oder sogar über andere zu entscheiden, nachhaltig stärken.

Ausgehend von den Arbeiten Erringtons interessieren mich hier die folgenden Fragen: Inwiefern können die sozialen Differenzen zwischen Frauen und Männern in der Webereiregion der Lio auf Flores als komplementär charakterisiert werden? Und inwiefern sind die Beziehungen zwischen Frauen[2] verschiedener sozialer Schichten und Generationen durch hierarchische Differenzen geprägt? Ich stelle erstens die These auf, daß die Beziehungen zwischen Ehefrau und Ehemann relativ komplementär sind, weil die Frau gesellschaftlich bedeutende Produkte herstellt und verteilt und weil sie nach der Heirat eine enge Beziehung zu ihrem Bruder unterhält, was ihr eine weitreichende Autonomie ermöglicht. Zweitens postuliere ich, daß die Beziehungen zwischen wohlhabenden hochrangigen und armen niedrigrangigen Frauen ausgeprägt hierarchisch sind, weil letztere als Auftragnehmerinnen ökonomisch von ersteren als Auftraggeberinnen abhängig sind. Drittens behaupte ich, daß die hierarchischen Beziehungen zwischen Müttern und Töchtern heute erodieren, weil die ältere Generation in bezug auf die Altersversorgung wegen der zunehmenden Monetarisierung stärker von der gebildeteren, jüngeren Generation abhängig wird.

Um diese Thesen zu belegen, analysiere ich nach einer kurzen Einleitung zu den Südlio die soziale und ökonomische Struktur einer Dorfgesellschaft als Handlungsspielraum. Weiter durchleuchte ich Handlungsweisen von Frauen und Männern in der Institution des Haushaltes und in der Institution des Gabentausches bei der Heirat. Dabei versuche ich, möglichst die informelle Sphäre mitzuberücksichtigen, die Karim (1995) als entscheidend für die Position von Frauen in südostasiatischen Gesellschaften betrachtet. Im Schlußteil diskutiere ich die Ergebnisse im Zusammenhang mit Thesen der ethnologischen Geschlechterforschung zur Autonomie und zur Heirat.

Die Südlio

Bei den Lio in Zentralflores darf dem Gewohnheitsrecht zufolge nur im trockenen Süden gewoben werden. Dies betrifft die Bevölkerung von fast zwanzig Dörfern, die ich als Südlio bezeichne. Nahezu alle Südlio-Frauen, schätzungsweise mehr als 10.000,[3] stellen Stoffe her. Bei Nahrungsknappheit tauschen die Südlio traditionellerweise Stoffe gegen Nahrung mit den Nordlio.

Die Nord- und Südlio unterscheiden sich also hinsichtlich landwirtschaftlicher respektive handwerklicher Produktion und geschlechtlicher Arbeitsteilung. Die mit dem traditionellen Schwendbau verknüpften symbolischen Ordnungen scheinen jedoch ähnlich zu sein. Für die Nordlio ist nachgewiesen, daß Frauen den Männern im Bereich der Symbolik tendenziell übergeordnet beziehungsweise gleichgestellt sind. Dies gilt jedoch nicht für die soziale Praxis, die allerdings kaum eingehend untersucht wurde (Howell 1990; Yamaguchi 1990).

Die Dorfgesellschaft von Nggela, die ich hier analysieren möchte, gehört zu einem der wichtigsten Webereidörfer in Zentralflores (vgl. de Jong 1994). Sie spiegelt extremer als andere Dörfer die Hauptmerkmale der traditionellen Gesellschaft der Südlio wider: Schwendbau kombiniert mit Ikatweberei, eine soziale Schichtung nach Rängen und politische Autonomie. Zudem hat sie eigene Charakteristiken entwickelt. Das auffallendste ist: Uxorilokalität anstatt Virilokalität. Angaben zu patrilokalen Webereidörfern lassen indes vermuten, daß die Verhältnisse dort wegen vorwiegender Dorfendogamie ähnlich sind. Die Situation in Nggela ist somit tendenziell für die Südlio insgesamt gültig.

In allen wichtigen sozialen Beziehungen der Ata Nggela, „Leute von Nggela“, wie sie sich selber nennen, spielt Rivalität eine vorrangige Rolle, so sehr, daß Frauen wie Männer in diesem Zusammenhang häufig von „gewinnen“ (*utu*) und „verlieren“ (*iwa utu*) sprechen. Dies ist überlagert von einem ausgeprägten Rechts- und Machtbewußtsein. Nicht selten versuchen Männer und Frauen, „Rechte von anderen an sich zu reißen“ und sich durch Durchsetzungskraft Macht zu verschaffen. Auch das Konzept des „Alleinstehens“ (*dari mésa*), gemeint ist ökonomische Autonomie, spielt eine wichtige Rolle. Wenn ich also im folgenden einerseits bestehende Rechte und andererseits Kontexte von Autonomie und Macht[4] herausarbeite, knüpfe ich an Konzepte der Erforschten an.

Die Sozialstruktur

Die Position eines Individuums in der Dorfgesellschaft wird durch die Deszendenz, die Heirat und die soziale Schicht bestimmt. Das Deszendenzsystem ist doppelt unilinear mit regionalen Matriklans (*kunu*) und lokalen Patrilineages (*suku*) mit Namen. Wie bei der bilateralen Deszendenz werden Rechte auf Gruppenmitgliedschaft, auf Besitz und auf politische Ämter von männlichen und weiblichen Vorfahren abgeleitet, aber nicht parallel, sondern komplementär. Die Klanzugehörigkeit und die Rechte auf politisch-rituelle Ämter werden matrilinear tradiert, während die Lineagezugehörigkeit und die Rechte auf Landbesitz patrilinear tradiert werden.

Genauer formuliert: Die Mitgliedschaft in bestimmten Matriklans ist einerseits bestimmend für politisch-rituelle Rechte und Positionen in der Dorfgemeinschaft sowie für besondere Fähigkeiten im Bereich der Magie, des Heilens und des Ikathandwerks, andererseits für den Stand oder den Rang – das heißt für Autorität und Prestige. Real kommen diese Rechte, Positionen und Fähigkeiten in den Patrilineages zum Ausdruck, insbesondere wenn diese Verwandtschaftseinheiten als Gruppen bei Agrarritualen, bei Konflikten um Land oder bei Heiraten in Aktion treten.

Mitglieder der neun „guten Klans“, deren Vorfahren sich als erste im Dorf angesiedelt haben, gehören zum Rang der Adligen, das heißt zu den Hochrangigen oder zur Elite (*ata ria*). Sie gelten als älter und somit superior in bezug auf Angehörige jüngerer Matriklans. Mitglieder der Matriklans, die sich im Dorf niedergelassen haben, nachdem die politisch-rituellen Ämter schon verteilt waren, gehören zu den Gemeinen oder Mittelrangigen (*ana fai walu*). Die Niedrigrangigen (*ata ko'o*) stammen in der mütterlichen Linie von armen Zugezogenen, insbesondere von Sklavinnen, ab.

Die Lineages sind physisch und symbolisch in ihrem jeweiligen Zeremonialhaus (*sa'o*)[5] repräsentiert und ebenfalls hierarchisiert. Die Haupthäuser befinden sich in der Nähe der Kultstätten im Dorfzentrum und besaßen früher am meisten Land. Die Nebenhäuser befinden sich am Rande des Dorfes. Sie bekamen früher Land und Ehefrauen von den Haupthäusern und unterstützten sie deshalb mit Gütern und Diensten.

Autorität und Besitz sind also aufgrund der Position im Deszendenzsystem, das heißt letztlich aufgrund von Alter/Seniorität, klar hierarchisch verteilt. Hingegen sind Autorität und Besitz nach Geschlecht eher komplementär verteilt. Titeltragende Lineagevorsteherinnen erfüllten früher wichtige Aufgaben im Zusammenhang mit den Agrarritualen im Zeremonialhaus[6]; männliche titeltragende Lineagevorsteher führten wichtige rituelle Aufgaben auf dem Kultplatz (*kanga*) im Dorfzentrum durch. Beide gehörten sie zur höchsten Statusgruppe der *ata laki*. Das Einweihungsritual zu ihrem Amt, Vorrechte, Tabus und die aufwendigen Feiern bei ihrem Tod waren für diese

Männer und Frauen gleich. Die Vorsteherinnen hatten Autorität innerhalb des Zeremonialhauses, während die Vorsteher die Hausmitglieder nach außen vertraten. Dies entspricht der aktuellen Verteilung von Autorität bezüglich des Haushaltes, wie ich nachher noch genauer zeigen werde.

Besitz in Form von Land, Wohnhäusern, traditionellem Brautpreisgoldschmuck und Tieren gehört im Prinzip den Männern. Er wird in der väterlichen Linie vererbt, aber genaugenommen – und das ist wichtig für die Frauen – vom Vater zuerst an die Mutter und später an die Söhne weitergegeben. Dem Rangsystem entsprechend ist Reichtum, wie zum Beispiel Land, ungleich verteilt. Niedrigrangige Männer besitzen kein Land. Nichttraditioneller Goldschmuck und Stoffe gehören umgekehrt den Frauen und werden von der Mutter dem Vater und später den Töchtern vererbt. Dabei bekommen ältere Geschwister mehr als jüngere. Männer und Frauen verfügen durch die Deszendenz also grundsätzlich über unterschiedliche Besitzressourcen, aber durch Heirat erlangen sie Zugang zu den Gütern des anderen Geschlechts.

Nebst der Deszendenz ist deshalb die Heirat wichtig, um Rechte und Ressourcen zu erhalten. Das Heiratssystem der Lio ist vom Typ der asymmetrischen Allianz, wie in vielen ostindonesischen Gesellschaften (de Josselin de Jong 1935). Außer der Exogamie bezüglich der eigenen Patrilineage und der Patrilineages, in welche die Frauen der Gruppe eines männlichen Egos einheiraten, sollte in Nggela auch die Exogamie bezüglich des eigenen Matriklans berücksichtigt werden. Die Heirat eines Mannes mit seiner matrilateralen Kreuzcousine wird als ideal betrachtet und von Hochrangigen ab und zu noch praktiziert. Für hochrangige Frauen ist eine solche Heirat vorteilhaft, weil sie durch ihren Sohn einen stärkeren Einfluß als üblich in der Familie ihres Bruders ausüben können (Prior 1988; de Jong 1996a).

Heiraten sollten innerhalb des gleichen Ranges geschlossen werden, aber auch Hypogamie kommt vor. Hochrangige Frauen sind begehrte Heiratspartnerinnen für nichthochrangige Männer, da sie Rang und Vorrechte an die Kinder weitergeben. Niedrigrangige Frauen sind benachteiligt, denn sie gelten tendenziell als Hexen.

Die rechtlichen Aspekte der Heiratsgaben sind von besonderer Bedeutung für die Handlungsspielräume der Frauen und Männer. Der ‚Brautpreis'[7] bestätigt einerseits die Rechte der Familie des Mannes (eigentlich des Hauses oder des Haussegmentes) auf die Kinder der Frau. Die Frau ist also insofern formell benachteiligt, als sie keinen Rechtsanspruch auf ihre Kinder geltend machen kann. Ihre Sexualität ist jedoch durch den Brautpreis nicht unbedingt stärker eingeschränkt als diejenige des Mannes, der bei „sexuellen Vergehen" immer als der Schuldige betrachtet wird. Andererseits erhält die Frau mit dem Brautpreis auch wichtige Rechte in der Familie des Mannes, die ihr Autorität und materielle Sicherheit verleihen: das Recht auf die Verteilung der Nahrung und anderer Haushaltressourcen und, wie bereits erwähnt, das Recht auf die

Erbschaft des Ehemannes, über welche sie nach eigenem Gutdünken verfügen kann. Und – ganz entscheidend – über ihre Arbeitsprodukte kann die Frau weiterhin selber bestimmen. Außerdem wird ihre Position in der Familie des Mannes durch die Gegengaben zum Brautpreis verstärkt.

Seit Anfang der siebziger Jahre breitet sich auf Flores, bedingt durch Faktoren der überregionalen Marktwirtschaft und des Nationalstaates, allmählich ein System sozialer Schichtung nach Klassen aus. Dieses basiert auf den erworbenen Kriterien Ausbildung, Beruf und Einkommen. Die Durchdringung des Rangsystems, das auf dem zugeschriebenen Kriterium der Abstammung beruht, durch das Klassensystem scheint in erster Linie die traditionelle Altershierarchie anzutasten. Früher legitimierten hauptsächlich hochrangige Deszendenz und Alter/Seniorität Führungs- und Autoritätspositionen. Diejenigen, die heute solche Positionen in dörflichen politischen und religiösen Institutionen innehaben, sind dazu häufig durch hochrangige Deszendenz und Ausbildung legitimiert. Obwohl das Rangsystem mit der indonesischen Unabhängigkeit 1945 offiziell abgeschafft wurde, bestimmt es die soziale Position eines Individuums in der Dorfgemeinschaft weiterhin in nicht unwesentlichem Maße.

Die ökonomische Struktur

Die Arbeitsteilung wird hauptsächlich durch Geschlecht und durch Rang und Reichtum bestimmt. Die geschlechtliche Arbeitsteilung ist ausgeprägt, aber nicht rigide. Die Haupttätigkeit der Männer besteht in der Nahrungsproduktion. Sie pflanzen hauptsächlich Mais, Cassava und Reis als Subsistenzprodukte an. Bis Ende der siebziger Jahre hatten zudem Kokosnüsse als Marktprodukte eine wichtige Bedeutung, nachher wurde die Vermarktung unrentabel. Meistens reicht die angepflanzte Nahrung nicht aus, um damit die Familie zu versorgen, und vor der Ernte müssen Lebensmittel hinzugekauft werden. Weiter züchten die Männer Tiere für rituelle Ereignisse. Außerdem helfen sie den Frauen regelmäßig bei der Stoffproduktion und bei anderen Aufgaben, wie z. B. der Kinderbetreuung.

Die Hauptaufgabe der Frauen besteht in der Stoffproduktion mit drei Arbeitsphasen: Ikatten oder Abbinden des Musters, Färben und Weben. Die Stoffe, Sarongs und Schultertücher, sind seit jeher nicht nur Subsistenzprodukte, sondern auch Markt- und Prestigeprodukte. Frauen und Männer tragen sie, Frauen verkaufen und verschenken sie. Dank maschinellem Garn und synthetischem Farbstoff produzieren die Frauen seit den siebziger Jahren um einiges mehr. Entsprechend hat die Bedeutung der Stoffe im Handel und im rituellen Tausch zugenommen. Zudem helfen die Frauen den Männern auf dem Feld, obwohl Frauen der Ideologie gemäß keine Feldarbeit verrichten.

Die Kooperation des Mannes bei der Webereiarbeit wird also durch die Kooperation der Frau bei der Feldarbeit ausgeglichen.

Während die Männer die Verfügungsgewalt über die Tiere haben, ist dies bei der von ihnen produzierten Nahrung nicht der Fall. Diese gehört nach der Ernte zu den Haushaltressourcen, über welche die Frauen bestimmen. Letztere verfügen, wie bereits erwähnt, außerdem eigenständig über die von ihnen hergestellten Stoffe.

Zudem bewerten Männer wie Frauen die Webereiarbeit höher als die Feldarbeit, „weil dadurch die Haut heller bleibt". Am angesehensten ist die Arbeit als Staatsangestellte mit gesichertem monatlichem Lohn. Im Vergleich zur Rolle als Weberin scheint die Rolle als Hausfrau und Mutter sekundär zu sein. Grundsätzlich werden die reproduktiven Tätigkeiten jedoch weder von Frauen noch von Männern negativ beurteilt. Die geschlechtliche Arbeitsteilung ist also eher komplementär als hierarchisch. Sie ist einerseits durch eine starke ökonomische Autonomie der Geschlechter und andererseits durch eine ausgeprägt kooperative Komponente gekennzeichnet (vgl. de Jong 1996b).

Alter/Seniorität hingegen kreiert auch in der Organisation der Arbeit hierarchische Differenzen. Nur alte Frauen dürfen bestimmte Motive der prestigeträchtigsten Stoffe ikatten. Jüngere könnten krank werden und sind daher für das Ikatten solcher Stoffe von ihrer Mutter abhängig. Unverheiratete Töchter arbeiten generell als unbezahlte Arbeitskraft für ihre Mutter.

Reichtum, meist verknüpft mit Rang und Seniorität, bewirkt noch stärker hierarchische Produktionsverhältnisse, und zwar – wenn wir wiederum die Frauen betrachten – zwischen solchen, die über genügend Rohmaterial an Garn und Farbstoff verfügen, und solchen, die dies kaum haben. Aufgrund dieser unterschiedlichen Verfügung über Produktionsmittel hat sich seit alters her eine Form von Lohnarbeit in der Stoffproduktion entwickelt. Die Entlöhnung erfolgt in Form von Naturalien, im Austausch gegen eine andere Arbeitsleistung (Ikatten, Färben oder Weben) und heute häufig in Form von Geld. So können vereinfacht drei Kategorien von Weberinnen unterschieden werden: durchschnittlich situierte Weberinnen mittleren Ranges, die nur für den eigenen Haushalt arbeiten; reiche Weberinnen hohen Ranges, die zusätzlich Arbeitsleistungen bei anderen Frauen in Auftrag geben; und arme Weberinnen niedrigen Ranges, die zusätzlich solche Arbeitsleistungen in Auftrag nehmen.

In der Dorfökonomie sind die landwirtschaftliche Produktion und die ökonomische Position der Männer unbedeutender geworden, während die handwerkliche Produktion und die ökonomische Position der Frauen wichtiger geworden sind. Die Männer sind von Marktproduzenten zu Subsistenzproduzenten geworden, die Frauen hingegen sind in stärkerem Maße als früher sowohl Subsistenz- wie Marktproduzentinnen. Gleichzeitig hat die Lohnarbeit unter den Weberinnen zugenommen.

Die soziale und ökonomische Struktur der Dorfgesellschaft gewährt den Frauen Handlungsspielräume, die je nach sozialer Schicht relativ viel Eigenständigkeit und Einfluß beinhalten. Wie nutzen die Frauen diese Handlungsspielräume im Kontext zweier zentraler Institutionen: im Haushalt und im Gabentausch bei der Heirat?

Die Institution des Haushaltes

Wie in anderen bäuerlichen Lokalgesellschaften ist der Haushalt in Nggela eine zentrale Institution mit gesamtgesellschaftlicher Bedeutung. Wenn wir die wichtigsten Aktivitäten im häuslichen Bereich betrachten, dann sind Haushalte in Nggela nicht nur als soziale Einheiten, die Nachkommen aufziehen, zu bezeichnen, sondern vor allem auch als ökonomische Einheiten mit Produktions- und Distributionsaufgaben. Auch wenn eine Tochter mit ihrem Mann bei ihren Eltern wohnt, was in Nggela häufig vorkommt, ist das Paar nach der Heirat ökonomisch für seinen eigenen Haushalt verantwortlich. Im frühen Entwicklungsstadium deckt sich der Haushalt mit der Kernfamilie (vgl. de Jong 1995b).

Die Ata Nggela sagen, die Frau habe traditionell „Rechte und Macht" innerhalb des Hauses, zum Beispiel was die Erziehung der Kinder sowie die Verteilung von Nahrung und anderen Ressourcen betrifft, der Mann hingegen außerhalb. Dies impliziert, daß der Mann in häuslichen Angelegenheiten tendenziell der Frau und die Frau dem Mann in außerhäuslichen Angelegenheiten untergeordnet ist. Wenn der Mann abwesend ist, vertritt seine Frau ihn. Entsprechend gibt es relativ viele Witwen, aber selten Witwer, die einen Haushalt führen.

Ein detaillierter Vergleich von sechs Haushalten von unterschiedlichem Rang und Wohlstand ergab, daß Stoffe als Besitz und als Einkommensmöglichkeit eine wichtige Ressource vor allem von ärmeren Frauen sind. Die arbeitgebenden hochrangigen Frauen verfügen über einiges mehr an Besitz und Einkommen als die arbeitnehmenden Weberinnen. Die Haushaltbudgets der ersteren werden zudem stärker durch Einkommen von Ehemännern und/ oder durch Geldüberweisungen von ausgewanderten Kindern aufgebessert. Mehr Wohlstand wird auch beim Konsum von Luxusnahrung (Reis, Fleisch) und Genußmitteln (Kaffee) dieser Haushalte sichtbar. Alle außer der ärmsten Frau beteiligen sich an einer nachbarlichen Spargruppe (*arisan*) mit Reis oder Geld als Einsatz.

Frauen verwalten die Haushaltsgüter nicht nur, sie verfügen in den meisten Fällen auch darüber. Sie bestimmen weitgehend über die Anschaffung von größeren Konsumgütern und über die Kosten für die Schulausbildung der Kinder. In Sachen Gabentausch, die Beziehungen mit anderen Haushalten betreffen, sollten Ehefrau und Ehemann gemeinsam beschließen, aber nicht selten haben Frauen das letzte Wort.

Frauen organisieren auch eigenständig die Herstellung der Stoffe und den Verkauf an Händler und TouristInnen. Im Dorf und auf den Märkten in der Umgebung ist der Stoffhandel in den Händen der Frauen, nur auf entfernteren Märkten vermarkten Kleinhändler die Stoffe auf Kommissionsbasis. Die Ehemänner haben dabei nichts zu sagen. Durch den Verkauf an TouristInnen kann eine Frau einen bis zu dreimal höheren Tageslohn erzielen als durch Verkauf an Einheimische oder durch Lohnarbeit in der Stoffproduktion.[8] Im Gegensatz zu den Männern, die als Feldbauern tätig sind, verdienen die Frauen meist ein relativ regelmäßiges Einkommen.

Sowohl für ihre Töchter als auch für ihre Söhne wünschen sich die meisten Frauen eine gute Schulausbildung und eine Angestelltenposition beim Staat. Eine unverheiratete niedrigrangige Frau kommentiert: „Jetzt gibt es viel Arbeitslosigkeit, weil zu viele eine Schulausbildung absolviert haben. Es gibt keine Arbeit mehr draußen. Jetzt kommen viele Frauen wieder zurück ins Dorf und machen Ikatweberei. Viele heiraten nicht." Sie beobachtet mit feinem Gespür die negativen Tendenzen eines gesellschaftlichen Wandels, welche die Frauen auf die eingeschränkten Rollen als ‚Nur-Produzentinnen' im dörflichen Kontext und als ‚Nur-Reproduzentinnen' im städtischen Kontext reduzieren.

Generell tragen die Frauen die Hauptverantwortung für das Haushaltseinkommen. Darauf sind sie stolz, und das macht sie einflußreich im Haushalt und darüber hinaus. Dennoch wünschen sie sich für ihre Töchter eine geringere Arbeitsbelastung als sie selber mit Weben, periodischer Feldarbeit, Hausarbeit und Mutterschaft haben – und vor allem einen monatlichen Lohn, was die eigenen alten Tage um einiges erträglicher machen würde.

Die Institution des Gabentausches bei der Heirat

Gabentausch findet bei allen wichtigen Ritualen des Lebenszyklus statt, heute am umfangreichsten bei der Heirat. Es gibt drei Heiratsformen, abhängig von Rang und Reichtum der Beteiligten: Heirat mittels formeller Brautwerbung (*tana alé*), Heirat mittels informeller Brautwerbung (*po'u uta, wangga kaju*) und Heirat durch Entlaufen (*paru nai*). Mit der ersten Form sind ein hoher Brautpreis und üppige Gegengaben verbunden, die den Gebenden viel Prestige verleihen. Schätzungsweise verlaufen in Nggela rund 50 Prozent der Heiraten nach dem ersten, 40 Prozent nach dem zweiten und 10 Prozent nach dem dritten Modell.

Die Wahl eines Heiratspartners stellt oft eine entscheidende Weiche im Lebenszyklus von jungen Frauen und ihren Müttern dar. Der Ideologie gemäß können junge Leute ihren Partner oder ihre Partnerin heute frei wählen. Im Hintergrund beeinflussen jedoch vor allem die Mütter die Partnerwahl. Wenn der Vater nicht einverstanden ist, die Mutter aber schon, dann ‚gewinnt' meistens die Mutter und organisiert die Heirat. Falls eine hochrangige Tochter einen erwünschten Heiratspartner, dessen Eltern Brautpreisgoldschmuck besitzen, abschlägt, kann es zu einem Machtkampf zwischen Mutter und Tochter kommen, wobei eine Mutter heute durchaus ‚verlieren' kann. Um eine unerwünschte Partnerwahl durchzusetzen, muß eine hochrangige Tochter eventuell jahrelange Konflikte mit der Mutter in Kauf nehmen, bis diese nachgibt. Zwar kann die Tochter die Heirat durch Entlaufen praktizieren, aber das bedeutet Prestigeverlust und schadet ihr, da sie hiermit die für sie wichtige Unterstützung durch ihre Herkunftsfamilie verliert. Hochrangige Frauen, die eine nichtstandesgemäße Heirat eingehen, müssen unter Umständen materielle Schwierigkeiten und soziale Isolation in Kauf nehmen.

Junge hochrangige Frauen können sich auch keine vorehelichen sexuellen Abenteuer leisten. Jungfräulichkeit ist eine grundlegende Voraussetzung für einen hohen Brautpreis, das heißt für gute Austauschbeziehungen zwischen affinalen Verwandten. Nichthochrangige Frauen hingegen setzen eine Schwangerschaft relativ häufig als Strategie bei ihrer Partnerwahl ein. Manchmal werden sie sogar von der Mutter dazu ermutigt. Voreheliche Sexualität steht der vorherrschenden Ideologie entgegen, die sich offensichtlich nach den von der Elite erwünschten Verhaltensweisen richtet. Viele Frauen verschiedenster Altersgruppen heißen sie indes gut.

In Nggela sind Brautpreis und Gegenleistung bei der Heirat durch formelle Brautwerbung aufwendiger als in anderen Lio-Dörfern. Der Brautpreis (*weli ngawu*) umfaßt Tiere (Pferde, Schweine, Ziegen), Geld und traditionelle goldene Ohrhänger (*wéa*), falls vorhanden. Der früher übliche Brautpreis mit Goldschmuck wird *belis* genannt. Der Umfang hängt letztlich von der Größe der Familie des Mannes, der Gruppe der ‚Frauennehmer'[9], ab. Wenn der Brautpreis niedriger als erwartet ausfällt, etwa ‚nur' neun Tiere und 150.000 Rp umfaßt, ist eine junge Frau enttäuscht und fühlt sich abgewertet.

Die Gegenleistung (*pata bénga*) der Familie der Frau, der Gruppe der ‚Frauengeber', besteht aus Stoffen und Nahrungsgaben, vor allem Reis. Wenn die Verwandten des Mannes einen hohen Brautpreis mit viel Goldschmuck geben, sollten die Verwandten der Frau mit einer angemessenen Anzahl Stoffen ‚antworten'.[10] Der Umfang der Gegenleistung hat im Vergleich zum Brautpreis seit der Unabhängigkeit stark zugenommen (vgl. de Jong 1995a, 1996a).

Die Frauengeber (*iné amé*) stehen hierarchisch höher als die Frauennehmer (*weta ané*). Besonders wichtig unter den Frauengebern ist der Mutterbruder (*eda embu*). Er vertritt das angestammte Haus der Frau und sollte bei allen wichtigen Ereignissen im Lebenszyklus ihrer Kinder (*ana wuru*), deren

„Ursprung" (*pu'u*) er repräsentiert, bestimmte Rituale für sie durchführen. Wenn er sich weigert, können die Rituale nicht stattfinden. Als Gegengabe für seine Gaben an Stoffen und seine rituellen Dienste bekommt er ein Pferd respektive etwas Geld. Durch diese Austauschbeziehung bleibt die Frau sozial, ökonomisch und rituell eng mit ihrem angestammten Haus verbunden. Wenn die Schwester-Bruder-Beziehung abbricht, wird dies von den Betroffenen als sehr nachteilig erfahren.

Rund um den rituellen Tausch entstehen vielfach Konflikte und Streitigkeiten, weil die Beschenkten mit bestimmten Gaben nicht zufrieden sind. Häufig entsprechen sie angeblich vorherigen Leistungen nicht und werden dann zurückgegeben. Die Affinalbeziehungen sind deshalb durch eine gewisse Spannung und durch Mißtrauen gekennzeichnet. Falls bei der Heirat zwischen hochrangigen Familien keine umfassenden Austauschbeziehungen zustandekommen, sind die Frauen die Leidtragenden, denn ihr Einfluß in der Ehe und in der Familie des Mannes wird dadurch entscheidend geschmälert. Im Extremfall kommt es zur Trennung der Ehepartner.

Formell sind es die Männer, die Heiraten und den dazugehörenden Gabentausch organisieren. Wieviel Einfluß üben Frauen auf den Austausch von Brautpreis als ‚männliche Gaben' und Gegenleistung als ‚weibliche Gaben' informell aus? Was die Gaben von seiten des Mannes betrifft, hat eine junge Frau als angehende Schwiegertochter nur einen indirekten Einfluß, und zwar durch ihre sexuelle Abstinenz vor der Ehe. In ihrer Rolle als Mutter des Bräutigams kann eine Frau hinsichtlich dieser Gaben direkter mitbestimmen. Das gilt nicht nur für das Geld, das häufig sie erwirtschaftet hat, sondern auch für das Geben von Goldschmuck und Tieren. Durch das Geben von üppigen Nahrungsgaben versucht auch die Mutter der Braut einen indirekten Einfluß auf den Umfang der männlichen Gaben auszuüben. Außerdem kann sie Brautpreisgüter zurückweisen oder mehr fordern. Ihr Ehemann ist formell dazu berechtigt, dies zu veranlassen.

Bezüglich der Gaben von seiten der Frau beteiligen sich Töchter zumindest mit ihrer Arbeitskraft. Töchter in einer Angestelltenposition leisten wie Söhne einen Beitrag in Form von Geld, das im Namen der Eltern weitergegeben wird. Die Mutter der Braut bestimmt hauptsächlich die weiblichen Gaben. Als Gegenleistung für einen hohen Brautpreis gibt sie insgesamt bis zu zwanzig Stoffe aus ihrem Besitz. Auch die Mutter des Mannes kann die weiblichen Geschenke beeinflussen. Eventuell stellt sie Forderungen nach weiteren Stoffen als Gegenleistung zum Brautpreis, oder sie gibt welche zurück.

Die Mitbestimmung der Frauen als Mütter über die weiblichen und männlichen Heiratsgaben läßt sich auf ihre dreifache Verfügungsgewalt zurückführen: erstens auf ihre Verfügung über eigenen Besitz in Form von Stoffen; zweitens auf ihre Verfügung über die Haushaltressourcen, die in der Praxis häufig auf die Gaben ausgedehnt wird; und drittens auf ihre Verfügung über den Besitz des Mannes nach seinem Tod, worüber sie oft schon zu seinen Lebzeiten informell mitbestimmt.

Die Bräute sind in der Regel keine Tauschobjekte in von Männern dominierten Heiratstransaktionen. Zwar bestimmt der Brautpreis das Verhalten und Denken der Frauen in einem beachtlichen Maße, doch schränkt diese Institution sie weniger ein, als nach oberflächlicher Interpretation anzunehmen wäre. Der Austausch eines je nach Rang angemessenen Brautpreises und einer angemessenen Gegenleistung festigt das soziale Netz und stärkt die soziale Position einer Braut, Ehefrau und Mutter. Seit der Unabhängigkeit geben Frauen immer mehr Stoffe als Gaben. Sie nehmen also je nach Rangzugehörigkeit und Wohlstand zunehmend am rituellen Tausch teil und können dadurch immer mehr Einfluß auf verwandtschaftliche Beziehungen außerhalb des eigenen Haushaltes ausüben und Prestige erlangen.

Diskussion

In den zentralen Institutionen Haushalt und Gabentausch bei der Heirat zeigt sich im Zusammenhang mit der Kategorie Geschlecht eine weitgehende Symmetrie zwischen Ehemann und Ehefrau und im Zusammenhang mit der Kategorie Seniorität eine deutliche Asymmetrie zwischen reichen hochrangigen Frauen und armen niedrigrangigen Frauen. Zudem besteht eine generationsbedingte Asymmetrie zwischen Mutter und Tochter. Damit bestätigen die Ata Nggela und allgemeiner die Südlio die These von Errington (1989, 1990), daß mit Alter/Seniorität in südostasiatischen Inselgesellschaften eher hierarchische und mit Geschlecht komplementäre Differenzen verbunden sind, in diesem Fall sogar in der sozialen Realität.

Verschiedenste Ethnologinnen räumen auch Frauen in nach Rang geschichteten Feldbauerngesellschaften im Pazifik und in Afrika eine starke Position ein – zumal wenn sie Prestigeprodukte herstellen und verteilen (vgl. Weiner 1990; Gailey 1987a, 1987b; Friedl 1975; Sacks 1979; Etienne 1980). Wenn diese Lokalgesellschaften in staatliche Gesellschaften integriert werden, wird die Position der Frauen den meisten dieser Autorinnen zufolge geschwächt und die männliche Dominanz nimmt zu.

Im Fall der Südlio wurde die Symmetrie zwischen den Geschlechtern durch Prozesse des postkolonialen Wandels bis anhin eher verstärkt. Die soziale Differenz zwischen den Frauen aufgrund von Reichtum und Rang hingegen wurde durch zunehmende Lohnarbeit asymmetrischer, während die Asymmetrie zwischen den Generationen abgenommen hat. Das zeigt sich hier exemplarisch darin, daß die Töchter sich der Autorität der Mütter bei der Partnerwahl immer weniger unterwerfen. Die Mütter lenken vermutlich häufiger ein, um ihre soziale Sicherheit im Alter, die mehr als früher die finanzielle Unterstützung durch die Kinder notwendig macht, nicht zu gefährden.

Am meisten erklärungsbedürftig ist die Tatsache, daß die Komplementarität zwischen Ehemann und Ehefrau sich verstärkt hat. Dazu möchte ich abschließend noch einmal strukturelle Faktoren und Handlungsweisen betrachten. Zusammen mit dem heute soziopolitisch geschwächten Rangsystem, das auf zugeschriebenen verwandtschaftlichen Kriterien aufbaut, ermöglichen die ökonomischen Bedingungen den Frauen ihre wichtige Rolle. Das auf erworbenen Kriterien beruhende Klassensystem ist in den Dörfern wenig wirksam. Dies zeigt sich sowohl in den Arbeits- wie in den Heiratsverhältnissen.

Es gibt keine nichtproduzierenden Haushalte, die sich ihre Existenz dadurch sichern, daß sie nur andere für sich arbeiten lassen. Die ökonomischen Domänen der Geschlechter sind bei den Südlio relativ stark getrennt und auf der Basis von Autonomie organisiert.[11] Eine Aneignung der Arbeit und Produkte der Frauen durch die Männer hat deshalb bisher nicht stattfinden können. Die Verfügung der Frauen über ihren Stoffreichtum ist durch das Recht auf eigenen Besitz in der Sozialorganisation verankert. Das Rangsystem hat die Kultur der Frauen mit dem elaborierten Repertoire an Stoffen, dem ‚Stoffsystem' ermöglicht, und die gesellschaftliche Bedeutung der Stoffe hat sich überhaupt erst herausbilden können.

Schlegel (1972) hat die These aufgestellt, daß Frauen in matrilinearen Gesellschaften über ein Maximum an Autonomie im häuslichen Bereich verfügen, wenn die Autorität des Bruders die des Ehemannes ausgleicht, so daß weder der eine noch der andere dominant ist. Wir haben gesehen, daß die Südlio-Frauen, die über strategisch wichtige Ressourcen verfügen, nach der Heirat in bestimmten Belangen der Autorität des Ehemannes (zum Beispiel Rechte auf Kinder) und in anderen der Autorität des Bruders (zum Beispiel Lebenszyklusrituale der Kinder) unterstellt sind. Dies führt grundsätzlich zu einer Ehemann-Bruder-Balance. Ausnahmefälle von Ehemanndominanz oder Bruderdominanz bestätigen die Regel. Angeregt durch Schlegel, möchte ich zu den Südlio die These aufstellen, daß Frauen, die durch Beziehungen des Austausches von Gütern und Diensten sowohl eine starke Unterstützung in ihrer angestammten Familie als auch in ihrer Schwiegerfamilie haben, aus einer Position der Autonomie heraus handeln und Macht, mindestens im Sinne von Einfluß, ausüben können.

Außerdem schränkt das Heiratssystem der asymmetrischen Allianz mit der Institution des je nach Rang ungleichen Brautpreises die Bedeutung der Frauen als Stoffproduzentinnen im Prinzip nicht ein, sondern stärkt sie eher durch zusätzliche Einflußmöglichkeiten in der Familie des Mannes. Mit der Übergabe von Brautpreisgütern erhält eine Frau das Recht auf Nahrungsdistribution und das Recht auf Besitz des Mannes nach seinem Tod. Durch die Stoffe als Gegengaben zum Brautpreis wird ihre Position als Ehefrau gestärkt, und durch die Stoffe als Mitgift bei der Hochzeit erlangt eine Frau ebenfalls eine gewisse Autonomie in der Ehe. Als Herstellerin und Verteilerin von qualitativ guten Ikatstoffen erlangt eine Frau Prestige, was ihren Einfluß innerhalb und außerhalb des Haushaltes nachhaltig macht.

Diese Ergebnisse widerlegen die These von Collier und Rosaldo (1981) und von Collier (1988), daß die Frauen infolge der Heirat, insbesondere infolge einer Heirat mit Brautpreis, untergeordnet sind, da der Ehemann und seine Familie einseitige Rechte auf die Arbeit, Sexualität und Nachkommen der Frau erhalten. Im Fall der Südlio wäre es vielleicht angemessener, von Nachkommenschaftspreis zu sprechen. Der Brautpreis bewirkt in diesem Fall kein Produktionsverhältnis zwischen Männern und Frauen im Sinne einer einseitigen Abhängigkeit und Verfügungsgewalt über Produktionsmittel, Arbeit und Produkte, sondern er erlaubt eine egalitäre Kooperation zwischen den Heiratspartnern. Im Gegenteil besteht Ehemann- oder Bruderdominanz eher dann, wenn eine Frau nicht mit angemessenen Gaben geheiratet hat.

Die Frauen der Südlio sind vor allem im wirtschaftlichen Bereich relativ autonom und mächtig. Die ökonomische Autonomie zeigt sich in der eigenständigen Produktion und Distribution der Stoffe und im eigenständigen Haushaltsmanagement der Frauen. Sie sind dadurch in der Lage, auch ohne Ehemann einen Haushalt zu führen, wozu Männer kaum im Stande sind. Die ökonomische Macht der Frauen zeigt sich einerseits im außerhäuslichen, andererseits im häuslichen Bereich. Im außerhäuslichen Bereich üben die reicheren auftraggebenden Weberinnen aufgrund ihrer Verfügung über Zahlungsmittel ökonomische Macht über die auftragnehmenden Weberinnen aus. Im Haushalt besitzen die Frauen generell Autorität. Sie können deshalb sowohl über die landwirtschaftlichen Produkte ihres Ehemannes und ihrer unverheirateten Söhne als auch über die handwerklichen Produkte ihrer unverheirateten Töchter entscheiden. Durch ihr Einkommen aus dem Handel mit Stoffen können sie zudem in einem gewissen Maß die Aktivitäten ihres Mannes und ihrer Kinder bestimmen.

Anmerkungen

1 Der Artikel basiert auf einer zweijährigen Feldforschung (1987/88 und 1990/91) auf Flores, die ich im Rahmen eines Habilitationsprojektes unter der Ägide der Indonesischen Akademie der Wissenschaften und mit Unterstützung der Universitas Indonesia in Jakarta und der Universitas Nusa Cendana in Kupang durchführte.

2 Da über hierarchische Beziehungen zwischen Frauen noch relativ wenig bekannt ist, konzentriere ich mich hier hauptsächlich auf die Frauen.

3 Die Arbeit der Stoffproduzentinnen kommt bis heute in den publizierten Statistiken zur Produktivität nicht vor.

4 Autonomie und Macht definiere ich in Anlehnung an Schlegel (1977). Unter Autonomie verstehe ich die Fähigkeit, über die eigenen Aktivitäten und Produkte zu entscheiden. Macht verstehe ich als die Fähigkeit, über die Aktivitäten und Produkte von anderen zu entscheiden. Einfluß im Sinne des Einwirkens auf die Aktivitäten und Produkte von anderen fasse ich als eine abgeschwächte Form von Macht auf. Autorität schließlich betrachte ich als rechtlich legitimierte Entscheidungsfähigkeit.

5 Der Begriff ‚Haus' für lokale sozio-religiöse Einheiten ist typisch für viele insuläre Gesellschaften Südostasiens, insbesondere für diejenigen Ostindonesiens. Diese Gesellschaften werden deshalb neuerdings in Anlehnung an Lévi-Strauss auch als ‚Hausgesellschaften' bezeichnet (vgl. Errington 1989; Howell 1995). Ich benutze die Begriffe ‚Patrilineage' und ‚Haus' hier synonym.

6 Interessanterweise symbolisiert das Zeremonialhaus auch den Körper einer Frau in ihrer Rolle als Mutter (vgl. auch Yamaguchi 1989).

7 Wegen fehlender überzeugender Alternativen benutze ich den konventionellen ethnologischen Begriff ‚Brautpreis', der besondere rechtliche Implikationen beinhaltet, anstelle des unpräziseren Begriffes ‚Heiratsgaben seitens der Familie des Bräutigams'.

8 Dies entspricht dem Tagesverdienst von Frauen und Männern in der Landwirtschaft in Nordlio.

9 Ich verwende ebenfalls die üblichen ethnologischen Begriffe ‚Frauennehmer' und ‚Frauengeber', obwohl mir bewußt ist, daß diesen Begriffen mißverständliche Konnotationen im Sinne von Frauen als Heiratsobjekten anhaften. Wie meine Analyse zeigt, ist es mir jedoch ein wichtiges Anliegen zu zeigen, daß Frauen nicht nur in der Produktion, sondern auch in der Reproduktion durch Heirat als Subjekte handeln.

10 Anläßlich der Heirat einer hochrangigen Frau in einer hohen Angestelltenposition wurden 1992 als Brautpreis zwei Paar goldene Ohrhänger, 22 Tiere und 1.500.000 Rp gegeben und als Gegenleistung 158 Stoffe, rund 700 kg Reis und weitere Nahrungsgaben.

11 Vgl. auch Roth (1994) zur Bedeutung der Geschlechtertrennung für die Rolle der Frauen.

Literatur

Collier, Jane F. (1988): *Marriage and Inequality in Classless Societies.* Stanford, California: Stanford University Press

Collier, Jane F./ Michelle Z. Rosaldo (1981): Politics and Gender in Simple Societies. In: Ortner, Sherry B./ Harriet Whitehead (eds.): *Sexual Meanings. The Cultural Construction of Gender and Sexuality.* London, New York: Cambridge University Press, S. 275–329

Errington, Shelly (1989): *Meaning and Power in a Southeast Asian Realm.* Princeton, New Jersey: Princeton University Press

Errington, Shelly (1990): Recasting Sex, Gender, and Power: A Theoretical and Regional Overview. In: Atkinson, Jane M./ Shelly Errington (eds.): *Power and*

Difference: Gender in Island Southeast Asia. Stanford, California: Stanford University Press, S. 1–58

Etienne, Mona (1980): Women and Men, Cloth and Colonization: The Transformation of Production-Distribution Relations among the Baule (Ivory Coast). In: Etienne, Mona/ Eleanor Leacock (eds.): *Women and Colonization: Anthropological Perspectives*. New York: Praeger Publishers, S. 215–238

Friedl, Ernestine (1975): *Women and Men. An Anthropologist's View*. Prospect Heights, Illinois: Waveland Press

Gailey, Christine W. (1987a): Evolutionary Perspectives on Gender Hierarchy. In: Hess, B./ M. Ferree (eds.): *Analyzing Gender*. Beverly Hills, California: Sage Press, S. 32–67

Gailey, Christine W. (1987b): *Kinship to Kingship. Gender Hierarchy and State Formation in the Tongan Islands*. Austin: University of Texas Press

Howell, Signe (1990): Husband/Wife or Brother/Sister as the Key Relationship in Lio Kinship and Sociosymbolic Relations. *Ethnos* 55, S. 248–259

Howell, Signe (1995): The Lio House: Building, Category, Idea, Value. In: Hugh-Jones, Stephan/ Janet Carsten (eds.): *About the House. Lévi-Strauss and Beyond*. Cambridge: Cambridge University Press, S. 149–169

de Jong, Willemijn (1994): Cloth Production and Change in a Lio Village. In: Hamilton, Roy (ed.): *Gift of the Cotton Maiden: Textiles of Flores and the Solor Islands*. Los Angeles: UCLA Fowler Museum of Cultural History, S. 210–227

de Jong, Willemijn (1995a): Cloth as Marriage Gifts. Change in Exchange among the Lio of Flores. In: *Contact, Crossover, Continuity*. Proceedings of the Fourth Biennial Symposium of the Textile Society of America 1994. Los Angeles: Textile Society of America, Inc., S. 169–180

de Jong, Willemijn (1995b): To Give or to Sell? Female Distribution Strategies in Cloth Producing Households in Flores. Paper presented at the Third WIVS Conference on Indonesian Women's Studies: *„Indonesian Women in the Household and Beyond. Reconstructing the Boundaries"*, September 25–29, 1995, Leiden

de Jong, Willemijn (1996a): *Geschlechtersymmetrie in einer Brautpreisgesellschaft. Die Stoffproduzentinnen der Lio in Indonesien*. Zürich: Ms. Habilitationsschrift

de Jong, Willemijn (1996b): Gleichgewichtige Formen des Zusammenlebens in fremden Kulturen. *Szondiana* 1/96, S. 21–40

de Josselin de Jong, J.P.B. (1935) 1977: The Malay Archipelago as a Field of Ethnological Study. In: de Josselin de Jong, P. E. (ed.): *Structural Anthropology in the Netherlands. A Reader*. The Hague: Nijhoff, S. 166–182

Karim, Wazir Jahan (1995): Introduction: Genderising Anthropology in Southeast Asia. In: Karim, Wazir Jahan (ed.): *‚Male' and ‚Female' in Developing Southeast Asia*. Oxford, Washington, D.C.: Berg Publishers, S. 1–34

Prior, John Mansford (1988): *Church and Marriage in an Indonesian Village. A Study of Customary and Church Marriage among the Ata Lio of Central Flores, Indonesia, as a Paradigm of the Ecclesial Interrelationship between Village and Institutional Catholicism*. Frankfurt/Main, Bern, New York, Paris: Lang Verlag

Roth, Claudia (1994): *Und sie sind stolz. Zur Ökonomie der Liebe*. Frankfurt/Main: Brandes & Apsel

Sacks, Karen (1979): *Sisters and Wives. The Past and Future of Sexual Equality*. Urbana, Chicago, London: University of Illinois Press

Schlegel, Alice (1972): *Male Dominance and Female Autonomy. Domestic Authority in Matrilineal Societies.* New Haven: HRAF Press

Schlegel, Alice (1977): Toward a Theory of Sexual Stratification. In: Schlegel, Alice (ed.): *Sexual Stratification*. New York: Columbia University Press, S. 1–40

Weiner, Annette B. (1990): Stoffe: Reichtum, Geschlecht und Macht in Ozeanien. In: Lenz, Ilse/ Ute Luig (eds.): *Frauenmacht ohne Herrschaft. Geschlechterverhältnisse in nichtpatriarchalischen Gesellschaften*. Berlin: Orlanda, S. 306–348

Yamaguchi, Masao (1990): The Cosmological Position of Women in Two Societies: The Case of the Lio and the Jukun. In: *Journal of Asian and African Studies* 39, S. 1–12

Zu den Autorinnen

*Dorle Drackl*é; Promotion 1990 mit einer diskursanalytischen Untersuchung über die Kooperativenbewegung in Portugal. Wissenschaftliche Assistentin am Institut für Ethnologie der Universität Hamburg. Forscht über Elite, Wirtschaft und die Europäische Union. Weitere Arbeitsschwerpunkte: Politikethnologie, Sprache, Kommunikation und Medien, Ethnologie der Wissenschaft, Lebenszyklus. Regionale Orientierung: Portugal, Brasilien, Mosambique.

Barbara Göbel *1962; wissenschaftliche Mitarbeiterin am Seminar für Völkerkunde der Universität Bonn. Studium der Ethnologie an den Universitäten München und Göttingen (Dr. phil. 1990). Feldforschungen im Andenhochland Nordwest-Argentiniens (1991–93; 1996–97). Lehraufträge in Tübingen, Göttingen, Bonn; Gastdozenturen in Argentinien und Bolivien. Interessengebiete: Wirtschaftsethnologie, Umweltkognition, Transformationsprozesse; Südamerika (Anden).

Elisabeth Grohs *19.12.1931, † 18.12.1996; 1967–1969 Forschungsaufenthalt in Tanzania. 1977 Promotion in Ethnologie an der FU-Berlin: Kisazi, Reiferiten bei den Zigua und Ngulu Ost-Tanzanias. Veröffentlichung mehrerer Beiträge und Mitarbeit an Ausstellungen über die Makonde und ihre Kunst. Elisabeth Grohs war von 1977–1994 Lehrbeauftragte für Ethnologie und Swahili am Institut für Ethnologie und Afrika-Studien der Universität Mainz.

Brigitta Hauser-Schäublin ist Professorin für Ethnologie am Institut für Ethnologie der Universität Göttingen. Feldforschungen bei den Iatmul (1972–73) und den Abelam (1978–79, 1980, 1983) in Papua-Neuguinea. Promotion 1977 in Basel mit einer Dissertation über die Rolle der Frau bei den Iatmul, Papua Neuguinea. Habilitation 1984 in Basel mit einer Schrift über Kulthäuser in Nordneuguinea. Mehrere Gastprofessuren in den USA. Forschungsschwerpunkte: Geschlechterforschung sowie Ethnologie des Raumes und der Kunst.

Anja Heldmann *1963; Kulturwissenschaftlerin M.A., studierte Deutsche Sprach- und Literaturwissenschaft und Kulturwissenschaften in Bremen. Seit 1996 Promotionsvorhaben „Zur Theorie und Methodologie von Metaphernanalysen in feministischen Untersuchungen“ mit dem Schwerpunkt geschlechtsspezifischer Körpermetaphorik.

Elfriede Hermann ist wissenschaftliche Assistentin am Institut für Ethnologie der Universität Göttingen. Sie forschte mit den Ngaing in Papua-Neuguinea über Gegenwartskultur und Geschichte. Neben den historischen Repräsentationen der sozialen Bewegung um Yali und dem lokalen Diskurs über Emotionen bildet die kulturelle Konstituierung der Geschlechter dabei einen von vielen Foki dieser laufenden Forschung.

Willemijn de Jong *1949 in Holland. Studium der Germanistik, Ethnologie und Soziologie an der Universität Zürich. Promotion 1985 mit einer ethnolinguistischen Studie über griechische ArbeitsmigrantInnen in der Schweiz. Lehrt seit 1980 Ethnologie an der Universität Zürich und habilitierte dort 1996 mit einer Untersuchung über Geschlechterverhältnisse, Arbeit und Heirat am Beispiel einer Webereiregion auf Flores in Indonesien. Interessenschwerpunkte: *gender* und Macht, Verwandtschaft und Heirat, Ökonomie und Entwicklung, Rituale und Kommunikation.

Maya Nadig (Ethnologin und Psychoanalytikerin) ist Professorin für Ethnologie im Studiengang Kulturwissenschaften der Universität Bremen. Feldforschungen bei den Otomi (1975–80) und den Maya (1987) in Mexiko und im Zürcher Oberland (1988) in der Schweiz. Themenschwerpunkte: Ethnopsychoanalyse, Ethnomedizin (Geburtsrituale), Sozialisation, kulturelle Identität.

Birgitt Röttger-Rössler; wissenschaftliche Mitarbeiterin am Institut für Ethnologie der Universität Göttingen. Studium der Ethnologie, Malaiologie, Anthropologie, Romanistik und Volkskunde an den Universitäten Göttingen, Zürich, Köln und Bonn. Promotion 1988 in Köln mit einer Arbeit über Rang und Ansehen bei den Makassar von Gowa (Süd-Sulawesi/Indonesien). Mehrere Feldforschungen in Indonesien, primär auf Sulawesi (1982, 1984/85, 1990/91 und 1993). Gegenwärtig Arbeit an einem Forschungsprojekt zum Verhältnis von Emotionen und *gender* im Kontext indonesischer Kulturen. Hauptforschungsgegenstände: *gender*, Emotion, soziale Stratifikation sowie Biographie- und Übersetzungsforschung.

Rita Schäfer; Studium der Ethnologie, Soziologie und Geographie in Freiburg und London. Forschungsschwerpunkte: *gender* und Entwicklung, Agrarethnologie, Wissenssysteme. Forschungsaufenthalte in Sierra Leone, Nord-Namibia und Zimbabwe. Magister über den Sande-Frauenbund in Sierra Leone. Dissertation über afrikanische Frauenorganisationen und Entwicklungszusammenarbeit. Seit 1991/92 Lehrbeauftragte an den Universitäten Freiburg und Trier. 1995/96 Postdoktorandenstipendium der DFG und einjährige Feldforschung über *gender*-Aspekte im Ressourcenmanagement und Wandel der Agrarstrukturen in Zimbabwe.

Susanne Schröter; Studium der Ethnologie, Soziologie, Deutschen Volkskunde und Pädagogik in Mainz, Feldforschung 1994 und 1995 (je 2 Monate), 1996/97 (12 Monate) bei den Ngada, Flores, Ostindonesien. Seit 1995 wissenschaftliche Mitarbeiterin am Institut für Historische Ethnologie, Frankfurt. Laufendes Forschungsprojekt: „Geschlechtsspezifische Handlungsräume bei den Ngada, Mittel-Flores, Ostindonesien".

Elisabeth Tietmeyer *1960; Studium der Ethnologie, Volkskunde und Soziologie an der Westfälischen Wilhelms-Universität Münster: Magister Artium 1985 zum Thema „Frauen heiraten Frauen. Vergleichende Studien zu Gynaegamie in Afrika". Promotion 1990 mit der Dissertation „Gynaegamie im Wandel. Die Agíkúyú zwischen Tradition und Anpassung". 1990–1992 Museumsvolontariat. 1988–1993 Lehrbeauftragte am Seminar für Völkerkunde der Westfälischen Wilhelms-Universität. Seit 1993 Leiterin der Abteilung Europa am Museum für Völkerkunde Berlin. Feldaufenthalte: 1983, 1986–87 in Kenia; 1994 in der Ukraine. Arbeitsschwerpunkte: Museumsethnologie, Sozialethnologie, Wissenschaftsgeschichte; Geschlechterforschung, Ethnizität und materielle Kultur.

REIMER